本著作系国家社科基金（教育学）一般课题"漂移的学术：高校教师流动的影响因素与政策调整研究"（课题批准号：BIA150089）的最终研究成果。

新时代高等教育改革与发展丛书

Drifting Academics
The Mobility of Faculty in Contemporary China

漂移的学术
当代中国高校教师流动

李志峰 等◎著

知识产权出版社
全国百佳图书出版单位
—北京—

图书在版编目（CIP）数据

漂移的学术：当代中国高校教师流动/李志峰等著. —北京：知识产权出版社，2020.1

ISBN 978-7-5130-6532-0

Ⅰ.①漂… Ⅱ.①李… Ⅲ.①高等学校—教师—人才流动—研究—中国 Ⅳ.①G645.12

中国版本图书馆CIP数据核字（2019）第218663号

内容提要

随着世界经济全球化、国际化以及中国高等教育普及化时代的到来，高校教师流动越发频繁，形式也越来越多样化，如何建立合理有序流动的新秩序，避免无序流动给社会和学术系统带来潜在风险，就成为新时代高等教育改革与发展的重大课题。本书站在新时代的高度分析当代高校教师流动存在的主要问题、影响因素、流动成本和收益、流动动力机制等，对于完善以学术创新为中心的高校教师流动政策，具有重要的理论和实践价值。

责任编辑：韩婷婷	责任校对：王 岩
封面设计：臧 磊	责任印制：孙婷婷

漂移的学术：当代中国高校教师流动
李志峰　等著

出版发行：知识产权出版社有限责任公司	网　址：http://www.ipph.cn
社　址：北京市海淀区气象路50号院	邮　编：100081
责编电话：010-82000860转8359	责编邮箱：176245578@qq.com
发行电话：010-82000860转8101/8102	发行传真：010-82000893/82005070/82000270
印　刷：三河市国英印务有限公司	经　销：各大网上书店、新华书店及相关专业书店
开　本：720mm×1000mm 1/16	印　张：24.5
版　次：2020年1月第1版	印　次：2020年1月第1次印刷
字　数：405千字	定　价：99.00元
ISBN 978-7-5130-6532-0	

出版权专有　侵权必究

如有印装质量问题，本社负责调换。

序 言
PREFACE

流动是人类社会进步的基础和动力。

自远古以降，人类为了寻求生存、繁衍和发展的条件，一直处于四处迁徙流动之中。人类在迁徙流动中认识世界，在迁徙流动中认识自己、进化自己，在迁徙流动中探索生存和发展的方式，在迁徙流动中建立自己的理想国，在迁徙流动中建立起人类的文明。从某种意义上说，人类迁徙流动史就是人类自身的发展史。

古今中外的人类迁徙流动史无不验证了这个事实。

在英国工业革命时期，人类的流动传播了先进技术，促进了工业革命的发生和发展，促进了美洲和澳洲的开发，促进了世界各地的交流和世界市场的扩大；同时，流动缓和了英国的社会矛盾，促进了英国政治的稳定。工业革命以后，英国向外移民逐渐成为一种常态，向北美和澳大利亚的移民，1871—1880年为157万人，1881—1890年达到238.8万人……由此可见，当一个民族向外移民并占据世界上更加广阔的空间时，对于缓解其母国的社会矛盾，使其政治改革能心平气和地进行，显然不是一个可有可无的因素。[1]

20世纪30年代，中国处于抗战时期，大量企业家、管理人员、科技人员、高校教师被迫迁往西南。由于战争导致的大量知识分子的流动为抗战保存了有生力量，一定程度上促进了西南地区的经济发展和文化交流。

20世纪80年代以后的中国，随着改革开放的不断深入，城乡二元结构体

---

[1] 陈晓律. 1500年以来的英国与世界 [M]. 北京：生活·读书·新知三联书店，2013：27.

制所带来的社会控制逐渐放松,大批农村人口向城市迁移,尤其是向经济发展较快的地区流动,成为推动中国社会现代化进程的重要力量。由被限制的流动向自发流动的这一转变,推动了中国社会结构的深层变革。

2009年人类发展报告《跨越障碍:人员流动与发展》指出:我们生活的世界是极不公平的。对于世界上的许多人来说,搬离他们曾经生活的城镇、乡村可能是改善生活机会的最好(有时是唯一)选择。人员流动对于提高收入、教育水平、个体和家庭的参与性以及为孩子的将来提供美好的前景等方面都会产生巨大的影响。但它的价值远不止这些,有权决定在哪里生活是人类自由的一个关键因素。当人们开始迁移时,不管是国内流动还是穿越边境线的跨国流动,从此,他们就开始了充满希望和不确定性的旅行。许多人迁移的目的是为了寻求更好的机会,希望把自己的才能与目的地的资源很好地结合起来,以使自己和他们的家庭受益。人员流动并不是人类选择权的单纯表达,人们经常在严格的限制条件下迁移,面临极大的风险和不确定性。人们不仅需要认识到在迁移中面临的风险和约束,并且还需要着手进行一些有成效的改革,以便增加其从流动中获得发展的机会。然而,由于流动人员的多样性以及各种法律法规的约束,人员流动成为当今世界面临的最复杂的问题之一。[1]

作为人口流动中的一种特殊类型,人才流动在遵循人口流动一般规律的同时,也呈现出自身的发展规律。春秋战国时期,诸侯混战,为了富国强兵并统一中国,秦国求贤若渴,大量引进其他诸侯国人才,如张仪、李斯等,并实施了一系列变革措施,迅速使秦国强大,并最终实现了中国历史上的第一次大一统。在人才流动过程中,主动出击、发现人才、善用人才是秦国得以强盛的根本原因之一。当代中国,人才流动是高层次人力资源配置的重要方式,是人力资源管理的核心领域。"流水不腐,户枢不蠹",人才流动是实现人才价值和促进人的全面发展的必然选择和实践路径。合理有序的人才流动,对于构建有序人才格局,推动社会发展,进而形成国家核心竞争力至关重要。

---

[1] 刘民权. 2009年人类发展报告·跨越障碍:人员流动与发展 [M]. 北京:中国财政经济出版社,2009.

高校教师流动作为人才流动的主要类型之一，既具有人才流动的一般特点，又具有作为学术职业流动的特有规律。在学术系统的历史发展过程中，高校教师流动的空间不断扩大，流动时间越来越短，流动频率越来越高，流动方式更加多样。学术系统的发展总是伴随着教师的流动和分层的互动影响。在中世纪，知识分子阶层的形成和分化，导致了学术职业的诞生和发展，也促进了教师的流动，继而推动了学术的进步与发展。在一个封闭型的学术系统中，流动处于停滞状态；而在一个开放的学术系统中，学术生产、知识传授以及社会服务直接导致了学术系统活动方式和学术结构的变化，并深刻影响着学术系统的发展。学术系统的发展本质决定了学术劳动力必须进行学术劳动的交换，在学术劳动交换的过程中促进学术交流和学术创新，实现学术劳动力资源的合理配置。高校教师流动客观上推动了学术生产、知识传授和社会服务功能的发展，促进了国家高等教育系统、学术共同体、院校与教师结构良性循环系统的生成。

从人力资本的本质看，高校教师流动是附加在高校教师身上高深知识的流动，而高深知识在使用过程中的增值就是学术资本。因此，从这个角度去理解，高校教师流动是凝聚在高校教师身上的学术资本的流动。学术资本是指在特定的学术场域内的个人或组织，通过对其所拥有的稀缺性专门知识、技能等高深知识的规范性使用及挖掘，逐步形成学术成就和学术声望，以符合学术市场内在规律的道德标准为约束，以商品的形式与外界进行交换，进而实现价值的增值，提高自身生存和发展所拥有的竞争力的资源总和。学术资本具有学术属性和经济价值属性，强调的是在符合学术市场内在规律的道德标准约束下将学术成就和学术声望与外界进行交换，来获得其生存和发展所需要的资源（包括学术资源、地位资源和政治资源等）。马克思在《资本论》中曾说："处于流动状态的人类劳动力或人类劳动形成价值，但本身不是价值。他在凝固的状态中，在物化的形式上才成为价值。"学术资本的价值是在流动过程中不断得到体现和增值的。

学术资本本身是难以准确测量的。在完全学术劳动力市场中，学术资本的价值由市场决定，具有漂移性、稀缺性和不稳定性等特点；但在不完全学术劳动力市场中，其价值是通过政府或者政府授权的第三方机构授予的各类学术头衔或者荣誉称号来体现的。学术头衔和学术荣誉本身没有价值，但它能够给院校带来资源和声望。学术头衔和学术荣誉给院校带来的预期资源和声望越大，院校给予学术资本的赋值也就越大；反之，则越小。学术头衔和学术荣誉作为学术劳动力市场的价值信号，在高校教师流动过程中发挥着重要作用。学术资本作为资本的一种特殊形式，总是希望能在学术劳动力市场中获取最大回报，实现最大价值。这种回报不仅仅反映在具体的工资福利待遇上，也反映在实现个人学术声望和获取学术地位上，体现在满足其作为学术人的人生追求上。

显然易见的是，对于一个国家的学术系统，乃至对于全球学术系统而言，"挖人"大战将会进一步扩大国家和区域间教育资源的差异。对于高校学术体系而言，其将可能打破院校学术生态平衡，扩大外来人才和自有人才的地位差异，形成反向流动机制。对于学科领域发展而言，人才总是向最能够发挥其学术潜质的学术部落流动，以期形成人才的聚集优势，促进学术发展和进步。从院校资源配置角度来看，人才流动能够优化教学科研资源配置，从而促进人才资源配置效率的提高。院校在进行人才流动决策时，近似一种理性决策，有着明确的针对性和对院校发展的远景规划。在完全学术劳动力市场条件下，"挖人"是你情我愿的市场行为，符合市场选择原则，尽管存在一定程度的人才价格波动，但是市场机制最终总能发挥其对人才资源的调节作用。但是，在不完全学术劳动力市场条件下，政府主导公共资源配置，不同层次类型高校获取的资源潜力存在差异，市场有效调节能力不足，也自然引发"高薪挖人"的竞价效应。学术资本被不断定价，学术处于无序漂移之中。

两次"孔雀东南飞"现象表明，人才"价格"依然是触发人才流动的主要拉力。同时，政府对于不同类型人才的确认为院校"挖人"提供了依据，也为学术的漂移提供了方向。高校教师的流动，可能会造成中西部某些院校和学科的没落，但是学科人才的流动会更好地促进学科整体发展。而院校挖人的"不太道德"的伦理批评和引进人才效果明显的事实之间的矛盾有待进一步思考。

那么，何为合理流动，何为有序流动？何为合理有序的流动？如何判断漂移的学术是有序的漂移还是无序的漂移，是合理的漂移还是不合理的漂移？政策的目的是规训漂移的学术，使之成为政策的工具；还是引导学术漂移的方向，促进学术的发展和教师个体发展？高校教师流动何为"有序"？是完全市场主义还是政府主导流动？是市场的有序还是政府的有序？如何判断？如何规训漂移的学术？此外，高端人才引进成本如何测量？当人才引进成本不能够持续时，高端人才的保留成本和培养成本就成为一个不得不面对的问题。人才流动的过程也是人才不断被定价的过程，人力资本化将成为院校进行人才管理的重要维度。那么，对于高校教师流动而言，是堵还是疏，就成为高校教师流动政策选择必须考虑的课题。

在日益多样化、快速化和复杂化的高校教师流动过程中，是否能够找到其流动的内在规律或者趋势呢？一个国际联合研究团队在对大量人类个体流动数据进行分析后，发现了一部分人群的流动没有明显的规律，而另一部分人群的流动有着明确的规律。另外一个例子是美国东北大学艾伯特·拉斯洛·鲍劳巴希教授和他的研究小组通过匿名手机流动模式的研究发现，人的行为模式并非原先想象的那么随机和不可预知；相反，从长期来看大多数个体的流动规律有着惊人的相似性。其实，高校教师的有序和无序流动也存在同样的逻辑，大量教师个体的无序流动中其实蕴含着有序的结构。无序是有序的基础，有序是无序的目标。有序和无序之间是互相转换的。应该说，尽管高校教师流动模式非常复杂，但是有一定规律可循，而对这些内在规律的发现正是本研究的目标之一。

合理流动在高等教育系统的教师管理中，具有调和高校教师供需矛盾、实现人力资源有效配置、促进高层次人才价值创造和实现、营造良好学术生态和环境的功能，其直接影响着高等教育系统中教师队伍建设的整体成效和建设高等教育强国伟大目标的实现。在计划经济时代，资源的配置尽管有差异，但是教师发展的平台、收入、声望都是被规定的，加上单位人事制度的管控，人才流动既缺乏教师个体的内在动力，也缺乏院校的强劲拉力，流动频率较低，人才被依附或者黏贴在所在的组织之中。高校办学自主权下放以后，为了追求政府公共政策的效率主义，"211""985""双一流"等工程计划在资源配置中的作用显著凸显。随着社会体制及社会保障制度的逐步完善，人才流动的政策障碍逐步消除，流动也就成为常态。高校建设一流的冲动和目标使得高层次人才竞争白热化，人才市场价格水涨船高，这种人才市场价格由政府力量主导，通过院校来实现。政府通过各种"工程"建设计划对教育资源的重新配置来实现政府对高等教育建设的目标，这种资源不仅体现为直接的真金白银，而且还能带来院校和学科的崇高声望，激发院校主动参与到人才市场竞争中来。因此，在当代中国，教师个体流动的意愿、院校的作用、市场的调节、政府的政策不仅形成了教师流动的推拉力，而且形成流动的黏斥力，教师流动行为的发生是推、拉、黏、斥四力相互作用的函数，共同在高校教师流动决策中发挥重要作用。

高校教师流动不仅对教师个体、学术共同体、院校，而且对高等教育系统也会产生巨大影响。本书希望通过揭示高校教师流动规律，以促进学术的进步、教师的职业成长、院校声望的提升和国家高等教育系统的发展的和谐统一，并从世界范围内越来越复杂的高校教师流动模式中寻求中国方案，同时，促进政府和院校决策的高度统一。

是为序。

李志峰

2018 年 12 月

目 录
CONTENTS

第1章 高校教师流动的理论意蕴 ········· 1
1.1 漂移的学术：高校教师流动的基本问题 / 1
1.2 学术资本：高校教师流动的价值 / 14
1.3 高校教师流动的主要类型 / 18
1.4 作为一种学术流动的功能 / 22
1.5 学术劳动力市场视域下的高校教师流动 / 29

第2章 高校教师流动的变迁模式 ········· 40
2.1 中国高等教育发展与教师流动 / 41
2.2 1949—1999年中国高校教师流动模式 / 52
2.3 中国高校教师流动的历史变迁逻辑 / 68

第3章 高校教师流动的政策演进 ········· 74
3.1 高校教师流动政策：内涵与文本数据选择 / 75
3.2 改革开放以来高校教师流动政策的历史发展 / 84
3.3 改革开放以来高校教师流动政策演进的特征 / 98
3.4 改革开放以来高校教师流动政策的价值分析 / 106

第4章 高校教师流动的动力机制 ········· 113
4.1 地位获得：高校教师流动的个体动力机制 / 114

4.2 声望提升：高校教师流动的院校动力机制 / 122
4.3 结构优化：高校教师流动的政府动力机制 / 129

第5章 高校教师流动的影响要素 ········· 138
5.1 高校教师流动影响要素的分类 / 138
5.2 高校教师流动的差异性：基于不同影响要素的实证研究 / 144
5.3 高校教师流动影响要素：个案访谈 / 159
5.4 高校教师流动影响因素的"四力模型" / 169

第6章 高校教师流动的学术产出 ········· 185
6.1 高校教师流动与教师论文产出的相关性 / 185
6.2 研究型高校教师学术论文产出的现状分析 / 189
6.3 研究型高校教师流动对其学术论文产出的影响 / 202
6.4 教师流动政策与高校教师学术职业发展 / 211

第7章 高校教师流动的效益模型 ········· 216
7.1 高校教师流动成本的形成 / 216
7.2 高校教师流动的成本构成 / 223
7.3 高校教师流动的收益分析 / 228
7.4 高校教师流动效益模型及其解释 / 234

第8章 高校教师流动的社会融入 ········· 244
8.1 高校教师流动的社会融入：内涵与要素 / 245
8.2 高校教师流动的社会融入场域 / 250
8.3 不同类型教师流动的社会融入方式 / 257
8.4 高校教师流动的社会融入：主要问题 / 260
8.5 高校教师流动的社会融入：政策改进 / 264

第9章 高校教师流动的组织风险 ········· 269
9.1 组织人力资本视角下的高校教师流动／269
9.2 高校教师流动过程中的组织风险识别／281
9.3 高校教师流动过程中的组织风险成因／289
9.4 高校教师流动过程中的组织风险防范／297

第10章 高校教师流动的政策改进 ········· 308
10.1 高校教师流动：合理性及有序性的理论解释／309
10.2 学术资本异化与高校教师流动无序行为的纠偏／317
10.3 不完全学术劳动力市场下中国高校教师流动的政策选择／328

参考文献 ········· 339

附录 《高校教师流动影响因素与政策改进》调查 ········· 365

后 记 ········· 372

第1章

高校教师流动的理论意蕴

高校教师流动是学术系统中重要的社会流动方式,是社会流动在高校学术系统中的反映,体现出社会流动的诸多特点。高校教师流动直接关涉学术社会中最基本、最核心的社会关系,是学术系统变迁的焦点,其制度演变也必然成为高校人事制度改革的核心领域和亟须研究的课题。

1.1 漂移的学术:高校教师流动的基本问题

1.1.1 问题的提出

近年来,高校教师流动成为高等教育领域的一个热点问题。一方面,随着高等教育规模的快速增长、高校办学自主权的日益扩大以及高校追求卓越声望的内在动力日趋强大,大批量、高强度引进人才成为高校调整教师学历结构和学科结构、提升院校声望、应对高等教育竞争的现实选择,客观上促进了高校教师的快速流动。围绕院校声望和资源获得的"挖人"大战愈演愈烈,"孔雀东南飞"现象成为高层次人才流动的基本"规律",相关报道频见于各大新闻媒体,引发了社会各界的广泛关注和热烈讨论,以至于教育主管部门不得不在 2013 年和 2017 年三次颁布文件，指导和矫正高校人才流动行为。[1] 另一方面，世界人才流动一直是国际学术界普遍关注的问题。因为人才流动不仅直接影响到教师个体的专业发展、院校的学术声望，同时也关系到一个国家的科技生产力和国际竞争力。在国际学术劳动力市场，通过各种方法和手段引进国家所需要的人才是一场"没有硝烟的战争"。可以说，高层次人才是奠定一个国家实力的基础，无论是过去、现在、还是将来，获得国家所需高层次人才的竞争永远不会消失。

高校教师流动是社会流动的一种特殊类型。首先，高校教师流动具有社会流动一般属性；其次，由于流动对象的不同，高校教师流动也具有有别于社会流动一般属性的特殊性。其特殊性体现在高校教师流动是一种以高层次人才培养、科学研究、社会服务和文化传承为使命的学术性流动。这种学术性流动以追求真理、传播和创造人类文明文化为最终目标。

目前，学界对于高校教师流动（包括人才流动）的研究主要存在如下几个突出问题：

第一，尽管对于高校教师流动（包括人才流动）的研究并不少，但是对高校教师流动系统深入的专门研究还不多。 如吴民祥（2006）的《流动与求索——中国近代高校教师流动研究（1898—1949）》，是关于中国高校教师流动的历史研究，具有重要的历史价值。但其研究显然没有涉及中华人民共和国成立以后，尤其是改革开放以后的高校教师流动问题。其他大多数的高校教师流动研究尽管种类多样、数量丰富，但是缺乏系统性，呈现出碎片化的特点。总体看来，已有研究对于高校教师流动的基本问题，如流动是什么？为什么流动？流动到哪里去？流动对于个体和组织发展的功能和后果以及流动的成本与效益、流动文化、流动壁垒、跨国跨境流动、对学术劳动力市场的影响、流动机制与流动政策、中外高校教师流动的动力和基本逻辑等都缺

---

[1] 这三份文件是指：教育部办公厅《关于进一步加强和规范高校人才引进工作的若干意见》，教人厅〔2013〕7 号；教育部办公厅《关于坚持正确导向促进高校高层次人才合理有序流动的通知》，教人厅〔2017〕1 号；中共教育部党组《关于加快直属高校高层次人才发展的指导意见》，教党〔2017〕40 号。

乏较为深入的研究。

第二，在相关的现状调查研究中，缺乏对组织和教师个体的文化动因研究。如中国科协组织开展的系列科技人员流动的调查项目，其主要对象是各级各类科技人员，自然也包括了高校教师。虽然说高校教师流动和科技人员流动有其共同点，但是两者的内涵、流动类型、流动形式、影响因素、流动文化等有较大差异；高校教师的两次大型国际调查主要聚焦于高校教师现状的国际比较，虽然也涉及对流动问题的调查，但是对于不同层次、类型高校教师个体的流动类型、流动动因、流动带来的文化影响（如融合与疏离，组织融入与排斥，适应性等）以及流动对于组织和教师发展的后果等诸多方面涉及甚少；对于教师流动的人口学特征和影响因素的相关性缺乏验证。同时，问卷调查是对教师生涯中某一时刻的横断面的静态抽样调查，由于缺乏深度的个体访谈和匹配的研究技术，很难得出深入的研究结论。

第三，对高校教师流动的影响因素与政策研究不足。随着高等教育国际化竞争的日趋激烈，高校教师流动成为常态，但在高校教师流动过程中，由于流动的种类繁多，从不同的流动类型出发，存在着各不相同的影响因素。因此，需要从不同的维度出发，分析不同层次类型高校教师流动的影响因素。尽管影响因素复杂，但借助推拉理论进行分析，可能存在几种关键的力量在推拉教师的流动行为。因此，如何通过对不同层次、类型高校教师流动影响因素的研究，通过对高层次人才流动政策的改进和完善，吸引和鼓励优秀的境外学者来中国大陆服务，就成为高校教师流动的重要课题；同时，借助不同类型、层次高校教师流动的历史和政策的研究，对于阐明不同历史时期的流动政策、总结流动规律、促进高校教师流动政策改进具有重要意义。

本研究主要聚焦如下几个问题：高校教师流动是什么？为什么教师会产生流动意愿和流动行为？流动的功能和动力是什么？中国不同历史时期的高校教师流动有什么规律？高校教师流动政策呈现出什么样的指向性特征？引发不同层次、类型高校教师流动的因素如何分类？不同学科的高校教师流动对于学术产出有什么影响？如何科学测算教师流动的成本和收益？高校教师在流动过程中的社会融入的特点是什么？高校教师流动对学术组织和教师群体的影响表现在哪些方面？流动风险有哪些？流动风险如何防控？当代中国高校教师流动政策存在哪些问题？教师流动政策如何创新？等等。

1.1.2 研究对象

索罗金的《社会流动》（1927）一书被认为是用现代观点系统研究社会流动的开山之作。书中不仅提出了社会流动的概念，还将其与社会分层有机地，系统地联系起来。索罗金认为："社会流动意味着个人或社会的事物及价值，即人类活动所创造的或改变的一切事物从一个社会位置向其他社会位置的移动。"一般来说，社会流动包括垂直流动和水平流动两种类型。前者指社会成员在社会分层结构中，跨越等级界限的位置移动，依据流动方向，又可将其分为向上流动和向下流动；后者指社会成员在同一等级不同位置间的横向水平流动。

社会学中关于社会流动的研究主要涉及三个层面的问题：一是社会流动是一个动态的分层体系；二是社会流动是一个宏观社会结构变迁的过程；三是社会流动表现为单独的社会成员在社会分层体系中的位置、角色和属性的变化，体现了社会成员社会关系的转变。高校教师流动作为社会流动的一种，是指教师从某一种社会地位或职业向另一个社会地位或职业的变动过程，或者在同一阶层内职业、活动空间的变动过程。由于垂直流动本质上是社会分层的内在机制，反映的是学术职业分层问题，因此，本研究的对象主要是中国不同层次、类型的高校教师在组织之间的横向流动或者水平流动，不涉及教师的纵向流动或垂直流动，也不涉及代际流动。

1.1.3 学术价值和应用价值

1）学术价值

第一，构建高校教师流动的理论模型，探索其流动规律，丰富其流动理论。我国关于高校教师流动的研究多集中于实践层面的工作研究和政策诠释，而从社会学理论视角系统深入地研究高校教师流动的成果较少。本研究以中国高校教师流动的具体现象和问题为切入点，运用社会流动理论、人力资本理论、功能主义理论、身份理论，以学术资本等相关概念作为研究的逻辑起点，对高校教师流动的基本概念和问题进行科学分析，系统研究高校教师流动的内涵、特征、功能，流动结构、流动机制、流动文化、流动制度变迁、影响因素、流动后果等领域中存在的主要问题，探索教师流动规律，丰富高校教师流动理论。

第二，对高校教师流动的影响因素及后果进行论证，解释教师流动的因果关系。社会学领域的流动研究更多地涉及社会流动的理论、形式、结构、后果、种族和性别问题，而并没有涉及太多有关高校教师流动的研究，尤其是关于高校教师流动影响因素的实证研究更为缺乏。教师流动的社会学研究关注的是具有相同或者相似的社会或文化特征的人群——教师群体，这些群体处于教师流动结构之中，形成了流动分化后的不同群体之间的社会关系。那么，是哪些因素在影响着高校教师流动？教师流动对教师发展以及高校学术系统会产生什么样的后果？综上，本研究从政治、社会、院校、学科、个体职业发展等多个维度分析教师流动的影响因素及其后果，解释和验证教师流动的因果关系，对于高校教师流动理论和政策完善具有重要的价值。

第三，对我国高校教师流动实践进行解释和反思，提出行之有效的政策创新策略。从实践角度来看，目前我国高校教师流动表现出一定程度的不合理性，在教师流动过程中也出现了一系列新问题。政府主导的高校教师流动政策正受到院校和市场的双重挑战，迫切需要对既有政策进行修正和创新。高校教师合理流动对教师队伍建设、学术进步与发展以及高等教育的健康发展具有至关重要的影响。因此，反思和批判我国高校教师流动政策中存在的问题，提出行之有效的创新策略就显得尤为重要。

2）应用价值

第一，有利于优化学术劳动力市场配置。十八届三中全会提出了"建立统一开放、竞争有序的市场体系，是使市场在资源配置中起决定作用的基础"的基本方针，给现阶段我国高等教育发展提出了新的方向和挑战。随着市场在高等教育资源配置中发挥越来越重要的作用，在深入把握教师流动现状、掌握教师流动规律的基础上，科学合理地促进高校教师良性流动无疑是实现学术劳动力市场资源合理配置的基础，是形成和规范学术劳动力市场，探索促进学术人才良性流动的有效举措。

第二，有利于完善高校教师流动政策。深化高等教育改革的总目标是完善和发展中国特色高等教育制度，推进高等教育治理体系和治理能力现代化。从"管理"走向"治理"不仅是治国方略的重大转型，而且也是高等教育政策的重大转变，为中国高等教育变革提供了巨大的制度创新空间。在我国高校教师流动不断呈现出市场化、国际化、多样化、层次性等新特点的背景下，着力推进高校教师流动若干基本问题的研究，在制度反思的基础上提出促进教师合理流动的政策创新策略，对修正政策目标和具体办法，推进政策创新，完善符合我国国情的高校教师流动管理制度具有重要的实践指导意义。

第三，科学指导高校教师流动行为。"人往高处走　水往低处流"是流动的基本规律。但学术系统的复杂性以及个体地位获得目标的多样性使得高校教师在流动过程中的选择变得踌躇为难。因此，本研究在一定程度上可以指导教师流动的行为；同时对什么是最优的流动行为、如何实现流动意愿和流动行为间的心理与行为的契合提供理论支持。

1.1.4　既有研究述评

20世纪以来，涉及高校教师流动的研究文献较为丰富。国内外研究主要集中在以下几个方面：一是高校教师流动阶段的研究；二是高校教师流动模式的研究；三是高校教师流动现状的调查研究；四是高校教师流动政策研究。

1）高校教师流动阶段的研究

国外对高校教师流动阶段的研究呈现出一些新趋势。主要有以下三个：一是短期聘任的兴起加剧了高校教师流动。比如，英国实行大批短期学术聘任导致教师流动频率的增加，诸如"学术市场的短工"等新词就是源自短期合同（Fulton，2001）；二是发展中国家的经济发展使得归国流动比例上升。受博士毕业生供给持续增加和全球经济周期性消涨等因素影响，发达国家学术系统中来自发展中国家的教师向祖国回流的比例正逐步上升；三是教学与科研的分离促进了高校教师分化，进而催生教师流动行为。和洪堡时期所推崇的教学与科研紧密结合所不同的是，目前西方高校教师流动出现了教学与科研趋向分离的状况。一项数据显示，英国 2004 年高校雇用的两万多名非英国籍教师当中，单纯的研究人员合同（15.7%）、教学人员合同（41.3%）比例之和，超过同时从事教学和研究的教师（41.5%）的比例（Terri Kim，2009）。此外，许诺降低教学工作量已成为西方高校教师进行流动"谈判"的一种筹码。目前，这一趋势正一定程度在中国显现（李志峰，2006）。

改革开放以来，我国高校教师流动大体可以分为三个阶段（蒋国河，2009）：第一阶段为 20 世纪 80 年代中期，教师的流动以出国学习为主要形式；第二阶段为 20 世纪 80 年代末至 20 世纪末，以教师下海经商与"孔雀东南飞"（由中西部高校向东部沿海高校流动）为主要表征；第三阶段为 21 世纪初至今的国际、系统内与校际的教师流动。此外，田正平（2006）在其专著《中国高等教育百年史论》中以专题的形式，选取几所综合性大学作为个案分析，探讨了百年来教师流动与中国现代高等教育的关系。同时，随着全球学术竞争的不断加剧，中国高校教师流动呈现出市场化、国际化、多样化和层次化的新特点（刘进，2010）。

2）高校教师流动模式研究

David 在 *What Will Changing Academic Mobility Patterns and International Migration* 一书中将高校教师流动模式总结为两大类：一是传统的流动模式，包括短期交流和游览（Short-Term Exchange and Excursions）、国家职业模式（National Career Patterns）、信息和通信技术模式（Information and Communication Technology，ICT-Based Mobility）；二是新兴的学术流动模式，包括横向流动（Lateral

Mobility)、纵向流动（Vertical Mobility）和代际流动（Generational Mobility）。❶ David M. Hoffman 和 Mika Raunio 在研究芬兰高校教师的流动中，将教师分为三种：Word Class、National Champions and Local Heroes。在分析三种不同类型的芬兰教师特征基础之上，提出了教师流动的三种模型，分别是：复合流动模型（Complex Mobility Pattern）、联合流动模型（Associated Mobility Pattern）、传统的国际流动模型（International Mobility Pattern）。❷

Ted I. K. Youn 在进行博士毕业生工作选择的意愿及可能性的实证研究基础上，提出了两种流动模式，即雇佣流动模式（Recruitment Pattern）及产品流动模式（Production Pattern）。❸ Michele Rostan and Ester Ava Hohle 则从微观视角入手，研究教师国际流动，基于国际流动的定义（是否跨出国界线），他们总结出高校教师的三种国际流动模式：第一种是内嵌式流动（Embedded），指教师一生中所有的活动（求学、工作等）都发生在同一个国家，其中包括短期的出国经历；第二种为循环式流动（Circulating），意味着教师出生在一个国家，而成长、求学在另一个国家，最后又回到出生地工作；最后一种是候鸟式迁移流动模式（Migrant），指教师的出生地和工作地不是同一个国家，然而教师在人生的不同阶段出于不同的追求和目标而不断流动。❹

3）高校教师流动现状的调查研究

国外对高校教师流动现状的研究主要集中在对几次大规模调查基础之上。如美国在 1954—1955 年度、1955—1956 年度两个学年对 9 所主要研究型大学的教师流动状况进行了大规模调查，旨在回答"美国大学是否正在失去好的高校

---

❶ David M. Hoffman. Changing Academic Mobility Patterns and International Migration：What Will [M]. 2008.

❷ David M. Hoffman, Mika Raunio. Academic Mobility Patterns and the Competitiveness of Basic Units：The World Class, National Champions and Local Heroes of Finnish Universities [J]. Mika Raunio Retrievew, 2016, 4 (01).

❸ Ted I. K. Youn. Patterns of Institutional Self-Recruitment of Young：Effects of Academic Markets on Career Mobility [J]. Research in Higher Education. Agathon Press. Inc, 1988, 29 (03): 195.

❹ Michele Rostan, Ester Ava Hohle. The Internationlization of the Academy [M]. Volume 10 of the series The Changing Academy - The Changing Academic Profession in Internation Comparative Perspective. springer, 2013.

教师"这一问题，并诞生了美国第一本关于高校教师流动的研究著作——《学术市场》（Caplow，1958）。而 Solimano 与 Andres（2008）在其主编的《人才的国际流动》中建议采取相关措施改善包括大学教授在内的高层次人才从发展中国家纷纷涌入发达国家的流动现状。近 15 年来，各主要国家尤其是欧洲国家、中东国家、东亚国家（地区）甚至包括部分非洲国家和海湾国家，大都对促进高校教师的良性流动开展了专门的研究，其基本原则是"政府掌握并监控人才流动的规律，促成有利的人才流动发生"（Altbach，2009）。至今，全球范围内已有 2 次大规模的高校教师（Academic Profession）调查，第一次发生于 1991—1993 年，由美国卡耐基基金会主导，14 国（含中国香港地区）参加，中国大陆未获邀请；第二次始于 2005 年，由美国发起，全球 19 个国家和地区提交了问卷调查的最终数据，李志峰教授作为中国大陆课题组核心成员全程获邀参加；而第三次，已于 2015 年正式启动（2015 年 4 月 20 日于巴西召开启动会议）。在已经完成的两次高校教师国际调查中，均涉及教师流动问题。

近年来，国内高校教师流动的调查研究日益增多。2004 年，科技部与 OECD 合作，在陕西省开展的博、硕士科技人员调查中，对人才存量与流动状况进行了初步研究。之后，天津市科技统计与发展研究中心和南开大学的相关专家开展了《博士学术人员的开发与流动——基于天津地区的调查》的研究。武博（2005）在其《当代中国人才流动》一文中采用了以定量分析为主，定性分析为辅的研究方法，对我国人才资源流动状况进行了系统研究。通过对不同学历、年龄段的高校教师的平均流动次数的调查，分析教师流动状况。另外，由王成军所著的《高学历科技人力资源流动研究》一书，对高学历科技人力资源流动的模式和影响因素进行了分析研究。中国科协立项在一次调查（张文霞、石长慧、王东明，2009）中，采用典型抽样与随机抽样相结合的方式对我国五个城市的 85 家企业、高校及科研院所中的 3200 名学术人员进行了问卷调查，调查形成了 8 个专题报告，对科技人员流动政策产生了一定的影响。

4）高校教师流动政策的研究

国内有关高校教师流动政策的直接研究较少，通过中国知网检索发现，主题为"高校教师流动政策"的结果仅为4篇，分别为王慧英（2012）的《我国高校教师流动政策执行中的多利益主体》及其博士论文《我国高校教师流动政策研究——基于制度分析的视角》、徐建华（2010）的《多维视野中对高校教师流动政策的省思》以及杨茂庆（2012）的《美国研究型高校教师流动政策与实践研究》。高校教师流动政策和人才流动政策密切相关，但又有特殊性。因此，应从人才流动政策入手研究高校教师流动政策，结合高校教师流动的特点进行系统化研究。政策研究的立足点在于有效解决实践问题，这就需要通过广泛的调查研究，以求得出科学合理的政策结论。显然，以往高校教师流动政策研究多以理论思辨为主，而缺乏支撑性的调查数据支持。

综合国内外已有的研究成果，可以发现：

（1）已有研究对于高校教师流动的研究成果还是比较丰富的，但从国家、组织、学术劳动市场、教师个体等多个层面对处于学术劳动力市场这一具体环境中的高校教师流动行为及其影响因素和流动造成的后果，尤其是无序的漂移状态涉猎不多、论证力度不足。

（2）已有研究中较少涉及高校教师流动的内涵、特征、流动对于教师个体、学术共同体、国家的影响，对于中国高校教师流动的历史、模式、机制与动力、流动风险、流动的效能、流动的成本收益，流动模型等缺乏深入研究。

（3）已有研究虽已关注到高校教师流动参与各方的利益变化，从定性的角度分析论证流动教师个体是受益者，流动的组织可能受损，也可能获益。而对何为科学、合理、有序的高校教师流动则语焉不详，对漂移的学术所造成的后果与流动壁垒，以及在不完全学术劳动力市场中高校教师流动的政策选择和改进方面缺乏深度研究。

1.1.5 理论基础

高校教师流动是一个复杂的社会问题，涉及的问题多、层次广，对于不同的问题需要用不同的理论予以解释。本研究主要选择如下理论作为基础。

人力资本理论。人力资本是体现在人身上的资本，即对生产者进行教育、职业培训等支出及其在接受教育时的机会成本等的总和，表现为蕴含在个体身上的各种生产知识、劳动与管理技能以及健康素质的存量总和。**本研究认为高校教师流动的本质是人力资本中的学术资本在不同组织之间的转移，表现出漂移的学术特征，教师的学术资本是其人力资本的核心。**

耗散结构理论。系统只有不断地与外界进行开放式交流，才能满足自身稳定和发展的需要。形成耗散结构必须同时具备以下条件：第一，耗散结构必须在开放的系统中形成，即该系统能够与外界进行物质、能量的交换；第二，必须远离平衡，因为当系统处于平衡态时不能形成有序，只有当系统远离平衡态，才能产生足够的负熵流，❶ 抵消熵产生，进而提高系统有序程度，最终形成有序结构；第三，形成耗散结构必须存在涨落，❷ 系统内的涨落能推动耗散结构的形成；第四，系统内必须存在非线性的相互作用，这样才能使系统各要素间产生协同作用及相干效应，使系统从无序变为有序，最终形成耗散结构。高校本就是一个动态的开放系统，具有耗散结构的特征。高校若要进行物质和能量的交换，引进教师是十分必要的。同时，教师通过流动实现自身价值，高校也能通过教师流动加强师资队伍建设，提升高校办学水平及管理能力，推动学校有序发展。

结构功能理论。教师流动必然导致组织结构的变化，这种变化也必然影响学术共同体以及院校等组织的调整。

身份理论。身份是对自我进行再阐释的一个重要途径，在层级序列中，处于较高位置的身份对个体具有巨大的影响力，促进其调整自己的行动以期获得"理想自我"的身份。身份理论对于高校教师流动内涵、意愿、动力、影响因素以及流动政策的分析具有较强的解释力。

勒温的场论。一个人所能创造的绩效，不仅与他的能力和素质有关，而且与他所处的环境密切相关。当一个人处于不利环境时，他很难取得成绩。

---

❶ 负熵指熵减少，是熵函数的负向变化量，是物质系统有序化、组织化、复杂化状态的一种量度。
❷ 涨落指一个由大量子系统组成的系统，其可观测的宏观量是众多子系统的统计。

个人对环境无能为力，环境也不会因少数人而发生改变。因此，改变的方法就是离开当前的环境，转移到一个适度的环境中，流动也就此产生。场论从一定层面上解释了环境对人的流动行为的影响。

教师职业生命周期理论。同教师的自然生命一样，教师作为一项社会职业，也遵循着自身发展规律的生命周期。[1] 自20世纪60年代起，关于教师职业生命周期理论的研究一直是发达国家高等教育关注的重点领域。最早对教师的职业生命历程展现浓厚研究兴趣的是学者彼德森（Petersen）和博登（Boaden），他们将教师的职业生涯看作一个静态的过程，如同自然人的出生、成长和消亡一样，是每个人都无法逃脱的自然定律。教师的职业生命也将历经三个历程：首先，确立工作意向以进入职业生涯初期；而后，经历资本积累的上升期，进入职业生涯稳定期；最后，工作激情退却进入职业生涯中后期或离职期。这便是一个完整的教师职业生命历程。相反，美国学者Fesler和Christensen认为教师的职业生涯周期不是静止不变的，而是一个动态发展的过程。他们进行了大规模的数据调查，基于实证分析结论，提出了教师职业生涯的动态周期模型。具体划分为八个阶段：入职前期、入职初期、建构期、上升期、迷茫期、积累期、倦怠期、离职期。相比他人的研究理论，Fesler的动态模型更加细化和完整。休伯曼（Huberman，M.）依据高校教师的工作年限，将教师职业生命周期分为5个阶段：入职初期（第1~3年）、平稳期（第4~6年）、探索和转变期（第7~25年）、平静和关系疏离期（第26~33年）、终结期（第34~40年）。[2] 在研究教师流动现状、教师学术产出现状以及这两者之间的内部关系时，教师职业生命周期理论具有较好的解释力。如在学术生涯早期的青年教师，可能会将更多的精力用于职称晋升和完成教学任务上；处于学术生涯发展期的教师，可能承受更多的家庭生活压力，如果有更好的福利报酬作为引力，那么他们的流动意愿会增强，可能会选择流动；处于学术生涯后期的教师，更多地倾向于向上流动，对学术环境和学术声望的追求可能是诱发他们职业流动的内在动因。处于不同职业生命发展

---

[1] 叶澜，等. 教师角色与教师发展新探 [M]. 北京：教育科学出版社，2001：243.
[2] 叶澜，等. 教师角色与教师发展新探 [M]. 北京：教育科学出版社，2001：289-295.

阶段的教师，其个体特征和发展需求具有极大的差异性。

1.1.6 研究方法

黑格尔说："在探索的认识中，方法也就是工具，是主观方面的某个手段，主观方面通过这个手段和客体发生关系。"❶ 他强调方法是主体在认识和改造世界过程中的方式或手段。本研究所采用的研究方法主要有历史分析法、文献分析法、比较研究法、调查研究法、案例研究法及质性研究法。

本研究将围绕政府、学术劳动力市场、院校、教师四个维度展开，这四个维度也是本研究的主要分析框架。作者认为：高校教师流动是这四种力量围绕学术资本而展开的推拉博弈，高校教师流动是学术资本在不同组织之间的漂移，漂移的方向和频率反映出高校教师流动的趋势和流动政策的正偏。

如果依据社会学的分类，本研究属于思辨社会学、诠释社会学和实证社会学中的**实证社会学研究**，以实证方法论为基础，主要依据从科学调查活动中获得的数据进行分析；如果依据教育科学研究范式来确定方法论，本研究属于解释主义范式、批判主义、建构主义、实证主义，符号互动主义范式中的**建构主义范式**。其中，建构主义是本研究的方法论。**主要研究方法如下：**

一是文献研究法。通过广泛的文献收集和分析来探讨中国高校教师流动的内涵与特征，并对流动结构的合理性、教师流动文化等问题进行研究。

二是历史研究法。通过对高校教师流动的历史发展逻辑进行纵向分析，比较高校教师流动制度的共性和个性特征。

三是调查研究法。对不同类型高校流动对象开展问卷调查，在此基础上对高校教师流动规律进行统计分析与模型建构。除问卷调查外，还将进行深度访谈，访谈对象包括政策制定者、流动研究者和具有流动经历的高校教师。

在描述研究和数据分析基础上，可以将高校教师流动调查的相关指标，进一步分解为以下几组：

个人状态：性别，婚姻状况，年龄段，地区，学历学位层次与院校类型，

---

❶ 黑格尔. 逻辑学 [M]. 北京：商务印书馆，1976：532.

高校教师类别，职称职务，工作场所、单位性质、所属学科、个人目标等。

教师流动现状：流动意愿，流动行为，流动形式，流动类型，流动区域等。

影响教师流动的社会因素：法律环境，人才政策环境，科技政策环境，尊重人才的社会风气等。

影响教师流动的组织因素：收入，工作条件，生活条件，培训与职业发展计划，组织氛围，组织平台，人际关系，制度环境，管理机制等。

影响教师流动的个人因素：学习能力，受教育状况，流动成本与收益，价值观，工作兴趣，个体目标与期望、职业满意度，成就感等。

教师流动的文化因素：文化融合与疏离，学科组织空间密疏，认同整合，组织融入与排斥，职业适应性等。

教师流动后果：个人职业发展，学术生产力提升，组织发展，学术系统完善、优化等。

教师流动政策：学术劳动力市场，流动频率，流动壁垒，政策歧视，就业政策，社会保障，流动管理，风险预警等。

四是案例研究法。 一是院校典型案例研究；二是教师个体典型案例研究。

1.2 学术资本：高校教师流动的价值

1.2.1 学术资本与人力资本

高校教师（包括人才）流动与其他类型群体流动的本质区别在于高校教师流动是学术资本的流动。学术资本作为学术劳动力市场中的核心组成部分具有独特的价值，其在学术劳动力市场中是以价格形式体现的。学术资本为学术共同体所有，只有在学术劳动力市场中才能充分发挥作用，学术资本只有在学术场域中才能够实现漂移，才能产生效能。

一般而言，学术劳动力市场的特征主要表现在四个方面：首先，教师人力资本的表现形式是学术资本。学术资本是学术劳动力市场进行交易的"产品"。学术劳动力市场中的价格由蕴含在教师身上的学术资本的价值所决定；其次，高深知识存量与增量决定高校教师流动的交易价格，个人劳动力价格取决于其对高深知识的垄断和可能的贡献程度；再者，学术劳动力市场具有层级性，高校教师是处于学术劳动力市场金字塔上层的高端人群，拥有较高的知识和技能；最后，学术劳动力市场具有竞争性。随着高等教育事业的快速发展，高校教师成为社会职业分工中具有较强吸引力的职业之一，大量的学术劳动力需要通过激烈的市场竞争以获得学术职位。

学术劳动力市场隶属于劳动力市场，具有劳动力市场的基本特征。但作为主要劳动力市场的学术劳动力市场，它与非学术劳动力市场之间也存在着一些差异，"在学术劳动力市场中，教师劳动力供求双方交易的不是'人'，而是存在于教师身上的人力资本。这就决定了学术劳动力市场存在的一些特征。"❶ 教师作为学术劳动力市场中的交易对象，是通过黏附在教师身上的人力资本来实现市场交换的。

高校教师流动作为一种以高深知识为交换媒介的社会流动，其主体具有高学历、学科忠诚、流动主要在学术场域中进行的特点，这就决定了高校教师的流动本质上是一种学术性流动，是学术资本在学术系统中的迁移。高校教师在成长过程中拥有多种资本，其中，学术资本是对其职业发展最重要、需要不断去积累和创新的资本。总而言之，学术资本是指在特定的学术场所内的个人（如高校教师）或组织，通过所拥有的稀缺性专门知识、技能等高深知识，逐步形成学术成就和学术声望，以符合内在规律的道德标准为约束，通过商品的形式与外界进行交换，以实现价值的增值、自身存在和发展竞争力提升的资源总和。学术资本本身存在价值，且能通过交换的方式使外部价值实现增值，其区别于高校教师拥有的其他资本的特点是其"知识性"。高校教师学术资本有如下本质属性：

1）存在的无形性

知识与声望的无形性决定了学术资本的无形性。同时，高校教师学术资

---

❶ 谢家建. 学术职业流动与学术劳动力市场的相关性研究 [D]. 武汉：武汉理工大学，2008.

本的价值必须以一定的学术成果或者其他成果为载体才能表现出来。按照成果载体的形式来划分，学术资本可以分为隐性学术资本和显性学术资本。[1] 其中，显性学术资本以实物（专著、论文等）为载体，可以采取量化的方式对其进行测量和评价；隐性学术资本（如文化底蕴、学术积累等）一般只能通过直接接触、交流传播的方式实现价值交换和价值增值。但不论是显性学术资本还是隐性学术资本，都必须依附于一定的载体才能体现其价值。

2）形成的困难性

高校教师学术资本的形成和发展是缓慢而复杂的。学术资本可以较为容易地转化为物质资本，但物质资本向学术资本的转化却需要很长的时间进行专业化的学术训练。人们不能像购买物质资本那样购买学术资本，即使可以购买，也难以在短期内发挥作用。无论是教书育人还是科学研究，都需要教师投入大量的时间和精力，在这个过程中所耗费的物力、人力和财力往往难以精确计量。

3）分布的不均衡性

高校教师学术资本分布的不均衡性主要是指在同一学术系统中，教师的学术资本在不同层次类型院校之间的分布不均衡。例如，处于学术中心地带的高校（如一流大学）教师拥有的学术资本比处于学术边缘地带的教师拥有的学术资本更丰富，总体价值也更大；在同一所高校内，不同学科专业的教师拥有的学术资本也存在差异，贴近社会、容易将学术转化为物质资本的应用学科教师通常比远离社会、其研究缺乏资本转化潜质的人文学科教师所获得的资本多。

1.2.2 学术资本的价值与高校教师流动

学术劳动力与非学术劳动力之间的本质差异在于两者在劳动力市场中交

---

[1] 胡钦晓. 何谓学术资本：一个多视角的分析［J］. 教育研究，2017，38（03）：67-74.

换的对象不同：非学术劳动力市场中交换的对象是人与生俱来的劳动，后期不需要进行大量地、长时间地、系统地学习；而学术劳动力市场中交换的主要对象是存在于教师身上的学术资本，这些学术资本需要经过系统地、长期地学习和训练。一般而言，学术资本的价值越大，高校教师的流动性也就越强。在高校教师流动过程中，学术资本是衡量人才价值的最直接的依据。

在学术劳动力市场中，高校既是学术劳动力的供给方，也是学术劳动力的需求方。高校根据发展目标不断地招聘所需要的教师，同时通过契约管理方式将不适合的教师淘汰出去，从而推动高校教师双向流动。

学术劳动力市场进化程度是指学术劳动力市场由简单到复杂、由低级到高级的发展过程。随着经济的全球化和市场化，高等教育的经济功能日益受到重视，市场对高等教育的影响也越来越大，在市场力量和学术力量的共同作用下，学术劳动力市场不断发展和完善。

学术劳动力是有价格的，这种价格受制于市场而不仅仅由政府决定。尽管公立高校实行政府定价的工资制度，但各个学校也可以根据自身资源和需要实行弹性的岗位津贴制度和其他激励政策，如住房补贴制度、科研费启动制度、配偶安置制度等，以增强学校对于不同类型学术劳动力的吸引力。当然，政府立法、教师工会组织以及其他机构的干预也影响着教师的工资收入。当前我国学术劳动力市场的发展还不够完善，加之学术劳动力市场的配置不能像其他劳动力那样完全由市场调节，国家必须对学术劳动力的资源配置给予强有力的支持性干预。正因如此，高校教师的工资变动没有企业雇员变动那样灵活，学术劳动力市场工资价格弹性相对较小。

学术劳动力市场存在于一定的外部环境之中，但其本身也需要有一定的内部运行环境。与其他市场一样，内部环境不优、信息处理不当、行为者的不良动机等问题，都会导致交易一方或是双方遭受损失。特别是对于学术劳动力市场这样一个特殊市场而言，除了受制于某些外在因素，还受学者本身学术伦理道德的影响。

因此，学术劳动力市场的运行需要有一套完善的运行规则和条件，包括公平竞争、人力资本产权权益保护以及诚实守信的文化氛围。

对于高校教师来说，学术生涯并非坦途，既要直面学术界生存的竞争和发展的压力，也要经受外部世界的诱惑。站在教师成长和发展的角度，高校教师作为"社会人"，其对学术地位、学术权利、人生价值和利益目标的追求和对和谐的组织文化、教师文化、学术文化的渴盼是并行不悖的。基于大学组织的视角，组织资源具有稀缺性，机会具有有限性的特点，当大学组织所能提供的环境、条件、资源和机会不能满足教师成长和发展的需要，抑或教师不能符合高校资源组合及实现价值递增的要求时，教师的流动就会发生。当学术资本累积到一定程度，教师就自然受到学术劳动力市场的关注而成为市场供需方眼中的"香饽饽"。

从历史的角度来看，高校教师职业是一个流动的职业。就其最初的职业群体而言，他们凭借自己拥有的知识与才干周游天下、自由讲学。对于高校组织而言，无论是欧洲中世纪大学，还是近代中国大学的产生和发展，都是与教师流动相依相生的。大学只有通过教师流动来不断与学术系统进行学术交流，才能实现自身的持续健康发展，一旦中止与外部的交流，系统就会陷入停滞的危机。毋庸置疑，教师的自由合理流动可以减缓不同地域、院校之间师资力量的不合理配置，保证整个国家教育系统的健康发展；对学校而言，可通过教师流动优化资源配置，实现对学校人才资源的优化整合；从教师自身的角度出发，其能力也在流动过程中得到了提升。因此，合理的高校教师流动不仅是市场经济发展的客观要求，而且是整个国民教育、高校系统与教师个体的需要。

1.3 高校教师流动的主要类型

1.3.1 基于系统内外部准则的高校教师流动

高校教师流动主要受外部和内在两方面因素的影响，且在一定程度上呈现出单向性、阶层性、能动性和从众性等特征。若以整个国家的教育系统为研究对象，我国高校教师流动大致可分为教育系统的内部流动和跨教育系统的外部流动,并以此为界限形成不同类型的学术劳动力市场。如李志峰,谢家建(2007)把高校教师流动分成教育系统内部流动与系统外部流动,并认为系统内部流动又可分为组织内流动和组织外流动、学科内流动和学科外流动等。与此同时,学术劳动力市场也通过其内在机制影响高校教师流动。作为学术劳动力交换和配置的场域,学术劳动力市场由市场主体、劳动力价格、市场存在形式、学术劳动力、市场环境以及社会保障体系等要素共同组成,且呈现出组织与学术劳动力彼此依赖的特点。劳动力价格不仅由政府确定,而且还受制于市场力量,还取决于对高深知识的垄断程度和控制能力。总体而言,高校教师流动呈现出竞争性、层次性以及过程控制复杂性等特性。

1.3.2 基于学术和非学术准则的高校教师流动

按照学术性划分,高校教师流动可分为**学术型流动和非学术型流动两种类型**。陈金江,王宁认为校际争夺人才、客座教师、兼职教授都会促进高校教师的横向流动。[1] 学术型流动指大学教师在高等教育系统内为了实现学术追求而进行的流动,非学术型流动则指大学教师为了金钱、权力、地位等进行的流动。[2]

李志峰,杨开洁(2009)认为高校教师的学术型流动表现为三种方式:一种是高校教师从学术水平低的院校向学术水平高的院校流动;第二种是从一个专业学术层流动到另外一个专业学术层;第三种则是教师从学科专业水平较低但院校水平较高的学校向学科专业水平较高但是院校水平一般的学校流动。刘进,沈红(2014)总结出中国研究型高校教师学术性流动的6种主要类型,分别为从海外回国任教、从企业流向大学、兼职教授、"家属"模式、"猎头"公司、"以才引才"模式,并指出中国高校教师的流动意向、流动行动和流动频次均处于较低水平,但近年来表现出明显的上升态势。

---

[1] 王宁. 美国研究型高校教师流动问题探析 [D]. 北京:北京师范大学,2008:16-33.
[2] 陈金江. 论高校教师学术型流动 [J]. 现代大学教育,2004(02):102-105.

1.3.3 基于压力和非压力的高校教师流动

按照流动的动力来进行划分,可划分为压力流动和非压力流动。即分为高校教师的思想、专业选择、学术兴趣、信仰等原因引起的自由流动和因战争、政治势力、经济窘迫等引起的压力流动。**压力流动**是指高校教师受到外在压力(如战争、政治势力、经济窘迫等)不得已而进行的流动,外在压力是高校教师不能避免且不能克服的客观情况,属于不可抗力;非压力流动则是出于内在意愿(如高校教师为获得更好的科研条件、更高的社会声望等)而进行的自愿流动,是自我实现压力下的流动。

1.3.4 基于个体不同需要的高校教师流动

依据美国心理学家亚伯拉罕·马斯洛在1943年于《人类激励理论》一文中所提出的"需求层次理论",高校教师流动可分为生存型流动、归属型流动和自我实现型流动。**生存型流动**是指高校教师出于满足自身生理和安全的需要而进行的流动,生存型流动的高校教师通过流动维持自身生存的基本需求,包括食、饮、衣、住、行等方面的要求,同时通过流动满足保障自身安全、摆脱事业和财产丧失威胁等方面的需要,生理需要和安全需要是推动高校教师流动的最基本动力;**归属型流动**是指高校教师出于满足自身的感情需要而进行的流动,包括友爱的需要、归属的需要和尊重的需要。归属型流动是高校教师在生理和安全需要得到满足后发生的,它和高校教师的心理特性、生活与工作经历等有关;**自我实现型流动**是指高校教师为实现个人在教学或科研上的理想、抱负,以有效完成与自己能力相匹配的教学或科研任务而进行的流动。自我实现型流动是最高层次的流动,其将实现个人学术价值和追求学术声望作为第一需求。

1.3.5 基于市场竞价原则的高校教师流动

按照市场竞价的原则,高校教师流动可以分为竞价型流动、议价型流动和标价型流动。**竞价型流动**是指高校竞相提供高薪吸引优秀教师来本校工作而引起的高校教师流动，竞价型流动一般发生在高端人才群体中；**议价型流动**是指教师在流动时与高校之间讨价还价而产生的流动，一方面高校教师渴望通过流动获得更高的工资回报；另一方面高校为节约成本，希望以合理的较低价格引进高校教师。议价型流动一般发生在中端学术人才之中；**标价型流动**是指在高校掌握着人才标价的权力，通过"明码标价"的方式招聘高校教师而引起的流动行为，教师根据高校给出的条件选择是否流动，自主权相对缺乏。

1.3.6 基于组织赋权程度的高校教师流动

根据赋权理论，高校教师流动可以分为赋权型流动、和恰型流动和规制型流动。**赋权型流动**一般发生于学术造诣较高的高阶教师中（如教授），高校给予这类教师除了一般性条件外的专属权利，尤其是对于"长江学者""杰出青年"这类人才，他们拥有的话语权和对资源的再配置权利明显不同。赋权型高校教师在流动时具有很大程度的独立性和自主权；**和恰型流动**一般用来描述中阶学术人才的流动，一般指高校和教师在双方的目标和追求都能得到基本保证的前提下，通过高校教师的流动行为而进行资源和条件的有偿互换，目的则是实现共赢。和恰型流动模式下的高校与教师间的关系较为融洽；**规制型流动**一般发生在低阶学术人才中（如刚入职的高校教师），由于这类教师本身的条件及其与所属高校的匹配度相对居中或较低，在和高校的博弈谈判中居于弱势地位，在薪酬、工作条件等方面的竞争力不强，话语权较弱。规制型流动中的高校教师处于高校的规制框架之中，自主性较差。

1.3.7 基于组织选择的高校教师流动

按照高校教师融入高校组织文化的方式与程度，高校教师流动可以分为游离型流动、嵌入型流动和锚定型流动。**游离型流动**是指高校教师虽在组织关系上从属于某高校，但却"人在曹营心在汉"，游离于组织学术文化的边缘；**嵌入型流动**是指高校教师以"嵌入方式"在高校组织中流动，如同"镶嵌在内部"的机关，成为组织结构的单元和组织中不可或缺的一员；**锚定型**

流动是指高校基于内部的岗位需求，有针对性地、精准引入教师。高校根据职位的性质、责任轻重、难易程度和所需资格条件等进行分类，高校教师则根据给出的岗位信息选择工作职位。

按照教师流入高校的层次类型，高校教师流动还可分为逐利型流动、阶梯型流动和聚合型流动。**逐利型流动**是指高校教师出于追逐经济利益为目的；**阶梯型流动**是指高校教师由较低层次高校流入较高层次高校，流动状态呈现出由低到高的"阶梯状"；**聚合型流动**是指高校出于组织发展的需要，主动调控教师流动行为的现象。高校教师流动的推拉因素包括更高的收入、更广阔的发展前景、更好的生活条件、为后代获得更好的受教育机会等，高校借助聚合型流动实现优胜劣汰、聚合精英的目的。

1.3.8　基于不同流动方向的高校教师流动

按照流动方向来分类，高校教师流动可以分为单向流动、双向流动和混合流动。单向流动主要是指高校教师向一个方向的流动；双向流动是指高校教师的流动是双向的，互相的流动；混合流动则是指高校教师流动的方向是多向的、交互性的、多类型的、多方式的流动。

1.3.9　基于影响因素数量的高校教师流动

按照影响高校教师流动因素数量的多寡，高校教师流动可以分为单一影响因素流动和多因素混合型流动。**单一影响因素流动**是指高校教师基于单一的因素而引发的流动；**多因素混合型流动**是指高校教师流动是多种因素综合作用、互相影响而形成的流动。

1.4　作为一种学术流动的功能

高校教师流动会产生正面与负面两种影响，国外学者一般从积极与消极、利与弊两方面来研究高校教师流动的功能。如，Knight J.（2010）从个人、组织和国家层面分析了高校教师流动对加拿大的益处。他指出，高校教师流动不仅可以拓宽教师个人的全球视野，使组织机构获得学术合作者，还可以促进国家与全世界进行知识与文化的共享。[1] 而 Alan Smithers（2004）认为英国的教师流动弊大于利，潜藏着诸多不良影响：一是加剧教师短缺危机；二是降低教师队伍的质量；三是有损教育公平；四是耗费教育资源。Abrahamson（1967）通过实验表明，从教师个体来说，高校教师流动虽然可能给自身带来高工资，但也意味着其在同行中学术声望的下降以及自治话语权力减少的可能性。

沈堰奇（2008）认为高校教师流动是社会文化的一部分，其对教师、学校和社会造成的功能既有外显的也有内隐的，既有积极的也有消极的，他从"显—正""潜—正""显—负""潜—负"几个维度，运用默顿的功能理论对我国高校教师流动情况进行了深入分析。李志峰（2008）认为高校教师流动在应然上可以存在合理的流动，但从实然的角度，我国高校教师流动则暴露出很多的问题。唐秉雄（2013）认为高校教师流动存在着正负效应，正效应表现在其有助于各高校教育资源的合理分配，很大程度上满足了教师职业生涯中的个性化需求；负效应则表现在流动过于频繁的话，易造成师资队伍不稳定，从而影响到正常的教学秩序，也易对校方的学科建设产生恶劣的影响。李银（2006）认为，对于高校的发展来说，高校教师流动更像是一把双刃剑，研究小组和大学的计划会因为关键人物流向其他院校而遭受重创。王军红，薛滩（2010）认为高校教师的自由流动不单单是教师个人的随意流动，它还会使流出高校的声誉、有形与无形资源遭受损失，同时也是对流动者个人信誉与职业价值的损害，这正与现代社会中人才的合理流动相违背。尽管高校教师流动存在着这样或那样的问题，但是毫不讳言，没有教师的流动，就没有大学的形成和发展，也没有知识的增进和发展。

1.4.1 高校教师流动与教师个体成长

教师的个体成长是流动的必然结果。学术人员从院校接受严格的科学训

---

[1] Knight J., Madden M. International Mobility of Canadian Social Sciences and Humanities Doctoral Students [J]. Canadian Journal of Higher Education Revue canadienne d'enseignement supérieur, 2010, 40 (02): 18-34.

练，继而进入高校从事学术职业，就是流动的一种表现形式。

"人往高处走，水往低处流"是事物发展的自然规律。况且，对教师而言流动过程本身也是一种考验、历练和社会再选择的过程。通过流动，教师逐步找到适合自身发展的环境，有利于实现其自身价值；同时，流动能使教师产生危机意识，努力学习新知识和科研方法，以适应新形势的需要，其自身素质也在此过程中得到了提高。合理的高校教师流动有助于营造竞争氛围，激发老师的创造力和开拓精神。对教师个体而言，"人往高处走"的"高处"是指更高的社会地位，在职业发展的金字塔结构上处于更优势的位置。因此，"人往高处走"本质上反映的是教师个体追求社会地位、获得社会认可、重构社会身份的过程。

广义上来看，社会地位是指社会成员在社会整体系统中所处的位置；狭义来看，是社会成员在所从事的职业体系中的位置。由于社会系统包含诸多职业体系，不同的职业体系不具有可比性，因而在同一职业体系上进行地位比较和分析较为合理。对高校教师而言，社会地位是指教师在整个学术职业体系中所处的位置以及由所处位置所带来的学术声望和学术权力。

根据马克斯·韦伯的观点，从一般意义上来讲，社会地位泛指财产、权力和权威的拥有状况，可以分为先赋性地位（ascribed status）和自致性地位（achieved status）两种。前者取决于性别、年龄、家庭关系等，后者则与所受教育、职业和婚姻状况等有关。按照不同的标准，我们可以把社会成员的社会地位划分为若干个不同的社会地位等级序列，如阶级地位、政治地位、经济地位、职业地位等。这些不同标准的社会地位等级序列之间互相交错，尽管存在差异，但在一定程度上又具有同一性。一般而言，阶级地位高，则政治地位、经济地位、职业地位也相应比较高，即遵循地位一致性原则。地位一致性所要表达的是个体所具有的多种地位都处在大致相同的水平上，如一个人兼有较高的阶级地位、政治地位、职业地位和经济地位。在固化社会中，社会结构等级森严，社会成员流动较少，地位一致性较强。地位相悖性资源是指社会成员在不同的社会地位标准中地位等级序列不一致的情况，如高校教师这一职业，其社会声望比较高，但其政治与经济地位可能较低。造成地位相悖性的原因是多方面的，而这种地位的相悖性恰恰是教师产生流动意愿和流动行为的内在动力之一。

流动对于教师个体成长发挥着重要的作用。主要体现在如下几个方面：

一是流动能够有效促进教师多元价值观的形成。多元价值观要求尊重每个个体的意愿，以个人能力寻求自我满足的途径。虽然个体间价值观相异，但互不冲突，相互之间可以充分理解，不固守单一化的价值观。在教师从一个组织流向另一个组织的过程中，其可以充分了解和理解不同组织的价值观，而多元价值观的形成有利于教师更加客观地认识我们赖以生存和发展的世界，更好地传授知识和文化，更好地开展学术交流和为社会大众服务。

二是流动能够形成有效的教学生产力，培养更加优秀的学生。尽管教师的流动的目的具有多样性，但是从教师本身的职业特点出发，教师流动能够很好地促进教师之间的教学交流，培育全面发展的学生。在其职业生涯发展过程中，教书育人是教师的主要职责，但教师教学能力和模式的形成往往和既往的组织文化相关。另外，教师流动到一个新的组织，新组织的教学文化、教学理念、教学方法和教学标准可能影响到教师的教学成长。

三是流动能够有效提高教师知识生产的能力和服务社会的水平。科学史中的许多例子已经证明，科技人员的流动能够形成人才的集聚效应，促进教师之间的学术交流和合作，促进其知识生产能力和社会服务水平的提升。

四是流动能够促进个体自我价值的实现。教师地位属于自致性地位，需要通过接受高层次的教育并获得教师职业身份，进而为实现个体自我价值奠定基础。对于学术人而言，教师个体流动的目的就是获得更高的社会地位和学术同行的认可，而这种认可正是基于高校教师作为高层次人才的精神满足和需要。

1.4.2 高校教师流动与学术共同体

1) 学术共同体的人才集聚效应

20世纪，英国哲学家布朗依在一篇题为《科学的自治》的文章中提出了学术共同体这一概念。他认为，科学家群体是具有共同信念、共同价值、共同规范的社会群体。美国科学史、科学哲学大家托马斯·库恩（Thomas Samuel Kuhn）在《科学革命的结构》等著作中进一步论述了另一个和学术共同体类似的概念——"科学共同体"。从本质上看，"学术共同体"和"科学共同体"的内涵大同小异，科学共同体主要指向科学技术领域，而学术共同体的范围更广一些，除了科学技术领域之外，还包括人文及社会科学领域。库恩认为，对是否为科学革命的判定要以科学共同体的共同认定为准则，全体科学家一致认为某一项伟大的发现是革命性的，才会发生研究范式的革命，这种范式是指共同的信念、理论、方法、价值标准等的重大转型。知识的爆炸式发展，学科分化越来越细致，学科之间的壁垒越来越严，不同学科间的学术人员也越来越难以用完全相同的理念、理论与方法、价值标准来形成共同的专业判断。因此，在新的历史环境下，学术共同体和科学共同体的概念需要进一步发展。我们认为，如果将所有科学家或学术人员划为一个宏观或者跨国界的学术共同体来看，按照大的学科分类可以把学术共同体分为中观的学术共同体和微观的学术共同体。中观的学术共同体又可以分为自然科学学术共同体（和科学共同体类似）、社会科学学术共同体以及人文学科学术共同体，如果按照国别来划分，中观的学术共同体包括不同国家的学术共同体，而微观的学术共同体则包含更为具体的学科共同体，甚至一个学术组织就是一个学术共同体。在微观的学术共同体之中，其更容易就学术理念、理论与方法、价值标准达成一致，更加具有专业的判断力和优良的学术交流氛围。

在学术共同体之中，学术同行间有着共同关心的问题，可以进行深度的学术交流和合作，学术研究本身的价值、需求和取向使他们自觉地聚集起来，这种聚集是自发的、内生的，是具有吸引力的。可以这样理解，对于学术人员来说，学术共同体就像一块巨大的磁石，能够对学术人员产生巨大的吸引力，吸引具有相同理念、理论、方法和价值标准的学术人员进入学术共同体，从而让学术共同体具有强大的生命力和创造力。同时，学术共同体还具有排斥效应，将那些不具有共同理念、理论与方法、价值标准的学术人员排除于学术共同体之外。

学术共同体具有显著的人才集聚功能。科学史的许多经典案例可以证明，人才总是聚集在一些学术声望较高的学术组织之中,并从中产生一流的学术成果。这种人才集聚效应反映的是学术的漂移状态。显而易见,学术总是漂移到最能够发挥其效益的地方。这种人才聚集效应主要有如下特点:

一是价值共享性。学术共同体汇集了一批具有共同学术旨趣、专业水平的人才,并逐步形成稳定的学术共同体的共同价值,这种价值形成组织的文化氛围,对组织内部的成员具有规训作用,同时对新进的学术人员具有价值引导作用。

二是组织共融性。具有不同学科专业知识、能力与素质结构的学术人员聚集在共同的研究课题下,需要发挥各自的专业技能,与其他团队成员实现知识和能力的共融,才能促进新思想观点的形成。德国哥廷根大学曾经是世界数学中心,也是世界数学学术人员向往的"神圣天堂"。"打起背包,到哥廷根去",是数学研究人员的口号。众所周知,数学界许多重要的成果都是在哥廷根大学诞生的。学者之间的组织和知识共融可以实现优势互补,获得创新优势。

三是专业性。知识是人类孜孜以求的终极目标,追求真理、探求未知是学术共同体的共同旨趣,这就需要学术共同体汇集一批具有高深知识的学术人员。学术共同体的专业性体现在:专业性的研究领域、专业性的理论与方法、专业性的价值标准、专业性的判断等,学术共同体也正是通过其专业性来吸引其他学者进入的。

由此看来,学术共同体的形成与发展有利于人才的流动和聚集;同理,人才流动和聚集又促进了学术共同体的发展。

2) 共生效应与高校教师流动

简单地理解,"共生效应"就是指在一定的组织环境中,系统内的成员共同生存、相互依赖、共同成长的效应。在科学界,有许多著名的共生效应例子。如英国卡迪文实验室从1901年至1982年先后产生了25位诺贝尔奖获得者,便是"共生效应"的典型案例。共生效应的核心是系统内成员的交流互动机制。在学术共同体中,任一成员都可因这个系统而获得比在其他环境中更多的成长机会,实现"1+1>2"的共生效果。在学术共同体中,教师个体和组织之间的共生关系是通过成员之间知识结构、理论与方法、思维方式、能力结构等的互动机制形成的，发挥成员之所长，汲取成员间的共同智慧，通过广泛的交流讨论，集思广益产生新的成果。

一般来说，要在学术共同体中形成共生效应，首要因素是组织导向，围绕目标建构一个具有共同目标取向的组织，然后培养和引进杰出人才。通过杰出人才的学术声望及创新机制，能动地实现学术建构。因此，高校教师流动是人才与人才、人才和组织之间双向的知识建构驱动的。

1.4.3 高校教师流动与人类发展

人类发展离不开流动。流动促进了人类之间的互相了解和理解，促进了知识的交互融合和发展，增进了人类的福祉。人类流动对于提高流动人员的收入、教育水平，增加个体和家庭的社会参与性，理解多样化的世界以及为子女的将来提供可能的发展前景等方面都会产生巨大的影响。人类的流动行为本质上是人类获取和行使自由权的过程，一个美好的社会，就是让每个人都拥有自由流动和自由选择的权利。

人类流动的过程是充满希望和不确定性的人生漂移之旅。流动在很大程度上改变原来的生活环境和生活境遇，从而面对新的环境和不可预期的新的挑战。人类流动的根本目的是为了改变，为了让自己的职业、事业以及社会更加美好。由于流动人员的多样性、复杂性以及世界各国对于人口流动制定的各种法律法规，使得人口流动成为当今世界面临的复杂问题之一。

人类的发展是与流动密切联系在一起的。流动促进了世界各民族文化的交流，促进了科学技术的进步，促进了人类的发展。鼓励流动，破解流动壁垒，化解流动难题，实现和谐流动是世界各国公共政策的主要议题。

在人类流动过程中，高层次人才的流动（包括高校教师的流动）无疑又是世界各国公共政策的核心。对于世界各国的人才战略而言，吸引高层次人才一直是政策的方向。高层次人才是探索世界、认识世界和改造世界的核心力量，他们参与创造了人类发展的各种物质文明和精神文明。可以说，人类的发展离不开包括高校教师在内的人才流动。

就国家层面而言，在学术劳动力市场中引导高校教师朝着合理有序的方向流动、实现学术劳动力资源的优化配置是促进人尽其才、才尽其用和更好地发挥人才作用的具体体现，是实现中华民族伟大复兴的人才基础。学术研究是没有组织边界的，发明创造、学术思想、艺术创造等学术活动都不依附于某一特定组织，只要有利于学术发展和科学创造，有利于社会主义现代化建设和提升中华民族核心竞争力的流动，都应当得到鼓励、支持和引导。

毋庸置疑，无论是站在高校教师个体的角度，还是站在高校或是国家角度，合理有序的高校教师流动都是有益的。对高校教师而言，高校教师具有学术人和社会人的双重身份，高校教师作为一种职业脱离不了社会职业的固有属性，必须融入市场，因此，把高校教师置于学术劳动力市场的大环境中，对高校教师流动进行研究，有助于我们更好地理解高校教师的内涵。同时，也有助于深化对高校教师的理论研究，充实和丰富社会学和经济学理论。并且，高校教师作为衡量高校竞争力的主要指标，能否有效地管理好高校教师队伍，营造良好的工作环境和学术氛围，留住优秀人才，不断吐故纳新、吸收人才加入，是高校在激烈的学术劳动力市场竞争中占据优势的关键；对于国家而言，优化学术人力资源配置，吸引世界一流的人才，并发挥人才的使用价值，也是高校教师流动管理所要实现的目标。

1.5 学术劳动力市场视域下的高校教师流动

1.5.1 学术劳动力市场的内涵和特征

学术劳动力市场作为劳动力市场的一种，具有劳动力市场的基本特征。它是由供给方、需求方和劳动力价格三个基本要素组成，包含了劳动力市场的应有属性。广义的学术劳动力市场是指所有通过学术工作来获得物质意义上的报酬的劳动力所组成的市场。狭义上的学术劳动力市场是指由高校教师构成的、围绕价格形成的供需双方的劳动力市场。市场机制是学术劳动力市场形成的基础，高校教师流动是其形成的根本原因，学术劳动力市场的形成与组织内部激励、高校声望、政策和制度等因素密切相关。

1985年12月，美国经济学会第九十八届年会在纽约召开，其中的一个主题是学术劳动力市场与非学术劳动力市场的性别差异。20世纪80年代开始，国外经济学界，特别是美国劳动经济学界对学术劳动力市场进行了广泛的实证研究。由此，学术劳动力市场的概念逐渐形成与发展，并开始受到学术界的关注。

学术劳动力市场的主要特征表现在如下几个方面：

(1) 学术劳动力市场的竞争性

随着高等教育事业的快速发展以及社会工作环境的变化，高校教师成为社会职业分工中具有吸引力的职业之一，大量的学术劳动力需要在市场中通过竞争获得高校教师的职位。与其他职业相比，高校教师的工资虽然不高，但仍然是具有较强竞争力的职业。这是因为除了基本工资外，教师还可通过其他方式获得额外收入，如假期讲课费、咨询费或者发明专利费、稿费等。此外，高校教师职业具有某些显著的优势，如职业稳定、享有学术自由以及拥有学术假、学术交流、专业进修等机会。另外，教师还可以长期享用其劳动成果，对其研究成果有署名权和专利权。[1] 这些学术职业优势使得学术人员想要进入学术劳动力市场，就必须凭借学术资本的竞争才能进入。

(2) 学术劳动力市场的层次性

不同层次的高校对于学术劳动力的需求是不一致的，其在选聘教师时关注的重点也不一样。有的大学比较注重学生培养，这决定了在招聘教师时更看重教师的教学能力；而对关注科研成果的大学来说，追求真理和卓越的使命决定了应聘教师应具有较高的科研能力。从事高校教师职业的人员需要经过严格规范的专业训练，具有较强的学术生产力和发展潜力，才能够成为一名合格的科研型教师。对于教师来说，学校的层次类型、声望以及工作环境对于学术劳动力的流动都有很大影响。与一般劳动力比较，学术劳动力的成

---

[1] 弗兰斯·F.范富格特.国际高等教育政策比较研究[M].王承绪，等译.杭州：浙江教育出版社，2001：368.

本较高。随着学术劳动力市场的日益成熟,学术训练的专门化程度也不断提高,以学术资本为主要交易对象的学术劳动力市场分工越来越细,独立性也越来越强。

1.5.2 学术劳动力市场与高校教师流动

1) 教师在学术劳动力市场中的价格

学术劳动力市场与普通劳动力市场的本质区别在于市场主体的特殊性。高校教师参与学术活动的精神性,对高深知识的热情,对学术自由的向往,对工作环境和自身价值的追求等构成了学术劳动力市场主体的特殊属性。与其他劳动力市场比较,价格在学术劳动力市场中并非是根本和决定性的因素。一个很简单的例子:知名大学的教授很少仅仅因为价格而流动到非知名大学,因为知名大学能够为其实现学术追求与自身价值提供学术氛围、工作环境以及诸多其他条件;其次,虽说较高的工资收入也是教师的向往,但纵然非知名大学支付更高的价格,高校教师一般也不会为了追求高工资收入而离开知名大学,除非,非知名大学拥有比知名大学更好的学科平台,能够使教师获得更大的学术声望。从经济学的角度分析,高校教师获得的声望在一定程度上弥补了其高收入需要。虽然价格也在学术劳动力市场中起着重要的作用,但并非唯一的决定性的因素。

学术劳动力市场是一个价格和供求关系相互作用的场所,其形成有许多条件。首先,与一般劳动力市场相同,学术劳动力市场也是由供给方、需求方以及劳动力价格三个基本要素构成的。此外,其他要素如中介组织、市场存在形式、市场环境以及社会保障体系等也会影响学术劳动力市场的运行效果。

市场主体是作为供给方的教师与作为需求方的高校构成的。学校作为教师人力资本的最大需求方,以自身的发展为目标,需要通过引进优秀师资来提高竞争力;对高校教师来说,站在自身的角度对其人力资本进行评估是必然的。

学术劳动力价格具有优化教师人力资源配置、评测教师人力资本等级以及分配教师人力资本收益的功能。资源的稀缺程度越高,则个人对知识的垄断与控制程度越高，供求关系越紧张，学术劳动力的价格也就越高。和其他劳动力市场一样，学术劳动力市场中的流动收益也表现为个人收入的增加，同时，更重要的是获得更高的学术声望。因此，对于教师而言，其流动的意愿和行动，也镶嵌着以自身所拥有的学术资本追求个人收益和声望最大化的意图。

作为教师人力资本核心的高深知识，其存量往往无法通过具体方法进行量化测算，其使用也会受心理、动机、制度条件等诸多因素的影响，这使得学术劳动力市场在运作过程中无法以科学量化的方法对学术劳动力的价值进行衡量或评估，也增加了双方在谈判、交易过程中的难度和不确定性，使学术劳动力市场的信息复杂程度相对于其他市场来说较高。同时，大学组织难以对教师学术工作的过程和结果进行严格控制，因此，大学不得不对录用教师的资格进行更为严格的考查和筛选。

2) 多样性的学术劳动力市场

市场机制是学术劳动力市场形成的基础，高校对于高质量学术劳动力的强烈需求导致了学术劳动力的市场化程度越来越高，并形成了不同层次类别的学术劳动力市场：组织内部学术劳动力市场、系统学术劳动力市场、国家学术劳动力市场和国际学术劳动力市场等。

组织内学术劳动力市场存在于各高校内部，在高校内部利用竞争、激励等机制提高教师的工作积极性与创造性，对教职工进行严格考核，公平、合理地对待教职员工的岗位变更要求，营造出积极向上的市场环境，以期在学校内部规范学术劳动力市场。建立竞争与激励机制，营造良好氛围对组织内学术劳动力市场来说至关重要，高校教师的治学态度、教师队伍的思想素质水平以及高校对教师的管理模式等是学术劳动力市场环境的重要组成部分。

不同类别学术劳动力市场所存在的问题与面临的困境有所不同，其市场主体也有所区别。组织内学术劳动力市场形成于特定的高校，其关注的是如何利用有限的资源实现学校办学效益最大化；而作为活跃于各高校之间的系统学术劳动力市场，其更大程度上关注的是整个高等教育事业的发展。国家学术劳动力市场必须有利于国家经济发展。国际学术劳动力市场是全球化的市场，对于中国而言，从世界各国吸引优秀学术人才来中国服务，是跨国跨境流动所形成的市场。

在计划经济时代，市场力量薄弱，高校主要通过政府统一分配的方式来实现教师的流动需求。在这种情况下，高校教师流动受限于政府政策，严重影响了教师和高等教育事业的发展。随着高等教育的快速发展，加上市场经济体制的逐步形成、市场观念深入人心，统包统分的方式已经不能适应高校对学术劳动力的需求。各行各业对人才的争夺日益激烈，市场机制为高校教师的流动提供了体制条件，加快了高校教师的流动进程；"人才强国战略"也为学术劳动力市场的形成提供了有利的政策环境，不同层次类别的学术劳动力市场基本成形，对教师流动的影响也越来越大。

1.5.3 学术劳动力市场分割影响高校教师流动

在市场经济体制下，学术劳动力市场是一个多元化的市场，高等教育系统的多元化发展使得学术劳动力市场呈现出一种分割状态，教师通过市场的配置作用进入不同的分割市场，从事不同形式的学术活动，获得不同的职业地位。学术劳动力市场分割导致了高校教师流动的院校、性别和学科差异，阻碍高校教师的正常流动。

1) 劳动力市场分割理论的发展

市场分割这一概念来源于经济学，分割就是细分市场，其核心是让同一个分割市场达到最大的同质化，不同的分割市场达到最大异质化。市场分割理论认为导致分割的原因是法规、规章制度以及市场参与者的目标等因素。二元劳动力市场理论将劳动力市场分为主要劳动力市场和次要劳动力市场两大类。一般而言，一级市场具有工资福利待遇高、就业稳定、工作条件好、晋升和培训机会多等特点；与之相反，二级市场收入低、工作不稳定、工作条件差、培训机会少、缺乏竞争机制。两级市场的差异主要体现在教育和培训作用的不同。学术劳动力市场分割是在劳动力市场概念的基础上形成的，二者本质相同，但由于学术劳动力市场交易对象的特殊性，所以又与劳动力市场分割存在差异。我们认为，学术劳动力市场分割是指因学术人员在工资和工作条件等方面的不平等而分割成具有不同特征的学术劳动力市场。

劳动力市场分割理论是在与新古典劳动理论的争鸣中产生和发展起来的。其产生的原因是传统理论无法对一些现实问题做出合理解释，其发展初期较多地采用了历史分析和制度分析的方法，发展到今天，实证分析已成为劳动力市场分割理论的重要分析方法。

王飞在《我国劳动力市场分割问题的研究》一文中对劳动力市场分割理论的发展做了详细的总结。他认为，劳动力市场分割理论的发展主要经历了四个阶段：以康芒斯为主要代表人物形成的老制度学派是第一阶段；新制度主义的出现是该理论发展的第二阶段；多林格等人提出的二元劳动力市场分割理论是第三阶段；在多林格的理论基础上发展起来的新型理论是第四阶段。[1] 劳动力市场分割理论强调劳动力市场的分割属性，强调制度和社会因素对劳动报酬和就业的重要影响，这些理论汇合成为劳动力市场分割理论学派。

劳动力市场分割理论是劳动经济学中制度学派的重要代表，它经历了一个不断完善的过程。从最初的二元结构聚焦于劳动力分割市场理论，到后来劳动力分割市场理论的重点转移到分析发达工业社会的劳动力市场，这个理论的发展过程是渐进的。虽然目前劳动力市场分割理论分为不同的流派，但不同的流派有一个共同的特点，就是他们都认为劳动力市场被分割为两个部分。

现代劳动力市场分割理论主要包括：多林格和皮奥里提出的二元劳动力市场分割理论；瑟罗、卢卡斯等人提出的职位竞争理论；布鲁斯提出的职位竞争理论以及内部劳动力市场理论。

多林格和皮奥里在《内部劳动力市场及人力政策》一书中提出，"劳动力市场划分为非正式劳动力市场和正式劳动力市场。至此，二元劳动力市场理论真正建立起来。多林格的二元劳动力市场分割理论得到了不少专家学者的赞同，如戈登和托宾在《通货膨胀与失业》中认为，在美国的劳动力市场中使用该分

---

[1] 王飞. 我国劳动力市场分割问题的研究 [M]. 重庆：西南大学出版社，2006：1-2.

析框架是可行的。在此基础上，不同的专家学者对二元劳动力市场分割理论提出了自己的看法和见解。刘易斯在其发表的《劳动无限供给条件下的经济发展》中针对发展中国家的经济状况提出了自己对该分割理论的理解。❶

1972年，瑟罗、卢卡斯等人提出了职位竞争理论。这种理论归纳为4个核心观点："职位有好坏之分；各职位的工资是不一样的；每个工人的工资取决于他在劳动力市场中所占的地位；教育没有人力资本理论中的那种提高生产的作用，它只是一种'信号'，起着'过滤器'的作用。"❷葛苏勤在《劳动力市场分割理论的最新进展》中也认为"职位竞争理论下的职位竞争模型使教育失去了人力资本理论中提高生产力的作用，而仅仅是作为信号发挥筛选功能。"❸

布鲁斯在1975年提出了激进的劳动力市场分割理论。该理论强调劳动力市场分割是和社会经济因素紧密联系在一起的，并且是一个历史的过程。激进理论认为劳动力市场分割是由种族、性别、教育文凭、工业集团等因素共同决定的。程贯平认为"激进理论具有明显的阶级性和功能性，这种理论对许多社会主义国家存在的分割现象没有丝毫的解释力。"❹

克拉克·科尔在其《劳动力市场的分割》中首先提出了内部劳动力市场的概念。内部劳动力市场具有高度的组织性，是大型的，有规模的社会组织中正规的劳动力市场。

从劳动力市场分割的最新研究成果看，劳动力市场分割中市场的划分和障碍因素的选取并无统一的标准。劳动力市场分割理论实质上只是提出了一种分析方法或思想，给具体的实践提供了参考的依据。

2）学术劳动力市场分割的形式

目前，关于学术劳动力市场分割的研究数量屈指可数。1976年美国学者

---

❶ 刘易斯. 劳动无限供给条件下的经济发展 [DB/OL]. http://doc.mbalib.com/view/9ccd5ad97314f79f9238f8e134a69006.html.
❷ 程贯平. 我国劳动力市场分割及其变迁的研究 [D]. 广州：华南师范大学，2004：8.
❸ 葛苏勤. 劳动力市场分割理论的最新进展 [J]. 经济学动态，2000（12）：53-56.
❹ 程贯平. 我国劳动力市场分割及其变迁的研究 [D]. 广州：华南师范大学，2004：12.

Barbara 通过分析美国高校教师工资结构的决定因素证实了学术劳动力市场存在分割，并将学术劳动力市场划分为岗位分割、学科分割两种形式。在此基础上，美国学者 Michael R. 和 Pete Tomanoff 分别于 1993 年和 2005 年通过分析影响工资的决定因素证实了学术劳动力市场存在性别分割。为了进一步研究学术劳动力市场的分割形式，Gerald 在 1990 年通过研究美国高校教师，证实了学术劳动力市场存在分割，并根据高校教师的任期和职称，将学术劳动力市场划分为内部劳动力市场及外部学术劳动力市场。全职且有专业职称的教师隶属于内部劳动力市场，兼职教师等则隶属于外部学术劳动力市场。与内部学术劳动力市场相比，外部学术劳动力市场的教师工作量多但获得的报酬却更少。

在国内，涉及学术劳动力市场的研究并不多见，对于学术劳动力市场分割的研究更少。李志峰与谢家建在《学术职业流动的特征与学术劳动力市场的形成》一文中指出，学术劳动力市场具有价格弹性、层次性、竞争等特性，反映学术劳动力市场存在一定的分割状态。❶ 此外，曾晓东在《WTO 框架与我国学术劳动力市场的建设》一文中，通过分析总结关于学术人员工资的三个主要理论——高等教育外的因素决定论、市场竞争论以及机构因素论，认为学术劳动力市场存在分割，且分割会对学术人员的选择产生重要影响。❷ 而关于学术劳动力市场分割的类型，李湘萍在《我国学术劳动力市场分割的实证研究》一文中，通过对 2007 年全国普通高校专任教师工作状况的抽样调查证实了我国学术劳动力市场存在明显的类型分割和性别分割。不同类型、不同性别的高校教师在个人特征、工作特征等方面存在显著差异。

3）学术劳动力市场分割对于教师流动的影响方式

目前，我国学术劳动力市场存在不同形式的分割。学术劳动力市场作为劳动力市场的一种，其分割效应既表现出劳动力市场分割的一般特性，又具有特殊性。"按照不同的分割标准，可将我国学术劳动力市场分割为不同市

---

❶ 李志峰，谢家建. 学术职业流动的特征与学术劳动力市场的形成 [J]. 教育评论，2008 (05)：11-15.

❷ 曾晓东. WTO 框架与我国学术劳动力市场的建设 [J]. 比较教育研究，2005 (06)：67-70.

场。按照学术声望，可以分割为不同等级不同层次的学术劳动力市场；按照区域范围，可以分割为全国性、地区性以及地方性学术劳动力市场；按照学校类型，可以分割为研究型和教学型学术劳动力市场。"❶ 我国学术劳动力市场除了以上几种分割形式以外，还存在以下的分割形式。

一是性别分割。一般来说，个人在劳动力市场中所体现的价值取决于其边际生产力的大小，当其他因素在劳动力市场上获取价值或造成价值损失时，歧视便会发生。劳动力市场分割理论认为性别歧视是性别分割最重要的体现。同样，在学术劳动力市场中也存在由性别歧视产生的性别分割。

对于学术劳动力市场而言，高校男教师处于优势地位，女教师处于劣势地位。这种差异不仅表现在专业技术职称、学术地位上，同时体现在学历层次和经济收入上，这一结论在 Peter Toumanoff 教授的研究中得以证实。相同条件下，男教师比女教师起薪高 2.9%~8.4%，这些差异在一定程度上导致学术劳动力市场性别分割的产生；其次，高校在教师招聘方面也存在明显的性别偏好和歧视现象，进而加剧了学术劳动力市场的性别分割。在招聘新教师时，同等条件下多数高校倾向于招聘男性教师，只有少部分倾向于招聘女性教师。尽管这种性别分割在全球不少国家存在，但是在当代中国，性别分割存在但差异性并不明显。

二是学科分割。学科是一种知识的分类体系，学科分割是知识发展的必然结果，学科分割的结果是知识体系呈现支离破碎的状态，不同学科之间互不往来，相互隔绝。这既反映在各个学科内部，同时也反映在各个学科与其他学科的关系上。学科分割导致的教师差异是显著的。显学具有更加重要的地位，显学教师的社会地位，收入水平更高。

三是职称及岗位分割。我国高校教师职称主要分为助教、讲师、副教授、教授四个等级，不同等级又分为若干个岗位等级，构成了4层13级的岗位结构体系。不同职称及岗位级别的教师，对教学活动、科研活动、管理活动等学校事务活动的投入和偏重不同，学术产出也不同。高校教师被职称及岗位

---

❶ 李湘萍. 我国学术劳动力市场分割的实证研究 [J]. 复旦教育论坛，2010, 8 (02): 38-44.

分割为不同阶层和拥有不同地位的教师群体。谷志远通过对全国13个省的70所高校进行调查研究，发现职称分割对教师的学术产出具有显著影响，职称为教授的教师近三年内的学术发表最多，达26篇；其次是副教授，为15篇；讲师职称的青年教师学术发表为8篇；助教职称的教师其学术发表均为4篇。❶ 由此可见，教授的学术产出量最高，助教产出量则最低。

四是学历分割。目前我国高校教师学历主要有专科、本科、硕士研究生和博士研究生四个层次。一般而言，在我国学术劳动力市场中，教师的学历越高，专业知识越丰富、学术能力越强、工资待遇越高，也更容易在学术劳动力市场中获得较高地位。

五是学校类型分割。按照学校性质和层次，可以将我国的普通高等学校分为一流大学建设高校、一流学科建设高校、省属本科高校、高职高专院校几大类。不同类型高校的教师在教学和科研上的投入与产出比存在显著差异。一般来说，一流大学建设高校和一流学科建设高校，高校教师在科研上投入的时间相对较多，学术专业性较强；此外，不同层次类型高校教师收入也存在显著差异，相对于一般本科高校，一流大学建设高校和一流学科建设高校教师的科研行为回报更高。由此可见，我国学术劳动力市场也存在较为明显的学校类型分割。

与劳动力市场一样，学术劳动力市场也分为主要市场和次要市场。一般来说，主要学术劳动力市场的学术群体对高深知识的垄断程度和贡献程度较高，人力资本的存量较大，处于较高的社会地位，具有较高的经济收入。主要学术劳动力市场为人们追求自身价值和物质需要提供了更好的发展机会，处于主要劳动力市场的人们具备较多的人力资本和较高的价值追求，在组织筛选中往往处于优势地位。但同时也应看到，当高校的工资待遇、保障措施不能满足高层次人才需求时，他们便会考虑流向更好的高校，结果加剧了主要和次要学术劳动力市场的分割程度。

在高校纷纷实施人才强校战略，建设"双一流大学"的背景下，人才队伍

---

❶ 谷志远. 高校青年教师学术产出绩效影响因素的实证研究 [J]. 高教探索，2011 (01)：131-138.

建设受到高度关注。各高校将引进高层次人才看作实现人才队伍跨越式发展的一项重要举措,为此投入了大量的物力和财力,进一步激发了高层次人才的流动意愿。学术劳动力市场的组织筛选就变得更加频繁,分割也就更加细化。

在市场经济体制下,高校教师流动的过程就是实现对人才资源重新配置的过程。在学术劳动力市场中,每个组织都想实现最优、最好的资源配置,因而对人才资源的选择和要求必然也会提高。学科差异、人才等级差异、地区差异使得教师间收入差距进一步拉大,学术劳动力市场分割特征更加明显,直接影响了教师的合理有序流动。

第2章

高校教师流动的变迁模式

从1949年中华人民共和国成立至1999年，中国高等教育发展大体可分为三个时期：第一个时期是从1949年至1965年，为高等教育调整期。这个时期主要在毛泽东教育思想的指导下，对旧中国的高等学校进行接管、接收、接办与初步改造，进行大规模的院系调整，积极探索社会主义高等教育发展道路。第二个时期是从1966年至1976年，为高等教育停滞期。这个时期高等教育发展遭受重大挫折，受"文化大革命"十年动荡局面的影响，中华人民共和国成立后17年的教育成就基本被全盘否定，教师队伍受到极大摧残，教学秩序被打乱，高等教育元气大伤。第三个时期从1977年至20世纪末的高等教育发展期，这个时期教育系统根据党的路线、方针、政策，对高等教育工作进行拨乱反正和调整改革，高等教育实现了历史性转变。初步形成了中国特色社会主义教育体系的基本框架，并在改革发展中不断完善中国特色社会主义教育体系。

通过对1949—1999年中国高等教育发展历史的背景分析，本研究试图从浩如烟海的文献中归纳描绘高校教师流动的历史图景，找出高校教师流动的因果线索，分析高校教师流动的历史原因，总结其流动的历史变迁模式。

2.1 中国高等教育发展与教师流动

2.1.1 高等教育调整期：1949—1957年

中华人民共和国成立（1949年）至"文化大革命"开始（1966年）的17年间既是中国社会发展的重要转型期，也是中国高等教育发展的重大转折期。

中华人民共和国成立伊始，全国（除台湾地区）共有高等学校227所（其中公立高校138所，私立高校65所，教会设立的高校24所），❶普通高等学校专任教师共1.6万人。至1958年，全国普通高等学校专任教师为84993人。仅从教师数量来看，净流入普通高等院校的教师达到6.8万多人，是中华人民共和国成立初期教师数的5倍多。中央政府对旧中国高等学校接管、接收、接办与初步改造，并进行了大规模的院系调整，推动了高校教师大规模、成建制的流动，继而推动了高等教育事业的不断发展。具体又可分为以下几个阶段：

第一，对旧教育的接管与改造。

中华人民共和国成立初期，政府的首要任务是使高等教育回到人民手中，并确立中国共产党对高等教育的领导地位。政府秉持谨慎的态度，实行"维持原有学校，逐步加以必要的与可能的改良"的总方针，采取先接管、接收和接办，逐步加以改造的方法。❷基于总方针，政府先后接管旧中国时期的公立学校，回收接受外国津贴学校的主权，同时，接办了私立学校，开始对各学校进行初步改造。

公立大学是我国高等教育的主体，包括国立和省（市）立大学，享受政府津贴。中华人民共和国成立前几年，国民党统治区共有高等学校205所，其中公立学校124所，占总数的60.5%。中华人民共和国成立后，中国共产

---

❶ 高奇.中国高等教育思想史 [M].北京：人民教育出版社，2001：363.
❷ 郝维谦，龙正中，等.中华人民共和国教育专题史丛书——高等教育史 [M].海口：海南出版社，2000：31.

党最先着手对公立学校进行接管与改造。为了顺利开展接管工作，中国共产党与中央政府新设立专门机构及任命专职工作人员负责这项工作。接管前，根据拟定的对象和计划先行调查，对确定的接管对象上报军事管制委员会，由军管会批准并告知联合办事处，然后军事管制委员会向学校派遣军代表及联络员，负责宣传共产党的方针政策，团结广大师生。同时对学校进行必要的改造，改造的内容主要包括：一律废除国民党的训导制度并以新民主主义论、政治经济学、社会发展史等课程取代国民党党义、公民等课程。

从帝国主义列强手中收回各种文化教育、宗教事业的自主权是中华人民共和国成立初期我国教育事业调整的另一项重要任务。西方教会从19世纪末开始在华办学，一直持续到中华人民共和国成立前。中华人民共和国成立初期，在华教会大学共计21所，其中有17所接受美国津贴。外资学校不顾中国各种规定，不仅利用教会学校宣传反动思想，甚至从事间谍活动。中国共产党从大局出发，决定接收教会学校，统一收回教育主权。

1950年10月12日，教育部明令接收天主教会举办的获外资津贴的高校——辅仁大学，拉开了中国政府接收外资津贴大学的序幕。为维护中国对教育事业的自主权，中华人民共和国政务院于1950年12月29日第65次会议颁布《关于处理接受美国津贴的文化教育救济机关及宗教团体的方针的决定》；1951年1月14日，政务院文教委员会发布《接受外国津贴及外资文化教育救济机关及宗教团体登记条例》及实施细则；1951年1月，教育部在北京召开处理接受外国津贴的高等学校会议，时任教育部部长马叙伦在开幕词中强调，会议的目的是"集中力量，解决接受美国资金援助的高等教育机关的问题，坚决彻底地肃清美帝国主义文化侵略的影响"。

至1951年年底，除辅仁大学外，另有20所大学被接收，依据现实情况分别改为公立或私立学校。鉴于旧中国半殖民地半封建社会的属性，私有制占主导地位，因此也成立了一些私立高等学校。从20世纪初中国人自办私立大学到1947年，私立专科以上学校已有79所，占当年高校总数的38.16%。❶

---

❶ 苏渭昌. 高等学校的接管——私立高等学校的接收与改造 [J]. 高等教育研究，1987（02）：115-120.

据统计，中华人民共和国成立初，我国部分地区私立高校多于公立高校。周恩来总理在第一次全国高等教育会议上针对私立高校问题做过专门分析，"私立学校处于困难的境地，以前它们的经济来源大都是军阀、官僚资产阶级，现在没有了，学田、土地改革时也分了"。鉴于此，周恩来总理强调"这些困难，政府应该照顾"❶。政府采取了"积极维持、逐步改造、重点补助"的方针对这些私立高等学校进行改造。1950年8月12日教育部公布政务院第43次会议批准的《私立高等学校管理办法》，将私立学校管理正式并入法制轨道。

第二，院系调整与规划。

1951年年底，政府初步完成对各学校的接收与改造工作后，开始酝酿大规模的院系调整。"至1952年年底全国有四分之三的院校完成了这一工作，其中华北、东北、华东三个地区调整较为彻底。"❷ 院系调整是中华人民共和国成立之初高等教育领域进行的第一次大规模调整，根据工作重心的不同，院系调整过程分属不同阶段。

1949年年底至1951年的院校调整工作并未大规模展开，只是针对个别院校的试点性调整，调整范围较小，涉及院校数目较少。

1951年11月3日，全国工学院院长会议提出全国主要工学院调整方案的草案，揭开了院系大规模调整的序幕。以华北、华东、中南三地区的工学院为重点的院系调整开始实施。1952年5月，教育部《全国高等学校院系调整计划草案》提出调整原则，并于1952年对北京、天津、武汉、上海、南京、长沙等地的高等学校进行调整，同时新增部分高校。1953年则是延续1952年的院系调整政策，主要改组未进行调整的旧大学。经过此次院系调整，全国高校数目日趋合理，专业类别也趋于科学化。1954年，全国新建工业院校12所，调整并归为5所。1954年年末，全国高校达到188所，较1953年新增7所。因为形势发展需要，教育部于1955—1957年开始新一轮大规模的院系调

---

❶ 中央教育科学研究所. 周恩来教育文选 [M]. 北京：教育科学出版社，1984：11.
❷ 中央人民政府高等教育部关于1953年高等学校院系调整工作的总结报告 [J]. 党的文献，2002（06）.

整，主要解决高校布局不合理的问题（高校集中于少数大城市，尤其是沿海地带）。经过此次调整，沿海部分高校迁入内地，壮大了内地高等教育规模。至此，20世纪50年代的高校院系调整工作基本结束。

在中央政府对旧中国高等学校的接管、接收、接办与初步改造以及进行的大规模的院系调整时期，高校教师流动呈现出政治性、整建制、行政化、流入教师数量多、流动数量大等特点，对后来我国高等教育事业的发展影响深远，奠定了我国高等教育发展的基本格局。

2.1.2　全面建设社会主义时期的高等教育：1958—1965年

1958年后，党中央开始积极探索社会主义发展道路。1958年9月《关于教育工作的指示》提出对高等教育工作的要求：争取在十五年左右的时间内，基本做到全国的青年和成年，凡是有条件和自愿的，都可以接受高等教育。❶ 1958年《关于高等学校和中等技术学校下放问题的意见》发布后，中国高等教育开始"盲目式发展"，兴办工厂、农场，大大超过了国家的承受能力。同时，"整风运动"期间，一批教授、知识分子、领导干部被划为"右派分子"，极大挫伤了高等教育领域从业人员的信心。针对上述问题，中共中央陆续颁布《国务院关于全日制学校的教学、劳动和生活安排的规定》❷《中共中央、国务院关于整顿1958年新建的全日制和半日制高等学校的通知》《中共中央关于在高等学校中指定一批重点学校的决定》，对1958年后新建的高校进行调整、整顿和巩固，并指定北京大学、清华大学、复旦大学、中国人民大学等16所高校为全国重点大学。❸

1960年年底，在"调整、巩固、充实、提高"八字方针指引下，教育事业也开始纠正"反右倾"错误。1961年中央发布《教育部直属高等学校暂行工作条例》，明确了办学方向和具体途径。经过近10年的发展，高等教育逐步走上正轨。从教师队伍数量来看，其经历了由快速增长到逐步回落稳定的

---

❶ 张应强，等. 精英与大众——中国高等教育60年 [M]. 杭州：浙江大学出版社，2009：16.
❷ 何东昌. 中华人民共和国重要教育文献（1949—1975）[M]. 海口：海南出版社，1998：899.
❸ 何东昌. 中华人民共和国教育史 [M]. 海口：海南出版社，2007：254.

过程，流向高等院校的教师整体呈现显著的增长趋势。具体情况详见表2-1。

表2-1 1958—1965年高等教育发展状况

年份	高校数（所）	专任教育人数	在校生数	
			本专科生	研究生
1958	791	84993	659627	1635
1959	841	99657	811947	2171
1960	1289	139142	961623	3635
1961	845	158736	947166	6009
1962	610	—	830000	—
1963	407	137925	750118	4938
1964	419	135176	685314	4881
1965	434	138116	674436	—

资料来源：陈武元，洪真裁. 中华人民共和国成立后17年中国高等教育发展评价与启示 [J]. 东南学术，2007（03）：150-155.

中华人民共和国成立初期，中国各项事业百废待兴。这一时期中国高等教育以苏为师，围绕接收、改造、院系调整等方面展开，受宏观政治、经济、文化等方面的影响比较显著，流向高等教育领域的教师数量呈现较快增长的态势。针对这个时期高等教育发展的现实需要，政府制定了相关的工作方针，出台了一系列相关政策，领导和推动了高等教育的发展。

这个时期整体处于计划经济体制下，政府对高等学校实行国家高度集中的、统一的管理模式。对高校教师来说，其身份发生了根本改变。中华人民共和国成立前以教师聘任制为主的用人机制被改造为任用制，高校教师被赋予"国家干部"的身份，实行由国家统分统配的终身任用制度，通过计划录用、行政命令和调配的形式任命和管理教师，学术职业的政治属性得以确立，职业稳定性得到加强，教师之间的地位鸿沟得到较为彻底的改变，教师的单位属性得到进一步强化，教师的自由流动受到严格的限制，流动必须得到政府主管部门的批准，学校作为政府的事业单位受到制度和政策的严格管理，学校和教师之间的劳动关系也发生了根本性的变化。如1961年的《教育部直属高等学校暂行工作条例（草案）》就对高校教师的调动做了说明，"教育部直属高等学校教师的调动必须经过教育部的批准"❶。这种高度集权的政府管理体制下，高校人事制度都由政府统包统揽，高校没有人事聘任权，高校教师的分配与调离必须服从国家安排，高校教师的自由流动受到了严格限制，处于"被动流动"状态；从长远角度看，这不利于高校的发展。高校是一个开放的学术系统，客观上需要教师的流动来保持其系统的活力。教师作为高校最重要的资源之一，需要不断与外界进行交流，这种交流本质上要求教师能够自由流动。然而在这个时期，政府对高等教育系统进行了较为严格的管控，一定程度上限制了高校教师的流动，也影响了高等教育的快速和健康发展。

2.1.3 高等教育停滞期：1966—1976年

1966年，"文化大革命"爆发，中国高等教育事业遭受严重的摧残和破坏。不少教师遭受残酷迫害，很多教师被迫离开教师岗位，流失严重。

1）高等教育全面停滞期（1966—1970年）

"文化大革命"导致高等教育工作陷入停滞状态。1966年6月13日，党中央决定推迟本年度招生工作。6月18日，《彻底搞好文化革命，彻底改革教育制度》在《光明日报》发表，强调"对整个旧的教育制度实行彻底的革命"。紧接着，1966年7月24日，国务院发布《关于改革高等学校招生工作的通知》，宣布"高等学校招生取消考试，采取推荐和选拔相结合的办法"，❷并指出："高等学校选拔新生，必须坚持政治第一的原则"，"贯彻执行党的阶级路线"。从1966年起，全国高校停止招生工作。

1967年，在毛泽东主席指示下，人民解放军部队进驻各学校单位进行军政训练。1968年8月25日发出《关于派工人宣传队进驻学校的通知》，要求"各地应该仿照北京的办法，把大中城市的大、中、小学逐步管起来"，要以

---

❶ 何东昌. 中华人民共和国重要教育文献（1949—1975）[M]. 海口：海南出版社，1998：634.
❷ 杨学为. 高考文献（1949—1976）[M]. 北京：高等教育出版社，2003：627.

"优秀的产业工人为主体，配合人民解放军战士，组成毛泽东思想宣传队，分期分批进入学校"。❶ 在狠抓阶级斗争的形势下，各高校都错误估计了阶级斗争形式。清华大学工宣队、军宣队在《坚决贯彻执行对知识分子"再教育""给出路"的政策》中称清华大学深受修正主义毒害，发动群众从高校清理出大批的"阶级敌人"。北京大学清出"叛徒"3人、"特务"55人、"历史反革命分子"21人，"现行反革命分子"9人、"地、富、坏分子"14人，共102人。❷

1968年9月12日，《人民日报》发表《关于知识分子再教育问题》，随后转引毛泽东主席指示："知识青年到农村去，接受贫下中农的再教育，很有必要。"❸ 此后，知识青年上山下乡运动轰轰烈烈展开。由于停课闹革命，教师被批为"臭老九"，大批教师被迫下放到农村或者"五七干校"接受改造。

这段时期，高等教育系统教师的流动呈现出一种集体流失的状态，在被迫下放的形势下表现出一种政治压力下的被动的流动特征。教师身份发生了根本改变，教师成为接受改造的对象。

2) 高等教育事业的艰难恢复（1970—1976年）

1966年到1970年，受"文化大革命"的影响，高等学校四年未招生。1970年，北京大学、清华大学率先提出《关于招生（试点）的请示报告》。中共中央于1970年6月27日批转《北京大学、清华大学关于招生（试点）的请示报告》，决定废除大学招生考试制度，采取群众推荐、领导批准、学校复审三者结合的办法招收工农兵学员，并决定在北大、清华两校展开试点。1972年春，全国高校大面积学习北大、清华招生的工作经验。工农兵大学生学制为2~3年，学习期间的任务是"上大学、管大学、用毛泽东思想改造大学"。

---

❶ 中央教育科学研究所. 中华人民共和国教育大事记（1949—1982）[M]. 北京：教育科学出版社，1984：420.
❷ 朱育和，张勇，等. 当代中国意识形态情态录[M]. 北京：清华大学出版社，1997：401.
❸ 中央教育科学研究所. 中华人民共和国教育大事记（1949—1982）[M]. 北京：教育科学出版社，1984：423-424.

从 1966 年大学停止招生到 1977 年恢复高考的 11 年间,我国高等院校共招收了 94 万基于推荐制的大学生,统称为"工农兵大学生"。针对高校教师的教育和使用,毛泽东提出了一个基本方针,即不仅要对高校教师进行再教育,还要控制其使用,这种控制使用的方针对教师投身教育事业的热情产生了较大的影响。

1971 年 7 月 6 日,周恩来总理接见全国教育工作会议领导小组成员时指出:"知识分子的大多数是接受共产党领导的,是为社会主义服务的。"❶ 对知识分子的政治地位和作用做出了较为客观的肯定,知识分子拥有了一定的自由。

周恩来总理病重期间,邓小平同志主持工作。1975 年 9 月,邓小平在《各方面都要整顿》中指出:现在相当多的学生不读书,这也不符合毛泽东思想……毛泽东同志给少年儿童的题词是"好好学习,天天向上"。❷ 他大力提倡发展教育,极力批判极"左"思潮对科学、教育的危害。同时,提倡解决教师地位问题,调动教师积极性。1975 年 1 月 17 日,四届人大一次会议决定撤销国务院科教组,恢复中华人民共和国教育部,任命周荣鑫为部长,周宏宝、李琦、刘凯风、姚力为负责人。❸ 1976 年,全国掀起"反击右倾翻案风"浪潮,遭到众多师生抵制。

"文化大革命"给中国各行各业造成了巨大的损失,严重延缓了中国现代化建设进程,是中国历史上空前的灾难。同样,中国高等教育事业受损严重,教育行政管理失控,撤销、合并大批高等学校,教学工作也混乱不堪,高等学校基础设施建设处于停滞状态。

在这个特殊的历史时期,高校教师不仅没有成为令人羡慕的职业,反而成为政治严厉管控和打压下的职业,职业声望和吸引力处于中华人民共和国成立以来的历史最低点。1971 年全国教育工作会议《纪要》直接提出:"让

---

❶ "四人帮"炮制"两个估计"的前前后后 [N]. 人民日报,1977-11-24.
❷ 邓小平文选(第二卷)[M]. 北京:人民出版社,1983:37.
❸ 中央教育科学研究所. 中华人民共和国教育大事记(1949—1982)[M]. 北京:教育科学出版社,1984:472.

原有教师分期分批到工厂、农村、部队,政治上接受再教育。"大量教师被迫去农村、工厂或"五七"干校接受"再教育"改造。

从流动的角度来看,这一时期的教师流动是在错误思想影响下的被动流动,突出的表现为教师流失。即部分教师离开教职岗位,从事非教师工作,导致我国高等教育发展遭受了严重损失。

2.1.4 高等教育发展期:1977年—20世纪末

1976年10月,教育领域在邓小平领导下率先开展拨乱反正,随后高等教育体制改革全面展开并不断深化,高等教育事业获得长足发展。

1) 高等教育事业的拨乱反正与恢复(1977—1984)

粉碎"四人帮"后,恢复高考成为高等教育领域的首要工作。1977年,中国中断十年之久的高考制度得以恢复,由此中国重新迎来尊重知识、人才、高等教育发展规律的新时代。

1977年8月,邓小平主持召开科学和教育工作座谈会,决定于当年恢复高考制度。1977年9月,中华人民共和国教育部在北京召开全国高等学校招生工作会议,做出恢复停止了10年的全国高等院校招生考试制度的决定,并采取统一考试、择优录取的方式招收学生,同时废除推荐上大学制度。1977年冬天,中国包括工人、农民、复员军人、干部、上山下乡和回乡知识青年和应届高中毕业生在内的570万考生走进了曾被关闭十余年的高考考场。1977年全国大专院校录取新生27.3万人;1978年大专院校录取新生40.2万人。1977级学生1978年春季入学,1978级学生秋季入学,两届学生入学仅隔半年时间。至此,中国高等教育迎来了新的春天。

1978年12月18~22日,十一届三中全会确立了以邓小平为核心的领导集体,解放思想、实事求是的思想路线得以确立,停止"以阶级斗争为纲"的口号,号召将党的工作重心转移到社会主义现代化建设上来。与此同时,高等教育领域也揭开了新的发展篇章。

1979年3月19日,中共中央转发《教育部党组关于建议中央撤销两个文件的报告》，宣布正式撤销《全国教育工作会议纪要》和《关于河南省唐河县马振扶公社中学的简报》。❶ 推翻"两个估计"，清除了极"左"思潮对高等教育事业的干扰，同时抓紧平反冤假错案。

这一举措，使大批遭受迫害的教师重新回到高等教育领域从事学术工作，思想解放后高校教师的"回流"是在正确的方针指导下的正向流动，符合教师流动的基本规律，有力地推动了高等教育事业的发展。

1980年《中华人民共和国学位条例》的颁布，确定了高等学校的学位授予制度。同时，对高等学校的学科专业进行初步调整和改革，派遣教师出国学习，鼓励教师积极参加国际学术交流活动。1979年至1981年间，教育部所属32所学校共派遣800多名学者、教授出国参加了260多个国际学术会议。❷至此，以学术为中心的中国高校教师跨国跨境流动成为常态。这个时期的高校教师跨国跨境流动呈现出国家公派与自费相结合、长期留学与短期访学相结合、流出较多流入较少的单向流动特征。

2) 高等教育体制改革全面展开（1985—1991）

1985年颁布的《中共中央关于教育体制改革的决定》拉开了高等教育体制改革的序幕。改革高等教育管理体制、高校招生及毕业生分配制度、高等教育举办体制、高校内部管理体制等成为高等教育体制改革的主要内容。《高等教育管理职责暂行规定》《关于深化改革高等理科教育的意见》《关于高等学校各级领导干部任免的实施办法》《关于改革高等学校科学技术工作的意见》《国家重点实验室建设项目计划》等规章制度的出台，激发了高校办学的主动性和积极性，使其在专业调整、教学改革、人事管理制度、机构设置、国际交流与合作等方面取得显著成效。

---

❶ 金铁宽，吴式颖.中外教育大事年表（公元前—公元2000年）[M].上海：上海教育出版社，2001：152.

❷ 于富增，等.教育国际交流与合作[M].海口：海南出版社，2001：163.

3）高等教育体制改革进一步深化（1992—1999）

1992年邓小平发表南方谈话，改革开放和社会主义现代化建设事业进入发展的新阶段。1993年，《中国教育改革和发展纲要》颁布，明确了教育事业发展的目标、战略和指导方针。高等教育改革不断深化，办学体制、投资体制、管理体制、学校内部管理体制改革等得以全面推进。

这个时期，高等教育体制改革不断深化，高等学校办学自主权不断得到扩大，高等学校办学活力不断提高。1992年8月21日国家教委发布了《关于国家教委直属高校内部管理体制改革的若干意见》，中组部、人事部于1994年8月联合下发《加快培育和发展我国人才市场的意见》，明确指出"在国家宏观调控下，使市场在人才资源配置方面起基础性作用"。资本市场直接影响到高校教师的数量和类型、聘任要求、标准以及收入。❶ 市场在资源配置中发挥基础性作用，进一步促进了学术劳动力市场的发展。

1995年11月，人事部、财政部、国家计委、国家教委、国家科委、国家自然科学基金会、中国科协七部门联合发文，隆重推出《"百千万人才工程"实施方案》等政策文件，直指人才工作，其中部分内容直接涉及高校教师流动问题。政府权力下放，高校用人自主权不断扩大，教师在流动中有了更多的话语权、选择权，能够依据自身需要做出流动选择。这有利于教师本人发展，也利于建设高素质的高校师资队伍。美国"社会心理学之父"勒温曾指出，当一个人处于不利于自身发展的环境时，选择流动无疑是值得考虑的办法；日本著名学者中松义郎的目标一致理论也强调当个人与群体方向不一致且无法调和时，流动是最好的选择。给予人才自由流动的环境，促进人才合理流动是人才实现自我价值的必要途径，也是社会发展的必然选择。

---

❶ 中共中央组织部、人事部关于印发《加快培育和发展我国人才市场的意见》的通知[J]. 中国人事，1994（10）：27-28.

2.2 1949—1999年中国高校教师流动模式

2.2.1 1949年前的高校教师流动模式

原始社会没有现代意义上的学校，承担部落或氏族子女教育工作的主要是经验丰富的长者，这些长者凭借其人生阅历和生产经验教育后代，作为部落或者氏族的"教师"，主要服务于部落或者氏族，也就不存在流动问题。奴隶社会时期"学在官府"、官师结合，教育机构与行政机构是同一机构，此时，为师者必为官或致仕，部分官员既有官职又兼任教职。❶春秋战国时期，私学兴起，教师始成为一种独立的职业。"邦无定交、士无定主"，教师作为独立、自由的阶层与统治者没有严格意义上的人身依附关系，自由求学、自由讲学、流动频繁。封建社会时期，各朝各代教师流动皆有特色。汉武帝时期鼓励发展私学，盛行私人讲学之风；两宋期间，书院制趋于完善，并成为各家学派争鸣的重要场所；至明清，统治者加强了对书院的掌控，书院逐步被纳入官学体系，最终官学化。一言概之，历经2000多年封建社会的中央集权、皇权专制的政治体制，教师虽然大体上可自由流动，但总体上受政府的中央集权掌控。

教师职业在人类发展的轨迹中已有几千年的历史，纵观我国古代教育事业的发展，无论是从私学兴盛到书院式微，还是从百家争鸣到讲学辩论，都留下了教师流动的印记。

从1898年中国建立现代意义上的大学——京师大学堂至1911年辛亥革命爆发，中国除了京师大学堂、北洋大学堂、山西大学堂及中国公学、复旦公学两所私立大学外，还有各省设立的高等学堂27所和一批专门学堂。❷1911年辛亥革命后，高等教育向近代化迈进，教学、科研机构相继设立，教师流动更加频繁。此后，中国经历军阀割据、南京国民政府成立及抗敌御辱

---

❶ 梅汝莉. 中国教育管理史［M］. 北京：北京海潮出版社，1995：59.

❷ 王焕轶. 我国高校教师自由流动问题研究［D］. 金华：浙江师范大学，2004：14.

等重大事件，高校教师群体也必然受当时历史环境影响，不断迁移流动。8年抗战期间，加入内迁行列的高校累计达100余所，搬迁校次逾200次之多。❶北京大学、清华大学、中山大学、同济大学、浙江大学、武汉大学等都在迁校名单之列。它们少则迁移一两次，多则四五次，伴随高校迁移的是多种形式的高校教师的被迫流动，主要表现为以下形式：

其一，"大位移"式流动。即教师整体随校迁徙。民国时期著名的西南联大就是抗战时期几所大学整体搬迁合并组成的临时性大学，在这些大学任教的教师也随着大学的整体迁移而从北京、天津等地流向长沙，然后继续流动到云南昆明从事教学工作。

其二，交互式流动。抗战结束后，中国各界急需专业人才。高校教师专业化程度高，知识面广，一部分教师流向政府和其他社会领域；同时，也有一部分学术人员流向高等学校，成为高等学校教师的组成部分。

其三，避难式流动。在抗战时期，部分教师出于不同的原因（留守旧址、家庭原因、身体原因等）未随校迁徙，而是采取各种方式避难，导致他们离开了高校，从高等教育系统中流失。

以上只是近代高校教师流动的一个缩影，还有其他各种因素直接或间接地引发近代高校教师的流动，频繁的流动性是近代中国高校教师群体的重要特征。

2.2.2　1949年后的高校教师流动模式

高校教师流动可以分为政府主导、市场引导、教师个体选择、学校主导四种模式。这四种模式并非呈历史发展的线性顺序，而是在不同历史阶段中交互融合，呈现出多样化的特点。

1）政府主导型高校教师流动模式

政府主导模式指由于政府对高等教育的干预等行为导致的高校教师流动。

---

❶ 余子侠.民族危机下的教育应对［M］.武汉：华中师范大学出版社，2001：187.

纵观高等教育事业的发展，政府在整个过程中扮演了重要的角色，政府主导下的高校教师流动是我国高等教育领域的一种主要模式。

(1) 政府主导接管与改造高等学校下的教师流动

中华人民共和国成立初期，高等教育的首要任务就是确立党对教育事业的领导，使教育回到人民手中。

最早被新政府接管的是清华大学。中国共产党对清华大学的接管、改造工作处于新旧交替之时。接管前，清华大学师生自行发起护校活动，使得国民政府抢运清华教授行动并未取得预期效果，但是仍有少数教授随机南下。"1948年12月14日，校长梅贻琦主持第94次校务会议后离校进城出走，21日乘南京政府派来的飞机赴南京。"❶当时随梅贻琦南下的还有李书华、袁同礼等。大部分清华教授选择坚守阵地，接受中共对清华大学的接管。

1949年5月，新校务委员会在清华大学做了局部院系调整工作。"人类学系原先的发展计划因为所聘教学人员未能到校以致显得单薄，但少数民族文化研究仍属重要……所以，人类学系与社会学系合并，调整效果尚佳。"❷8月末，新校务委员会又决定将清华农学院的师生员工并入新成立的农业大学。为了国家建设需要，学校决定增设具有实用性的新院系，如地质学系、石油精炼组、采矿工程学系等，并配备高水平师资。

政府对清华大学的接管与改造导致了教师的流动，在接管过程中，少部分教师有选择性地离开原来的大学；在改造过程中，整建制、强制性的院系调整导致了教师的被动流动。教师流动行为随着政府对于高等教育的接管与改造自然发生。

(2) 政府主导院系调整下的高校教师流动

中华人民共和国成立之初，对教会大学的接收是新政府回收教育权的重要任务，特别是在中共以苏为师和与美国为首的西方资本主义对抗的形势下，对教会大学进行改组便在情理之中。

---

❶ 清华大学校史研究室. 清华大学九十年 [M]. 北京：清华大学出版社，2001：155.
❷ 清华大学校史研究室. 清华大学史料选编（第五卷上）[M]. 北京：清华大学出版社，1992：9.

1952年的院系调整，教会大学分系别与各公立、私立大学合并且取消其原有校名。中央出台华东地区院系调整方案后，潘世兹（圣约翰代理校长）、余日宣（沪江校务主任）、胡文耀（震旦校长）等都对解散他们的大学表示了强烈支持。❶ 1952年全国的高校院系大调整不仅使华东区教会大学最终融入中华人民共和国的教育体系中，也引发了由于院校、院系大调整而导致的大规模流动，这种教师流动显然是政府主导的。

（3）政府主导少数民族地区高校建设下的教师流动

少数民族地区指以少数民族为主聚集生活的地区，在中国主要指西部、北部及边疆地区，自然条件恶劣，经济水平低下，教育水平较中部及沿海地区差距较大。在党中央的关怀下，1949—1965年少数民族地区的普通高等教育有了很大发展。据统计，内蒙古、宁夏、西藏、新疆少数民族自治区及青海省、吉林省延边朝鲜族自治州，设有20所普通高等学校，本专科人数19436人，专任教师4357人。十一届三中全会召开后，少数民族地区的高等教育取得长足进步。截至1981年，西部6地的普通高等教育发展良好。西部6地共建设高等院校42所（不包括1所大专班），比1949年增加22所；本专科人数49566人，比1949年增加30130人；专任教师人数11090人，比1949年增加6733人。西部少数民族地区高等教育的发展，离不开政府对其师资队伍建设的帮扶。

教育部于1957年3月21日颁发《关于解决各地民族学院师资问题的意见》后，又于1980年10月9日联合国家民委联名发布《关于加强民族教育工作的意见》，其中强调"内地有关省、市和高等学校要积极支援，采取派专家、教授定期讲学，接受在职教师进修、代培等方法"。1981年6月6日教育部《关于教育部所属高等学校人员调整工作的几点意见》再次强调"支援边远地区和经济、文化不发达地区的高等学校，是重点高等学校和老校应承担的一项光荣任务，教育部所属各院校每年应有占总数1%~3%的教师支援边远地区和经济、文化不发达地区的高等学校"。为了解决西藏自治区高等院校的

---

❶ 杰西·卢茨. 中国教会大学史 [M]. 杭州：浙江教育出版社，1988：451-452.

教师问题，教育部、国家人事局于 1981 年 10 月 16 日共同发出《关于选派第三批援藏高校教师的通知》并列出援藏教师的来源省份及人数。

国家号召支援少数民族地区高校建设活动，将内地各高校优秀师资引进边远地区，促进了教师向少数民族地区的流动，发展了西部少数民族地区的高等教育，成效比较显著，有力地促进了国家高等教育事业的均衡发展。

（4）"文化大革命"时期教师被迫下放改造的流动

"文革"兴起之际掀起了"横扫一切牛鬼蛇神"的运动，众多高校教师被污蔑为坚持修正主义教育路线而被批斗。60 年代末，全国开展轰轰烈烈的"清理阶级队伍"和"整党"运动，高校大批干部、教师被污蔑为"阶级异己分子""反动学术权威"而遭到关押和批斗，学术上颇有建树的老教授更是成为批斗的中心。1971 年全国教育工作会议《纪要》给教师扣上"世界观基本上是资产阶级"的帽子，提出让教师分批去工厂、部队、农村，接受政治再教育，大批高校教师被迫去农村、工厂或"五七"干校接受劳动改造。1973—1976 年，因为"反复辟回潮""反击右倾翻案风"等运动，大批高校干部、教授被批判、斗争。

"文化大革命"中，大批著名学者、教授因被扣上"学阀""内奸""洋奴"或"反共老手"等罪名被迫害致死，如翦伯赞（著名史学家）、袁敦礼（著名体育家）、饶毓泰（北京大学物理系著名教授）、江晴芬（华西医科大学著名病理学家）、徐尔灏（南京大学气象系主任）、黄国璋（著名地理学家）。[1] 1980 年 11 月 5 日最高人民检察院检察厅起诉书统计教育部直属单位和 17 个省、市教育界受迫害教师达 14 万余人，卫生部所属 14 所院校 674 名正副教授，受诬陷定罪的有 500 多人[2]。地方高校教师情况也不容乐观。以江西省为例，"文革"期间高等学校干部、教授被下放农村落户的有 2586 人，占全省高校干部、教师总人数的 64.4%。其中教师 1350 人，占教师总数的 62.01%。[3]

---

[1] 郝维谦，龙正中，等. 中华人民共和国教育专题史丛书——高等教育史 [M]. 海口：海南出版社，2000：325.

[2] 《当代中国教育》编辑部. 当代中国教育（上）[M]. 北京：当代中国出版社，1996：108.

[3] 张健，等. 中国教育年鉴（1985—1986）[M]. 长沙：湖南教育出版社，1988：669.

"文化大革命"是中华人民共和国成立后最动荡的十年,不少高校教师在各种压迫、摧残中被迫下放到农村落户,或到工厂和干校接受思想改造,部分教师被致残、致死,中国高校师资队伍流失惨重,严重影响了我国高等教育事业的发展。

(5) 政府主导模式下高校教师流动的总体分析

在计划经济体制背景下,政府完全主导和控制了高等教育活动,形成了以单位部门所有制为基础、以固定编制强化定岗定员为导向的封闭式教师管理模式,教师流动权利丧失。高校教师被部门、地区、单位垄断。高校没有用人自主权,教师也没有自主择业的权利,教师流动更是受到国家各种政策、规章制度规定的严格限制。《关于高等学校教师调动的暂行规定》中明确规定,"高校教师要根据国家的需要服从国家的调动"❶,国家对高校教师流动拥有主导权力。

背负"国家干部"身份的高校教师,必须服从组织调配。实行由国家统分统配的终身任用制度,流动行为被控制,流动频率较低。这种模式一方面有利于保证师资队伍的稳定性,加强对教师的管理和控制,通过定编定员,把教师队伍稳定下来;另一方面,也存在诸多弊端,主要表现为师资来源渠道单一,流动渠道基本封闭,调动工作审批手续烦冗,不易转换工作单位或改变专业方向,一次分配定终身,组织计划调配是教师流动主要的渠道和管理手段。

2) 市场导向型的高校教师流动模式

1978 年的十一届三中全会确立了改革开放政策,计划经济体制开始向市场经济体制转变,高等教育领域发生了深刻的变革,教师流动呈现出新的模式。

(1) 市场导向引发教师的"出国潮"

十一届三中全会以后,社会主义市场体制在资源配置中占据重要调节作

---

❶ 李志峰. 必要的不平等:高校学术职业分层 [M]. 北京:知识产权出版社,2015:133.

用，深刻影响了社会流动机制及各阶层的流动模式。

1978年7月11日，教育部向党中央提交《关于加大选派留学生的数量的报告》，12月26日向美国派遣52名访问学者。最初的留学教师多为中年知识分子，以访问学者的身份在国外大学学习一到两年，主要研习各专业领域的前沿知识。80年代中期，他们中的很多人回国且一部分人成为专业发展的"领头羊"。20世纪80年代中期，出国浪潮中的主力军以年轻教师居多，形式主要是赴海外攻读硕士、博士学位。然而，部分教师学成之后并未按时归国。据统计，1978年至1987年，国家共外派29982人，年均3300多人，毕业归国仅12910人。[1]

由于国家政策导向，教师出国留学主要集中在国内重点高校。对大多数地方高校来说，派遣教师出国留学这种形式还较为少见。总体来说，改革开放打破了之前计划经济体制下教师流动壁垒，改变了教师流动的静止甚至固化的状态，高校教师开始走出国门，形成跨境流动的浪潮。

（2）民办高等教育兴起引发教师流动

1978年3月邓小平在全国科学大会上指出："教育事业绝不只是教育部门的事，各行各业都要支持教育，大力兴办教育事业。"1987年《关于社会力量办学若干暂行规定》首次提出："国家对社会团体和公民个人依法办学采取积极鼓励、大力支持、正确引导、加强管理的方针"。伴随社会制度的深刻变革及教师聘任制的实施，各类民办学校发展迅猛。民办高校办学体制主要分为两大类：民办公助[2]和独立学院（前身为公立大学下设民办二级学院）。

民办高校创办初期，办学方式灵活，工资、福利待遇水平高于公办教师，因此出现了公办高校教师流向民办高校的潮流和部分公办高校教师兼职民办高校的情况。90年代末期国家出台事业单位工资政策，绩效工资成为教师工作收入的重要来源之一，公办高校教师各项待遇大幅提升，民办高校教师开始出现

---

[1] 国家教委计划财务司. 中国教育统计年鉴（1987）[GR]. 北京：北京工业大学出版社，1988.
[2] 民营企业、个人、社会团体或其他社会经济组织通过多种形式广泛募集社会上闲散的资金，接受各方投资和捐赠来发展高等教育，其办学经费和运行经费主要来源于非财政经费，但学校在师资、财政、土地、建设等方面享受政府的优惠政策，政府积极支持学校的发展。

流失现象。很多民办高校教师转行或跳槽，或通过考试流动进入公务员行列，或深造之后去更好的高校发展，或凭借自身专业知识与技能自主创业。整体来看，民办高等教育机构教师队伍形成了专兼职教师相结合，以办学效率为中心的发展格局。由于民办高校教师的收入、地位和社会影响力整体较弱，故民办高校教师流动较为频繁，一定程度上影响了民办高校的发展。

（3）市场导向下的高校教师国际合作流动

自1978年十一届三中全会确立改革开放发展战略以来，高等教育领域的对外开放也得到蓬勃发展。各项国际交流、合作项目逐步展开，教师国际合作流动随之发生。

1949年至1966年，中国曾向苏联、波兰、罗马尼亚等27个国家共计派出77个教育团、组325人（次）[1]，部分专家学者出国进行专业考察和参加国际会议。在此时期，国际交流与合作的参与人数总体较少，国际影响也相对较弱。

1978年以后，揭开了对外合作交流活动的新篇章。1978—1999年中国外派教师及参与学术交流活动情况见表2-2。

表2-2　1978—1999年中国外派教师及学术交流活动情况

年　份	对外派遣教师人数	对外学术交流活动人数
1978—1981	278	1071
1982	—	—
1983	—	—
1984	—	—
1985—1986	400	1110
1987	66	1496
1988		1400
1989	46	1460

---

[1] 张建，等. 中国教育年鉴（1949—1981）[M]. 北京：中国大百科全书出版社，1984：672-674.

续表

年 份	事 项	
	对外派遣教师人数	对外学术交流活动人数
1990	103	1660
1991	62	2427
1992	112	1714
1993	41	175
1994	87	3038
1995	45	4938
1996	53	2099
1997	—	2421
1998	—	2300
1999	—	2106

资料来源：中国教育年鉴（1949—1999）.

注：对外派遣教师主要指政府外派老师，不包括各高校自行派遣的教师；学术交流包括考察、参加国际会议等人员（不包括出国留学、访学、进修人员）。

校际国际交流也是高校教师流动的主要方式之一。1978 年 8 月开始，清华大学、北京大学等 5 所高校分别与麻省理工学院、斯坦福大学等建立了基于平等互利原则的校际交流。其方式主要包括：互派代表团、组进行访问；互相邀请教师、学者讲学；互派留学人员（含进修教师）；学术交流和科技合作；举办各种培训班；召开双边学术会议；互换学术论文和图书资料等。据统计，1981 年年底，北京大学、清华大学和华中工学院（现华中科技大学）通过校际国际交流派出进修人员分别占出国进修总人数的 23%、21.4% 和 56.6%，与校际国际合作同时开展的还有联合研究、定期举办交流讨论会等，使得教师国际流动呈现出多样化的态势。1999 年以后，随着高等教育大扩招政策的实施，国际学术交流和合作呈现出常态化、高频率的特点。

（4）市场导向模式下高校教师流动的总体分析

市场经济体制的确立为高校教师的合理流动提供了极大空间。首先，市场经济具有自主性，个体能够自主寻求适合自身的发展途径，服从计划安排不再被认为是天经地义的准则，教师可以自主择校，自由选择流动方式；其次，市场经济是开放式的经济，其要求在全球范围内进行资源的合理配置。市场经济打破了计划经济体制下高校人事管理的"单位部门所有制"，人事管理制度由封闭走向开放；再次，市场开放的本质是竞争，从根本上打破了原有的统管统分现象。同时，高校办学的宏观环境也发生了根本变化，政府不断下放高等教育办学自主权，高校在选聘和促进教师流动过程中拥有更多更大的自主权。市场竞争机制使高校"能者有其位、庸者无其岗"的用人机制得以建立，极大地促进了高校教师的流动。

3) 教师个体选择下的高校教师流动模式

(1) 多元职业选择下教师个体选择流动

1985年5月教育部发布《中共中央关于教育体制改革的决定》强调：要改变政府对高等学校统得过多的管理体制，加强高等学校与经济、社会发展的紧密联系，❶ 1986年3月，原国家教委发布《高等学校教师职务实行条例》及实施意见。高校内部管理日趋灵活，不再对教师实行严格的"计划管控"，允许学校教师自由选择职业，如辞去高校职务加入企业、停薪留职、兼职下海经商、创办企业等。教师的主体意识、自主意识也随社会开放程度的扩大而不断增强。

据统计，1992年全国普通高校专任教师流出约2.7万人，其中青年教师占了很大比例。1993年年初针对95所高校教师流动调查的结果显示，1981—1989年高校青年教师流失比例达到27%，高薪企业和公司接收了48%的青年教师。同年，全国24个城市116所高校教师的调查结果显示，28.5%的人表示"有机会就坚决流动"；44.3%的人有流动意向；仅5.8%的人表示没有流动意愿。乐国林针对华北电力大学（北京）的研究发现该校1995年至1998年有62%的教师流向高薪资、高福利、高待遇的公司。❷ 1991年至1998年，全国普通高校跨系

---

❶ 中共中央关于教育体制改革的决定［EB/OL］. 中华人民共和国教育部，http://www.moe.edu.cn/publicfiles/business/htmlfiles/moe/moe_177/200407/2482.html.

❷ 乐国林. 高校师资横向流动类型及多角度剖析［J］. 湖南师范大学教育科学学报，2005（06）：52-56.

统教师流动人数一直高于系统内流动人数（1999年形势发生变化）（详见表2-3）。由此可见，"下海"成为当时高校教师流动的主要方式之一。

表2-3 全国普通高校专任教师跨系统流动与系统内流动人数比较情况（1991—1998）

年 份	跨系统流动人数	系统内部流动人数
1991	7650	2038
1992	8244	2505
1993	9465	3379
1994	7604	3946
1995	6921	3892
1996	6252	3607
1997	6776	3583
1998	6838	4851

资料来源：教育部发展规划司. 中国教育统计年鉴（1991—2006）[M]. 北京：人民教育出版社.

（2）沿海人才政策诱使教师"孔雀东南飞"

20世纪90年代初，中国高校内部管理体制改革不断深化，高校拥有更大的人事自主权，部分高校（尤其是东部地区）开始试行教师职务聘任制，教师流动的意愿大大增加。加之沿海地区经济较为发达，工资收入水平普遍较高，国家重点院校、高校重点建设学科、专业数量较多，吸引了来自政府、社会各界的人才资源，对其他工资收入相对较低的地区的高校教师有着较大的吸引力。1992年针对22个省（市、区）不同类型、不同层次107所高校进行的大规模调查表明，高校教师在地区间的流动呈现出极大的不平衡性，教师多流向经济实力强、收入较高的沿海地区。部分靠近沿海地区和内地的省份，教师流向沿海的比例更是高出全国平均水平。流动人员中，相当部分是具有高职称、高学历的人才。

高校教师流向东部沿海地区填补了该地区的师资空缺，充实和发展了该地区高校的整体实力，促进了该地区高校的较快发展，但是对流出地区高校来说却是一种人才的流失，不利于流出地区高等教育事业的发展。

（3）校际兼职成为教师自由流动的一种选择

除了承担其隶属高校的本职工作外，部分教师通过兼职教师的方式赴外地任教或者通过其他方式兼职来实现自我价值，这也是教师流动的一种方式。1981年6月教育部颁布的《关于高等学校教师赴外地任教期间工资待遇、生活津贴的暂行规定》明确规定"高校教师受聘赴外地任教需要先由聘任学校向受聘教师所在学校提出要求，并经受聘教师所在学校同意，签订聘任合同后，才可聘用"❶。同时，对高校教师流动的操作流程、工资待遇及生活津贴等方面做了说明，一定程度上促进了校际之间的师资交流。随后，国务院科技干部局于1982年3月又发布了《聘请科学技术人员兼职的暂行办法》《实行科学技术人员交流的暂行办法》，对高校教师的兼职以及交流活动做了更为细致的规定。即"要有计划地组织他们到外单位定期工作，工作期限一般可定为半年到一年；还可以在地区之间、部门之间和单位之间，采取签订短期或长期科学技术合作合同、技术经济合同、借调合同、聘请兼职合同的形式进行交流"❷。值得注意的是这两项政策都明文规定了在兼职以及交流过程中，高校教师的户口、编制关系不动，期满后仍回原单位工作等具体要求。

因此，通过兼职选择的方式赴外地任教或者通过其他方式兼职满足了多方需要，在不改变人事隶属关系的前提下，加强了校际间的师资交流，充分发挥了高校教师潜力，满足了教师个体自愿流动、实现自我价值的需要。

（4）高校教师流动个体选择模式的总体分析

目标一致理论认为个人发展方向与群体发展方向之间存在密切联系，如果教师和组织发展方向无法调和，甚至背道而驰的话，解决途径之一就是流

---

❶ 关于高等学校教师赴外地任教期间工资待遇、生活津贴的暂行规定 [EB/OL]. 法律教育网，http://www.chinalawedu.com/falvfagui/fg22598/20520.shtml.

❷ 实行科学技术人员交流的暂行办法 [EB/OL]. 法律教育网，http://www.chinalawedu.com/falvfagui/fg22598/20970.shtml.

动。流向与自己方向一致的单位，增强自己努力方向与单位、部门期望的契合度，以便最大限度地发挥个人的积极性和创造力。

伴随高校教师流动市场化机制的建立与逐步完善，教师有了更多的选择机会与发展机遇，无论是大环境还是个人主观追求，教师的自主流动已经成为社会的共识。高校教师有着更完善的人生观、价值观，相比其他群体更看重个人的价值实现。在教师个体选择流动模式下，追求学术理想，改善经济条件成为高校教师追求的基本目标，教师流动呈现出学术性和趋利性交织在一起的特征。

4）院校主导高校教师流动模式

高校发展离不开外部政策、市场环境的影响，更离不开高校内部管理的作用，院校为促进自身发展而做出的规划与制度设计势必引发高校教师流动模式的变化。

(1) 通过校际联合办学促进教师流动

中共中央、国务院于1985年5月15日-20日在北京召开了1978年以来第一次全国教育工作会议，重点讨论《中共中央关于教育体制改革的决定（草案）》。1985年5月27日，《决定》正式公布。《决定》指出："在执行国家的政策、法令、计划的前提下，高等学校有权接受委托或与外单位合作，进行科学研究和技术开发，建立教学、科研、生产联合体。"这一决定使跨部门、跨地区的联合办学成为可能，校际间的壁垒被打破，各单位间能够互相交流、资源共享，以实现资源效益最大化。

联合办学有诸多形式：跨部门联合办学、校际联合办学，与企业横向联合办学等。校际联合办学能够促进学校间资源共享及优势互补，提高联合办学高校的办学水平和效益。20世纪90年代以来，中国各地兴起高校联合办学的潮流，开展联合办学的方式各有不同。

表 2-4 校际联合办学情况

联合形式	联合学校	联合内容	地区
教学共同体	北京师范大学、北京林业大学、北京语言大学、北京航空航天大学等 13 所高校	互相选课、互认学分、教师互聘	北京
开放选课	南开大学、天津大学	学分互认、教师互聘等	天津
大学城教学联合体	南京师范大学、南京财经大学、南中医大、南京邮电大学	学分互认、课程互听、教师互聘	南京
校际协议	复旦大学、上海交通大学、同济大学	互选课程、学分互认、教师交流	上海
大学城联盟	杭州大学、浙江中医学院（现浙江中医药大学）、浙江工程学院（现浙江理工大学）等 37 所高校	资源共享、互选课程、学分互认、教师互聘	杭州
教育部属高校联合办学	武汉大学、华中科技大学、武汉理工大学等部署 7 所高校	跨校选课、辅修、双学位、教师互动	武汉
教学协作区	辽宁大学、沈阳大学等沈阳北片高校	校际选课、辅修专业合作	沈阳
跨区域联合	西安交通大学、上海交通大学、浙江大学	课程互选、学分互认、联合办学合作协议	西安、上海、杭州

资料来源：李炜巍. 高校联合办学的制度研究 [D]. 武汉：武汉理工大学，2009.

从表 2-4 可见，教师互聘是校际联合中的重要合作内容。1999 年 5 月 17 日，北京大学、清华大学校长各自代表学校签署了"北京大学、清华大学合作办学协议书"，拉开两校联合办学的序幕。协议书中明确指出：两校决定互聘教授（兼职）各 10 名。校际联合办学引发的教师流动通过教师互聘（兼职）、客座教授、荣誉教授等形式实现，即在不改变教师人事隶属关系的基础上实现跨校流动，继而实现教育资源共享。

(2) 高校内部管理体制改革促进教师流动

高等学校是一个系统复杂、结构庞大的组织，合理有序的内部管理是高校良性运行的内在基础，而人事制度改革又是高校内部管理体制改革工作的重中之重。

1980年中央组织部和教育部党组联合制定、颁发了《关于加强高等学校领导班子建设的意见》和《关于高等学校领导干部管理工作的通知》等文件，明确指出："新提拔的分管教学或科研工作的校领导必须懂专业、会管理，最好是教授或副教授。"❶ 当时一部分教师流向了管理岗（或兼任行政管理工作）。

1985年，北京大学率先进行教师职务聘任制试点，第二年教师职务聘任制工作全面展开。聘任制的实行促进了北大教师的合理流动，师资质量得到很大提高。据统计，担任高级职务的教师691人，平均年龄52岁（教授167人，平均年龄52岁；副教授524人，平均年龄49.6岁），其中87名老专家办了离退休手续，45名中青年骨干破格晋升高级职称（教授2人，副教授42人，最年轻的为30岁）。❷ 聘任制的定岗、定编和聘任规定，促进了教师的合理流动，1985—1986年这两年间北大校内多达数百位教师进行了流动，部分教师受聘流动到教学服务型岗位，近百名教师流动到学校其他行政部门工作，另有大约50名教师流动到外单位。聘任制下的教师流动克服了学校内部人浮于事的痼疾，实现了人尽其才的目的。1986年1月，中共中央、国务院转发《关于改革职称评定，实行专业技术职务聘任制度的报告》，并接连发布《关于实行专业技术职务聘任制度的规定》《高等学校教师职务试行条例》《关于高等学校教师职务评审组织章程》和《关于教育系统职称改革工作的部署和要求》等一系列文件。在这些政策指导下，高校内部管理体制改革以及师资队伍建设的方式发生了重大变化，高校教师校内外流动得到广泛认同，并成为高校教师管理制度的重要内容。

---

❶ 中国高等教育学会组.改革开放30年——中国高等教育发展经验专题研究[M].北京：教育科学出版社，2008：305-306.

❷ 张健，等.中国教育年鉴（1985—1986）[M].长沙：湖南教育出版社，1988：485.

(3) 重点科研机构建设催发高校教师流动

中国自80年代初期开始建立了一批国家重点实验室，覆盖重要基础研究领域。1983年10月全国高等学校实验室工作会议召开，重点实验室建设工作进程不断加快。1987年，原国家计委制订并正式颁布了《国家重点实验室建设管理办法》，"强调要实现人员流动，建立合理的实验室人员结构……，实验室固定研究人员不应超过全部研究人员的半数，大部分应为客座研究人员"。因此看来，客座研究人员的引入成为教师流动的一种新模式，特别是留学回国的优秀科技人员成为当时客座研究人员的主要来源。❶ 1994年在北京召开了"国家重点实验室建设十周年总结表彰大会"，此次会议提出了"开放、流动、联合、竞争"的运行机制，流动机制成为其中重要的组成部分。通过流动，引进实验室需要的优秀人才，保障研究队伍的创新与活力；通过流动，减轻实验室的人员和财政负担，使得国家实验室时刻处在国际科研前沿阵地。❷

1983年，教育部下发的《关于批准设立自然科学研究机构和自然科学研究专职人员编制的通知》中对科研机构人员聘任与管理提出了新的要求，为新设立科研机构吸引优秀人才提供了政策支持。1988年9月7日，《国家教育委员会直属高等学校科学技术研究机构管理暂行办法》出台，其中第23条明确指出："科学研究机构实行岗位责任制和专业技术职务聘任制。"科研机构人事管理规则更加规范，科研机构人员流动更加合理有序。

(4) 院校主导下高校教师流动模式的总体分析

卡茨的组织寿命说❸表明：一个组织的最佳年龄是1.5~5年，超过5年就要老化，解决办法之一就是通过人才流动和组织的改组重新布局人才结构。院校作为一个学术文化组织，同样需要通过人才流动和组织结构的调整来保

---

❶ 危怀安，王福涛，王炎坤. SKL 的运行管理 [M]. 北京：人民出版社，2007：61-64.
❷ 危怀安，胡艳辉. 自主创新能力演化中的科研团队作用机理——基于 SKL 科研团队生命周期的视角 [J]. 科学学研究，2012（01）：94-101.
❸ 组织寿命说认为组织寿命的长短与组织内信息沟通情况有关，与获得成功的情况有关。据此理论认为，1.5~5年，成员信息沟通水平最高，获得的成果也最多。而在不到一年或超过五年的时间段，成员的沟通水平不高，获得成功的也不多。

证组织的活力。在资源缺乏的背景下，院校在内部事务管理过程中处于主导地位，承担着管理资源、分配资源和调节资源的功能，因此，院校主导下的高校教师流动模式具有高度行政化特点。

高校管理人员掌握着高校内部人力资源的各项信息，能够依据学校制定的战略目标进行资源整合，把合适的人放到合适的岗位上；促进教师在高校组织内部和外部的流动，包括教学科研和高校管理岗位之间的流动、不同部门或各学院之间的流动以及在院校之间的流动，能够有效实现高校学术人力资源的优化配置。在此过程中，学校还可以通过制定相应的规章制度，对教师进行职称和岗位评聘和选拔，最大限度地尊重教师个人的流动意愿。

院校主导下的教师流动既带有强烈行政色彩，同时将高校教师自由流动置于院校资源配置之下。

2.3 中国高校教师流动的历史变迁逻辑

2.3.1 中国高校教师流动图景

流动图景可以全景式地反映某一历史时期的高校教师流动总体状态，对于我们认识高校教师流动原因、探寻高校教师流动规律具有重要的意义。

不同历史时期下高校教师流动的背景不同，原因不同，流动模式不同，流动方式不同。对不同历史时期高校教师流动状况进行整合、归纳，可以总结出高校教师流动的4种主要模式。以时间为横轴，以流动背景、流动原因、流动模式、流动意愿、流动方式等为纵轴可以宏观呈现高等教育历史演变进程中高校教师流动的历史变迁逻辑。如图2-5所示。

第2章 高校教师流动的变迁模式

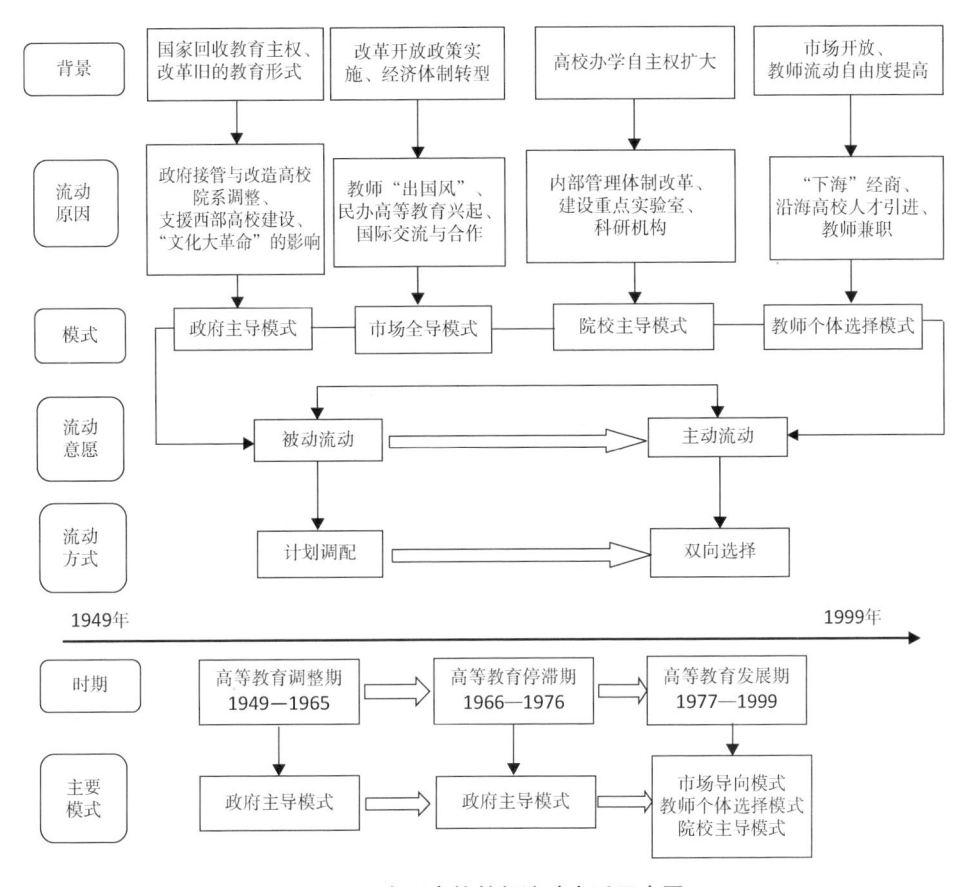

图 2-5 中国高校教师流动变迁示意图

1) 中国高校教师流动模式的变迁

中国高等教育在不同历史发展时期表现出不同的时代特征，从而形成了高校教师流动的不同模式。在高等教育的调整与停滞时期，高校教师流动主要是政府主导模式。在高等教育发展时期，高校教师流动模式主要是市场导向模式、教师个人选择模式和院校主导模式的混合模式。在不同历史阶段，这几种模式共同发挥作用。但是，需要指出的是，即使是在后三种模式下，政府公共政策仍然对高校教师流动发挥着重要影响。

自中华人民共和国成立至"文化大革命"爆发前的高等教育调整时期，

· 69 ·

中国高等教育面临回收教育主权、改革旧的办学模式、规划全国高校布局等主要挑战。同时，自上而下实行的计划经济体制强化了对高等教育的高度集中管理，也进一步强化了对高校教师的流动管理。这一历史时期，高校教师没有自主流动权，只能通过行政任命、调配实现流动。可以说，政府行为是该时期高校教师流动的直接动力。

"文化大革命"的十年是高等教育停滞时期，高校教师被迫下放的流动不是个体自主选择的结果，而是政府干预下无可奈何的被动服从。

从"文革"结束到20世纪末是高等教育快速发展时期。在这个时期，社会主义市场经济取代计划经济，市场在资源配置中发挥重要作用。高校教师流动必然受到市场机制的影响。高校教师开始走出国门出国留学，或流向经济发达的沿海地区，呈现出多种多样的流动方式。政府权力的下放、高校办学自主权的落实、内部管理体制改革等，客观上促进了高校教师自由自主流动。在这段时期，市场、院校、教师个体及政府共同发挥作用的流动机制开始形成，并得到了进一步的完善。

2）中国高校教师流动意愿的转变

从高校教师的流动意愿到流动行为，是一个复杂的社会结构变迁过程。教师与院校、教师与家庭、教师与政府、教师与社会、教师的物质世界和精神世界之间都存在着关于学术、身份、地位、荣誉等多方面因素的推拉博弈。改革开放以后，制度环境发生了根本改变，高校教师流动的意愿由被动转向主动，逐渐拥有流动的自主权。

中华人民共和国成立之初，长期的战争致使国民经济严重受损。为了迅速摆脱贫穷落后、实现工业化，中国学习苏联经济发展模式，实行计划经济体制，大力发展重工业。为了适应经济发展、满足国情的需要，高等教育呈现出整齐划一的特点。高校教师在人事身份上，属于干部性质；在管理制度上，与机关干部人事管理制度相似。在高度封闭的人事管理制度下，除计划流动外，教师几乎没有主动流动的机会。另外，中国的户籍制度也对高校教师流动造成了一定的束缚。当时户籍体制表现为"成员—规则—机制"三方面:"成员"主要是国家各相关部门和高校;"规则"就是基本消费品供应的票证制度、排他性的城市社会保障和福利制度等;运行"机制"是自上而下的政治性推动,国家计划经济和特定意识形态相联系的政府垄断管理。[1] 在这些制度的制约下,高校教师自主流动的意愿被抑制。

社会主义市场经济逐步形成后,市场成为资源配置的重要手段。宏观政策的改变、高校自主权的扩大、教师权益保障的提高,促使高校教师流动形成了市场导向模式、院校主导模式、教师个体选择模式并行、交叉、融合的新模式。

在这段时期,中央和地方政府相继制定和颁布了一系列政策,为人才流动营造良好环境。为了适应市场经济体制的内在要求,高校教师人事管理制度经历了多次重大改进,制定了一系列有关教师人事管理的政策和制度,逐步加强教师管理的灵活性。政府对高校教师流动的管理经历了从控制到宽松、再到支持的过程。宏观政治经济环境和政策环境的改变,使得高校教师流动的主动性大大提高、流动意愿不断增强、流动频次逐渐增加。

3) 中国高校教师流动方式的变化

高校教师流动之所以形成不同的模式,是因为高校教师流动的影响因素不同。在不同的流动模式中,高校教师的流动意愿也存在差别。总体来看,高校教师的流动方式主要是由计划调配方式转变为双向选择方式,从行政指令转变为契约管理方式。

具体来说,在高等教育调整时期,政府侧重对高等教育进行"调整"。这个时期中国的社会性质发生了根本转变,教育的性质也随之发生变化。在此过程中,采取合并、搬迁的方式,裁撤部分高校,回收教育主权是中国共产党领导高等教育事业的必然道路。当时,中国的高等教育面临着地域分布不均衡、专业结构与国家产业结构布局不匹配的状况,不能适应国家建设对专业人才的迫切需要,院校及专业调整成为必然选择,高校教师随着院系调整

---

[1] 尹德挺,苏杨. 新中国成立六十年流动人口演进轨迹与若干政策建议 [J]. 改革,2009(09):25.

而出现大规模的集体流动也就在情理之中。这个时期高校教师的集体大流动是通过计划调配的方式来实现的,是国家按照国民经济发展计划配置高等教育资源的必然结果。

改革开放以后,政府通过派遣教师出国学习和工作,实现教师国际流动是高等教育发展的客观需要。随着政治经济环境的变化,高校逐步拥有更大的办学自主权。高校自主制定发展规划,并依据发展规划进行人员配置和调整。

高等教育发展时期,学术劳动力市场逐步建立和完善,高校教师能够依据自身意愿进行行为选择,体现出学术流动的基本特性,这和以政府、高校作为决策主体的行政主导下的计划调配的流动方式显然不同。高校教师自我选择的流动是基于双向选择实现的,当高校教师具有流动意愿后,需要与流入单位就薪资、福利待遇、工作内容等事项进行协商沟通,形成共同契约,才能实现流动。高校教师流动方式的转变反映出学术流动的基本规律,高校教师作为一个独立的、自主自由的学术人,其社会身份决定了高校与教师之间的劳动关系是平等的、契约的、和谐的,这是整个社会进步的必然结果。

2.3.2 中国高校教师流动的基本规律

"规律"是指事物发展过程中内在的、本质的、必然的联系,规律具有客观性和普遍性,规律是不以人的意志为转移的。只有正确认识事物的发展规律,遵循发展规律,才可能促进事物的科学发展,才能够依据规律形成公共政策,指导工作实践。在高校教师流动领域亦是如此。

高校教师流动是社会流动大系统中的一个子系统,它与社会流动的其他子系统(如经济、政治、文化)以及各种社会因素如人口、资源、地理、生态、民族、宗教等之间必然产生联系。这种必然联系就是内在本质之间的关系。这种关系表现为高校教师流动与特定历史环境存在着密切关系,并受特定历史环境的影响,也可进一步表述为高校教师流动要受特定历史环境下经济、政治、文化制度或者政策的影响和制约,并在一定程度上对高等教育系统、学术共同体以及社会的经济、政治、文化等发展发挥作用。简言之,不同时代的高校教师流动的原因、流动类型、流动后果各有特征，受当时社会宏观环境的影响，并在一定程度上反作用于社会相关系统，促进相关系统（如高等学校、学术共同体、政府）的发展。

在中华人民共和国成立初期，计划经济条件下的中国实行高度集中的管理体制，高校教师是所在高校的"单位人"，基本缺乏自由流动的权利。"文化大革命"期间，高校教师流动是一种"流放"式的被动流动。1978—1999年，中国经历了两次重要的政策变革和制度转轨，第一次以十一届三中全会的召开为标志，确立经济建设的中心地位并实行改革开放的国策；第二次是以 1992 年邓小平的南方谈话和十四大的召开为标志，确立了建设社会主义市场经济的基本制度。两次重大的制度转轨对高等教育发展影响深刻，并逐步建立起有利于个体流动的弹性政策体系，高校教师流动的动机和行为取向走向多元化。多数高校教师可以根据个人意愿并随着社会发展自由流动，反过来，教师的流动在一定程度上也改变了学术共同体和高等教育的人员结构、知识结构和创新结构，激发了学术系统的内在活力，促进了高等教育核心竞争力和国际竞争力的持续提高。

第3章

高校教师流动的政策演进

改革开放以后,基于自由流动权利的彰显,在多种因素的催发下,高校教师流动的自由度、方式和频率发生了根本性的变化。尽管高校教师的流动依然受到一些制度和政策的限制,但总体来说,高校教师的自由流动已经成为一种常态。与之相反,高校教师流动政策却略显沉寂,甚至滞后于高校教师流动的实践。1983年国务院发布的《关于科技人员合理流动的若干规定》是改革开放以后首个关于科技人员流动的官方政策,1986年发布的《关于促进科技人员合理流动的通知》,进一步鼓励和规范了科技人员的流动行为,这些政策对于高校教师流动同样适用;但就高校教师流动而言,专门性的政策法规仍然是空白。在已有的政策文本中,大都是较为宏观的指导性意见和规定,且杂糅在相关的人事管理政策文本中,表述多为零散、简要和碎片化,这在一定程度上影响到了高校教师的合理和自由流动。从改革开放初期到现在,中国高等教育走过了40年的历程。40年来,中国高校教师流动呈现出纷繁复杂而又开放自由的局面,高校教师流动政策也在不断完善进步、创新发展,有力地支持了中国高等教育的快速发展。对中国高校教师流动政策的演进历程与变迁逻辑进行分析和总结,有利于我们进一步认识高校教师流动规律,指导高校教师流动实践。

3.1 高校教师流动政策：内涵与文本数据选择[1]

3.1.1 高校教师流动政策的内涵分析

1）高校教师流动政策：内涵与构成

政策是国家机关、政党及其他政治团体在特定时期为实现或服务于一定社会政治、经济、文化目标所采取的政治行为或规定的行为准则。[2] 作为一种政治系统的产出，政策不仅表现为部门规章，同时也经常以法律、条例、法令、法庭裁决、行政决议以及其他形式出现。[3] 学界有关高校教师流动政策的定义，主要有两种：一是学者王慧英（2012）认为高校教师流动政策是政府、教育主管部门为了保证、引导和实现高校教师科学、合理流动，在不同历史时期所制定的具体行动依据和准则；[4] 二是黑建敏（2010）认为按照约束效力从低到高的顺序，高校教师流动政策主要包括三个层面，即与高校教师流动有关的制度、行政法规和法律体系。[5] 我们认为高校教师流动政策主要是政府、教育主管部门以及高校在不同的历史时期，为了规范高校教师流动行为，引导和实现高校教师科学、合理流动而制定的具体行动依据和准则。

由于我国还尚未形成专门化、系统化的高校教师流动政策，大多数高校教师流动政策隐含于科技人才流动政策、事业单位人事管理政策以及高校的人事管理规章等系列政策中。因此，本文的研究对象主要是指在国家层面、由全国人大及其常委、中共中央、国务院、教育部及相关部委颁发、以正式

---

[1] 江俐，李志峰. 高校教师流动政策：历史演变与当代转型——基于1978年以来的政策文本分析 [J]. 重庆高教研究，2016，04（5）：59-67.
[2] 陈振明，等. 政策科学—公共政策分析导论 [M]. 2版. 北京：中国人民大学出版社，2003：51.
[3] E.R. 克鲁斯克，B.M. 杰克逊. 公共政策词典 [M]. 上海：上海远东出版社，1992：32.
[4] 王慧英. 我国高校教师流动政策研究 [D]. 长春：东北师范大学，2012：33.
[5] 黑建敏. 高校教师流动过程涉及法律问题的思考 [J]. 河南师范大学学报（哲学社会科学版），2010（02）：261-263.

书面文本为表现形式以促进高校教师流动的相关法规性文件，不包括地方政府制定的高校教师流动相关文件。国家层面的高校教师流动政策构成如表3-1所示，其主要包括三个层面的内容：一是由全国人大及其常委会颁发的具有最高效力的高校教师流动相关法律，如《中华人民共和国劳动争议调解仲裁法》中与高校教师流动相关的部分；二是由中共中央和国务院颁发的效力仅次于法律的高校教师流动相关法规、法规性文件，如《关于科技人员合理流动的若干规定的通知》；三是由教育部（国家教委）以及其他政府部门颁发的高校教师流动相关规章和规范性文件，如中共中央组织部、人力资源和社会保障部等五部门《关于进一步加强流动人员人事档案管理服务工作的通知》文件。

表3-1 国家层面的高校教师流动政策构成

层次	颁发部门	效力级别
第一层次	全国人大及其常委会	法律
第二层次	中共中央、国务院	行政法规
第三层次	国务院各部委及直属机构	部门规章

2）国内外有关高校教师流动政策的研究

国外有关高校教师流动政策的研究较少，较多从其他视角研究高校教师流动，并在此基础上提出相关建议。如 Musselin C.（2004）指出欧洲近期出台的政策旨在强力推进学生以及学术的流动，并鼓励创立欧洲范围内的研究网络和项目。但由于欧洲学术劳动力市场的高度国家化以及许多机制障碍，阻碍了欧洲学术职业生涯的发展和学术招聘的欧洲化/国际化。[1] 也有学者通过回顾学术流动和移民之间的关系，评估其对移民政策的影响。[2] Solimano,

---

[1] Musselin, C. Towards a European Academic Labour Market? Some Lessons Drawn from Empirical Studies on Academic Mobility [J]. Higher Education, 2004, 48 (1): 55-78.

[2] Tremblay K. Academic Mobility and Immigration [J]. Journal of Studies in International Education, 2005, 9 (3): 196-228.

Andres（2008）在 *The International Mobility of Talent* 中介绍了高层次人才（包括大学教授在内）从发展中国家涌入发达国家的流动现状，并建议采取相关政策措施加以引导。❶ Lawson C. 等指出研究人员的流动性已获得政策制定者越来越多的支持，并专门研究了短期流动现象，认为这种短期流动作为一种工具有利于促进知识的传播，促进知识和技术转让、网络创建和生产力提升，以及研究系统的性能提高❷。Beiter K.（2014）则从《国际人权法》的角度探讨高校教师流动权利的保障问题。❸ Hopkins D.（2015）等则指出目前新西兰的学术机构需要将学术流动制度化，通过及时调整相关政策以应对不断增长的国际化学术流动需求。❹

国内方面，通过中国知网检索发现，主题为"高校教师流动政策"的相关论文仅为4篇，分别为王慧英（2012）的《我国高校教师流动政策执行中的多利益主体》及其博士论文《我国高校教师流动政策研究——基于制度分析的视角》、徐建华（2010）的《多维视野中对高校教师流动政策的省思》以及杨茂庆（2012）《美国研究型高校教师流动政策与实践研究》。高校教师流动政策相关的研究大体从以下几个方面展开："高校教师流动政策现状""高校教师流动政策的研究视角"以及"高校教师流动政策研究方法"。

在高校教师流动政策现状方面，我国有关高校教师流动现状的研究始于1985年。宋杰夫（1985）通过分析当时的高校教师流动现状，提出通过改革高校人事管理制度来促进高校教师合理流动。❺ 杨礼宾（1992）针对当时高校教师流动难的现状进行反思，呼吁要深化改革，完善配套政策。❻ 林泽炎（2006）对当时人才流动的现状进行了分析，指出"全方位自由流动"是当

---

❶ Solimano, Andres. The International Mobility of Talent [M] Oxford University Press, 2008.

❷ Lawson C, Shibayama S. Temporary Mobility-A Policy for Academic Career Development [J]. Ssrn Electronic Journal, 2013: 1-30.

❸ Beiter K. The Protection of the Right to Academic Mobility Under International Human Rights Law [J]. Academic Mobility (International Perspectives on Higher Education Research, Volume 11) Emerald Group Publishing Limited, 2014 (11): 243-265.

❹ Hopkins D, Higham J, Tapp S, et al. Academic Mobility in the Anthropocene Era: A Comparative Study of University Policy at Three New Zealand Institutions [J]. Journal of Sustainable Tourism, 2015: 1-22.

❺ 宋杰夫. 高校教师合理流动初探 [J]. 科学学与科学技术管理, 1985 (05): 36-38.

❻ 杨礼宾. 试论高校教师流动难的原因及其对策 [J]. 江苏高教, 1992 (06): 53-55.

前人才流动政策调整的方向,并提出需要完善诸如社会保险制度、档案管理制度、住房制度等人才流动相关配套制度。[1] 施中良(2013)通过回顾改革开放以来我国科技人才流动的历程,指出当前科技人才的自由流动存在体制性障碍、流动市场体系不成熟、流动方向不合理和相关法律法规不完善等问题。[2] 周海涛等(2014)也对高校教师流动的现状展开了研究与分析,指出流动中存在的问题:庸者不能出、新人不能进、能者不平衡、流动不正常等,并在此基础上反思高校教师流动难的制度瓶颈,从而提出相应对策。[3]

徐建华(2010)以马斯洛的需要层次理论、亚当斯的公平理论、卡兹的组织生命周期理论以及普里高津的耗散结构理论为基础,从多维视野论证了教师流动的必然性和合理性,提出了教师流动政策制定的基本原则与建议。[4] 王慧英(2012)从制度的视角分析了我国高校教师流动政策以及执行过程中的问题,在此基础上阐释并完善我国高校教师流动政策体系的理论基点和具体策略。[5] 郝保伟(2012)则结合我国各地中小学教师流动政策的实践,从政策合法性视角来分析教师流动政策中存在的政策执行主体权限不合法,政策内容合法性缺失,政策内容与"教师法"等相关教育法律法规相违背,政策对象不认可等问题。[6] 王宏(2005)提出应在人才合理流动的基础上建立健全符合中国国情和世界经济发展规律、实践的政策法律法规体系。此外,他还提出科技人才合理流动的立法宏观模式,构建了人才合理流动制度的基本框架。[7] 张晓玲等(2007)强调构建和完善我国科技人才流动法律制度的重要性。[8] 刘怡(2012)从法律的视角,从科技人才流动中引发的法律问题

---

[1] 林泽炎. 引导人才"全方位自由流动"的政策调整要点 [J]. 中国人力资源开发, 2006 (05): 4-7.

[2] 施中良. 我国科技人才流动的现状、问题与对策研究 [D]. 武汉: 湖北大学, 2013: 31-37.

[3] 周海涛, 景安磊. 高校教师流动难的制度瓶颈和调整对策 [J]. 江苏高教, 2014 (05): 34-37.

[4] 徐建华. 多维视野中对高校教师流动政策的省思 [J]. 中国成人教育, 2010 (04): 25-27.

[5] 王慧英. 我国高校教师流动政策研究 [D]. 长春: 东北师范大学, 2012: 107-123.

[6] 郝保伟. 教师流动政策的合法性缺失及其重建 [J]. 中国教育学刊, 2012 (09): 5-8.

[7] 王宏, 张晓飞. 促进新时期科技人才合理流动的立法研究 [J]. 中国人力资源开发, 2005 (07): 84-87, 90.

[8] 张晓玲, 王宇红. 我国科技人才流动的法律制度创新 [J]. 科技进步与对策, 2007 (09): 11-14.

入手,分析我国科技人才流动法律体系中的缺陷,提出完善我国科技人才流动管理的法律对策。❶ 郑代良(2012)则将人才流动政策作为高层次人才政策的组成部分,从政策文本的视角分析并诊断当前中国高层次人才政策现状及存在的问题,呼吁出台人才基本法律,健全和完善中国特色人才政策法律体系。❷

在高校教师流动政策采取的研究方法方面,学者们提出了不同方法:一种是历史分析法。如刘波等(2008)将30年来我国科技人才政策划分为初步恢复、体系确立与完善发展三个发展阶段,回顾了各阶段政策出台的背景、内容以及作用等。❸ 郑代良(2012)将人才流动政策作为高层次人才政策的一部分,分析了改革开放以来我国高层次人才政策的发展历程,并将其划分为四个时期:拨乱反正和摸索期、体系初建和发展期、战略转型和完善期以及自主创新和成熟期。❹ 周光礼(2007)等对我国公立高校教师劳动制度的变迁进行了研究,指出当前教师聘任制下教师与高校之间的劳动关系,已由身份管理下的行政关系转变为平等的以契约为中介的劳动关系。❺ 李丽莉(2014)通过对改革开放以来我国科技人才政策的演进研究,总结出我国科技人才的流动政策经历了由限制流动向鼓励流动最后变为自主流动的过程;❻ 另一种是通过对典型国家教师流动政策的介绍与分析,反思我国高校教师流动政策。如杨茂庆(2012)介绍了美国研究型大学在教师流动管理方面的经验,其中的政策法律体系建立、社会保障体系完善、分层次管理制度、柔性流动制度的完善以及"远缘杂交"的聘任制度都是我国高校教师流动机制建立中值得学习和借鉴的做法。❼ 孙丽昕(2013)指出西方国家高校教师之所以流

---

❶ 刘怡. 科技人才流动管理的法律问题研究 [D]. 天津:天津师范大学,2012:10-16.
❷ 郑代良,钟书华. 中国高层次人才政策现状、问题与对策 [J]. 科研管理,2012(09):130-137.
❸ 刘波,李萌,李晓轩. 30年来我国科技人才政策回顾 [J]. 中国科技论坛,2008(11):3-7.
❹ 郑代良,钟书华. 高层次人才政策的演进历程及其中国特色 [J]. 科技进步与对策,2012(13):134-139.
❺ 周光礼,彭静雯. 从身份授予到契约管理——我国公立高校教师劳动制度变迁的法律透视 [J]. 高等教育研究,2007(10):37-42.
❻ 李丽莉. 改革开放以来我国科技人才政策演进研究 [D]. 长春:东北师范大学,2014:102.
❼ 杨茂庆. 美国研究型高校教师流动政策与实践研究 [J]. 中国教育政策评论,2012(00):144-153.

得动,是因为其建立了由保证机制、"流出"机制、"流入"机制和共享机制等共同构成的完善的高校教师流动机制,而我国教师流动不起来主要是因为我国高校教师的流动机制缺失。[1]

总体而言,从已有的研究文献来看,有关高校教师流动的研究较为丰富,但是聚焦到我国高校教师流动政策研究时,有关高校教师流动政策的相关研究也存在一些不足,主要表现在以下几个方面:

就研究内容而言,有关高校教师流动政策的必要性等方面研究较多,但对我国改革开放以来高校教师流动政策的历史演变及其变迁的内在逻辑尚缺乏系统性研究,呈现出碎片化的特点。特别是在高校教师流动政策未成体系的前提下,未能从历史发展角度详细阐释高校教师流动政策建立的动因和逻辑机理。

就研究方法而言,国内涉及高校教师流动政策的研究主要使用的是文献研究以及比较研究,这些方法多属于定性分析,而将定量方法与定性有机结合进行高校教师流动政策文本研究的成果很少。政策文本分析是研究国家和政府所制定的政策变迁和发展的重要方法,只有对改革开放以来的高校教师流动政策文件及相关文本进行系统的分析和解读,才能从宏观上把握高校教师流动政策的发展特点。

高校教师流动政策的制定与实施离不开高校人事管理制度、人才市场政策、档案及户籍等配套政策的完善与实施。相关研究大多浅尝辄止,未能系统性的展开分析。因此,本研究在探寻高校教师流动政策历史演变的同时,深入开展高校教师流动的相关政策研究,剖析我国高校教师流动政策现存问题,构建我国高校教师流动政策体系。其对于高校教师流动政策进行研究的价值和意义,主要表现在如下几个方面:

第一,以中国高校教师流动的具体政策及问题为研究对象,运用社会流动理论、人力资本理论,以学术资本作为研究的逻辑起点,在分析我国学术职业以及学术劳动力市场本质特征基础之上,深入分析高校教师流动政策的

---

[1] 孙丽昕. 我国高校教师何以流不动——基于西方国家高校教师流动机制的分析[J]. 河北师范大学学报(教育科学版), 2013 (12): 38-44.

历史变迁逻辑，总结各个阶段的基本特征，探析高校教师流动政策的变迁特点，可以丰富高校教师流动的理论研究。

第二，以政策文本为研究基点开展高校教师流动政策分析，进一步运用定量与定性相结合的方法对高校教师流动政策的历史变迁进行分析，整体把握和探讨高校教师流动政策取向。

第三，通过对中国高校教师流动以及学术劳动力市场本质特点的分析，为学术劳动力市场健康发展提供政策建议，促进和谐、竞争的学术劳动力市场秩序的形成和发展，促进我国高校学术劳动力市场资源的优化配置，激发学术职业活力，服务于中国的一流大学和一流学科建设。

第四，在梳理改革开放以来高校教师流动政策的基础上，结合当前高校教师流动政策现状，对当前高校教师流动政策进行评价，提出政策创新策略，这对于修正政策目标和具体办法，完善高校教师流动管理制度具有重要的实践指导意义。

第五，学术系统的复杂性以及个体地位获得及目标追求的多样性必然使得高校教师在流动过程中的流动选择变得十分困难。因此，高校教师流动政策的研究可以为教师选择最合适的流动行动提供参考。

3.1.2 政策文本数据的来源、采集与使用

1）数据来源

为了能够较为准确地获得1978年至2016年国家发布的有关高校教师流动的政策文件，本研究主要通过两种方式获得政策文本，分别为政府网站（全国人大、中共中央、国务院及各部委）以及北大法律信息网（http://vip.chinalaw-info.com/）。具体见表3-2。

其中以《北大法宝》（法条联想型数据库）为主要产品的北大法律信息网，是本研究检索与高校教师流动相关政策文献的主要数据库，之所以选择这个数据库主要有以下三点原因：一是该数据库收录了自1949年以来共计20余万篇的法律文件，在法律法规部分有15个子数据库，因此能够搜集到较

为全面的与高校教师流动相关的政策文件。本研究主要使用的是中央法规司法解释数据库，对宏观层面的高校教师流动政策进行分析；二是就其法规内容而言，其具有真实性与有效性；三是数据能够保证实时更新。

表3-2 高校教师流动政策文本的来源

获取渠道	检索重点	备注
政府网站（全国人大、中共中央、国务院及各部委）	现行政策	近年来我国电子政府建设日趋完善，多数与高校教师流动相关的政策可以通过政府官方网站获取
北大法律信息网（北大法宝）	1. 历史政策（已经废除的相关政策） 2. 政府官方网站无法查到的政策	由于部分与高校教师流相关的政策已经失效，与此同时在政府官方网站上有些年份久远的政策文件无法检索出来

2）政策文本获取方法

由于我国还未有专门的高校教师流动政策，因此本研究在北大法律信息网（http://vip.chinalawinfo.com/）中检索时，采取了两种方法（见表3-3）：一是选择政策标题中含有高校教师流动及其相关文字（流动，教师流动，高校教师流动，人才流动，人才合理流动，流动人员，高校人事制度，人才市场）的政策文本；二是选择文本内容可能涉及高校教师流动的相关问题及相似的问题（流动，教师流动，高校教师流动，人才流动，人才合理流动，流动人员）的政策文本，然后将发布日期统一设定为1978年1月1日至2016年3月1日。据不完全统计，改革开放以来国家层面制定的与高校教师流动相关的政策文件共计102份。在此基础上借助"八爪鱼"[1]数据采集器，采用计算机自动爬行技术将检索得到的页面按照文件标题、颁布单位、颁布日期、实施日期、效力级别等进行自动比对，形成最终的文件数据库。

---

[1] 八爪鱼数据采集系统以完全自主研发的分布式云计算平台为核心，可以在很短的时间内，轻松从各种不同的网站或者网页获取大量的规范化数据，帮助任何需要从网页获取信息的客户实现数据自动化采集、编辑、规范化，摆脱对人工搜索及收集数据的依赖，从而降低获取信息的成本，提高效率。

表 3-3　高校教师流动政策文本获取方法

发布时间	发布部门	政策名称
1992 年	国家教科委	《引进国外智力工作的管理办法》 《关于进一步争取优秀留学博士回国做博士后的通知》
1995 年	人事部	《关于重点资助优秀留学回国人员开展科技活动的通知》
1998 年	人事部	《关于鼓励海外高层次留学人才回国工作的意见》

3）文本数据的使用

高校教师流动政策研究中的一个主要难点是缺乏对高校教师流动政策整体性及实然性的基本认知。例如，自改革开放后，我国总共出台了多少项高校教师流动政策，这些政策分别是由哪些部门来制定，涉及哪些方面，具有哪些突出特点等，较多政策基本情况解释不明晰，这些历史盲点，将会制约对高校教师流动政策的科学解释与预测。

本研究主要以人力资本理论和社会流动理论为理论基础，综合运用历史分析方法与政策文本分析法，从改革开放以来中国高校教师流动政策的历史发展入手，分析不同时期高校教师流动政策制定的历史背景，厘清高校教师流动政策发展的历史脉络，然后从政策制定的权威主体、数量、政策内容、政策在不同年度的分布情况、政策文本中的具体条款等方面开展系统性的文本计量分析，揭示其宏观演变图景，把握我国高校教师流动的模式、机制的变化线索并探寻其背后的原因，再进一步采取词频分析法对涉及高校教师流动的具体政策条目进行编码，对高校教师流动的政策文本进行信息提取，统计分析政策文本中涉及"流动"的词频情况，探析政府对高校教师流动政策的价值选择，发现高校教师流动政策的历史变迁逻辑，在此基础上探究中国高校教师流动政策选择以及调整的基本策略。

3.2 改革开放以来高校教师流动政策的历史发展

改革开放以来,我国高校教师流动日益频繁,高校教师流动政策也不断演变。那么不同历史发展阶段的高校教师流动政策有何不同?各自有什么特点?市场和高校又是如何影响政府主导的高校教师流动政策的?探寻这些问题有助于我们更好地理解高校教师流动政策的发展脉络。

3.2.1 政府主导时期（1978—1984）

中华人民共和国成立之后,高等学校实行由国家高度集中的、统一的管理模式,高校教师被冠以"国家干部"的身份,实行由国家统分统配的终身任用制度,通过计划录用、行政命令和调配的形式任命和管理教师。1961年的《教育部直属高等学校暂行工作条例（草案）》,对高校教师的调动做了说明,"教育部直属高等学校教师的调动必须经过教育部的批准"。在这种高度集权式管理体制下的高校人事制度一切都由政府统包统揽,高校教师的分配与调离都必须服从国家安排,高校教师的自由流动受到严格限制。

十一届三中全会以后,为了调整不合理的科技队伍的分布和结构,解决国家重点建设项目和重点发展行业、地区中科技人才不足的问题,国家相继制定实施了一系列科技人才流动的政策和措施。

1）以出国留学为主的高校教师流动

1978年10月,中共中央颁发的《1978—1985年全国科学技术发展规划纲要》（简称《八年规划纲要》）较早涉及高校教师流动政策的相关规定,旨在加强国际的科学技术合作以及技术交流,提出"邀请外国科学家、工程技术专家来华讲学"❶或者"国家科委根据科学技术发展和国民经济建设的需要,积极地、有计划地派遣科学技术人员出国学习、进修和考察"。这项关

---

❶ 国务院关于高等学校师资的补充、培养和调配问题的规定 [EB/OL]. 人民网, http://cpc.people.com.cn/GB/64184/64186/66666/4493334.html.

于科技人才交流的规定,为我国高校教师跨国(境)流动提供了政策依据与动力。从1979年开始,相关部门陆续出台政策措施规范出国留学行为。相关政策的颁布,催发了出国留学的热潮,不仅申请公费留学人员大幅上升,自费留学也呈繁荣之势。

2) 计划分配式的科技人才流动管理

十一届三中全会以后,"尊重知识、尊重人才"的指导原则得以确立,科技界中知识分子的地位得到显著提高,科技人才的管理也开始步入正轨。1981年4月23日,中共中央办公厅、国务院办公厅发布的《科学技术干部管理工作试行条例》是一项较为全面化、系统性的关于科技人才管理的行政法规,其明确规定了科学技术人才在整体上必须根据国家需要统筹安排,不能存在本位主义和分散主义。科学技术干部的考核、晋升、奖惩以及跨地区、跨行业的调动由各级分管部门办理。❶ 在学术交流方面,则是由"国务院各部委及省、自治区、直辖市根据国家的统筹安排,制定、组织科学技术干部出国考察、参观、参加学术交流活动,或短期工作"。❷ 从中可以发现,这两项政策中对高校教师(科技人才)的管理原则主要是从国家发展角度出发,实行计划统筹下的调配,高校教师的流动方式也多以计划性的派遣出国学习为主,多属于国家政策规制下的"被动流动"。

3) 专门化的人才流动政策

1983年7月,我国最早的人才流动政策颁布。国务院颁布的《关于科技人员合理流动的若干规定的通知》明确指出了流动的原则和流动方向。虽然规定带有明显的计划性,甚至在一定程度上体现出强制性,但这一政策的实施,却真正促进了高校教师流动,一定程度上调整了人才分布与结构。而且

---

❶ 科学技术干部管理工作试行条例 [EB/OL]. 人民网, http://www.people.com.cn/item/flfgk/gw-yfg/1981/112702198101.html.
❷ 科学技术干部管理工作试行条例 [EB/OL]. 人民网, http://www.people.com.cn/item/flfgk/gw-yfg/1981/112702198101.html.

还对高校教师的流动方式进行了创新,除了计划调配外,还可以通过招聘方式来促进科技人才/教师合理流动,并试行聘任制,同时对流动人员的户口、编制、工作年限以及福利待遇作出了指导性的说明。❶ 在当时的时代背景下,这是具有进步意义的,这个政策也成为改革开放以来指导我国高校教师流动的规范性文件。

总而言之,这一阶段的高校教师流动政策以满足国家发展需要为目标,在保留高校教师编制的基础下,以计划调配方式为主,高校教师流动政策的特点是"政府主导"。

3.2.2 政府主导+市场调节时期(1985—1998)

1985年以后,计划经济体制下的计划性人才调配制度已不能适应新时期的要求,改革高校人事管理制度,促进高校教师合理流动成为时代命题。❷ 这个阶段的高校教师流动政策主要表现出以下几个特点。

1)以高校人事制度改革推动高校教师流动政策改革

1985年5月《中共中央关于教育体制改革的决定》颁布并实施,决定进行管理体制改革,加强宏观管理,同时扩大学校的办学自主权,实行简政放权,充分调动学校办学积极性和创造性。❸ 这改变了以往政府对高校统得过死的传统管理体制,高校的自主权得以释放。次年,国务院又出台了《高等教育管理职责暂行规定》,明确指出高校可以聘任、辞退教师和辞退职工。❹ 在岗位聘任上遵循公平竞争、择优择需录用的原则。❺ 并指出"学校要实行多种

---

❶ 实行科学技术人员交流的暂行办法 [EB/OL]. 法律教育网,http://www.chinalawedu.com/falv-fagui/fg22598/20970.shtml.

❷ 宋杰夫. 高校教师合理流动初探 [J]. 科学学与科学技术管理,1985(05):36-38.

❸ 中共中央关于教育体制改革的决定 [EB/OL]. 中华人民共和国教育部,http://www.moe.edu.cn/publicfiles/business/htmlfiles/moe/moe_177/200407/2482.html.

❹ 高等教育管理职责暂行规定 [EB/OL]. 法律教育网,http://www.chinalawedu.com/news/1200/22598/22615/22796/2006/3/he4852315011173600221777-0.htm.

❺ 关于直属高校内部管理体制改革的若干意见 [EB/OL]. 法律快车,http://law.lawtime.cn/d610660615754.html.

形式的用人制度，提高办学效益和工作效率"❶。这些政策使得高等学校在掌握了人事自主权的同时，也为教师流动政策改革奠定了基础。1993年2月，国家教委发布《关于普通高校内部管理体制改革的意见》，进一步鼓励高校"向全社会公开招聘，引进高层次人才"并指出高校可以"实行多种形式的用人制度，实行分类管理"❷。1993年颁布的《中华人民共和国教师法》，第一次对教师聘任制进行了阐释，规定"教师聘任需在学校和教师地位平等的原则下签订，对双方的权利、责任、义务要明确规定"等一系列原则意见。

高校人事制度的改革以及废除行政与计划主导下的教师职务任命制的尝试，为高校教师打破人才流动障碍、推进合理流动创造了条件。

2) 以建立双向选择机制促进高校教师流动政策改革

随着市场经济的发展，竞争机制进入学术劳动力市场，为高校教师流动打开了政策窗口，提供了内在动力。1994年的《中国教育改革和发展纲要的实施意见》规定用人单位与高校毕业生之间实行双向选择的制度，同时主张建立就业指导、职业介绍等机构，以促进人才合理流动，为毕业生就业提供政策保障。❸ 随着高等教育体制改革的逐步深入，我国延续多年的高校毕业生就业分配制度完成了历史使命，"找工作"代替了传统的"包分配"，毕业生拥有了找工作的自主权，这也为高校教师自主流动创造了政策条件。

3) 以科技人才流动政策推进高校教师流动政策转型

1986年发布了《关于促进科技人员合理流动的通知》，首次允许科技人员辞职，还对人员流动过程中产生的争议问题进行了说明，这一系列鼓励高校教师与企业交流的措施，为高校教师"下海"经商或创办企业提供了条件。

---

❶ 关于直属高校内部管理体制改革的若干意见 [EB/OL]. 法律快车，http://law.lawtime.cn/d610660615754.html.
❷ 关于深化高等教育体制改革的若干意见 [EB/OL]. 湖北省教育厅，http://www.hbe.gov.cn/content.php?id=910.
❸ 国务院关于《中国教育改革和发展纲要》的实施意见 [J]. 中华人民共和国国务院公报，1994 (16)：715-730.

1988年1月,国务院批准下发了《国家科委关于科技人员业余兼职若干问题的意见》,对处理本职和兼职关系等方面的问题做出了明确规定。同年5月又出台了《关于深化科技体制改革若干问题的决定》,不仅提出"鼓励科研机构、高等院校和企业之间人员互相兼职",还明确提出各地区可以因地制宜制订政策,促进人才的合理流动,并创造性地提出了"逐步实行用人单位与科技人员之间的双向选择用人就业制度"❶。1989年国务院发布了《国家中长期科学技术发展纲领》,为高校教师流动政策转型提供了政策依据,一定程度上规范和推动了高校教师流动。

4) 以人才专项政策和人才市场培育搭建高校教师流动平台

自1994年的"百人计划""国家杰出青年科学基金",到1996年的"百千万人才工程""西部之光"人才培养计划,1997年教育部"春晖计划"和"跨世纪优秀人才培养计划(人文社会科学)"以及1998年"长江学者奖励计划",相关人才专项计划为高层次人才流动与引进提供了政策支持,有助于建立通畅的人才交流与共享平台,也有利于促进高层次人才的合理流动。

与此同时,为发挥好、利用好优质海外留学人才资源,国家鼓励在海外学习和工作的高层次人才以多种方式回国服务。为此,国家又相继制定了系列政策(见表3-4)。这些政策在很大程度上吸引了一大批优秀留学人员归国工作,带动了海外高层次学术人才向国内的流动。

表3-4 吸引海外优秀人才的系列政策

发布时间	发布部门	政策名称
1992年	国家教科委	《引进国外智力工作的管理办法》 《关于进一步争取优秀留学博士回国做博士后的通知》
1995年	人事部	《关于重点资助优秀留学回国人员开展科技活动的通知》
1998年	人事部	《关于鼓励海外高层次留学人才回国工作的意见》

---

❶ 关于深化科技体制改革若干问题的决定 [EB/OL]. 中华人民共和国科技部, http://www.most.gov.cn/kjzc/gjkjzc/gjkjzczh/201308/P020130823574948122617.pdf.

1994年，中共中央组织部、人事部印发了《加快培育和发展我国人才市场的意见》，强调在宏观调控下，充分发挥市场在人才资源配置中的基础性作用。❶ 为进一步规范市场行为，1996年1月，人事部发布《人才市场管理暂行规定》。同年11月人事部又下发了《国务院所属部门成立人才市场中介机构审批暂行办法》等文件，这一系列政策的颁布，规范了我国人才中介、单位招聘和人才应聘等活动，有力地推进了我国人才市场的有序发展，为高校教师的自由流动提供了平台。

5）以社会管理政策改革带动高校教师流动政策改进

户籍管理、社会保险等其他相关的社会管理政策在很大程度上影响着人才在地区、部门、所有制之间的流动。为了加强流动人员的人事档案管理，维护人事档案的真实性、严肃性，以促进人才合理流动，中共中央组织部、人事部于1988年发布了《关于加强流动人员人事档案管理工作的通知》，《通知》明确了管理权限以及管理职责。1989年颁布的《关于进一步加强流动人员人事档案管理的补充通知》，对流动人员人事档案管理的流程做了详细的规定，在程序上对流动人员的人事档案管理工作进行了规范，促进了高校教师流动政策的完善。

1996年人事部下发《流动人员人事档案管理暂行规定》，对流动人员的档案管理工作进行了进一步的规范。此政策对流动人员做了详细的归类，包括辞职或辞退的企事业单位工作人员、待业高校毕业生、自费出国留学人员以及外资、民营企业、乡镇企业技术和管理人员等，❷ 并在流动人员的档案管理机构以及人事档案的转递等方面做了详细的规定。为了进一步加强流动人口人事档案管理，杜绝弄虚作假等问题的出现，人事部于1998年发布了《人事部关于坚决杜绝流动人员人事档案管理中弄虚作假等问题的通知》。与此同

---

❶ 中共中央组织部、人事部关于印发《加快培育和发展我国人才市场的意见》的通知 [J]. 中国人事，1994（10）：27-28.
❷ 流动人员人事档案管理暂行规定 [EB/OL]. 中华人民共和国人力资源部，http://www.mohrss.gov.cn/gkml/xxgk/201407/t20140717_136554.htm.

时，为了解决流动人员的人事纠纷问题，人事部于1997年发布了《人事争议处理暂行规定》。这一配套政策改革为高校教师流动政策的完善发挥了积极作用，解决了教师流动中的后顾之忧。

随着科技人才流动政策的优化以及人才市场的形成，市场成为促进人力资源调配、平衡学术劳动力供求关系的有效抓手。这一阶段的高校教师流动政策逐渐由政府主导转变为政府主导+市场调节的模式。高校教师流动也由"被动流动"走向"主动流动"。

3.2.3 政府引导+市场参与时期（1999年至今）

随着经济全球化以及知识经济时代的来临，国家间的人才引进和竞争日益加剧。政府在不断完善科技人才政策的同时，高校也积极推进人事分配制度改革，进一步改变了过去"计划的、被动的、单向的"以政府为主导的人才资源调配方式，自主的、多向的、开放的高校教师流动政策开始出现。这一阶段高校教师流动政策体现出以下几个特点。

1）通过深化高校人事制度改革促进教师流动政策改进

1999年9月教育部颁布了《关于当前深化高等学校人事分配制度改革的若干意见》，文件强调实行聘任制，同时要将教师由"身份管理"转向"岗位管理"，明确规定"高校推行高等学校教师聘任制和全员聘用合同制的用人制度"，并首次提出要"建立人才流动保障和服务体系"，鼓励设立高校人才交流中心，形成人才合理流动的机制。

同年7月，人事部印发了《关于加快推进事业单位人事制度改革的意见》，文件指出"全面推行聘用制度，建立解聘辞聘制度，加强聘后管理"，并明确提出要改变现有单一的固定用人方式，鼓励事业单位人才的市场流动，逐步形成专业技术人才资源配置的市场化、社会化，❶进一步推进了用人制度改革。2005年11月16日，人事部发布了《事业单位公开招聘人员暂行规

---

❶ 关于加快推进事业单位人事制度改革的意见［EB/OL］．中华人民共和国人力资源与社会保障部，http://www.mohrss.gov.cn/gkml/xxgk/201407/t20140717_136290.htm．

定》，进一步规范了事业单位的招聘行为，明确提出具有高级专业技术职务或博士学位的人员，可以采用直接考核的方式公开招聘，❶ 为高校教师的流动创造了极其有利的条件。同年12月20日，人事部办公厅又印发了《事业单位聘用合同（范本）》❷，对聘用单位与受聘人员间的权利与义务的争议处理给出了处治样例，进一步推动了聘用制的落实。

2007年5月颁布的《关于印发高等学校、义务教育学校、中等职业学校等教育事业单位岗位设置管理的三个指导意见的通知》❸ 专门对高等学校的岗位设置管理进行了全面改革。2010年，人社部又相继发布《关于进一步规范事业单位公开招聘工作的通知》❹ 和《事业单位工作人员处分暂行规定》❺。特别是2014年4月颁布的《事业单位人事管理条例》，使得传统的评聘方式逐步转变为"按发展需求设置岗位、按岗位条件公开招聘"的方式，不仅促进了高校用人机制变革，也打破了高校教师流动的体制壁垒和身份障碍。高校教师逐步实现了教师职务聘任与岗位聘用的统一。

随着高校人事制度改革的深化，高校拥有了较为充分的用人自主权，高校教师也获得了充分的择业自主权，高校与教师之间逐渐形成了一种平等基础上的双向选择关系。

2）通过实施专项计划推动高层次人才流动政策改进

1998年，教育部发布了《面向21世纪教育振兴行动计划》。《计划》明确提出要实施"高层次创造性人才工程"，高校设立特聘教授岗位，以竞争选

---

❶ 事业单位公开招聘人员暂行规定 [EB/OL]. 中华人民共和国人力资源与社会保障部, http://www.mohrss.gov.cn/gkml/xxgk/201407/t20140717_136271.htm.
❷ 事业单位聘用合同（范本）[EB/OL]. 中华人民共和国人力资源与社会保障部, http://www.mohrss.gov.cn/gkml/xxgk/201407/t20140717_136284.htm.
❸ 关于印发高等学校、义务教育学校、中等职业学校等教育事业单位岗位设置管理的三个指导意见的通知 [EB/OL]. 中华人民共和国人力资源与社会保障部, http://www.mohrss.gov.cn/gkml/xxgk/201407/t20140717_136277.htm.
❹ 关于进一步规范事业单位公开招聘工作的通知 [EB/OL]. 中华人民共和国人力资源与社会保障部, http://www.mohrss.gov.cn/gkml/xxgk/201407/t20140717_136270.htm.
❺ 事业单位工作人员处分暂行规定 [EB/OL]. 中华人民共和国人力资源与社会保障部, http://www.mohrss.gov.cn/gkml/xxgk/201305/t20130529_104084.htm.

优方式精选万名骨干教师。随后出台的《高等学校特聘教授岗位制度实施办法》《"长江学者成就奖"实施办法》《高等学校骨干教师资助计划》以及《新世纪百千万人才工程实施方案》等政策则进一步深化与落实了"高层次创造性人才工程"。

同时,政府也进一步加大了国外高层次人才的引进工作,陆续出台了一系列政策。见表 3-5。2015 年,国务院发布了《统筹推进世界一流大学和一流学科建设总体方案》。该方案进一步强调要"深入实施人才强校战略"。❶这一系列人才专项政策的实施,对于高层次人才的流动发挥了积极作用。

表 3-5 国外高层次人才的引进相关政策

发布时间	发布部门	政策名称
2000 年	人事部	《关于鼓励海外高层次留学人才回国工作的意见》
2001 年	人事部	《关于鼓励海外留学人员以多种形式为国服务的若干意见》 《留学人员创业园管理办法》
2007 年	中央人才工作领导小组 人事部牵头多部委	《关于实施海外高层次人才引进计划的意见》 《关于建立海外高层次留学人才回国工作绿色通道的意见》
2008 年	中共中央组织部等 多个部门联合	《引进海外高层次人才暂行办法》《关于为海外高层次引进人才提供相应工作条件的若干规定》和《关于海外高层次引进人才享受特定生活待遇的若干规定》

3) 通过人才规划推动高校教师流动政策改进

《2002—2005 年全国人才队伍建设规划纲要》是我国第一个关于综合性人才队伍建设的规划。在该规划中,改革现有人才流动有关制度成为重中之重。《纲要》提出不仅要进行户籍制度改革,还要加快完善养老、医疗、失

---

❶ 统筹推进世界一流大学和一流学科建设总体方案[EB/OL]. 中华人民共和国中央人民政府, http://www.gov.cn/zhengce/content/2015-11/05/content_10269.htm.

业、工伤等方面制度改革，为人才流动扫清制度障碍。❶ 同时，要求"国家要建立人才统计指标体系，探索人才流动的多种形式"❷，要"制定和实施国家紧缺人才引进计划，突出吸引留学人才是全国人才队伍建设的重要组成部分"❸。次年，《中共中央国务院关于进一步加强人才工作的决定》颁布，《决定》要求依法维护用人单位和各类人才的合法权益，保证人才流动的开放性和有序性❹，进一步完善了科技人才流动政策体系。2010 年，《国家中长期人才发展规划纲要（2010—2020 年）》颁布。《纲要》明确指出要建立起基本人才流动机制。❺

4）通过人才市场体系建设推动高校教师流动政策改进

党的十五届五中全会提出加快人才市场建设步伐，更好地为用人单位服务、为各类人才服务，充分发挥政府人事部门的宏观指导作用的政策。2000年 11 月出台了《全国人才市场供求信息分类标准》，人事部于 2001 年开始定期发布全国人才市场供求信息，及时准确地向社会公布人才供求状况。与1996 年的《人才市场暂行管理规定》相比，新增了互联网人才信息中介服务、外国公司在中国境内从事人才中介服务活动以及违反规定的行为处罚等方面的规定。随后，劳动和社会保障部于 2002 年 3 月 21 日下发了《关于进一步加强劳动力市场建设完善就业服务体系的意见》，明确提出劳动力市场建设的标准。❻ 2003 年又出台了《中外合资人才中介机构管理暂行规定》，对刚

---

❶ 2002—2005 年全国人才队伍建设规划纲要［EB/OL］. 中华人民共和国科学技术部，http://www.most.gov.cn/tztg/200206/t20020613_8731.htm.
❷ 2002—2005 年全国人才队伍建设规划纲要［EB/OL］. 中华人民共和国科学技术部，http://www.most.gov.cn/tztg/200206/t20020613_8731.htm.
❸ 2002—2005 年全国人才队伍建设规划纲要［EB/OL］. 中华人民共和国科学技术部，http://www.most.gov.cn/tztg/200206/t20020613_8731.htm.
❹ 2002—2005 年全国人才队伍建设规划纲要［EB/OL］. 中华人民共和国科学技术部，http://www.most.gov.cn/tztg/200206/t20020613_8731.htm.
❺ 国家中长期人才发展规划纲要（2010—2020 年）［EB/OL］. 中华人民共和国中央人民政府，http://www.gov.cn/jrzg/2010-06/06/content_1621777.htm.
❻ 关于进一步加强劳动力市场建设完善就业服务体系的意见［EB/OL］. 中华人民共和国人力资源与社会保障部，http://www.mohrss.gov.cn/gkml/xxgk/201407/t20140717_136551.htm.

刚兴起的人才市场中介机构进行了有效规范。此后，中共中央出台了《关于加快发展人才市场的意见》，提出了加快发展人才市场的13条政策和措施。❶ 2005年又进一步对原有的《人才市场管理规定》进行了修订，进一步完善了人才市场管理制度。

2007年8月，《中华人民共和国就业促进法》首次提出"人力资源市场"这一概念。人社部也下发了《关于进一步加强人力资源市场监管有关工作的通知》《关于加强统一管理切实维护人力资源市场良好秩序的通知》以及《关于加强人力资源服务机构诚信体系建设的通知》，初步建立了人力资源服务体系。十八届三中全会提出了"建立统一开放、竞争有序的市场体系，是使市场在资源配置中起决定作用的基础"的著名论断，进一步强化了市场在资源配置中的重要作用。2014年，人力资源社会保障部、国家发展改革委、财政部共同发布了《关于加快发展人力资源服务业的意见》，提出"建立健全专业化、信息化、产业化、国际化的人力资源服务体系"❷的发展目标，进一步明确了人力资源、服务的各项内容。在此基础上，2015年相继修改了《国务院所属部门人才中介服务机构管理办法》，废除了《全国性人才交流会审批办法》，并对《人才市场管理规定》进行了二次修订。❸ 至此，我国人才市场建设体系的政策基本确立，人才市场建设有力地保障了高校教师流动，促进和完善了教师流动政策改进。

5）通过劳动法规建设完善高校教师流动政策

2003年出台了《关于人民法院审理事业单位人事争议案件若干问题的规定》，明确指出高校在内的事业单位出现的"人事争议"特指"事业单位

---

❶ 关于加快发展人才市场的意见 [EB/OL]. 中华人民共和国人力资源与社会保障部, http://www.hazk.lss.gov.cn/html/10320/1725573846834.html.

❷ 关于加快发展人力资源服务业的意见 [EB/OL]. 中华人民共和国人力资源与社会保障部, http://www.mohrss.gov.cn/gkml/xxgk/201501/t20150121_149768.htm.

❸ 人才市场管理规定 [EB/OL]. 中华人民共和国人力资源与社会保障部, http://www.mohrss.gov.cn/gkml/xxgk/201505/t20150513_160956.htm.

与其工作人员之间因辞职、辞退及履行聘用"引发的争议。❶ 随后,人事部于2007年正式发布《人事争议处理规定》,全国人大常委会也先后颁布了《劳动合同法》《就业促进法》《劳动争议调解仲裁法》三部法律,一定程度上规范了高校教师流动行为,为高校教师流动争议提供了必要的法律依据。

在这一阶段,随着社会主义市场经济的不断发展和高校人事制度改革的不断深化,我国"计划的、被动的、单向的"政府调配人才资源的方式,逐渐被"开放的、主动的、多向的"市场配置人才资源的方式所取代。高校与教师之间逐渐形成了一种在相对平等基础上的双向劳动关系。高校教师的流动不再是被动流动,而逐渐转变为自主、自由的流动。与高校教师流动密切相关的人才流动政策、人才市场政策也不断得到完善,政府引导+市场参与型的高校教师流动政策基本成型。

3.2.4 高校教师流动政策变迁的当代转型❷

1978年以来高校教师流动政策总体上经历了三个发展阶段,分别为1978—1984年的肇始阶段,1985—1998年的初步建立阶段以及1999年至今的不断发展阶段,如表3-6所示。

表3-6 改革开放以来我国高校教师流动政策的发展历程

	肇始阶段	初建阶段	发展阶段
时间	1978—1984年	1985—1998年	1999年至今
政策背景	十一届三中全会以后,为了确保国家重点建设项目和重大科技攻关任务的完成,调整不合理的科技队伍的分布和结构	经济体制的改革,带动科技体制与教育体制的改革。同时"尊重知识、尊重人才"理念的提出	经济全球化以及知识经济时代的来临,加速了高等教育大众化时期的到来

---

❶ 中华人民共和国劳动法 [EB/OL]. 中华人民共和国中央人民政府,http://www.gov.cn/banshi/2005-05/25/content_905.htm.
❷ 江俐,李志峰. 高校教师流动政策:历史演变与当代转型——基于1978年以来的政策文本分析 [J]. 重庆高教研究,2016,04 (5):59-67.

续表

时　　间	肇始阶段 1978—1984 年	初建阶段 1985—1998 年	发展阶段 1999 年至今
标志性事件或政策	十一届三中全会的召开	1984 年《中共中央关于经济体制改革的决定》颁布	《面向 21 世纪教育振兴行动计划》的颁布
政策重点	1. 出国留学为主的高校教师流动； 2 计划分配式的科技人才流动管理； 3. 借调、兼职为主的高校间师资交流模式； 4. 专门化的人才流动政策	1. 以高校人事制度改革推动高校教师流动； 2. 以建立双向选择机制促进高校教师流动； 3. 以科技人才流动政策推进高校教师流动； 4. 以人才专项和人才市场培育搭建高校教师流动平台； 5. 以社会管理配套政策创造高校教师流动条件	1. 通过进一步深化高校人事制度改革促进高校教师流动； 2. 实施专项人才计划； 3. 以人才规划推动高校教师流动； 4. 人才市场体系建设； 5. 以完善劳动法规建设保障高校教师流动

1）流动理念：从"政府主导"到"市场主导"

在我国高校教师流动政策的形成过程中，政府通过自上而下推行强制性的相关政策、法规，推动了我国当代的高校教师流动。如 1978 年陆续出台的留学政策，掀起了较大规模的出国留学热潮。再如为缓解国家重点发展行业和重大建设项目科技人才不足的问题，国务院颁布的《关于科技人员合理流动的若干规定的通知》等等，都有力地促进了科技人才在不同地区、不同部门之间的流动。

随着改革开放的不断推进，尤其在经济体制改革推动下，市场力量开始在我国高校教师流动政策中发挥越来越重要的作用。充分发挥市场在资源配置中的基础性、决定性作用，这一策略必然促进学术劳动力市场的健康发展。市场机制促使高校建立起能者上、庸者下的用人机制，政府主导的高校教师流动理念逐渐向市场主导的流动理念转变。

2）流动机制：从"计划调配"到"双向选择"

在政府主导的高校教师流动政策下，我国高校主要通过计划录用、行政命令和调配的形式任命和管理教师。如教育部于 1956 年 6 月 4 日颁布的专门针对高校教师调动的政策《关于高等学校教师调动的暂行规定》，要求高校教师要根据国家的需要，服从国家的调动❶，这一原则一直延续到改革开放初期。直到 1983 年《关于科技人员合理流动的若干规定的通知》的颁布，开始提出除了计划调配外，还可以通过招聘方式促进合理流动，并试行聘任制。随后，1988 年《关于深化科技体制改革若干问题的决定》进一步提出了各地区可以因地制宜制定政策，促进人才合理流动。《决定》还提出了逐步实行用人单位与科技人员之间的"双向选择用人就业制度"❷。与此同时，伴随高校人事制度、高校毕业生就业制度的改革，高校人事自主权逐渐扩大，可以在政府授权下对教师的岗位设置和聘任进行必要的自主制度安排，消除了职务终身制和人才单位所有制束缚，高校教师也拥有了自主择业的权利。高校与教师之间逐渐形成了一种平等基础上的双向选择关系，我国高校教师流动机制也由"计划调配"转型为"双向选择"。

3) 流动意愿：从"被流动"到"要流动"

改革开放以前，我国高校教师被赋予"国家干部"的身份，实行由国家统分统配的终身任用制度，高校教师的流动意愿不强，甚至出现了不愿流动的情况。随着科教兴国战略的提出和实施、高校人事制度改革的不断深化，一系列与教师相关的法律如《高等教育法》《教育法》《教师法》的颁行，打破了计划经济体制下行政主导的教师职务任命制，在一定程度上消除了人才流动障碍。此后，启动了一系列人才建设工程，出台了一系列人才建设政策，极大地激发了高校教师自由流动的强烈意愿。高校教师流动政策从强制性的控制逐渐发展为鼓励性的引导，人才流动意愿从"被流动"转变为"要流动"。高校教师流动的主动性、自由性不断增强。

---

❶ 李志峰. 必要的不平等：高校学术职业分层 [M]. 北京：知识产权出版社，2015：133.
❷ 国务院. 关于科技人员合理流动的若干规定 [Z]. 1983.

3.3 改革开放以来高校教师流动政策演进的特征

为了从宏观上把握我国高校教师流动政策的基本特征,我们对 1985—2016 年国家层面的高校教师流动政策文本进行定量分析,以此反映自改革开放以来我国高校教师流动政策的发展脉络和演进轨迹。

3.3.1 变量和指标体系的设定

由于本研究所涉及的高校教师流动政策数量较多且时间跨度大,为了从宏观上把握高校教师流动政策的基本特征,我们对政策制定主体、政策主题、政策对象、政策形式等进行了全面的量化分析,将政策所涉及的要素进行二级划分(见表 3-7),形成了高校教师流动政策文本的结构化编码和分类体系。

表 3-7 变量与指标说明

一级变量	二级变量	指标及相关说明
基本信息	文件标题	政策文本的标题
	发布日期	以年和月为单位
	效力级别	主要分为法律、行政法规以及部门规章三类
	政策文种	指政策颁布采用的形式,主要包括通知、规划、意见、办法等
	政策数量	以项为单位
政策制定主体	发布部门	权威部门大概分为两类,一是主要的权威部门主体;二是共同制定政策的权威主体。
政策对象	适用范围	主要分为两类:一是专门针对人才流动(包含高校教师流动)发布的政策文本;二是政策内容涉及高校教师流动的政策文本
政策内容	主题词	教师流动,人才流动,合理流动

根据上述八个二级变量标准,借助"八爪鱼"数据采集器,采用计算机自动爬行技术将检索得到的页面按照文件标题、发布部门、发布日期、实施日期、效力级别等进行自动比对,形成最终的文件数据库。然后再进一步通

过 Excel 表格筛选出与高校教师流动相关的政策数据表，开展量化分析。针对高校教师流动政策，笔者收集了共计 102 份自 1978—2016 年中央政府及各部委发布的直接指导或间接影响高校教师流动的政策文件。

3.3.2 高校教师流动政策的文本计量分析

1）政策文本数量与高等教育重大体制改革密切相关

按照不同年份进行总体数量比较，可以发现我国高校教师流动政策文本在数量上呈现出两个特点，如图 3-1 所示。

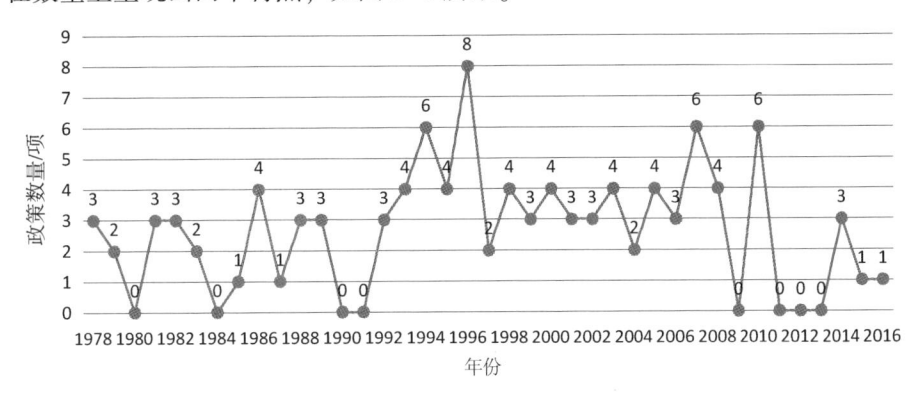

图 3-1 改革开放以来国家出台的高校教师流动相关政策数量变化图

第一，自 1978 年至 2016 年的 38 年间，国家出台的与高校教师流动相关的政策在数量上总体较多，平均每年出台与高校教师流动相关的政策约 3 项，最高的年份是 1996 年，达到了 8 项，其次是 1994 年、2007 年和 2010 年分别为 6 项，政府出台政策数量一定程度上反映了政府对这一政策议题的关注程度。我们发现，1986 年出现的高校教师流动政策的数量波峰与自 1985 年开始的教育体制改革具有非常密切的关系，而 1994 年和 1996 的数量波峰与社会主义市场经济体制的进一步完善有关。市场机制的引入，加速了高校教师流动，推动了高校教师流动相关政策的出台。

第二，从图 3-1 的曲线变化我们还可以发现，这 38 年间高校教师流动相关政策的数量变化实际上出现了 11 个波峰和 12 个波谷，而且变化的周期也相对较短，体现出较强的波动性以及非连续性，其中 1980 年、1984 年、1990

年、1991年等几个年份没有出台相关政策。

2）政策文本的类型分布表现出明显的差异性

改革开放以来，国务院、教育部、人社部虽然出台了较多与高校教师流动相关的政策，但未能形成专门化的政策体系。即使有，其表述和规定也是零散的和片段的，且一般较多掺杂在相关的人事、人才政策等当中，不成体系。我们将改革开放以来国家层面与高校教师流动相关的政策分为两大类："直接指导型"和"间接影响型"高校教师流动政策。其中"直接指导型"高校教师流动政策是指专门针对人才流动（包含高校教师流动）发布的政策文本，如《关于科技人员合理流动的若干规定的通知》以及《关于促进科技人员合理流动的通知》，共计2项；"间接影响型"政策则是在政策文本中提及高校教师流动的政策，包括高校人事制度政策、高层次人才引进政策、科技人才政策、人才市场政策以及流动配套政策等，如图3-2所示。

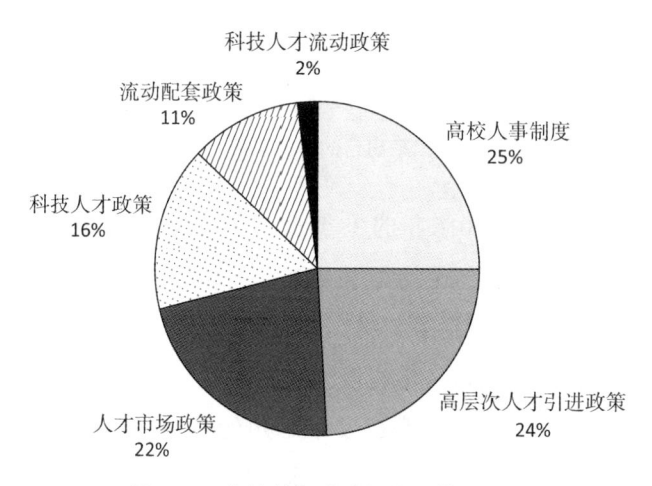

图3-2 高校教师流动相关政策构成

- 科技人才流动政策 2%
- 流动配套政策 11%
- 科技人才政策 16%
- 人才市场政策 22%
- 高层次人才引进政策 24%
- 高校人事制度 25%

从图3-2可以发现，有关高校教师流动政策在数量上呈现出间接影响型政策多于直接指导型政策的特点。在1978年至2016年国家出台的与高校教师流动相关的政策中，与高校教师流动政策间接相关的高校人事制度、高层次人才引进政策、人才市场政策、科技人才政策以及流动配套政策占比较多，分别为25%、24%、22%、16%以及11%，总体占比达82%；而直接指导高校教师流动的科技人才流动政策的数量很少，38年以来只出台过2份文件，分别为1983年国务院发布的《国务院关于科技人才合理流动的若干规定》和1986年的《国务院关于促进科技人员合理流动的通知》。

3）不同类型高校教师流动政策的演进情况

进一步将这102项有关高校教师流动政策按照类型和时间进行统计分析，可以发现高校教师流动相关的6类政策在1978—2016年的数量变化情况。如图3-3所示。总体而言，政策呈现出两个特点。

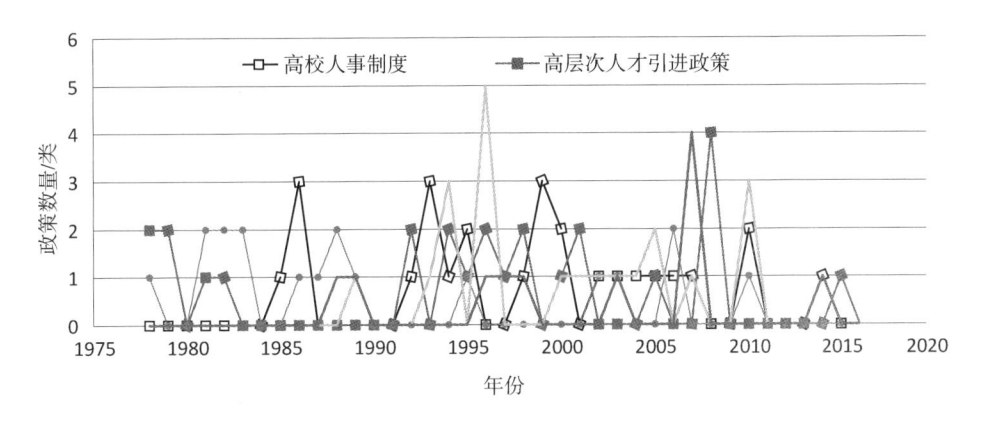

图3-3 改革开放以来高校教师流动相关政策的类型变化图

一是直接指导高校教师流动的政策基本停滞于1986年。1978年以来仅有国务院于1983年和1986年发布的《国务院关于科技人才合理流动的若干规定》和《关于促进科技人员合理流动的通知》这2项政策，之后政府再也没有修订或是颁布其他直接指导人才流动（高校教师流动）的政策。

二是间接影响高校教师流动的政策表现出明显的波动性和不连续性，但总体上是不断发展的。间接影响高校教师流动的高校人事制度、高层次引进人才政策、科技人才政策、人才市场政策以及流动配套政策，在38年间出现了6次左右的波峰。在这段时期，一些政策还进行了多次修订和完善。例如，在高校教师流动的相关配套政策方面，如流动人员人事档案管理以及人事争议处理相关政策，38年以来政府发布或者修订过相关政策就有9个，其中5个为流动人员人事档案管理政策，4个为人事争议处理政策。值得一提的是，2007年人事部发布的《人事争议处理规定》以及全国人大常委会颁布的《劳动合同法》《就业促进法》《劳动争议调解仲裁法》丰富了高校教师流动的配套政策，保障了高校教师流动中的合法权益，规范了人事争议的处理程序，为高校教师合理有序流动创造了条件。

4）政策文本的制定主体及其数量变化

从高校教师流动政策的发文主体和发文形式来看，我们也可以很清晰地发现一些普遍性的特点：其一，政策的发文主体主要集中于国务院、教育部、人社部和科技部等行政机关，也涉及中共中央、全国人大及常委会及国务院所辖相关部门；其二，就政策的发文形式而言，单独制定（转发和批转）和联合发文是两种最常见的发文形式。

进一步对涉及高校教师流动政策的发文主体及发文数量进行分析，可以发现涉及高校教师流动的政策主要是单一制定的，主要包含国务院、人社部以及教育部三个部门，其发布的文件占比达81.42%。联合发布的文件总量较少，仅占五分之一。在联合发布的文件中，两个部门联合发文的文件数相对较多，如图3-4所示。

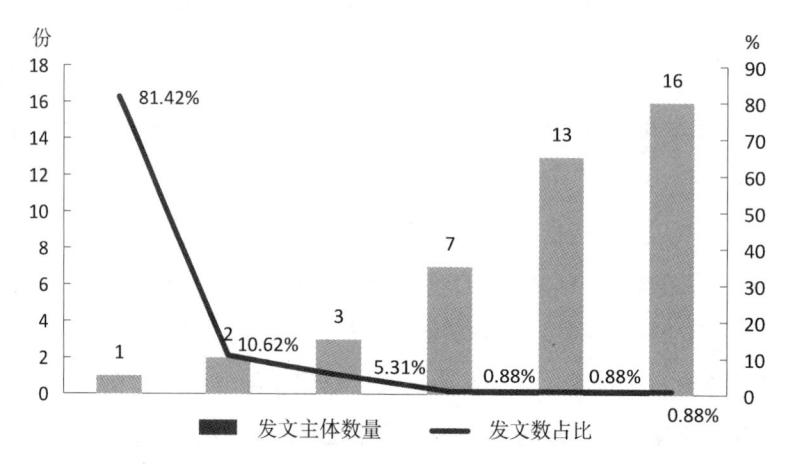

图3-4 高校教师流动政策的发文主体及发文数占比

在涉及高层次人才引进的政策中，联合发文的部门有超过 10 个以上的，如 2007 年的《关于建立海外高层次留学人才回国工作绿色通道的意见》（16 个部门联合发布）；2008 年《关于海外高层次引进人才享受特定生活待遇的若干规定》（13 个部门联合印发），这反映出政府对于海外高层次人才流动的高度重视。

5）政策文本的文种主题词情况

改革开放以来，我国颁布的涉及教师流动的政策法规名目较多，进一步对这 102 份政策文本的文种主题词进行统计分析，可以发现，1978 年以来国家颁布的与高校教师流动相关的政策主要是"意见、规定、通知、办法、决定、条例、规划纲要"等文种（其中意见部分还包含了实施意见，办法部分包含了执行办法、试行办法以及暂行办法，条例以及试行条例等）。如图 3-5 所示。从政策文本的各种分布情况来看，改革开放以来与高校教师流动相关的 102 份政策中，以"意见""通知""规定"形式为主，其中意见类的有 24 项，通知类的 21 项，规定类的为 18 项，三者总体占比达 61.7%，涉及高校教师流动的规划类和法律类政策却较少，仅占 6.86% 和 5.88%。这在一定程度上反映出改革开放以来我国高校教师流动政策以补救性为主，而规范性的法律和具备前景预测性的政策较为缺乏。

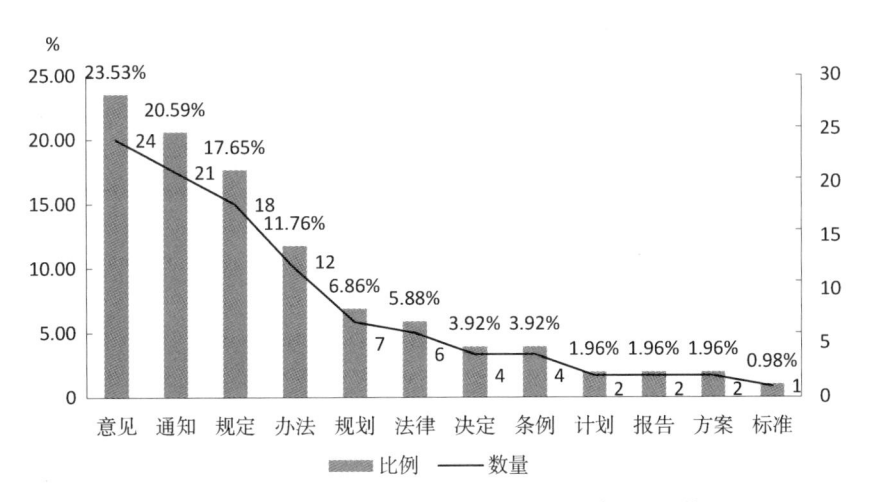

图 3-5 改革开放以来与高校教师流动相关政策的文种情况

3.3.3 高校教师流动政策形成的特征

高校教师流动作为一种社会流动，必然会受到人口特质、环境变化以及先赋能力等因素的影响，而政府制定的政策在高校教师流动过程中发挥着主导作用。因此，对改革开放以来高校教师流动政策进行分析在一定程度上可以反映高校教师流动政策形成的主要特点。

1）政策形成规律："不稳定性"和"非连续性"

国家通过制定高校教师流动政策可以有效指导高校教师流动行为。从本质上说，高校教师流动政策的制定是一种政治行为，其政策制定反映的是国家政策制定者对高校教师流动行为的要求，体现的是政府意志。❶ 因此，高校教师流动政策的数量变化，客观上反映了政府对高校教师流动行为的控制以及对高校教师流动方向的主导力度。如果高校教师流动政策的数量越多，则表明政府对高校教师流动的关注度越高，控制或主导程度越大；反之，则说明政府的关注度越低，控制或主导程度也相对越低。

如果我们按照高校教师流动政策供求关系进行分析，可以认为国家对高校教师流动政策的需求实际上也呈现出一种波动的变化趋势。或者说，政府在高校教师流动政策制定中发挥的主导作用也体现出一种波动性。而这种起伏反映了高校教师流动政策数量上的非连续性；另一方面，反映了高校教师流动活动的日益频繁或者存在着较多需要解决的问题，在政策实施过程中存在着较多的阻碍因素。政策本身具有较强的主导和控制功能，如果高校教师流动政策长期表现出不稳定性和无序性的特点，必然会影响高校教师流动活动的合理性与有序性。

2）政策形成结构：以"三级权威"为主

我们将高校教师流动政策形成结构分为三个等级：一是由全国人大制定的法律；二是中共中央和国务院制定的法规；三是教育部及其他国务院所属部门

---

❶ 孙绵涛. 教育政策学［M］. 北京：中国人民大学出版社，2010：22.

制定的规章制度。纵观改革开放以来涉及我国高校教师流动的相关法律法规以及部门规章，可以发现高校教师流动主要还是以政策引导为主，大部分以规章及规范性文件为主，由全国人大制定的科技人才流动法律规范较为缺乏。而根据《立法法》规定，与法律、行政法规以及地方性法规相比，国务院部门规章的法律效力层级较低，约束力相对较小，其强制性也就较弱，涉及高校教师流动的政策也就出现了法律约束力不强、强制性较弱、调整力度不足的问题，影响政策权威性的发挥。

修订的《教育法》以及《高等教育法》中，也未对高校教师流动的相关问题做出说明与规定。《教师法》中也没有规定教师流动的合法权益，对事关流动对象的户籍关系、人事档案、社会保障等问题都没有做出相关规定。同时，涉及人才流动过程中的知识产权保护等问题，现有法律中也未明确提及。因此，在缺乏人才流动法律的前提下，仅通过相关性较低的政策引导局部要素来进行法律约束或者规范，难以满足高校教师流动群体对政策的需求，法律依据的缺失也不利于合理引导高校教师的正常、健康、有序流动。因此，高校教师流动政策文本专门化后从法律法规层面规范高校教师流动行为是引导高校教师合理流动的必然选择。

3）政策形成主体：以"单一权威"为主

高校教师流动政策形成的科学化水平在很大程度上决定了高校教师流动管理工作的质量。虽然高校教师流动政策的形成涉及社会的各个方面，但高校教师流动政策形成主体的构成是影响政策形成的主要因素，并且与政策形成的民主化程度有着密切的关系。

进一步分析高校教师流动政策制定主体，可以发现高校教师流动政策制定结构（即制定主体）是以国务院、人社部以及教育部为主的单一结构。高校教师流动是一个社会性的系统工程，牵涉社会的各个方面，它需要政府各个部门之间的通力合作、综合设计，推动形成科学的、系统化的、操作性强的高校教师流动政策体系。与此同时，高校教师流动政策制定主体的单一性，也反映出我国高校教师流动政策的制定主体较为集中，主要是"自上而下"

式的政府主导决策模式。然而，高校教师流动政策文本的制定绝不是对文本制定者'作品'的简单聚合，而是多元化的高校教师流动政策制定者之间有效互动的结果❶。

4）政策形成对象：以"非专门化"为主

从改革开放以来我国高校教师流动相关政策的数量变化可以发现，一方面，与高校教师流动相关的政策文本多达102项，但对我国高校教师流动具有直接指导意义的专门性政策供给却相对短缺，这在一定程度上反映出高校教师流动政策的权威性不够。一般来说，专门化的高校教师流动政策具有直接的指导作用，比间接影响型政策效能大很多，因此，政府部门要进一步加强对高校教师流动直接影响型政策的制定。

在经济全球化、高等教育大众化以及知识经济时代等因素的影响下，当前高校教师流动的频率不断增强、类型不断增多，并体现出国际化、市场化等新特点，专门化流动政策的滞后已不能满足引导及规范高校教师流动行为的需要。在当前国家建设世界一流大学和一流学科的战略背景下，通过系统、权威的政策有效规范高校教师的流动行为，促进高校教师合理有序流动，是实现我国从高等教育大国向高等教育强国转变的需要。

3.4 改革开放以来高校教师流动政策的价值分析❷

对高校教师流动政策进行价值分析需要对政策内容以及政策的形成过程进行梳理，分析高校教师流动政策的主体，包括高校教师流动政策的决策主体和执行主体所持有的价值观念。为此，我们采取词频分析法，对涉及高校教师流动的具体政策条目进行编码，对高校教师流动的政策文本进行信息提取，统计并分析政策文本中涉及"流动"的词语词频情况，探析高校教师流

---

❶ 林小英，陈霜叶. 教育政策文本的类型及其生产——以民办高校学历文凭考试试点政策为例 [J]. 教育发展研究，2008（24）：16.

❷ 江俐，李志峰. 高校教师流动政策：历史演变与当代转型——基于1978年以来的政策文本分析 [J]. 重庆高教研究，2016，04（5）：59-67.

动政策的价值选择。

3.4.1 变量与指标体系设置

本研究选取流动、教师流动、高校教师流动、人才流动、合理流动以及流动人员为关键词，在北大法律信息网（http://vip.chinalawinfo.com/）检索全文，依次对包含高校教师流动的政策条文进行内容分析；同时，结合改革开放以来我国高校教师流动政策演变中涉及的文献，补充与高校教师流动直接相关的政策文本条目。

通过筛选，发现这些政策文本中共有39项政策条目直接涉及高校教师流动，依据流动对象、流动原则、流动目的、流动方向和流动手段进行分类编码形成进一步的分析，如表3-8所示。

表3-8 变量与指标说明

一级变量	二级变量	指标及相关说明
基本信息	流动对象	高校教师流动或普适性的流动
	流动原则	国家对于高校教师流动的指导方式，例如依据经济发展、调整人才布局等
	流动目的	如满足国家经济发展
	流动方向	如从城市到农村，从大城市到小城市
	流动方式（途径）	如调动、出国等
	流动手段	以何种措施促进高校教师流动

3.4.2 高校教师流动政策内容的量化分析

1）政策作用的演变

我们通过词频统计分析发现，在涉及高校教师流动的政策条目中，与"流动"搭配最多的动词词频排名前3的依次为"促进""鼓励"和"引导"。其中"促进"出现的频次最高，达到19次；其次是"鼓励"和"引导"，分别为9

次和8次。"探索""形成"和"支持"是频次中相对较高的搭配动词,这些与"流动"直接搭配的高频词在一定程度上反映出高校教师流动政策走向。

进一步结合政策发布的时间来分析,可以发现政府对高校教师流动政策经历了"1983年'有计划有步骤的促进'——1986年'促进和鼓励'——1992年的'适应与实行'——1992年的'允许'——1999年的'探索'——2000年的'支持'——2002年的'引导'——2004年的'保证'——2012年的'推动'——2014年的'制定'——2015年的'加快推进'——2016年的'建立健全'"的演变历程。从总体上看,政策制定主体对于高校教师流动持支持态度,并且希望通过逐步建立和完善高校教师流动政策,推动高校教师的合理流动。

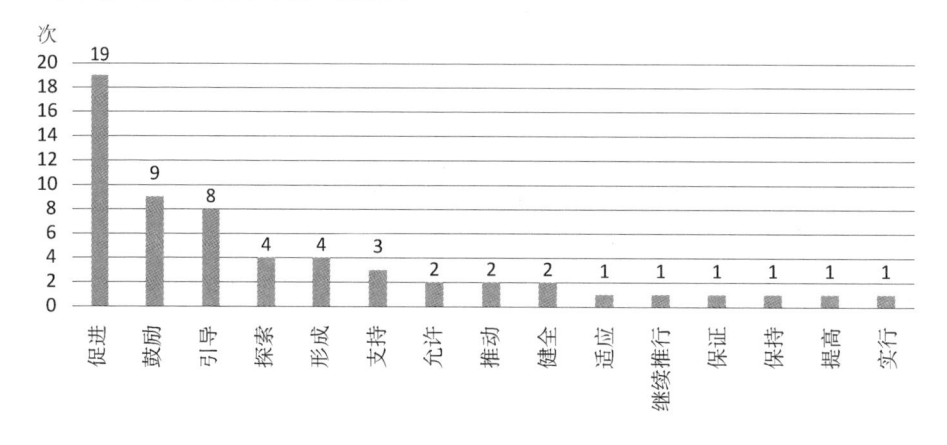

图 3-6　高校教师流动相关政策中的动词词频

2) 政策目标的演变

通过统计分析可以发现"人才流动"在涉及高校教师流动的政策条目中频次最高,多达37次,其次为"合理流动"(6次)、"人员流动"(5次),其他次数较少。通过词频统计,发现在涉及高校教师流动的政策条目中,共提出了"合理流动""出入有序的流动层""必要的人才流动""相对流动""梯次流动""人才合理有序流动""有序的人才流动""高起点高流动""顺畅有序流动""有序自由流动"等10种流动目标。结合时间维度分析,发现高校教师流动政策目标经历了"1986年的'合理流动'——1992年的'必要的人才流动和相对流动'——1996年的'高起点高流动'——1999年的'出入有序流动层'——2000年的'梯次流动'——2001年的'合理有序流动'——2011年的'顺畅有序流动'——2016年的'有序自由流动'"的演变历程。如图3-7所示。

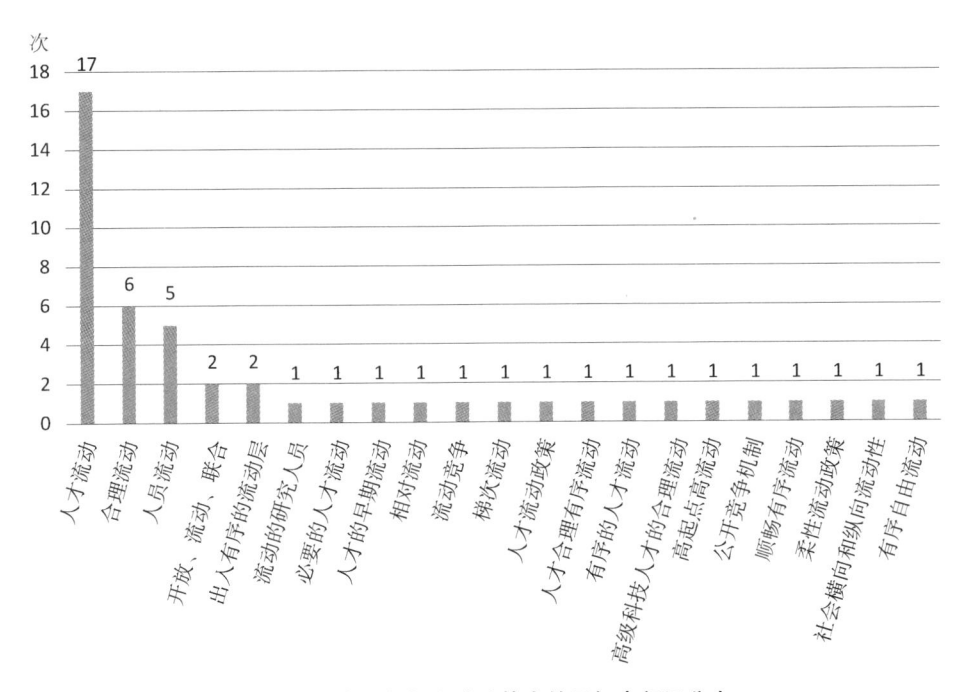

图3-7 高校教师流动政策中的目标高频词分布

3）政策方向的演变

流动政策方向是指高校教师流动政策条目中对流动方向的明确规定。我们对涉及高校教师流动的政策条目进行分析发现，改革开放以来我国高校教师流动政策中涉及流动方向的规定发生了变化。

研究发现，不同时期高校教师流动的方向由于政策倾斜而有所侧重。高校教师流动方向从以前的鼓励在高等教育系统内流动，逐渐发展到鼓励向高等教育系统外流动，特别是高校与企业之间的双向流动。此外，更加注重高校教师的国际流动。如图 3-8 所示。

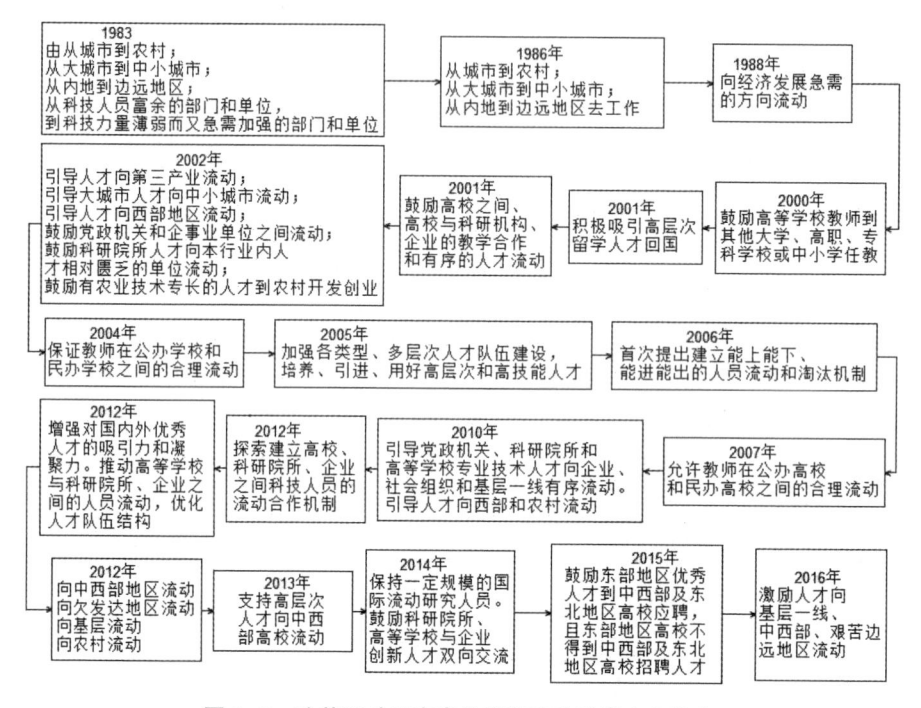

图 3-8　改革开放以来高校教师流动政策方向演变

3.4.3　政策目的的演变

为了进一步探析高校教师流动政策目的的演变情况，我们对涉及高校教师流动政策的具体条目进行了对比分析。研究发现，改革开放以来最早的人才流动文件《关于科技人员合理流动的若干规定的通知》的出台是为了解决国家重点建设项目和重点发展行业及地区科技人才不足的问题，才要有计划、有步骤地促进人才合理流动，这也成为当时制定高校教师流动政策的主要原则。1986 年颁发的《关于促进科技人员合理流动的通知》则是为了进一步解决科技人员难以流动、积压、浪费和使用不当的问题。20 世纪 80 年代提出的高校教师流动政策主要是为了调整人才结构和布局，这个政策目的几乎贯穿了高校教师流动政策的始终。随着高校教师流动政策的发展，其政策目的也在发生转变，即从以前以满足国家需要为目的的高校教师流动，逐渐演变为科学调整人才结构、有效配置高校教师资源、提高教师素质为主要目的的高校教师流动。(见图3-9)。

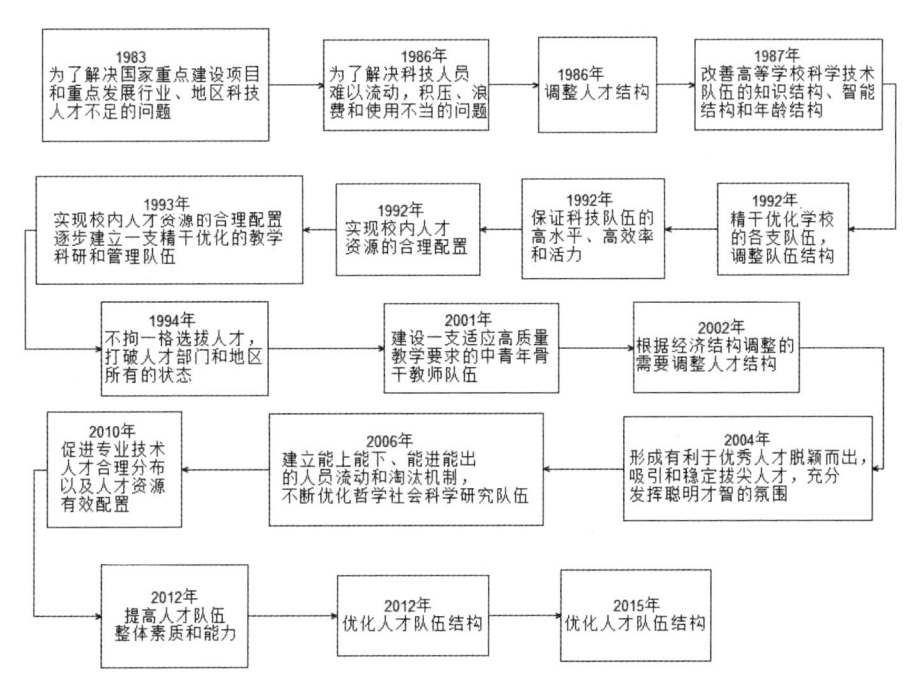

图 3-9 改革开放以来高校教师流动政策目的演变

3.4.4 高校教师流动政策变迁的价值取向[1]

1) 由国家本位走向学术本位

通过分析改革开放以来的高校教师流动政策，本研究发现政策经历了从国家本位逐渐过渡到学术本位的变迁过程。其中，国家本位是指高校教师流动政策是基于国家需要的价值取向；而学术本位则是在充分认识高校教师流动的内涵、尊重高校教师流动内在规律的前提下，促进高校教师流动为学术

---

[1] 江俐，李志峰.高校教师流动政策：历史演变与当代转型——基于1978年以来的政策文本分析[J].重庆高教研究，2016，04（5）：59-67.

发展服务的价值取向。在改革开放初期，高校教师流动政策的国家本位取向十分明显，流动是"为了解决国家重点建设项目和重点发展行业、地区科技人才不足的问题"，采取有计划有步骤的行政调配方式。

随着经济体制、科技体制和教育体制的改革，国家本位取向的高校教师流动政策逐渐向学术本位的价值取向转变。这表现为涉及高校教师流动的相关政策，从强调全面为经济或社会发展服务，逐渐向为以调整教师队伍的知识结构、实现人力资源优化配置为主的政策目标转变。

2) 由单一性转向多样性

在改革开放初期，我国高校教师流动方向较为单一，表现为统一由国家进行计划性的调配，从城市到农村、从大城市到中小城市、从内地到边远地区。这种强制性的流动本质上是一种政府主导下的流动控制政策模式。到2002年以后，我国高校教师流动政策方向逐渐向多样性转变。这主要表现在三个方面：一是鼓励教育系统内不同层次高校之间的教师流动，包括到其他大学、高职高专或者中小学任职，以及由公办高校向民办高校的流动；二是鼓励向教育系统外的流动，特别是鼓励高校向企事业单位的流动，以带动产学研合作，促进研究成果的转化；三是重视高层次人才引进，特别是海外高层次人才的引进与培养。与此同时，还提出了能上能下、能进能出的流动淘汰机制，为高校教师流动提供制度支持。

3) 从计划性走向市场化

在高等教育领域内，从高校教师流动政策制定的原则来看，改革开放初期以国家需求为主，政府占据着高校教师流动政策制定的主体地位。随着学术劳动力市场逐渐走向成熟，高校教师流动日益常态化、多样化和制度化，传统的政府主导的高校教师流动政策不断受到来自院校和市场的双重挑战。因此，要按照市场经济规律和人才规律，根据市场需求，促进人才合理有序流动。这标志着高校教师流动政策的价值取向由计划性走向市场化，政府对于高校教师流动的控制在不断减小，市场的力量在逐渐增强。

第4章

高校教师流动的动力机制

从高校教师流动意愿的形成到流动行为的发生是一个复杂的过程，也是一个长期酝酿的过程，是多种因素共同作用的结果。对于教师而言，从流动意愿到流动行为，教师个体的流动动力是什么？为什么要流动？又是什么因素导致最终流动决定的形成？对于院校而言，为什么要促进教师合理流动？对政府而言，教师流动对于实现社会公平正义有什么作用？政府应该支持和鼓励何种形式的流动？其内在动力机制是什么？这些都需要从不同利益相关者的角度进行分析。

机制本身是物理学的概念，后被运用到社会科学各领域，其所表达的是在一个社会系统中各个部分或者要素间的关系或者运行的程序和方式，以便更好地发挥系统的功能。而动力表达的则是内在的、对工作、事业等发展起促进作用的力量。总体来说，动力机制就是充分理顺系统内部各要素之间的关系、共同发挥作用的具体运行方式。高校教师流动的动力是指激发教师个体、院校或者政府等特定利益相关者的利益动机继而形成流动行为决策的内外驱动力，高校教师流动的动力机制则是指在教师流动过程中综合考虑多种因素共同形成的流动意愿或者流动行为的运行方式，其实质是通过一定的利益表达机制，充分调动和发挥流动利益相关者的积极性、主动性和创造性的过程。

4.1 地位获得：高校教师流动的个体动力机制

不少研究表明，收入提高和地位改善是影响高校教师流动的核心要素。在相关流动研究中，也有类似的研究结论。如刘易斯和托达罗在研究城乡移民过程中认为追求收入提高是城乡移民的主要动力，而收入的提高和经济地位的改善只是移民行动获益的一个方面；另一方面，移民们通过职业变动实现社会地位的上升流动。[1] 从社会分层理论视角来看，高校教师在社会结构中的位置相对确立，但不是永恒不变的，而是动态变化的；从社会资源获得的角度来看，高校教师的地位高低取决于教师群体所拥有的社会资源总量，社会资源越多，其在高校的地位越高；从社会流动视角来看高校教师流动，社会流动率在一定程度上影响着高校教师的地位变动。

4.1.1 地位与地位获得

界定"地位获得"，首先要明确什么是"地位"。所谓地位，指个人或团体在社会中所处的位置。[2] 因此，地位获得是指个人或团体得到了在社会中预期的位置。

在社会学意义上，地位是个人或团体在社会中所处的位置。地位还有其经济学含义，即指个人或团体在收入、支付等能力方面所处的相对位置。地位还可以从政治、文化等方面予以解释。这些解释尽管表达不一，但都指明了地位是一个用来衡量"某种相对位置"——等级、阶层、阶级等的概念。对"位置"的讨论，只具有相对意义，而无绝对标准，即只能用"更"而不能有"最"，正因为地位的这种相对意义，使得地位获得、变更成为社会中十分常见的行为。

---

[1] 李春玲. 城乡移民的社会经济地位获得 [J]. 北京工业大学学报（社会科学版），2007，7（4）：9.
[2] 中国社会科学院语言研究所词典编辑室. 现代汉语词典 [M]. 北京：社会科学文献出版社，1996：285.

第4章 高校教师流动的动力机制

地位获得作为一个社会学、经济学的概念，它指的是个人或者团体对某种预期位置的获得，可以理解为个体为取得某种社会地位，包括政治的、经济的、文化的地位而努力的过程，而职业流动则是其地位获得最普遍的形式，职业流动是市场经济的重要特征。[1] 在市场经济条件下，学术劳动力市场具有开放性、包容性和竞争性等特征，这使得学术劳动力迁移成为一种市场行为，客观上也带动了高校教师的流动。

在我国社会结构中存在着两种形态的地位获得机制：一是制度安排机制（也称制度因素）；二是非制度安排机制（也称非制度因素）。[2] 一般来说，现代社会成员为了实现地位获得，首先通过制度安排来获得，但是，制度安排不能满足现代社会成员实现地位获得的全部愿望和要求。因此，非制度的安排也成为社会成员获得地位的途径之一，如"在求职时，关系总量越大的求职者，越容易获得较高的职业地位"。[3]

社会学大师韦伯的社会分层理论对地位获得研究产生了深刻的影响。韦伯提出了收入、声望和权利三位一体的社会地位概念，[4] 后来地位获得研究中社会地位的概念基本源于此。索罗金在1927年出版的《社会流动》一书将关于地位获得的研究导入社会学领域，他提出：开放性社会比封闭性社会的垂直流动更为频繁。[5] 首次在社会流动研究中将"地位获得"作为专门的学术概念进行研究的是美国社会学家布劳和邓肯，他们在1976年出版的《美国的职业结构》一书中提出了"地位获得模式"这一概念，探讨了在美国社会中出身背景、教育程度对个人社会经济地位的影响。[6]

迄今为止，国内学者主要是在研究社会分层的过程中关注"地位获得"问题，这些研究始于20世纪80年代末90年代初。以布劳和邓肯的社会流动

---

[1] 边燕杰，张文宏. 经济体制、社会网络与职业流动 [J]. 中国社会科学，2001（02）：77.
[2] 张宛丽. 非制度因素与地位获得——兼论现阶段中国社会分层研究 [J]. 社会学研究，1996（01）：70.
[3] 张云武. 关系规模、地位获得与交往取向 [J]. 浙江工商大学学报，2011（05）：82.
[4] 张艳. 阶层背景与个人职业地位获得 [D]. 武汉：华中科技大学，2006：2.
[5] 许嘉猷. 社会阶层化与社会流动 [M]. 台北：三民书局，1986：218.
[6] Blau, Peter M, Otis Dudley Duncan. The American Occupational Structure [M]. New York: Wile, 1967.

理论为依据，我国对社会流动的大规模调查研究也于20世纪80年代后期开始。林南利用在天津获得的调查资料所做的社会流动研究，[1]是我国在这个领域研究的最早探索。邓建伟较早地对"地位获得"这一独立概念进行了专门的研究，他在《论地位获得研究》一书中对西方地位获得研究中的两个发展阶段——地位获得研究的古典模式及扩大的地位获得模式进行了系统的梳理，并且探讨了地位获得模型在我国的适应性。[2]储庆在其博士论文《国家、教育与地位获得——基于CGSS2006数据的实证研究》中认为：地位获得本质上是一个社会流动的概念，需要对个体生命历程有较为详细的了解。[3]宛恬伊在《大学生职业地位获得实证研究》一文中通过对武汉六所高校毕业生的职业地位进行调查，对知识要素、健康要素和技能要素与地位获得进行了相关性分析。[4]张艳在《阶层背景与个人职业地位获得》一文中对经济资源、组织资源、文化资源与个体的职业地位进行了相关性分析，在揭示职业流动特征的基础上，分析了先赋因素与自致因素对个体职业地位的影响。[5]总之，国内"地位获得"的研究虽比国外稍晚，但已逐渐成为研究热点，并且开始将其作为独立概念进行系统研究。

4.1.2 高校教师的多重身份属性

美国学者洛根·威尔森（Logan Wilson）在1942年出版的《学术人》（*The Academic Man*）一书中对学术人做了界定：高校教师工作是以学术服务于社会的学术职业，学术是他们从事学术工作的前提和标准，作为学术人的高校教师应该具有学术地位，并应该为学术的发展做出自身的贡献，体现其学术职业价值。[6]马克斯·韦伯在其《学术与政治》一书中指出：学术职业

---

[1] 林南. 社会资源和社会流动：一种地位获得的理论 [C] //南开大学社会学系. 社会学论文集. 昆明：云南人民出版社，1989.
[2] 邓建伟. 论地位获得研究 [J]. 宁夏党校学报，2001，3（06）：57-60.
[3] 储庆. 国家、教育与地位获得——基于CGSS2006数据的实证研究 [D]. 北京：中央民族大学，2011：80.
[4] 宛恬伊. 大学生职业地位获得实证研究 [J]. 青年研究，2005（12）：24-31.
[5] 张艳. 阶层背景与个人职业地位获得 [D]. 武汉：华中科技大学，2006：36-41.
[6] Logan Wilson. The Academic Man [M]. London：Routledge，1995：15-243.

是以学术作为物质意义上的职业。❶ 由此可见,学术性是高校教师的本质属性,高校教师首先是"学术人"。高校教师流动的发生有其特定的社会背景,它的酝酿与实际的流动过程都受到社会诸多条件的制约。其中,来自制度与文化的影响使得高校教师具有了"社会人"这一身份,而不再囿于单纯的"学术人"范畴。诸多研究表明,高校教师流动本质上是凝聚于高校教师身上的学术资本在学术劳动力市场中进行交易的过程,其流动、交易的过程必然要符合市场交换的规律,高校教师也通过这一过程寻求自身学术资本价值和效益的最大化。所以,在高校教师流动过程中,高校教师是学术人、社会人、经济人等"多重化"身份的综合统一体。"多重化"身份使得高校教师的身份具有一定的复杂性,也必然导致高校教师流动中的具体动因、条件、形式、内容等方面的复杂性,而且这种复杂性还将因地、因时发生变化。

4.1.3 地位获得与高校教师流动的关系

在高校教师地位获得的过程中,知识、技能、健康等要素对地位获得的影响十分重要。毋庸置疑,知识,尤其是高深知识是地位获得过程中十分重要的因素,直接影响着高校教师流动的动机和行为。

在知识经济时代,知识是具有革命性的力量。作为拥有高深知识的高校教师必然成为科学进步和社会发展的重要引擎,也必然成为社会各领域尤其是学术系统的重要人力资源。作为高等学校声望获得的基础,高校必然对具有高深知识的教师尤其是高层次人才给予高度关注,这就为高校教师的学术流动提供了机遇和空间。有能力参与高校教师流动的一般都是具有较高学历和专业技术水平的学术劳动力,而"学历较高或者专业技术水平较高的劳动力的流动率也就较高"。❷

在知识经济时代,职业的终身化很少发生。尤其是在以生产与创新知识为导向的学术活动领域,学术人的职业地位获得将具有很大的可变性和流动

---

❶ 马克斯·韦伯. 学术与政治 [M]. 桂林:广西师范大学出版社,2004:155.
❷ 张莹玉. 经济发展与人力资源配置 [M]. 上海:立信会计出版社,2006:75.

性。问题是导致这种可变性和流动性的动因是什么？研究地位获得问题时，除了要探讨影响个人的社会和经济成就的因素之外，还要探讨与之相关的手段与途径、变量与变量之间的因果关系等问题。

在职业流动与地位获得研究的诸多成果中，有这样一些共识：职业流动（即劳动者结构位置变化）是收入获得的主要因素。已有研究证明职业流动是个人收入获得的重要决定因素。❶ 显然，职业流动可以视作包括收入获得在内的地位获得的影响因素，职业流动是实现地位获得目的的必然途径和手段。职业流动与地位获得不是两个相互独立的变量，它们之间存在一定的"函数关系"，或称"因果关系"，在相关的研究中，可以将职业流动和地位获得放在同一个"函数关系"或"因果关系"中进行探讨与分析。高校教师流动也是如此。

高校教师流动与地位获得两者之间具有某种必然的联系。地位获得是教师流动的目的（因变量），教师流动（自变量）则是地位获得的途径和手段。行为科学认为，目的既是行为的归宿，又是行为的出发点，对行为具有导向、激励乃至维持、检验与评价行为效果等作用。因此，地位获得是高校教师流动的一种主观动因。也就是说，引发高校教师流动这一客观现象的根本原因在于学术人为了获得更高、更好的社会、经济、政治、文化等方面的地位。

4.1.4 "地位获得"下高校教师流动的动力分析

根据马斯洛的需要层次理论，高校教师作为具有较高学历层次、专业水平的学术人，其需要十分强烈地反映在"自我价值实现"这一层次上，即心理上的"成就感"。针对学术人的本质特征和需要的形式及内容，具体的动因可以在四个维度上进行表征、探讨和分析，即学术职位、学术权力、经济收入、学术声望，分别表征的是地位获得驱动高校教师流动的社会动力、政治动力、经济动力、文化动力。

---

❶ 吴愈晓. 劳动力市场分割、职业流动与城市劳动者经济地位获得的二元路径模式 [J]. 中国社会科学，2011（01）：129-131.

1）社会动力：提升学术职位层级

学术职位是在学术职业范畴内对地位最重要、最具标志性的表征，它表述的是学术人所担任的学术职务在一定的学术群体内的相对位置，这种位置代表的是学术人的学术成就、学术责任和学术权益。学术职位的层级提升是高校教师流动过程中实现"地位获得"最为关键的方式。一般而言，学术竞争中，学术成就高，则学术职位相对较高，学术职位较高的学术人也更易发生流动。

由学术人的成就感所导致的高校教师流动，其正方向是向着"较高的学术职位"攀升，即学术职位层级的提升。职称、头衔、专业技术岗位、学术称号、学术团体的职位层级等，都属于学术职位层级提升的范畴。在学术职位竞争和等级化十分明显的学术劳动力市场中，学术职位层级的高低在一定程度上反映其所凝聚的学术资本的价值高低，在一定程度上也表征了学术人的成就感和社会承认的程度，或者"自我价值实现"的程度。因此，提升学术职位在学术人看来表征着其地位获得的"正过程"趋向以及他所认为的地位获得成功的重要方式和重要标杆，也可认为是学术人实现地位获得的社会动力。

2）政治动力：增强学术权力

学术权力是指某一个人，或者某一个学术团体在一定的学术领域内影响、主导、驾驭乃至控制学术活动和学术方向等的综合能力，是发挥学术影响力、实现学术目标的手段。学术活动的最显要特点是"学术争鸣"，由学术争鸣达到对学术的"共识与认同"。虽然权力由职位而来，学术权力与学术职位有一定的相关性，但两者并不是完全一致的。如果把与学术职位相关的权力称为"有形权力"，那么非相关的权力则为"无形权力"，这种无形的权力就是学术权威。例如，一位资深教授可能在某一学术研究方面比一位学术领导更有"无形学术权力"。而学术权威表现出学术活动中的"话语权"，是学术同行对其高深知识所形成的学术权威的自愿承认和尊崇，是一种自愿的服从。

学术权力能够为学术人带来学术资源的配置权、学术团队的领导与管理权以及权力的社会承认度，这些都代表着学术人自我价值的实现，也是学术地位获得的重要标志。由于学术权力具有社会学上的意义，较大的学术权力代表了较高的社会地位，因此，增强学术权力就意味着提高了其社会地位，也就成为学术人实现地位获得的政治动力。

3) 经济动力：增加经济收入

经济收入包括获得以货币形式的报酬以及新增的对其他资源的占有，其本质上代表了学术人的经济地位。根据经济学家的观点，希望获得较高的经济收入是实现地位获得的最活跃的动因和最普遍的标志。"国家间工资率、收入上的差别是首要的动机。基本经济规律和模式完全适用于所有迁移行动，这些模式假定人们的迁移是为了使流动所花的预期成本净收益现值最大化。这就说明了人才流动的首要动机是获取更多的收益。"❶ "人们的地位差异不仅决定于其所拥有的资源总量，而且受制于其所拥有的资源的类型。"❷ 在市场经济条件下，决定一个人的地位高低与其占有的各种资源有关。这些资源中最重要的是经济资源。经济资源包括可以用货币进行度量的各种物质性资源（包括工资、津贴、奖金以及可能获得的其他潜在收益，如出版和专利、演讲及社会服务带来的可能的收入），也包括住房、医疗、社会保障及配偶和子女的安排等福利性安排。其中的货币资源是各种资源中最基本、最重要、最具通约性的资源，是衡量经济收入高低的基本单元，也是可以在各种职业流动中进行效益分析的最重要指标。

高校教师是以学术工作为中心的高智力劳动力，与一般劳动力不同，教师除了获得经济性报酬以外，非经济性报酬对教师职业流动的影响更大，甚至起到主导作用。这些非经济性报酬主要包括学科平台、工作条件、自我价值实现、追求真理、探索未来的氛围等。这些非经济性报酬因素的心理效应

---

❶ 曲恒昌，等. 西方教育经济学研究 [M]. 北京：北京师范大学出版社，2000：295.
❷ 方长春. 地位获得的资本理论：转型社会分层过程的一个研究视角 [J]. 贵州社会科学，2009 (10)：90.

以精神激励的方式反映了教师的非货币价值，从而对教师流动具有重要的导向作用。

4）文化动力：提高个体学术声望

学术声望指学术的声誉和名望，其本质属于文化学意义上的概念。文化也是一种重要的资源——文化资源，这是一种无形的、精神层面的资源。学术人需要满足精神层面的成就感，这种成就感就是获得高学术声望。它给予学术人荣誉以及文化价值意义上的肯定。学术人首先是"社会人"，也有追逐"名与利"的需求，而学术声望给予的正是"名"的满足，"名"所表征的正是文化价值意义上的成就。尽管声誉和名望有时也为学术人所看淡，例如，学术人常有的"淡泊明志、宁静致远"等励志精神，但对于作为社会人的学术人而言，并不能强求他们完全免俗，提高学术声望是他们人生与事业的一种追求，而声望又恰恰是地位文化学意义上的表征，也就理所当然成为他们希望通过流动实现地位获得的驱动力。

教师的学术声望往往与一定的学术平台、学术环境存在密切联系。因此，更好的学术平台和学术环境是学术声望提高的基本要求。一个知名的学术团队代表高的学术声望，这个团队是学术人进一步发展、实现自我价值的学术平台和学术环境，学术人进入这样的团队则是为了提高学术声望。而在学术界，学术声望是学术界共同承认的"硬通货"，提高学术声望不仅能使学术人获得学术影响力，也能获得更多的其他收益，如较易获得研究项目的立项，拥有学术话语权及较高的经济收入等。

作为一种文化意义上的动力，个体学术声望往往与学术人的学术人格、对学术的执着精神、对学术职业的忠诚度密切相关，这些都是学术人内在的文化学意义上的品质。正是这些品质，驱动学术人为学术而"衣带渐宽终不悔"，这种凝练在精神层面上的追求也是学术人的一种境界。学术声望大多是同行、社会评价的结果，所以获得高的学术声望就是同行及社会对学术人成就的一种价值肯定。在此意义上，学术声望也可称为学术的"行内声望"、"社会声望"，也就成为反映学术人行内地位和社会地位的一项"硬指标"。

4.2 声望提升：高校教师流动的院校动力机制

大学是结构和功能相对稳固的有机系统。根据耗散结构理论，系统只有不断地与外界进行沟通、交流，才能满足自身稳定和发展的需求。当系统各要素存在非线性相互作用，处于不开放、不平衡、存在涨落的状态时，就形成了耗散结构。

教师、学生及其他管理人员是大学的有机组成要素，他们与各系统要素之间存在着相互关系，并产生相互作用，如师生之间的教与学、管理与被管理；此外，大学系统中各要素处于不断变化的状态，有形的资源配置时常更新，学科设置、培养计划、人员配置等也随着社会的变化而变化，以趋达到平衡。由此看来，大学本质就是一个耗散结构系统，而教师的流动是大学系统与外界进行能量交换的过程。如大学里的专业学科、院系结构以及培养计划的调整都会造成系统的不平衡，为了使之达到新的平衡，就要处理好各种资源的配置关系，其中非常重要的是对高校教师资源的合理配置，而合理配置的前提是高校教师的合理流动。

4.2.1 声望与声望提升

声望指公众对个体或组织的认可程度，其代表着权威性的名声。大学声望代表着公众、社会及国家对它的认可程度以及它所处的社会地位和社会影响力。一般来说，一所大学的声望越高，公众、社会及国家对其认可度就越高，它所处的社会地位也就越高，社会影响力也就越大。与其他组织机构相比，学校尤其是大学的声望构成要复杂得多。大学有培养人才、科技创新、服务社会、传承文化四大主要功能，所以其声望构成和评价也是多方面的。就人才培养来说，声望要看学校的专业设置和人才输出情况；就科技创新而言，声望则要看学校的科研能力和创新能力。社会服务和文化传承则是在人才培养和科技创新基础上更高层次的贡献，而这些都离不开教师的声望结构的影响力。

大学声望的形成是一种社会公众认知过程，是关于大学的信息（如精神、行为、成果等方面）经教研人员、学生或管理者编码，通过人际交往或大众媒介扩散，存在于社会公众的头脑中，产生的对大学较为一致的概念性评价。[1]这种评价兼具一定的主观性和客观性，其主观性体现在不同社会角色对同一所高校声望的评价不一样。例如，企业家对一所学校的评价在于该校培养人才的经济、文化价值，资深学者更看重的则是一所学校的科研水平和能力，而学生家长关心的是学校的教学能力和为学生带来的就业机会。客观性体现在每所学校对声望的评定都有一些相同或相似的客观指标。例如，有学者认为大学声望可以划分为社会声望、学术声望、国际声望三个层次。社会声望，即社会基于不同标准对声望产生的共同意见；学术声望是学术团体对不同学科领域所做的声望评价；国际声望，即国际学术共同体对一所大学或学科的声望评价。[2]声望的这三个层次反映出声望的获得、保持和提升至少要考虑到三个方面的因素，那就是学校的社会影响、学术能力和国际影响力，除此之外，学校的教学工作、人才培养等因素也相当重要。例如，墨尔本大学为了提升自身声望，于2005年启动了被称为是"三维螺旋"的"提升声望"战略，其中"三维"指的就是研究、学习与教学、知识传递这三个维度。《泰晤士报高等教育》在进行"世界大学声望排名"工作的时候主要考量一所大学的"科研声望"和"教学声望"，并且将两者的权重设置为2∶1。因此，提升院校声望也就必然成为院校发展的主要目标，而提升院校声望的基础在于拥有一支结构合理、声望卓著的教师队伍。

4.2.2 声望提升与学校发展

大学声望是大学的知名度、美誉度、公信力等优质资源长期积累而形成的无形资产，是全体师生长期共同努力的结晶。[3]它是一所学校发展的重要无

---

[1] 王连森，栾开政.大学声誉形成机理与管理策略——基于利益相关者的分析［J］.现代大学教育，2007（05）：66-70.

[2] 宋雅欣，徐上.大学排名中的声望及其建构研究［J］.现代教育科学，2017（07）：35-39.

[3] 高飞."泰晤士报高等教育"世界大学声望排名探析［J］.江苏教育，2015（01）：61-64.

形资本，就像一个产品在经过无数次广告宣传之后在消费者心中获得印象值和评价度一样。声望对于一所大学而言不仅仅是"虚有其名"，它还是其他有形资本获得的考量参数之一。所以，有人认为大学声望是大学吸引学者求职的首要因素，其对学生的就读选择也有着不容忽视的作用，还影响慈善捐赠和资源数额，被视为全球高等教育的通行货币。❶ 正是由于大学声望对于大学发展的极端重要性，所以，院校提升自身声望就是其实现自身发展目标的必然选择。院校声望对于院校发展的影响主要表现在如下几个方面：

1）学校声望影响师资力量的强弱

名师是名校的支撑，但是反过来说，名校也能打造名师。尤其在普及化高等教育时代，与以往精英教育有很大不同，各个学科的人才培养几乎都是"批量式"的，同一专业的不同班级间、不同院系间、不同学校间、国内与国际都存在着激烈的竞争，而这种竞争的基础就是教师的质量与水平。一名教师的自我发展水平很大程度上体现在教学和科研两个方面，尤其是科学研究指标已经成为教师绩效考核、职称评定等必不可少的必备项。而教师获得科研项目、取得科研成果与其所在学校的学科平台、软硬实力息息相关，同时也和学校的声望密不可分。声望越高的学校教师获得的项目可能越多。教学和科研软硬件条件越好，教师的发展空间也越广阔，所以，声望较高的大学较声望比较低的大学更有能力培养和吸引名师加入，反过来名师为了自我发展的需要也会选择流动到声望较高的大学。学校声望的高低就在很大程度上影响着其师资力量的强弱，正因为教师的声望作用，高校对名师的延揽和招聘也就成为大学提高声望的必然举措。

2）学校声望影响捐赠资源获得

任何一项学术活动的有序开展都需要一定的物质基础。例如，教学场地、人力资本、资金投入以及其他公共资源等。这些物质基础的来源除了国家和

---

❶ 高飞."泰晤士报高等教育"世界大学声望排名探析[J].江苏教育，2015（01）：61-64.

地方政府教育经费拨款和教育事业收入之外，还来自于科研经费、市场筹措和社会捐赠等，而学校的声望与资源获得紧密相关。学校声望越高，其学术资源获得越多。市场筹措和社会捐赠是学校凭借自身声望向国家及政府以外的机构或个人寻求财政支持的主动行为。例如，校企合作就是学校与企业合作共同培育人才的一种模式，企业是否愿意参与合作，除了自身对专业人才的需求外，还取决于合作学校的声望，这是学校社会认可度的体现。同样，声望越高的大学，其高声望的校友也越多，校友的捐赠也就越多。事实上，校友捐赠是哈佛、耶鲁等欧美顶尖大学彰显其综合实力、教育教学质量、社会影响力的重要指标，并已经成为评价世界一流大学综合办学水平、校长工作成效和学院凝聚力的重要标准。艾瑞深中国校友会网（cuaa.net）从2010年起连续八年独家发布中国大学校友捐赠排行榜，明显可以看出大学声望越高，其校友捐赠额也就越高。如"2017中国大学校友捐赠排行榜"中清华大学以25.29亿元位列第一，其次是北京大学21.44亿元位列第二，武汉大学则以16.41亿元蝉联第三，后面的依次是电子科技大学（15.73亿元）、复旦大学（11.45亿元）、天津大学（8.05亿元）、中国人民大学（7.82亿元）、浙江大学（7.66亿元）、南京大学（6.03亿元）、上海交通大学（5.91亿元）[1]。而在英国《泰晤士报》高等教育专刊公布的2017世界大学声誉排名中，清华大学和北京大学分居榜单的第14位和第17位，浙江大学位于51至60组别，复旦大学和上海交通大学位于71至80组别，南京大学首次进入前100名，位居91至100组别。[2] 可以看到声誉排名靠前的清华大学和北京大学获得的捐赠额度也非常靠前，其他进入声誉排行榜的浙江大学、复旦大学、上海交通大学、南京大学也都分别位列捐赠额度的前十位。虽然学校声望的高低与捐赠数额的大小并不是严格的线性正相关关系，但二者整体上相关度非常高，由此看出，学校声望的高低对捐赠资源的获得有很大的影响。除此

---

[1] 校友会2017中国大学校友捐赠排行榜，清华大学25亿雄居第一[EB/OL].中国校友会网，http://www.cuaa.net/paihang/news/news.jsp?information_id=131208，2016.12.29/2018.3.19.
[2] 中国10所高校跻身2017年世界大学声誉排行榜百强[EB/OL].http://www.edu.cn/jiao_shi_pin_dao/jiao_yu_ren_cai_zi_xun/201706/t20170621_1531557.shtml，2017.6.16/2018.8.24.

之外，大学的声望还影响其社会地位。

4.2.3　院校发展：高校教师流动的动力"谐振机制"

"谐振"是物理学概念，指当电路中激励的频率等于电路的固有频率时，电路的电磁振荡的振幅也将达到峰值。高校教师的良性流动和学校发展目标存在着谐振效应，也就是说二者是相互促进的。高校教师的良性流动能为学校带来发展所需的各种资源，促进学校发展；反过来，学校在发展的过程也会带动教师正向流动。

1) 教师是院校发展第一资源

高校教师是一种典型的复合资源，除了教师自身的学识和技能，他还附带着政治资源、经济资源、文化资源、权力资源以及声望资源等各类社会资源。高校教师中的"学官""人大代表"或"政协代表"角色便是因其所拥有的政治资源。

院校作为一个相对独立的有机系统，必须不断与外界进行物质和能量的交换才能达到系统的自我平衡，教师则是这个系统中的重要组成部分。高校教师的流动就是各高校之间、高校与社会大环境之间进行交换的过程。一方面，教师流动解决了以往信息流通渠道窄、信息传递速度慢等问题，教师是学术资本的载体，其本身也是可再生的学术资源；另一方面，互联网、大数据、无线通信等技术的发展使得信息传播的途径和速度都得到了极大的拓宽和提高，极大地促进了教师的快速流动。高校作为高深文化的产生地和传播地，教师无疑是第一资源。

2) 教师资源的争夺促进教师流动

从最早的"以师带徒"的一对一精英培养，到后来的"私塾制"的一对多小众化教育，再到如今普及化高等教育的多众化教育，我们可以发现，"教师"在高等教育发展过程中起到了举足轻重的作用。中世纪"几乎所有稍具学术潜力的大学都求贤若渴，急于用优厚的报酬引诱其他城市的杰出教授"。

由此可见，教师的流动能促进学校的发展。

在中国高等教育发展历程中出现过两次大规模的教师流动。第一次是高等教育大众化初期，大学的数量和规模激增导致高等教师需求量大幅增加；第二次在高等教育大众化中后期，也就是我们现在所处的时代，大学的数量达到了前所未有的规模，大学之间已经从规模竞争转化为质量与声望的竞争，对教师量的追求逐渐变成对"人才"质的追求，这也就导致了第二次较大规模的教师流动。高等教育资源分布不均导致高校间优秀教师竞争的激化，高校纷纷制定了人才引进政策，通过住房、配偶、子女安置、科研环境到项目资金等各方面的优惠政策支持大力引进优秀教师。

在低流动率的社会中，高校教师的职业身份与社会地位相对稳定，在较长的时间里不会产生根本性变化。但是在高流动率的现代社会中，高校教师的身份与社会地位却频繁的发生改变，且变动幅度较大。例如，一些有丰富金融证券行业经验的企业职工可以去高校从事金融经济等方面的教学研究工作，在高校里的专业教师可以去企业里担任技术顾问或者工程师，或者在学术系统内自由流动；同时，高校为了寻求自身发展必须争夺优质的教师资源。对优秀教师资源的竞争必然导致教师流动速度的加快。伴随一些新的专业和学科的出现，一些陈旧的专业和学科被淘汰，也带来了教师的频繁流动和教师资源的重新配置。由此看来，院校发展与教师流动呈现出明显的谐振效应。

4.2.4 声望提升：高校教师流动的动力"共振机制"

"共振"也是物理学中的概念，是指当驱动力的频率和系统的固有频率相等时，系统受迫振动的振幅最大，这种现象叫共振。共振频率则是指一物理系统在特定频率下，比其他频率以更大的振幅做振动的情形。在共振频率下，很小的周期振动便可产生很大的振动，因为系统储存了动能。高校教师的良性流动和学校声望的提升存在着共振效应，也就是说当教师的良性流动达到一定频率，可以显著提升学校声望；反过来说，学校在提升自身声望时也能显著促进教师的流动。二者在一定条件下可以产生共振效应。

1) 学校声望源于教师声望

一流的大学要有一流的学科，一流学科的建设还需要一流的教师，而真正检验一所大学好坏的标准是看大学是否能培养出社会需要的一流人才。蔡元培担任北京大学校长首要之事就是延揽名师，聘请陈独秀、胡适、鲁迅、周作人、刘半农等20世纪文坛巨匠来任教，也培养了一批批优秀的人才。清华大学之所以成为声望卓越的大学就是因为有被称为"清华国学四大导师"的梁启超、王国维、陈寅恪、赵元任，也有建筑学家梁思成和林徽因、散文家朱自清等一批大师。所以，一所学校的声望首先来自教师，然后来自学科建设和学术研究成果，再就是人才培养质量和社会服务水平。

清华大学校长梅贻琦先生在其《大学一解》一文中强调："大学者，非有大楼之谓也，有大师之谓也。"意思就是，大学最重要的是有大师而不是大楼，所谓"大楼"指的是学校的校园环境、基础设施等硬件条件，而"大师"就是声望卓越的教师。一流大学和一流学科归根到底取决于一流人才。

教师声望是教师个人的道德、人格魅力、社会影响力和权威性的聚合体，与其科研能力、学术地位以及学术职业声望有关。职业声望是人们对不同职业的主观价值评价，是社会成员对各种职业的主观态度的综合[1]。教师是一种学术职业，大学是一个学术机构，在一定的历史时期内，学术职业声望相对稳定，因而教师个人声望的影响因素主要是其科研能力和学术地位。一所大学，无论是教学科研还是社会服务、文化传承都离不开教师的参与。大学之间的竞争本质是对高深知识的竞争，而教师作为高深知识的载体必然成为各高校相争的学术资源。教师对于高深知识的掌握和垄断程度反映在教师声望上。反过来，高声望的大学也能给教师带来更高成就。例如，美国学者Diana Crane研究得出：来自高声望大学的学者往往能够获得高成就。[2] 所以，无论

---

[1] 宗刚，李盼道，孙晨晨. 改革开放以来我国职业声望排序及变迁研究[J]. 北京工业大学学报（社会科学版），2016（16）：11-17.

[2] 刘进，沈红. 高校教师流动影响因素研究的文献述评——语义、历史与当代考察[J]. 现代大学教育，2015（03）：78-85.

是从教师个人发展角度，还是学校发展的角度，教师正向流动都有助于提升学校声望，而学校对声望的追求加快了教师的流动。

2) 教师流动提振学校声望

世界一流的科学研究能给一所大学带来世界一流的声望，能吸引顶尖学者和有天赋的学生，从而获得国家更多的拨款、补助资金和研究经费❶。自2015年10月国务院发布《统筹推进世界一流大学和一流学科建设总体方案》以来，各大高校竞相开始"双一流"的建设。而如何建设"双一流"，不同学校有不同的举措，但是所有的举措都离不开对高质量人才的引进和培养。厦门大学校长张荣在回答如何理解"双一流"建设时说道："一流学科是由一流的人才队伍来支撑的。没有一流的人才就没有一流的学科，所以，我们坚持人才优先的发展战略。"❷ 为此，各大高校开展了新一轮"人才引进""高薪挖人""以才引才""大师加团队式引才"等人才争夺战。武汉大学的一则招聘广告《漂洋过海只为遇见》曾火爆朋友圈，武大校长窦贤康2017年自己亲自带领招聘团队去哥伦比亚大学、斯坦福大学、麻省理工等世界名校招募人才，2017年新引进青千25人，跃居全国高校第五❸。还在校友的捐赠下设立了5亿元的人才引进基金，学校还专门成立人才引进基金理事会。由此可以看出，双一流建设引发了高校人才引进热，促进了高层次人才快速流动，也极大地提振了院校声望。

4.3 结构优化：高校教师流动的政府动力机制

结构功能主义代表人物帕森斯（T. Parsons）和默顿（R. Merton）认为，

---

❶ 来俊军，闫亚歌. 博弈中的一流大学：当行政、科研和声望反超教学宗旨 [J]. 教育探索，2016（05）：59-61.

❷ 如何建设"双一流"大学？厦大校长这样说…… [EB/OL]. https://baijiahao.baidu.com/s?id=1594710934702280276&wfr=spider&for=pc. 2018. 3. 12/2018. 8. 18.

❸ 关注武大：校友捐5亿人才引进基金，校长化身首席HR，全球揽才！[EB/OL]. http://www.360doc.com/content/18/0313/00/4806549_736513932.shtml. 2013. 3. 13/2018. 8. 18.

任何事物都存在着一定的结构,结构如果变化,将会引起该事物的变化,事物的发展有赖于结构的优化。❶ 高校教师流动直接带来了院校及学科结构的变化,院校及学科结构的变化又深刻影响着学术劳动力市场的结构,影响着高等学校人才培养质量、科学研究和社会服务的水平,影响着高等教育领域的人才资源配置效率,影响着区域和院校的内部治理结构,影响着高等教育公平。因此,政府必然要对高校教师的流动行为进行监控和管理,以保证高校教师流动服务于高等教育发展目标,政府必然需要发挥自身的宏观管理职能,通过完善教师流动制度和有效调控监管来推动高校教师的合理有序流动。可以说政府公共政策是影响高校教师流动的动力之一。

4.3.1 政府在高校教师流动中的功能

1) 政府功能与市场配置

亚当·斯密在其著名的论著《国富论》中明确指出,政府要当市场的守夜人,政府的功能主要表现在以下几个方面:一是保护社会,使其不受其他社会组织的侵犯;二是尽可能保护个人,使其不受侵害和压迫,即设立严正司法机关;三是建设并维持公共事业或公共设施,服务社会大众。另有学者认为,政府功能表达的是统治性职能、保卫性职能、管理性职能和服务性职能。

在深度认识政府的管理和服务功能的基础上,我们还要看到市场在资源配置过程中的作用。党的十八届三中全会《决定》指出,"使市场在资源配置中起决定性作用和更好发挥政府作用",明确了市场的决定地位和政府的宏观调控职能。如何划分市场决定性作用与政府调控关系的界限,实现效率与公平兼顾,是当前中国市场经济发展应当正视的重点问题。在高校教师流动领域,同样存在着厘清市场决定性作用与政府调控的关系问题。政府对学术劳动力市场配置进行科学调控和监管,强调的就是要将行政干预等政府行为对高校教师资源配置的负向影响降到最低,从而提升市场在高校教师资源额配

---

❶ 周怡.社会结构:由"形构"到"解构"——结构功能主义、结构主义和后结构主义理论之走向 [J]. 社会学研究, 2000 (03): 55-66.

置中的主动性和积极性，借助市场经济的各项要素来合理引导教师资源的流向，最终实现资源的优化配置。虽然市场机制在人力资源配置和市场调节中起着基础性的作用，但是市场也存在缺陷，市场有时不能达到有效的并且是社会最优的商品和服务的分配，所以，市场"无形之手"需要政府调控"有形之手"的辅助。❶ 市场的自发性、盲目性会引发恶性竞争、短期行为和道德缺失等不良现象。在市场机制驱动下的人才频繁流动，也会影响组织的稳定和长远发展，加大区域人才分布的不平衡。❷ 因此，高等教育市场机制的运行离不开政府的宏观政策调控，政策的宏观调控可以规范高校教师流动的盲目市场行为，补充和矫正市场机制的不足，为学术劳动力市场秩序提供保障。

2) 政府职能与教育公平

教育公平是社会公平的重要基础。实现教育公平，直接关系到社会公平的实现，关系到社会主义和谐社会的建设。维护教育公平是政府的重要职责。而教育在很大程度上属于国家公共物品，教育公平的实现需要依靠作为国家公共物品分配代理的政府起主导作用。❸ 2010 年，我国颁布了《国家中长期教育改革和发展规划纲要（2010—2020 年）》，明确提出把促进公平作为国家基本教育政策，并进一步指出"教育公平的主要责任在政府"。

我国原先的制度设计将稀缺的公共教育资源过多的向城市、东部地区、富裕地区、重点学校倾斜，由此造成了严重的地区教育差距以及教育的非均衡、不同步的发展现象，造成教育资源配置地区间的失衡。在城乡二元结构下，教育政策逐渐形成了以城市社会和居民为出发点的"城市中心"的价值取向，即优先满足甚至只反映和体现城市人的利益，❹ 长期以来，造成了教育资源配置城乡间的失衡。除了城乡教育不公平、区域教育不公平外，教育资源配置还存在校际间失衡的问题。教育公平问题不仅存在于基础教育领域，

---

❶ 胡咏梅，高玲. 高等教育中的政府调控和市场竞争 [J]. 外国教育研究，2010，37（05）：12-17.
❷ 阮晨艳. 我国高校人力资源结构及其优化研究 [D]. 合肥：合肥工业大学，2017：36.
❸ 龙安邦，范蔚. 我国教育公平研究的现状及特点 [J]. 现代教育管理，2013（01）：16-21.
❹ 曹世凯. 浅析财政支出与教育公平的关系 [J]. 中国市场，2018（15）：108+110.

在高等教育领域也普遍存在。例如，部属院校、省属院校与一般院校之间在师资力量、办学条件、教育经费投资，教育教学水平等方面存在着巨大差距。这种差距就是教育不公平的具体表现。

因此，在高校教师流动过程中，需要发挥政府调控职能，促进区域院校布局结构以及院校内部学科专业的合理布局，以惠及不同院校以及不同学科专业之间的平衡和谐发展，维护高等教育领域的公平。

3) 政府角色：矛盾调节者和宏观治理者

政府作为公共权力的代表，是社会矛盾的调节者和宏观治理者，它首要的价值取向是强调教育公平。政府是公民利益的代理人，以增进社会公共福利为目标。"政府的社会管理职能主要以维护社会公平为价值取向，体现在纠正市场缺陷、提供公共物品、维护公共秩序三个方面，通过制定并实施公共政策以满足最大多数人的最大利益。"❶ 与此相对应，政府在高校教师流动中，必须发挥促进学术系统人力资源合理配置和实现公平价值的作用。

物质资料基础是人类生存发展的基本条件，也是人才流动的基本动力。受经济利益驱动，高校教师从经济欠发达的地区向经济发达地区流动，从福利待遇低的地方向福利待遇高的地方流动，也是正常的且可以理解的行为。但是，如果任由高校教师自由流动而不加调节管控，也必将影响高等教育的均衡发展，不利于政府进行资源配置，不利于国家综合实力的提升。

4.3.2 政府鼓励教师流动的动力机制：资源配置的公平与程序正义

中国高等教育是以公立高校为主体的学术系统，政府政策以及政府的资源配置的最终目的是让全体人民享受到高质量的教育。因此，在充分发挥市场决定作用的同时，依然需要政府的宏观政策调整来实现人才资源的合理配置，进而解决因高校教师流动而产生的利益纠纷，控制不合理流动的发生，形成规范的、合理有序的高校教师流动秩序。

---

❶ 张皓. 基于教学管理视角的我国政府与公立高等学校的权责关系研究 [D]. 广州：华南理工大学，2012：3-4.

1) 政府引导高校教师流动行为，促进高等教育结构优化

随着高等教育普及化时代的到来，高等教育由量的扩张走向质的发展，高等教育的内涵得到不断丰富和发展。高等教育的内涵发展中对于人才培养质量的关注度越来越高，而结构的调整和优化是高等教育从规模扩张转向质量提升的关键环节。

首先，高校教师合理有序流动有利于学科结构的发展和学术繁荣。从表面上看，高校教师流动是个体的流动，但其实质是高深知识的流动，是学术资本的漂移。美国管理学家的研究表明，人员使用效益与流动率成正比。创造力最强的时期往往是从其他组织转移进来并在新单位工作 25 年的时候。❶ 高校教师在流动的过程中，带来了知识、技术、思维的碰撞和交流。在学术研究上，流动可以使教师融入不同的学术文化之中去，有助于学科的发展。同时，高校教师流动直接促进了教师学缘结构的优化，避免了学科上的"近亲繁殖"现象。近亲繁殖导致的视野狭窄和思维僵化对创造活力和科研产出等都会产生消极影响。❷

其次，高校教师合理有序流动有利于区域院校结构优化。良好的工作环境、生活条件对于教师的成长极为重要。由于历史原因，我国区域高等教育发展并不平衡，不同区域配置权学科结构并不合理，因此，采取倾斜政策实现区域院校结构优化也就在情理之中。而教师合理流动则有助于形成老中青搭配的教学梯队，促进校际间均衡发展，实现资源的交流共享，从而缩小校际之间的发展差距。

再次，高校教师的合理有序流动有利于优化学术劳动力市场结构。学术劳动力市场结构的优化即是对学术劳动力市场的各个部分、各个要素进行组合和配置，使其形成一个最佳组合，从而发挥最大效益。社会主义市场经济的建立和发展，要求人力资源在全社会广泛流动。人力资源的配置是否合理

---

❶ 宋玲. 把握人才流动　科学管理高校人力资源 [J]. 中国成人教育，2007（01）：57-58.
❷ 黄建雄，张继平. 我国高校教师队伍结构的问题及对策 [J]. 继续教育研究，2013（01）：72-75.

直接影响到社会主义市场经济发展的水平和速度，而人力资源的优化配置也是在人才的不断流动中实现的。❶ 人才合理流动可以使人才找到更合适自己的岗位，促进人尽其才、才尽其用，产生最佳经济效益。高校教师的合理流动可以激发人才的竞争意识和创造力，促进教师不断学习新知识、适应新环境，提升自身竞争力，从而实现学术劳动力市场的优化配置，促进教育质量的提高，提高国家核心竞争力。❷

2）通过政策调控教师无序流动，消解对学术系统的负向影响

教师无序流动是一种超过了人才流动的正常频度和强度，而导致人力资源配置不当、人力资本总价值和效用降低的人才流动现象，就是不按照人才市场规则或无规则的流动，表现为区域性单向流动、学科结构的不平衡、高校办学力量的两极分化等方面。❸ 目前，我国高校教师流动的主要表现为：显性流失与隐性流失并存、各高校间人才流动频繁、地区间人才的单向流动加剧、由学校向其他行业的流动率增加、高层次与低层次人才流动不均衡等。❹ 高校教师无序流动对学术系统主要有以下三方面的负向影响。

一是造成学术资源浪费。在教师流动过程中，流出学校不得不终止对教师人力资源成本投入，流入学校又需要对教师投入一定数量的人力资源成本，从而造成人力资源投入成本的叠加消耗。显而易见的是，人才的无序流动造成了人力资源成本的浪费。教师留入如果只图虚名，盲目追求高学历人才数量，导致"人才"与学校实际需求不符，不能为学校所用，也造成了学术资源的浪费。

二是导致学科结构发展不均衡。地位获得是教师流动的个体动力，除了对经济收入的追求外，教师更注重对学术职位、学术权力、学术声望的追求。就高校而言，部属院校、重点高校、具有重点学科的高校拥有充裕的科研资源、良好的科研平台和集群的学科团队，因而能够吸引高层次人才的竞相流

---

❶ 李英哲. 我国中小学教师聘任制改革研究 [D]. 长春：吉林大学，2009：1.
❷ 杨光. 对高校高层次人才引进及管理工作的思考 [J]. 长春师范学院学报，2013，32（05）：124-125.
❸ 白维维. 美国高校教师的流动机制 [D]. 保定：河北大学，2011：1.
❹ 唐慧芳. 我国高校教师流动问题研究 [D]. 长沙：湖南大学，2009：21-25.

入。对于有高质量教师流入的学科而言，拥有学科一流人才，学科发展就有了保障，但对于人才流出的学科而言，没有人才，学科就无法发展，也无法吸引人才流入，必然造成学科之间发展的不均衡、重点学科在重点大学与非重点大学之间分布的不均衡以及重点学科地区分布的不均衡。

3) 通过宏观政策调节高校教师流动，实现教育公平的价值目标

政府通过宏观政策促进高校教师流动，旨在促进人才资源配置的结构合理和程序公正，实现高等教育的均衡发展。这个过程强调的是均衡的教育资源分配、均衡的教育投入以及均衡的师资队伍配置。其中，师资队伍的均衡发展发挥着决定性作用。

一般而言，教师在流动过程中普遍遵循以下规律：从低收入区域流向高收入区域、从经济落后区域流向经济发达区域、从环境落后区域流向人口素质较高、知识环境良好的区域；从制度落后区域流向技术创新水平高、市场机制健全、分配制度合理、体制科学的区域。纵观我国高校教师流动现状，流动群体主要以"双高"（高职称、高学历）教师为主，因而主要表现出的是一种"单向"向上的流动，带来的消极结果就是部分优秀高校师资的流失，特别是对于地处经济不发达地区的高校而言影响更是巨大。[1] 目前，我国高校教师流动正处于系统内与校际间的人才竞争阶段，地区之间、高校之间、高校与其他单位之间的教师流动，常采取为高端人才提供超高薪酬待遇的恶性竞争方式。[2] 这种无序竞争引发的流动，严重影响了高等教育领域的协同创新和团队建设，有损教育公平，破坏学术生态。因此，政府对学术劳动力市场的资源配置予以适当干预，其目的在于促进高等教育资源配置的合理公平。

政府鼓励高校教师流动行为的宏观政策主要包括如下几个方面：一是通过制定人才政策，表达政府对于高校教师流动的基本理念和态度，形成政策舆论导向；二是通过制定法律政策，完善立法，来规范和调整流动主体的行为，以

---

[1] 孙丽昕. 我国高校教师何以流不动——基于西方国家高校教师流动机制的分析 [J]. 河北师范大学学报（教育科学版），2013，15（12）：38-44.

[2] 张端鸿. 高校人才竞争要讲规矩 [J]. 高校教育管理，2017，11（02）：99.

达到促进教师合理流动和维护主体权益的目的；三是通过经济手段，运用经济政策、国家掌握的财力和物力来诱导各类经济主体的行为，进而调节资源供求、实现总量平衡的宏观调控目标；四是通过宏观政策对经济不发达地区的高校人才进行保护，对弱势学校实行流失补偿或者对薄弱学校进行一定的师资补偿，继而实现教育公平的价值目标。

4.3.3 通过对教师流动行为监管，促进学术劳动力市场健康发展

市场经济体制下，学术劳动力市场是一个不完全的劳动力市场，其中制度隔离与市场筛选是不完全学术劳动力市场中普遍存在的行为和现象，也是学术劳动力市场发展的必然结果，对学术劳动力市场的运行发挥了巨大作用。制度隔离是指某一制度在学术劳动力市场中高度集中，与学术劳动力市场另一制度形成了隔离状态。制度隔离在学术劳动力市场中长期存在，并对学术劳动力市场产生影响。在不完全学术劳动力市场中，政府公共政策和教育制度、学校制度、学科制度高度集中，占据主动地位，排斥市场的调节作用，而高校内部的一系列教师政策和制度相对弱化。这种制度隔离对学术劳动力市场影响深远。市场筛选是指在学术劳动力市场中对学术求职群体通过分析、鉴别并挑选出特定对象的行为。市场筛选主要是对高校教师学术"标识"和"信号"的初步甄别，是高校进行人员筛选的基础，在学术劳动力市场中起到降低教育成本、促进市场竞争的作用，同时也有利于人力资本"所有权"的实现。

在新制度经济学中，市场交易双方必定会产生交易成本。如果首先对求职者进行市场筛选，高校就很容易搜索和发现求职者的相关信息，符合条件的求职者可以更快进入学术劳动力市场，降低了双方的交易成本。此外，市场筛选是一个双向选择的过程，即市场选择合适的求职者，求职者选择理想的工作，筛选的结果是达成双方的满意。因而，减少高校教师入职后消极怠工所带来的隐形损失，是实现资源配置的最优化、减少交易成本的有效手段。市场筛选的本质是竞争，虽然市场筛选很残酷、竞争很激烈，但是对于求职者和高校而言都具有积极作用，即赋予双方压力和动力，最大限度地激发双方的潜能，起到激励作用；同时在竞争、比较中客观地评价自己，发现自身

局限、提高自身水平。

对于学术劳动力市场而言，竞争是市场经济的内在机制，是提高市场经济效率的源泉，是促进学术劳动力市场迅猛发展的原动力。教师运用自身的学术资本为高校和自身创造经济和非经济价值，市场筛选则是对教师的学术资本进行甄别和筛选，"学术资本"是教师的生产资料和流动"符号"，在学术劳动力市场发挥重要作用，而市场筛选就是对教师学术资本"所有权"的确认和保护。

在学术劳动力市场中，教育制度、学校制度、学科制度制约着教师和高校的行为，是学术劳动力市场交易行为的主要规则，保证了学术劳动力市场的有序运行，同时也是学术劳动力交易双方都能接受并共同遵守的行为准则，在一定程度上保证了就业公平。如果在学术劳动力市场中没有政府的公共政策干预和制度隔离，而是以不同高校内部的教师制度来制约双方的行为，市场运行将可能出现混乱，教师流动的公平性将会遭到破坏。

从理论上来说，交易成本就是机会成本，是行为主体之间知识、信息不对称的结果，是利益冲突与调和过程中的资源损耗，是无法完全消除的。但是，交易成本的高低取决于人们在交易过程中形成的一系列规则或制度是否合理。若制度合理，交易成本就低，交易也会较顺利进行；否则，交易成本就会提高，收益也会减少。制度隔离充分保证了学术劳动力市场交易中制度的合理性，减少人们行为预期的不确定性，使交易双方达成一致，减少信息成本支出，从而降低交易成本。因此，完善学术劳动力市场的基本制度，形成合理的政府公共政策监管体系，对于引导高校教师流动，建构合理有序的流动新秩序，优化高等教育资源配置具有重要的价值。

第5章

高校教师流动的影响要素

高校教师流动行为是多重影响因素共同作用的结果。对于不同类型的流动行为，影响因素也不一样。分析影响高校教师流动的要素，找出教师流动的主要动因，对于政府、院校以及教师个体的流动决策和政策改进具有重要的意义。

5.1 高校教师流动影响要素的分类

5.1.1 基于组织和个体维度的影响因素

1) 组织相关因素

组织因素包括组织的声望、功能、特点、环境、组织关系与制度等诸多因素。学校声望与功能上的差异会导致各自影响流动因素的不同（Blackburn等，1978）[1]。发达国家与发展中国家国际流动的原因也有差别，印度教师流动到发达国家主要是由本国缺乏沟通、部门政治以及僵化的学术系统导致的（AO Bhatia，2016）[2]。另外，组织的特点、学校的环境以及教师的编制问题也可

---

[1] Blackburn, Robert T, Behymer, et al. Research Note: Correlates of Faculty Publications [J]. Sociology of Education, 1978, 51 (2): N/A.
[2] Bhatia A O. The Cosmopolitan Guru: An Analysis of Indian Faculty Mobility and Career Trajectory [J]. Dissertations & Theses-Gradworks, 2016.

能是导致教师流动的因素（Richard Ingersoll，2001）[1]。威廉姆·维勒（William C. Weiler）和斯马特（John C. Smart）强调高校教师流动除了受经济因素影响外还受很多因素影响，如职业环境等。美国研究型高校教师为了提升自身学术专业能力在选择大学进行教学与科研工作时，会倾向于职业环境好的大学[2]。图特尔（Tuttle）和曼彻斯盖（Muchinsky）探究了福利、工资、学术环境对高校教师流动的影响。[3] 罗伯特·韦恩（Robert. Wayne）通过对密歇根州立大学的 2051 名高校教师进行访谈，得出结论，高校教师流动和稳定性受大学组织关系、工作认可影响，同时，晋升和终身教职对教师满意度影响也较为深刻。[4] 乌兰伯格（U. hlengherg）为研究高校教师流动，调查了高校教师满意度。他指出如果满意度不高，高校教师将会流动去其他大学，同时，他强调学术环境也是影响高校教师流动的主要因素。[5] 谷志远（2010）[6] 利用 2006 年"高校教师变革"国际调查的中国大陆数据进行回归分析发现"人口统计学特征、教师的个性特征、工作满意度等对高校教师者职业流动倾向具有显著影响"。由由（2014）[7][8] 也认为，机会成本和工作满意度是影响高校教师流动意向的重要因素。阎光才（2015）通过收集 50 个著名研究型大学的数据进行的实证研究发现，工作满意度、组织内外部环境、学术发展机会以

---

[1] Ingersoll R M. Teacher Turnover and Teacher Shortages: An Organizational Analysis [J]. American Educational Research Journal, 2001, 38 (3): 499-534.

[2] Weiler, W. C. Why Do Faculty Members Leave the University? [J]. Research in Higher Education, 1985, 23 (03): 270-278.

[3] Muchinsky, P. Tuttle, M. Employee Turnover: An Empirical and Methodological Assessment [J]. Journal of Vocational Behavior, 1979, 14 (1): 43-77.

[4] Robert Wayne. Factors Influencing Faculty Retention: A Study of Job Satisfaction and the Role of the Department Chairperson as They Relate to Faculty Members' Decisions to Remain at Michigan State University [D]. Michigan State University, 1993.

[5] Uhlengberg, P. Non-economic Determinants of Non-migration: Sociological Considerations for Migration Theory [J]. Rural Sociology, 1973, 38 (3): 296-311.

[6] 谷志远. 我国学术职业流动影响因素的实证研究——基于"学术职业的变革—中国大陆"问卷调查 [J]. 清华大学教育研究, 2010 (03): 73-79, 89.

[7] 由由. 机会成本与高校教师流动意向的实证研究 [J]. 中国高教研究, 2014 (03): 60-67.

[8] 由由. 高校教师流动意向的实证研究: 工作环境感知与工作满意的视角 [J]. 北京大学教育评论, 2014, 12 (02): 128-140, 192.

及大学归属地城市都影响着教师流动的意愿❶。

2) 个人相关因素

个人相关因素包括收入、个人声望、家庭和学术追求等几个方面。①收入。研究大多认为工资收入是决定教师流动的首要因素，且流动与收入增加呈显著正相关关系。菲利普·G. 阿特巴赫（2006）在《变革中的高校教师：比较的视角》一书中指出，当高校教师的工资不能与劳动力市场其他行业的工资相提并论的时候，如何吸引和留住优秀人才，就会成为高等教育面临的巨大压力❷。也有研究表明，收入是影响墨西哥高校教师的主要因素，通货膨胀使得墨西哥高校教师从教师行业流向其他行业❸。伊兰伯格（Ehrenberg）认为工资与福利待遇是影响教师流动的关键因素，他认为可以通过提高教师的工资与福利待遇降低高校教师的流动。❹ ②声望。研究大多认为个人声望与机构声望具有相关性，流动过程中教师声望比学术表现更重要❺。③家庭因素。有学者通过调查发现，教师的出生地是解释教师流动的一个很重要的因素（Barbieri，2011）❻。也有学者认为，教师做出流动这一决定时，会考虑到配偶与子女的影响❼。④学术追求。有学者通过比较经济因素与学术追求发现，学术追求引起高校教师流动的可能性更大（Solmon，1978）❽。萨尔蒙

---

❶ Yan G, Yue Y, Niu M. An Empirical Study of Faculty Mobility in China [J]. Higher Education, 2014, 69 (04): 527-546.

❷ 菲利普·G. 阿特巴赫. 变革中的高校教师：比较的视角 [M]. 青岛：中国海洋大学出版社, 2006: 14.

❸ Cole, S & J. Cole. Scientific Output and Recognition: A Study in the Operation of the Reward System in Science [J]. Americana Sociological Review, 1967 (32): 377-390.

❹ Ehrenberg, R. G, Kasper, H, and Rees, D. I. Faculty Turnover in American Colleges and Universities [J]. Economics of Education Review, 1991, 10 (02): 99-110.

❺ Caplow, T & R, McGee. The Academic Marketplace [M]. New York: Basic Books, 1958, reprint, Brunswick, N. J.Transaction, 1999.

❻ Barbieri G, Rossetti C, Sestito P. The Determinants of Teacher Mobility: Evidence Using Italian Teachers' Transfer Applications [J]. Economics of Education Review, 2011, 30 (06): 1430-1444.

❼ Greenwood M J. Research on Internal Migration in the United States: A Survey [J]. Journal of Economic Literature, 1975, 13 (02): 397-433.

❽ Solmon L C. Grant Elements in Faculty Mobility: Some Initial Interpretations [J]. College Faculty, 1978: 27.

(Solmon）通过对比经济因素与学术追求，认为学术追求更能促进教师流动。❶ 格林伍德（Greenwood）分析了家庭因素和高校教师流动的关系，指出在决定是否发生流动时，教师们一定会考虑配偶与子女的影响。❷ 格雷夫斯（Graves）和莱恩曼（Lineman）则研究了高校教师的婚姻关系与流动行为的关系。❸ 陈金江（2004）认为，尽管高校教师流动受到金钱、职位、权力等诱惑因素的影响，但主要动机是追求学术❹。

有研究通过测量密歇根州立大学所有专任教师工作满意度与教师流动之间的相关关系，发现影响教师流动和稳定的关键因素是其是否可以自主参与决策过程，并且拥有配套的高效教学、科研、服务环境以及强烈的组织忠诚度（KM moore，1991）❺。刘进和沈红（2015）❻以历史的视角分析归纳了不同时代影响高校教师流动的因素。中世纪高校教师流动的影响因素有金钱、市民冲突、宗教信仰、职称、毕业学校与学科、亲缘关系和学术态度；当代西方高校教师流动的影响因素有收入、大学的声望与绩效、个体要素（性别、资历）、与同事的关系等。刘进（2015）❼将高校教师流动影响因素分为三个维度：个人家庭、组织（学校）和社会。其影响因素包括27项指标：个人总收入、潜在收入保险福利、住房、个人成长计划、职称或头衔、工作量和工作压力、配偶的工作地点、配偶的发展机会、配偶的收入、与亲戚朋友的距离、子女教育机会和环境、赡养老人、院校声望、与同事的协作或关系、总的研究经费、研究设备与图书馆设施、与学术圈联系的紧密程度、所在单位

---

❶ Lewis C. Solmon. Grant Elements in Faculty Mobility：Some Initial Interpretation［C］. The American Economies Association Meeting，New York，1978：1-27.

❷ Greenwood M J. Research on Internal Migration in the United States：A Survey［J］. Journal of Economic Literature，1975，13（02）：397-433.

❸ Graves，P.，lineman，P. Household Migration：Theoretical and Empirical Results［J］. Journal of Urban Economics，1979，6（3）：383-401.

❹ 陈金江. 论高校教师学术型流动［J］. 现代大学教育，2004（02）：102-105.

❺ Moore K M，Gardner P D. Faculty in a Time of Change：Job Satisfaction and Career Mobility［J］. College Faculty，1991：36.

❻ 刘进，沈红. 高校教师流动影响因素研究的文献述评——语义、历史与当代考察［J］. 现代大学教育，2015（03）：78-85.

❼ 刘进. 高校教师流动与学术劳动力市场［M］. 北京：商务印书馆，2015：129-132.

教育理念与文化、所在单位学术自由氛围、所在单位学术生源质量、所在单位各项制度与政策、气候环境、地理位置、是否为大都市、社会风气、社区的娱乐与休闲设施、社区教育设施。

5.1.2 基于内部和外部维度的影响因素

李志峰、谢家建（2008）将影响高校教师流动的因素分为外部影响因素和内部影响因素。**外部影响因素**包括[1]：①市场经济体制；②教师评价制度；③学校发展差异；④高校教师竞争力。**内部影响因素**包括：①高校教师本质属性；②对物质生活环境的需求；③对工作环境的需求；④对施展才能、实现自身价值的需求。市场经济体制初步建立、教师评价制度不完善、学校发展差异以及高校教师竞争力不强是导致高校教师流动的外部因素，而高校教师本质属性即自由性、对物质生活环境的需求、对良好的工作环境的需求以及实现自身价值的追求是导致高校教师流动的内部因素[2]。

温海峰（2000）将导致高校人才流失的原因分为内外环境诱因两个部分，分别为学校外部环境诱因（经济待遇）以及学校内部环境诱因（经济收入增长缓慢、住房问题、夫妻分居）[3]。李维东认为，教师流动的因素分为内因和外因，教师的个人价值统一于社会价值，当教师的社会价值被忽视或被贬低，则必然发生教师流动。[4] 周巧玲从学术人员管理的角度，将高校学术人才流失的原因归为内部原因和社会环境因素：内部原因主要包括在高校学术管理过程中阻碍学术发展的因素；而社会环境因素则包括支付性要素、获得性要素和评价性要素等。[5] 赵美兰认为学校之间待遇差异、校园软环境以及教师自身

---

[1] 李志峰，谢家建.学术职业流动的特征与学术劳动力市场的形成 [J].教育评论，2008（05）：11-15.
[2] 谢家建.学术职业流动与学术劳动力市场的相关性研究 [D].武汉：武汉理工大学，2008：24-27.
[3] 温海峰.浅谈高校教师的选拔与录用 [J].高教探索，1999（04）：75-77.
[4] 李维东.教师流动必有原因 [N].中国教育报，2003（01）：12.
[5] 周巧玲.高校学术人才流失：从学术人员管理角度的思考 [J].教师教育研究，2004（05）：31，44-48.

三个方面是导致高校教师流动的主要原因。❶

政治因素也是外部维度的影响因素,在特定历史时期,政治因素直接影响着高校教师流动的政策与方向。如通过对"二战"时期德国顶尖学者流失到美国的研究,揭示出政治因素是影响学者流动的强大力量（Terri Kim,2009）❷。除此之外,冷战、新欧洲崛起、战争动乱、民族冲突、全球反恐等引发的教师流动也正成为西方学者关注的重点❸。在中国计划经济时代,政治因素对于高校教师流动的影响更加直接,效果更加明显。

5.1.3 基于工作、管理与组织承诺的影响因素

Ugbo Mallam（1994）提出,影响高校教师离职的六大因素有:**工作**(work),**薪酬**(pay),**晋升**(promotion),**管理**(supervision),**同事**(co-workers),**组织承诺**(commitment)。人口特征如性别（gender）、年龄（age）、受教育程度（level of Education）、大学教学年限（years of college teaching years）、工资等级（salary grade level）等会影响全职教师的工作态度。❹ Rosser（2004）认为,个人特征、工作生活问题和满意度共同决定教师是否离职。❺

Ying Zhou 和 James Fredericks Volkwein（2004）通过实证研究发现,**年资**(seniority)、**职级**(rank)、**薪酬**(compensation) 和**工作保障制度**(job security) 都对高校教师流动有强烈的影响。其中,对于非终身教职人员（Nontenured Faculty）来说,相比于薪酬,他们更关心工作保障因素、**自主权**(autonomy)、**组织效益**(institutional effectiveness)。同时,教学、科研和服务社会的工作时间分配也会影响到非终身教职人员的工作满意度和离职意愿;而对于终身教职人员（Tenured Faculty）来说,相较于工作保障因素,他们更关心薪酬。对

---

❶ 周定,赵美兰. 高校教师流动的原因与对策分析 [J]. 职业教育研究,2006（01）:61-63.

❷ Terri Kim. Shifting Patterns of Transnational Academic Mobility: A Comparative and Historical Approach [J]. Comparative Education,2009,45（03）:387-403.

❸ 刘进,沈红. 论学术劳动力市场分割 [J]. 高等工程教育研究,2015（07）:77.

❹ Ugbo Mallam. A National Research Study on Factors Influencing Faculty Turnover at Selected Nigerian Colleges of Technology/Polytechnics [J]. Higher Education,1994,27（02）:229-238.

❺ Rosser,V. J. Faculty Members' Intentions to Leave: A National Study on Their Worklife and Satisfaction [J]. Research in Higher Education,2004,45（03）:285-309.

终身教职人员来说，外在的薪酬奖励是一个强大的拉力。❶

5.2 高校教师流动的差异性：基于不同影响要素的实证研究

5.2.1 数据来源与样本分析

1）数据来源

本研究使用的数据来自国家社科基金教育学课题（BIA150089）"漂移的学术：高校教师流动的影响因素与政策调整研究"于 2016 年面向全国不同层次类型高校专职教师的问卷调查。调查通过线上"问卷星"电子问卷和线下纸质问卷结合并采取随机抽样的方式进行。

我们将学校划分为五个不同的层次类型，"985 工程高校""非'985 工程'的'211 工程'高校""非'211 工程'的公立本科高校""民办本科高校"和"高职高专"。我们选取了中国不同区域的 21 所"985 工程高校"、32 所"非'985 工程'的'211 工程'高校"、20 所"非'211 工程'的公立本科高校"，通过线上"问卷星"电子问卷系统给上述高校教师电子邮箱发送电子问卷链接。同时我们对部分教师使用纸质问卷进行补充调查。经过比对，所选择的"985 工程高校"均为一流大学建设高校，非"985 工程"的"211 工程高校"均为一流学科建设高校。为了让研究具有时代性，用一流大学建设高校和一流学科建设高校分别替代"985 工程高校"和非"985 工程"的"211 工程高校"。

我们通过线上"问卷星"电子问卷发放问卷 442 份，回收有效问卷 384 份，"问卷星"电子问卷回收率为 86.9%；通过线下纸质问卷发放问卷 1600 份，回收有效问卷 1177 份，纸质问卷回收率为 73.6%。本研究总计发放问卷

---

❶ Ying Zhou, James Fredericks Volkwein. Examining the Influences on Faculty Departure Intentions：A Comparison of Tenured Versus Nontenured Faculty at Research Universities Using NSOPF-99［J］. Research in Higher Education，2004，45（02）：139-176.

2042 份，回收有效问卷 1561 份，回收率为 76.4%。

2）样本分析

调查问卷包含两个部分内容：一部分为人口学变量，如性别、年龄、学历、职称、学科领域、收入等；另一部分为流动意愿、影响因素的变量。表 5-1 为人口学变量统计结果。

表 5-1　样本的人口学变量统计结果

题项	组别	样本 N=1561	百分比	累计百分比
性别	男	776	49.7	49.7
	女	785	50.3	100.0
年龄	35 岁以下	680	43.6	43.6
	35~45 岁	645	41.3	84.9
	45 岁以上	236	15.1	100.0
学历	本科	182	11.7	11.7
	硕士	783	50.1	50.1
	博士	596	38.2	100.0
职称	教授	240	15.4	15.4
	副教授	430	27.5	42.9
	讲师	674	43.1	86.1
	助教	217	13.9	100.0
学科领域	自然科学	710	45.5	45.5
	社会科学	490	31.4	76.9
	人文学科	361	23.1	100.0
学校类型	一流大学建设高校	336	21.5	21.5
	一流学科建设高校	157	10.1	31.6
	非"双一流"公立本科高校	404	25.9	57.5
	民办本科高校	500	32.0	89.5
	高职高专	164	10.5	100.0

调查数据显示，2.8%的高校教师流动意愿非常强烈，12.8%的高校教师流动意愿比较强烈。总体来看，有强烈流动意愿的高校教师并不多，大多数教师的流动意愿比较微弱或没有流动意愿。如图5-1所示。

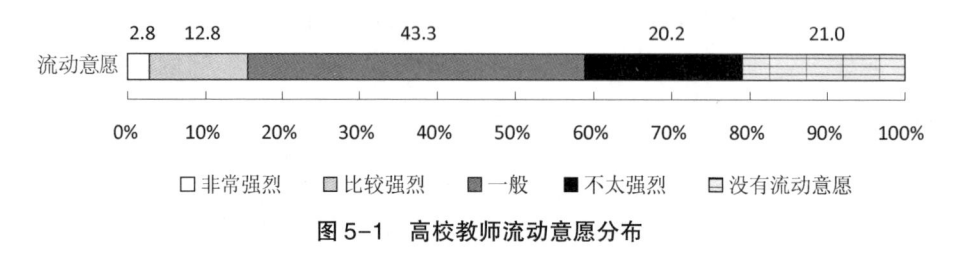

```
流动意愿  2.8  12.8      43.3            20.2        21.0
          0%  10% 20% 30% 40% 50% 60% 70% 80% 90% 100%
          □非常强烈  ■比较强烈  ■一般  ■不太强烈  □没有流动意愿
```

图5-1　高校教师流动意愿分布

高校教师流动的影响因素调查数据显示，60.7%的高校教师认为"收入状况"是影响流动的最重要因素，说明经济因素是高校教师在流动中最优先考虑的因素；其次，49.4%的高校教师在流动过程中认为"自我发展目标"是重要影响因素，即教师在新院校中能否实现自己的职业发展目标是重要影响因素；有46.1%的高校教师认为"人才激励政策"是很重要的影响因素，人才激励政策也与收入相关；44.4%的高校教师认为"学科平台"是很看重的因素，学科平台是影响教师入职后的学术发展的基础；43%的高校教师认为"人才引进政策"是很重要的因素，"人才引进政策"规定了入职后教师的工资待遇、科研启动经费、配偶工作和住房补贴等，所以"人才引进政策"也是高校教师重视的影响因素。如图5-2所示。

3) 问卷信度与效度分析

首先，利用SPSS软件对问卷中影响教师流动的34个主观性题目进行效度检验。[1]通过分析，得出KMO指数为0.904，说明问卷具有很好的结构效度。

---

[1] 吴明隆. SPSS操作与应用：问卷统计分析实务[M]. 2版. 台北：五南图书出版公司，2009：386.

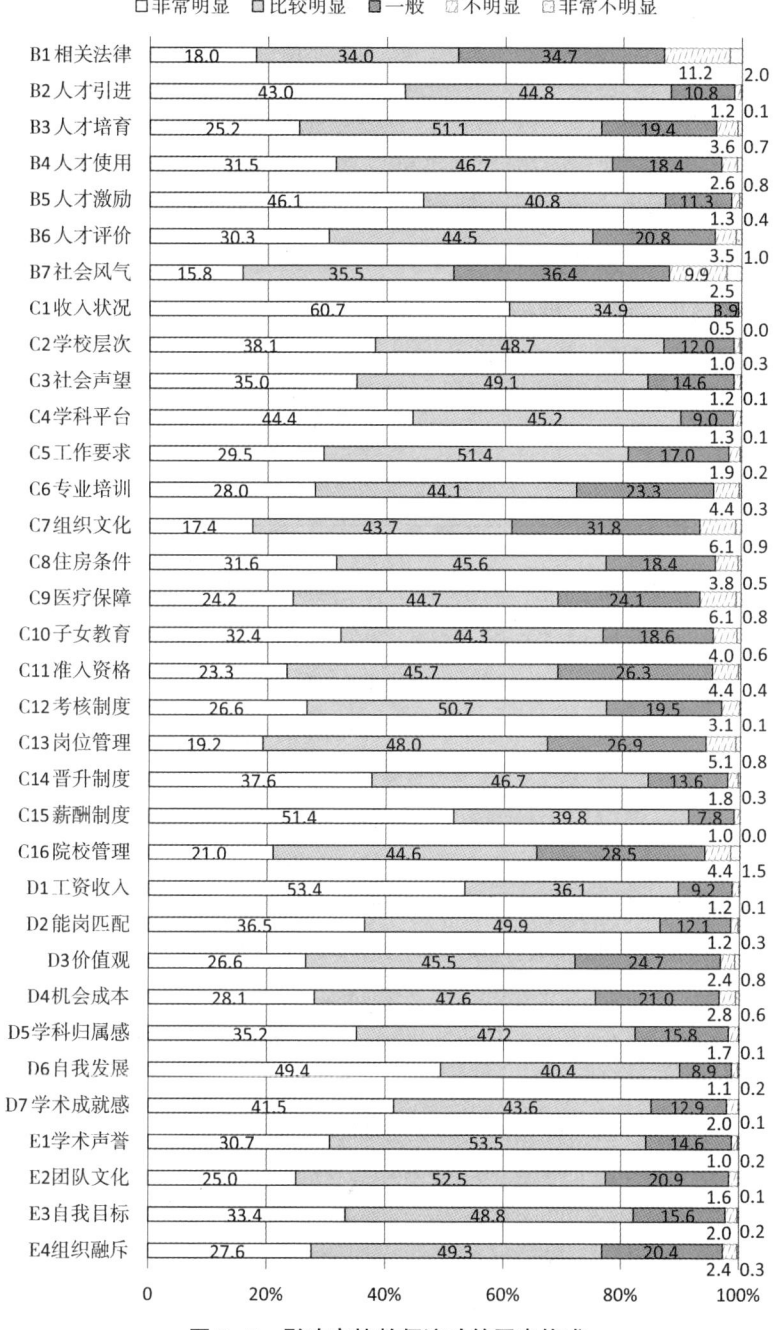

第5章 高校教师流动的影响要素

□非常明显 ■比较明显 ■一般 ■不明显 □非常不明显

要素	非常明显	比较明显	一般	不明显	非常不明显
B1 相关法律	18.0	34.0	34.7	11.2	2.0
B2 人才引进	43.0	44.8	10.8	1.2	0.1
B3 人才培育	25.2	51.1	19.4	3.6	0.7
B4 人才使用	31.5	46.7	18.4	2.6	0.8
B5 人才激励	46.1	40.8	11.3	1.3	0.4
B6 人才评价	30.3	44.5	20.8	3.5	1.0
B7 社会风气	15.8	35.5	36.4	9.9	2.5
C1 收入状况	60.7	34.9	8.9	0.5	0.0
C2 学校层次	38.1	48.7	12.0	1.0	0.3
C3 社会声望	35.0	49.1	14.6	1.2	0.1
C4 学科平台	44.4	45.2	9.0	1.3	0.1
C5 工作要求	29.5	51.4	17.0	1.9	0.2
C6 专业培训	28.0	44.1	23.3	4.4	0.3
C7 组织文化	17.4	43.7	31.8	6.1	0.9
C8 住房条件	31.6	45.6	18.4	3.8	0.6
C9 医疗保障	24.2	44.7	24.1	6.1	0.9
C10 子女教育	32.4	44.3	18.6	4.0	0.6
C11 准入资格	23.3	45.7	26.3	4.4	0.4
C12 考核制度	26.6	50.7	19.5	3.1	0.1
C13 岗位管理	19.2	48.0	26.9	5.1	0.8
C14 晋升制度	37.6	46.7	13.6	1.8	0.3
C15 薪酬制度	51.4	39.8	7.8	1.0	0.0
C16 院校管理	21.0	44.6	28.5	4.4	1.5
D1 工资收入	53.4	36.1	9.2	1.2	0.1
D2 能岗匹配	36.5	49.9	12.1	1.2	0.3
D3 价值观	26.6	45.5	24.7	2.4	0.8
D4 机会成本	28.1	47.6	21.0	2.8	0.6
D5 学科归属感	35.2	47.7	15.8	1.7	0.1
D6 自我发展	49.4	40.4	8.9	1.1	0.2
D7 学术成就感	41.5	43.6	12.9	2.0	0.1
E1 学术声誉	30.7	53.5	14.6	1.0	0.2
E2 团队文化	25.0	52.5	20.9	1.6	0.1
E3 自我目标	33.4	48.8	15.6	2.0	0.2
E4 组织融斥	27.6	49.3	20.4	2.4	0.3

图 5-2 影响高校教师流动的因素构成

通过最大方差法对因子进行旋转，最终形成7个因子，依次命名为人才政策、管理机制、组织文化、学术发展、生活保障、院校声望和经济因素。7个因子的累计方差贡献率为66.197%，其中人才政策因子的解释方差量为31.489%，管理机制因子的解释方差量为8.115%，组织文化因子的解释方差量为7.478%，学术发展因子的解释方差量为6.023%，生活保障因子的解释方差量为4.954%，院校声望因子的解释方差量为4.185%，经济因素因子的解释方差量为3.953%。题项中最高载荷值为0.821，最低载荷值为0.530，可见因子分析效果理想。高校教师流动影响因素探索结果及变量含义如表5-2所示。

表5-2 高校教师流动影响因子探索结果及变量含义

因 子	变 量
因子1 人才政策	B4. 人才使用政策对教师流动的影响作用 B5. 人才激励政策对教师流动的影响作用 B3. 人才培育政策对教师流动的影响作用 B6. 人才评价政策对教师流动的影响作用 B2. 人才引进政策对教师流动的影响作用
因子2 管理机制	C13. 岗位分类管理制度对流动的影响程度 C12. 学术评价考核制度对流动的影响程度 C14. 职业发展与晋升制度对流动的影响程度 C16. 院校管理文化和管理效率对流动的影响程度
因子3 组织文化	E2. 学术组织的团队文化对流动及职业发展的作用 E3. 自我目标与组织愿景的认同度对流动及职业发展的作用 E1. 学科组织的学术声誉对流动及职业发展的作用 E4. 组织融入与排斥对流动及职业发展的作用
因子4 学术发展	D7. 学术成就感对流动的影响程度 D6. 自我发展目标对流动的影响程度 D5. 学科、专业归属感对流动的影响程度 D3. 价值观对流动的影响程度

续表

因　子	变　　量
因子 5 生活保障	C9. 医疗保障条件对流动的影响程度 C10. 子女教育保障对流动的影响程度 C8. 住房条件对流动的影响程度
因子 6 院校声望	C2. 学校层次类型对流动的影响程度 C3. 学校的社会声望对流动的影响程度 C4. 学科专业发展平台对流动的影响程度
因子 7 经济因素	C1. 收入状况对流动的影响程度 D1. 工资收入对流动的影响程度 C15. 薪酬制度对流动的影响程度

通过 SPSS19.0 对问卷的信度进行分析，高校教师流动影响因子的 Cronbach's Alpha 系数为 0.911，其中人才政策因子系数为 0.838，管理机制因子系数为 0.829，组织因素因子系数为 0.801，学术发展因子系数为 0.788，生活保障因子系数为 0.826，院校声望因子系数为 0.808，经济因素系数为 0.729。❶ 由此可见，高校教师流动影响因子的可信度很高。

5.2.2　高校教师流动的差异性分析：先赋性因素

先赋性因素是指我们不能控制或改变的因素，包括性别、年龄、种族等因素。本研究将分析先赋性因素——不同性别和年龄的高校教师在流动过程中的影响因素及其差异。

1）高校教师流动的性别差异性

有学者认为，女性高校教师学术流动率较低。如 Cole（1979）❷ 的研究发

---

❶　吴明隆. SPSS 操作与应用：问卷统计分析实务 [M]. 2 版. 台北：五南图书出版公司，2009：347. 当 Cronbach's Alpha≥0.9 时，表示信度很高，结果非常理想。因子层面，当 0.7≤Cronbach's Alpha<0.8 时，表示信度高；当 0.8≤Cronbach's Alpha<0.9 时，表示信度很高；当 Cronbach's Alpha≥0.9 时，表示信度非常好。

❷　Cole, Jonathan P. Fair Science：Women in the Scientific Community [M]. New York：Free Press，1979.

现，在高声望院校，女性获得高职称的比例显著低于男性，但女性教师的流动率依然不高，Cole 解释这是因为女性教师更愿意在高声望学术机构工作，而不是选择流动到低层次或更容易晋升的高校。Barbezat（2001）[1] 的研究发现，女性高校教师更换工作，可能会损失 8%的收入。在此情况下，流动可能使女性高校教师的收入降低，因此抑制了女性高校教师的流动意愿与行为。

而认为女性高校教师学术流动率高的学者给出了以下解释：性别差异可能导致女性更多的流动，甚至由于女性发展机会少尤其是获得终身教职的可能性偏低，因此，导致她们流动比例更高。

2）不同性别高校教师流动影响因素的差异

从影响高校教师流动的因素来看，不同性别间存在显著性差异。

影响男教师和女教师流动中得分最高的因素是"**经济因素**"。依据马斯洛的需求层次理论，第一层次生理需求以及第二层次安全需求等都与经济因素相关。通过独立样本 T 检验，不同性别间经济因素维度存在显著差异，$t(1160) = -4.81$，$p<0.05$。男性教师的经济因素感知（M=4.39，SD=0.55）显著低于女教师的经济因素感知（M=4.54，SD=0.52）。

从教师的年收入均值来看，男性教师年收入主要集中在 5 万~8 万元和 8 万~12 万元间，女性教师年收入主要集中在 5 万元以下和 5 万~8 万元间，且通过独立样本 T 检验，$t(1559) = 12.85$，$p<0.05$，男性教师的年收入（M=2.88，SD=1.25）显著高于女性教师的年收入（M=2.14，SD=1.00）。（如表5-3所示）

---

[1] Debra A. Barbezat, James W. Hughes. The Effect of Job Mobility on Academic Salaries [J]. Contemporary Economic Policy, 2001, 19 (4): 409-423.

第5章 高校教师流动的影响要素

表 5-3 不同性别教师年收入状况

年收入	男 频率	男 百分比	男 累计百分比	女 频率	女 百分比	女 累计百分比
（1）5 万元以下	91	11.7	11.7	234	29.8	29.8
（2）5 万~8 万元	238	30.7	42.4	301	38.3	68.2
（3）8 万~12 万元	233	30.0	72.4	171	21.8	89.9
（4）12 万~18 万元	137	17.7	90.1	64	8.2	98.1
（5）18 万~30 万元	51	6.6	96.6	15	1.9	100.0
（6）30 万元以上	26	3.4	100.0	0	0	
合计	776	100.0		785	100.0	

从"**院校声望**"因素来看，高校教师看重"院校声望"因素。通过独立样本 T 检验，$t(1559) = -2.86$，$p<0.05$，女性教师（M=4.29，SD=0.59）比男性教师（M=4.20，SD=0.62）更在意院校声望因素。

从"**学术发展**"因素来看，女性教师更看重学术发展。通过独立样本 T 检验，$t(1160) = -3.40$，$p<0.05$，女性教师（M=4.24，SD=0.57）比男性教师（M=4.12，SD=0.61）更在意学术发展因素。

从"**人才政策**"因素来看，人才政策与教师的流动密切相关。通过独立样本 T 检验，$t(1559) = -2.38$，$p<0.05$，女性教师（M=4.16，SD=0.60）比男性教师（M=4.09，SD=0.63）更在意人才政策因素。

从"**组织文化**"因素来看，通过独立样本 T 检验，$t(1559) = -3.01$，$p<0.05$，女性教师（M=4.12，SD=0.59）比男性教师（M=4.03，SD=0.58）更在意组织文化因素。

从"**生活保障**"因素来看，通过独立样本 T 检验，$t(1559) = -3.14$，$p<0.05$，女性教师（M=4.03，SD=0.74）比男性教师（M=3.92，SD=0.73）更在意生活保障因素。

从"**管理机制**"因素来看，通过独立样本 T 检验，$t(1559) = -3.36$，$p<0.05$，在管理机制维度上女性教师（M=4.00，SD=0.59）比男性教师（M=

3.89，SD=0.66）更在意管理机制因素。

3）高校教师流动的年龄差异性

本研究将青年教师定义为"35岁以下"的教师。这个阶段的教师属于刚入职不久的"青椒"，教学科研能力还在成长中，面临着论文考核、职称评定和"非升即走"的压力，同时在生活中背负着房贷、抚养子女的责任。

本研究将"35~45岁"的教师定义为中青年教师。这个年龄段的教师经历了磨炼和成长成为高校教师队伍中的中坚力量，他们教学能力强、科研产出多，是最具有流动能力的一群人。

将中年教师定义为"45岁以上"（60岁以下）教师。此阶段的教师拥有一定的学术资历和学术地位。

通过对不同年龄段教师流动影响因素的方差分析，发现不同年龄段教师在"管理机制"和"经济因素"上存在显著性差异。

不同年龄段教师在**管理机制**上存在显著性差异。通过单因素方差分析发现，45岁以下教师在流动过程中更看重"管理机制"因素。

不同年龄段教师在**经济因素**上存在显著性差异。"35岁以下"和"35~45岁"教师在高校教师流动时比"45岁以上"教师更加重视经济因素。"经济因素"的差异体现为不同年龄段教师年收入的不同，"35岁以下"和"35~45岁"的教师面临教学、科研的工作压力，面临住房、子女教育的生活压力，且高校青年教师的收入普遍较低，住房公积金与补贴基数也低。[1] 80.6%的"35岁以下"教师和42.3%的"35~45岁"教师年收入在"8万元以下"，这使得45岁以下教师更看重经济因素。而81.8%的"45岁以上"教师的年收入在"8万~12万元"和"12万~30万元"或更高，且"45岁以上"教师的子女已长大成人，养育子女的负担减轻，收入也较高，故在高校教师流动过程中，45岁以下的教师比45岁以上的教师更看重经济因素。

---

[1] 姜捷. 高校青年教师压力现状、影响因素及对策思考 [J]. 黑龙江高教研究，2015（12）：93-96.

"管理机制"维度包含学术评价考核制度、岗位分类管理制度、职业发展与晋升制度和院校管理文化以及管理效率。"45 岁以上"教师的职业发展通常基本已定型，晋升职称等已基本达到自我目标，而"35 岁以下"教师和"35~45 岁"教师正处于"非升即走"和职称评定的考核关键期，因此在高校教师流动过程中，"45 岁以下"教师对管理机制因素更为看重。

根据推拉理论，对于"35 岁以下"和"35~45 岁"教师来说，院校严苛的管理机制和较低的工资收入是将他们推出学校的"推力"，如果其他高校给出更好的薪资待遇，更宽松的晋升制度，他们会比"45 岁以上"教师更倾向流动。

5.2.3 高校教师流动的差异性分析：后致性因素

后致性因素又称自致性因素，是指本人可控制或改变的因素。自致性重视个人表现，强调教育程度、文化修养、技能水平和个人成绩等个人可控制或改变的因素之于他的社会地位的影响。本研究将分析后致性因素——学位和职称导致的教师流动差异。

1）高校教师流动的学历差异性

我国的高校教师学历主要分为专科、本科、硕士研究生和博士研究生四个层次。学历分割将学术劳动力市场分成四个部分。一般而言，教师的学历学位越高，其能力越强，工资待遇越高，因而更容易在学术劳动力市场中流动。由于本次调查中，专科学历教师的样本数较少，不具有代表性，所以本研究主要研究学士、硕士和博士学位教师的流动差异性。

通过对不同学位教师流动影响因素的方差分析，发现不同学位教师在"管理机制""生活保障"和"经济因素"上存在显著性差异。

不同学位教师在**管理机制**因素上存在显著性差异。学士教师（$M=3.98$，$SD=0.67$）和硕士学位教师（$M=3.98$，$SD=0.68$）在管理机制因素的得分显著高于博士学位教师（$M=3.89$，$SD=0.62$）。说明学士学位和硕士学位教师在流动过程中更看重"管理机制"因素。

不同学位教师在**生活保障**因素上存在显著性差异。学士学位教师（$M=$

4.02，SD=0.77）和硕士学位教师（M=4.01，SD=0.75）在生活保障因素的得分显著高于博士学位教师（M=3.92，SD=0.71）。这说明，相较于博士学位教师，学士学位和硕士学位教师在流动过程中更看重"生活保障"因素。

不同学位教师在**经济因素**上存在显著性差异。学士学位教师（M=4.52，SD=0.53）和硕士学位教师（M=4.53，SD=0.53）在经济因素上得分显著高于博士学位教师（M=4.38，SD=0.54）。这与不同学位教师的年收入有关，学士学位教师人均年收入（M=1.91，SD=0.83）为"5万~8万元"，硕士学位教师人均年收入（M=1.96，SD=0.87）为"5万~8万元"，而博士学位教师人均年收入（M=3.35，SD=0.97）为"10万~18万元"。因此，收入较低的学士学位和硕士学位教师在流动过程中比博士学位教师更加重视经济因素。

相对于博士学位教师来说，学士学位和硕士学位教师更加重视管理机制因素，"管理机制"因素包含学术评价考核制度、岗位分类管理制度、职业发展与晋升制度等指标。在职业晋升过程中，学位因素影响很大。

高校教师的年收入与学位在0.01水平（双侧）成正相关（Pearson=0.533），学位越高，年收入越高。当教师年收入较低时，则会更注重生活保障因素。学士学位教师认为生活保障因素对其影响最大，其次是硕士学位教师，年收入较高的博士学位教师对生活保障因素重视程度低于学士和硕士学位教师。

2）高校教师流动的职称差异性

我国高等学校教师职称分为助教、讲师、副教授、教授四个层次。不同层次职称的教师其投入教学活动、科研活动、管理活动等的时间、精力不同，学术产出也存在差异。

通过对不同层级职称教师的影响因素方差分析，发现不同层级职称教师在"院校声望"和"经济因素"上存在显著性差异。

在**院校声望**上，教授（M=4.31，SD=0.56）的得分高于副教授（M=4.24，SD=0.60）、讲师（M=4.21，SD=0.63）和助教（M=4.28，SD=

0.57）。"院校声望"维度包含所在学校的层次类型、社会声望和学科专业发展平台。说明在流动过程中，教授更看重院校声望。

在**经济因素**上，教授（M = 4.34，SD = 0.55）的得分显著低于副教授（M = 4.44，SD = 0.55）、讲师（M = 4.51，SD = 0.54）和助教（M = 4.54，SD = 0.47），$F(3, 1158) = 6.195$，$p<0.05$。说明在高校教师流动时，副教授、讲师和助教比教授更看重经济因素。高校教师的年收入与职称在0.01水平（双侧）成高度正相关（Pearson = −0.714），即职称越高，年收入越高。职称等级与工资相挂钩，职称越低的教师工资越低，所以低职称的教师在高校教师流动过程中更加重视经济因素。

教授在高校教师职称结构中处于最高等级，是高校最重要的人力资源。一般而言，教授的流动意愿很小。但由于教授对于学科建设与发展发挥着重要作用，"高薪挖人"主要是指针对教授等具有优质学术资本的学术带头人。在"高薪"和"平台"的诱惑下，教授的流动意愿可能比其他职称教师更大。

当高校教师升为副教授时，通常处于其学术上的爆发期。前期工作上的积累，使副教授对教学和科研任务轻车熟路，学术产出日增，学术创新能力也日渐增强。因此，副教授也有较强的流动意愿。

讲师和助教通常为入职不久的新教师，对教学和科研的把握能力没有教授和副教授那么强，对学校处于一种适应状态，如果实际工作状况和他们的理想相差很大，他们很容易产生流动的意愿。

根据推拉理论，具有教授职称的教师通常流动意愿不强，但如果有更高学术声望的院校对他们发出邀请（拉力），而原院校学科声望不高或者教师对于原工作环境不满，教授反而易发生流动行为。而讲师和助教相对院校声望因素，更重视经济因素，当有给出更高薪资的院校向他们发出邀请（拉力）时，在对原院校薪资不满的情况下，助教和讲师职称的教师也易发生流动行为。

5.2.4 高校教师流动的差异性分析：平台性因素

区别于先赋性因素和后致性因素，我们将学科和院校类型划为平台性因素，分析平台性因素对高校教师流动的影响差异。

1）学科因素

伯顿·R. 克拉克[1]认为，"高校教师们被卷入各种各样的矩阵——学者们同时归属于一门学科、一个研究领域和一个事业单位、一所特定的大学或学院。"沈红（2011）[2]通过实证发现，"高校教师的学科归属度大大高于组织归属度。"

通过对不同学科教师流动影响因素的方差分析，发现不同学科教师在"管理机制""组织文化""学术发展""院校声望"和"经济因素"等重要指标上存在显著性差异。

不同学科教师在**管理机制**上存在显著性差异。Tamhane's T2 的事后检验表明，社会科学领域教师（M=3.98，SD=0.62）和人文学科领域教师（M=4.02，SD=0.70）在管理机制上的得分显著高于自然科学领域教师（M=3.89，SD=0.66）。

在**组织文化**上也存在显著性差异。社会科学领域教师（M=4.12，SD=0.56）和人文学科领域教师（M=4.10，SD=0.58）在组织文化上的得分显著高于自然科学领域教师（M=4.02，SD=0.60）。这与不同学科的性质有关，相对自然科学教师，人文、社科教师更看重组织文化的影响。

在**学术发展**上，人文学科领域教师（M=4.25，SD=0.61）在学术发展上的得分显著高于自然科学教师（M=4.14，SD=0.58）。这说明相对自然科学的教师来说，人文学科的教师在流动过程中更看重"学术发展"因素。

在**院校声望**上，社会科学领域教师（M=4.32，SD=0.56）在院校声望上

---

[1] 伯顿·R. 克拉克. 高等教育新论——多学科的研究[M]. 王承绪，等译. 杭州：浙江教育出版社，2011：106-107.

[2] 沈红. 论高校教师的独特性[J]. 北京大学教育评论，2011（09）：18-29.

的得分显著高于自然科学领域教师（M=4.21，SD=0.63）。这说明相对自然科学教师来说，社会科学教师在流动过程中更看重"院校声望"因素。

在**经济因素**上，人文学科教师（M=4.58，SD=0.52）在经济因素上的得分显著高于自然科学教师（M=4.41，SD=0.56）和社会科学教师（M=4.47，SD=0.52）。这与不同学科教师的年收入有关。自然科学教师年收入（M=2.74，SD=1.23）和社会科学教师年收入（M=2.61，SD=1.16）约"8万~12万元"显著高于人文学科教师年收入（M=1.91，SD=0.92）约"5万~8万元"。所以，在高校教师流动时，人文学科教师比社会科学和自然科学教师更看重经济因素。

通过对不同学科教师的分析，发现人文社科教师比自然科学教师更看重"管理机制"因素和"组织文化"因素。

Barbara H. Tuckman（1976）[1]在1972—1973年对来自22个学科专业的15238名综合性大学的全职教师的调查数据显示，不同学科专业间教师收入差异较大。自然科学和社会科学领域教师的收入显著高于人文学科领域教师。在人文学科教师薪酬远低于自然科学和社会科学教师薪酬的情况下，人文学科教师在流动过程中更加看重经济因素。

2）院校因素

通过对不同类型高校教师流动影响因素的方差分析，发现不同类型高校教师在"组织文化""院校声望"和"经济因素"上存在显著性差异。

不同类型高校教师在**组织文化**上存在显著性差异。非"双一流"公立本科教师（M=4.14，SD=0.59）在组织文化上的得分显著高于一流大学建设高校教师（M=4.03，SD=0.58）、民办本科院校教师（M=4.06，SD=0.59）和高职高专院校教师（M=4.00，SD=0.62）。这说明，相较于其他类型高校，非"双一流"公立本科教师更看重组织文化因素。

不同类型高校教师在**院校声望**上存在显著性差异。一流大学建设高校教

---

[1] B.H.Tuckman.The Structure of Salaries at American Universities［J］. The Journal of Higher Education，1976，47（01）：51-64.

师（M=4.37，SD=0.58）在院校声望上的得分显著高于非"双一流"公立本科教师（M=4.23，SD=0.61）、民办本科院校教师（M=4.21，SD=0.62）和高职高专院校教师（M=4.11，SD=0.61）。这说明，在高校教师流动过程中，相较于其他类型高校，一流大学建设高校更看重院校声望因素。

不同类型高校教师在**经济因素**上存在显著性差异。民办本科高校教师（M=4.60，SD=0.49）的经济因素得分显著高于一流大学建设高校教师（M=4.39，SD=0.52）、一流学科建设高校教师（M=4.39，SD=0.58）、非"双一流"公立本科高校教师（M=4.43，SD=0.55）和高职高专院校教师（M=4.39，SD=0.59）。一流大学建设高校的教师人均年收入（M=3.51，SD=1.04）"10万~18万元"，一流学科建设高校教师人均年收入（M=3.27，SD=1.16）"8万~16万元"，非"双一流"高校教师人均年收入（M=2.62，SD=1.00）"6万~12万元"，高职高专院校教师人均年收入（M=2.17，SD=0.78）"6万~10万元"，均显著高于民办高校教师年收入（M=1.60，SD=0.72）"6万元"。因此，民办高校的教师流动更看重经济因素。

影响不同类型高校教师流动的因素主要为"组织文化""院校声望"和"经济因素"。其中，非"双一流"公立本科高校的院校声望、薪资待遇不如"双一流"高校，而非"双一流"公立本科高校教师比其他类型高校更看重"组织文化"因素。Rosser（2004）[1] 提出可通过建设学校组织文化，建立积极的、自由的学术氛围来提高教师的工作满意度，发展教师的归属感，减少离职倾向。所以，普通本科高校更应注重组织文化建设。

"双一流"建设高校教师比其他类型高校教师更看重"院校声望"因素，"双一流"建设高校教师通常不会为低层次院校的高薪水所吸引而跳槽，其流动意愿也相对较低。

民办本科高校教师在"经济因素"上的得分显著高于其他类型院校，民办高校教师的流动意愿也显著高于其他类型院校。主要原因在于民办本科高校的薪资待遇和社会保障都没有公立高校完善，院校声望、学术发展也不如

---

[1] Rosser, V. J. Faculty Members' Intentions to Leave: A National Study on Their Worklife and Satisfaction [J]. Research in Higher Education, 2004, 45 (03): 285-309.

公立本科高校，工作的成就感、工作满意度也低，因此民办本科高校流动意愿更高。

5.3 高校教师流动影响要素：个案访谈

本研究选取4位具有流动经历的高校教师，希望通过与他们的深入访谈，了解每位教师对流动的认知、态度等。访谈提纲根据国家社科基金项目"漂移的学术：高校教师流动的影响因素与政策调整研究"问卷调查表中的部分客观问题和针对每位教师不同流动经历而设置的主观问题拟定，力求使访谈深入、全面，具有说服力。

5.3.1 研究方法

访谈，顾名思义，就是研究者"寻访""访问"被研究者并且与其进行"交谈"和"询问"的一种活动。[1] 访谈法源自20世纪20年代至30年代美国"芝加哥学派"兴起的方法学革新运动，是其所产生的一系列定性研究方法的一种，源于社会学中的阐释学（Hermeneutics），是一种研究性交谈，研究者通过口头谈话的方式从被研究者那里收集一手资料。

本文选取的访谈方法为半结构访谈（Semi-Structured Depth Interview）。访谈的主题、内容不固定，仅以提纲或问题确定访谈范围。在访谈中，不规定询问问题的顺序，细节内容允许访谈者根据情况作适当处理，灵活性较高。

5.3.2 访谈对象

4位老师的基本情况如表5-4所示。

---

[1] 陈向明. 质的研究方法与社会科学研究 [M]. 北京：教育科学出版社，2000：165.

表 5-4 4 位具有流动经历教师的基本情况

教师	性别	年龄	职称	婚姻状况	流动前就职情况	流动后就职情况	流动经历
A	男	41	副教授	已婚	华中地区省属一本高校	原单位就职	国家重点985高校博士后
B	男	35	讲师	已婚	华中地区省属一本高校	华中地区省属一本高校	高教系统内部流动
C	女	40	副教授	已婚	西北地区省属二本高校	西南地区省属二本高校	高教系统内部流动
D	女	35	讲师	离异	华北地区民办高校	华中地区事业单位	跨系统流动

5.3.3 访谈提纲

本次访谈问题由两部分构成。第一部分采用了国家社科基金项目"漂移的学术：高校教师流动的影响因素与政策调整研究"问卷调查表中的部分客观问题，包括薪资福利、住房条件、医疗保障条件等因素对高校教师流动的影响程度；直接影响教师流动行为因素的重要程度排序；高校教师流动中面临的歧视和风险等。第二部分是依据每位教师不同的流动经历而设置的开放式问题，不同教师的题目不同。

5.3.4 访谈分析

1）个案 A 分析

A 教师通过进入国内"985 工程"高校博士后流动站进修而实现流动，流动的主要原因是原工作单位无法满足他的职业期待，因此，他希望借助"985 工程"高校平台提升自己。流动前后工作单位并未改变（省属一本高校）。

对高校教师流动相关因素影响程度访谈时，A 教师给出的回答如图 5-3 所示。

第5章 高校教师流动的影响要素

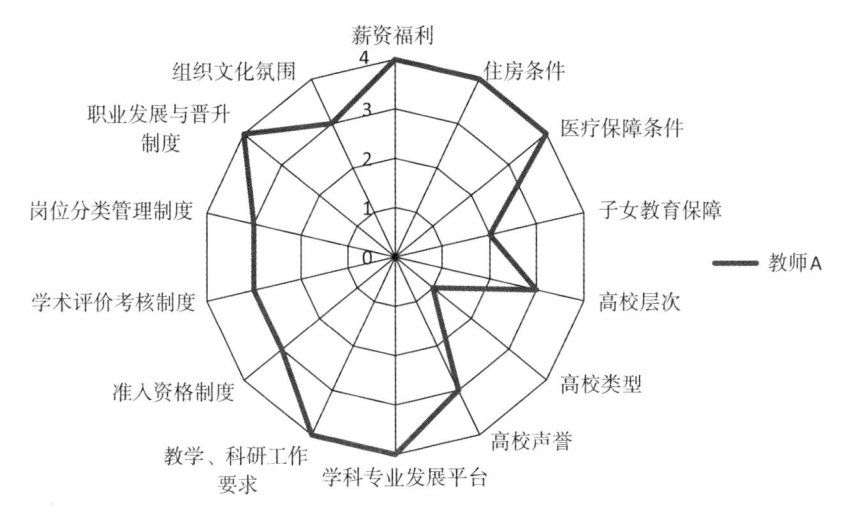

图5-3 部分因素对A教师流动的影响程度

备注：数字由小到大，影响程度逐渐增强（下同）

在A教师看来，薪资福利、住房条件、医疗保障条件、学科专业发展平台、教学与科研工作要求、职业发展与晋升制度6项因素对教师流动有很大影响，高校层次、高校声誉、准入资格制度、学术评价考核制度、岗位分类管理制度及组织文化氛围对教师流动的影响次之，子女教育保障和高校类型的影响一般和较小。

在直接影响教师流动行为因素的排序中，A教师给出的顺序如图5-4所示。

已经取得的学术成果和贡献、年龄及学科专业声望，是从高到低直接影响其流动排名前三的因素，而学术发展能力、家庭因素和学科专业的文化适应性则是排名后三的因素，居于中间次序的则是国际化教育背景和第一学历。

在访谈中，他赞同高校"高薪挖人"的做法。A教师解释道："我个人觉得这是实现高校和教师双赢的合理且有效的手段，不仅能够满足教师的流动要求，也迎合高校发展的需要"。A教师也表示"现在很多高校招老师都有严格的学历要求及海外求学经历，一定程度上会形成流动壁垒"。他认为流动之后教师面临的各种风险，由高到低依次是人际风险、职业发展风险、文化融入风险和薪资待遇风险。访谈过程中，A教师表达了再次流动的意愿，"如果

· 161 ·

有机会，我想去211工程以上的高校，或学科、专业很好的院校"工作。

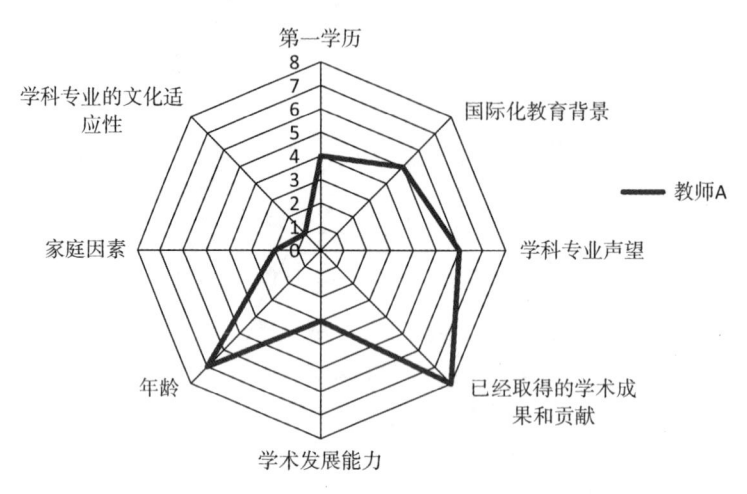

图 5-4　直接影响 A 教师流动行为的因素排序

马斯洛需求层次理论表明，只有人的基本的需求得到满足，其他的需求才能成为新的激励因素。薪资福利、住房条件、医疗保障条件是教师最基本的需求，因此，A 教师认为这三个因素对教师流动会产生重要影响。而学科专业发展平台、教学与科研工作要求、职业发展与晋升制度与教师专业发展也密切相关。高校教师是具有高成就动机的群体，他们更关注通过工作获得的成就感和荣誉感，以期实现自身价值。

A 教师的流动原因及流动意愿揭示了地方高校教师发展面临的问题，即学术场域的低层次性与封闭性影响教师流动。众所周知，我国高校已形成一个由重点高校、一般高校组成的金字塔分层体系。不同层级的学校在资源分配等方面表现出巨大的差别，金字塔上层的高校处于高层次的学术场域，学科实力强大，学术组织声誉较高，教师能够获得更多资源；而处于低层次学术场域高校资源获得能力明显不如高层次场域的高校，因此，处于低层次学术场域的教师有着流向高层次学术场域的强烈意愿。当然，从流动意愿到流动行动还需要考查其他因素。教师流动是一种多因素共同发生作用的结果。

2) 个案 B 分析

B 教师流动前就职于华中地区某省属二本高校,获得博士学位,流动到同区域省属一本高校。流动前后工作单位发生变化,学校层次提升。

B 教师谈到相关因素对教师流动影响程度时,其选择如图 5-5 所示。

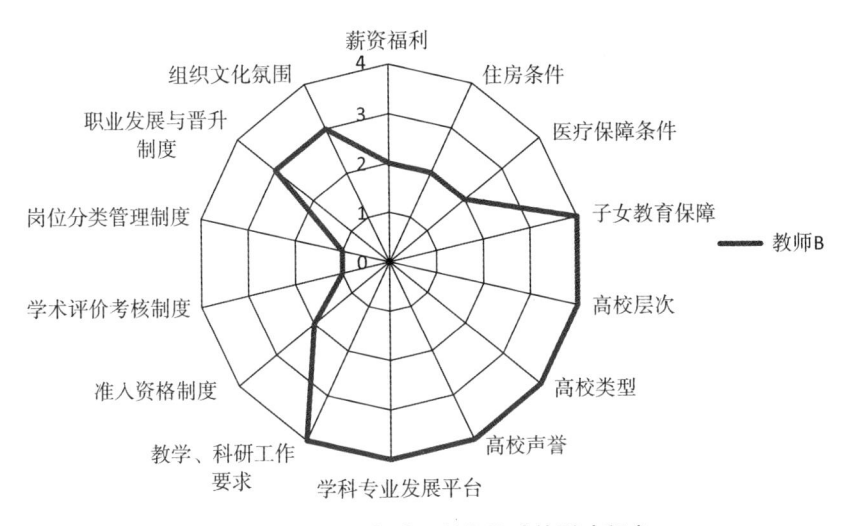

图 5-5 部分因素对 B 教师流动的影响程度

与 A 教师不同,B 教师认为薪资福利、住房条件、医疗保障条件对教师流动影响一般,而影响很重要的因素是学科专业发展平台、教学和科研工作、子女教育保障、高校层次、高校类型和高校声誉,其次是职业发展与组织文化氛围、准入资格制度,学术评价考核制度和岗位分类管理制度影响最小。

直接影响教师流动行为因素排序中,B 教师给出的顺序如图 5-6 所示。

在 B 教师看来,已经取得的学术成果和贡献、第一学历和国际化教育背景是对流动行为影响排名前三的因素,年龄、家庭因素和学科专业的文化适应性是排名后三的因素,居于中间的是学科专业声望、学术发展能力。B 教师同样认同高校"高薪挖人"的人才引进政策,不过要避免高校教师出现无序流动。他认为流动伴随着学历歧视、年龄歧视、性别歧视和地区歧视。进入新单位,他担心自己面临职业发展风险、收入待遇风险、文化融入风险和人际关系风险。

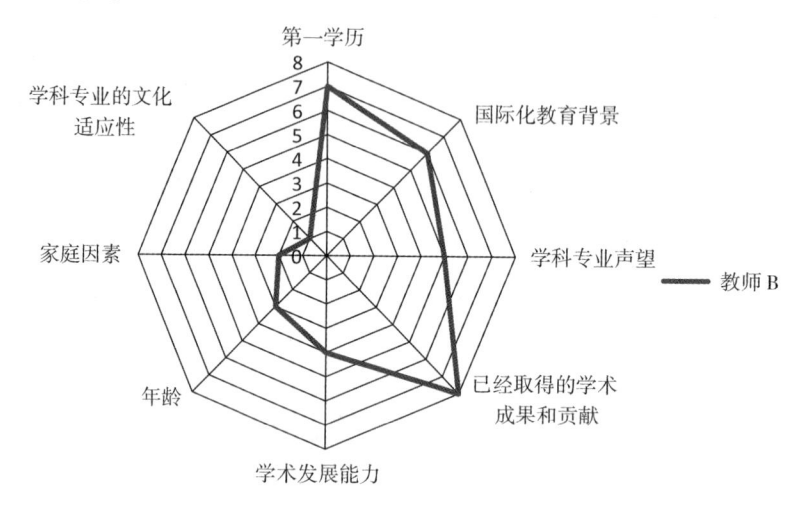

图 5-6　直接影响 B 教师流动行为的因素排序

B 教师坚信博士学习的经历有助于流动。"在当下注重学历的大背景下，博士文凭无形中增加了我流动的砝码"。但是，他也坦然告诉笔者，流动到新的学校，接触新的专业、新的课程、新的团队和面临新的要求，是一种挑战和磨炼。他同样表达出再流动的意愿，即去更发达的地区或有更好平台和发展潜力的学校工作。

高校教师流动的本质是学术资本的流动。B 教师通过攻读博士学位，实现了学术资本增值。作为其自身人力资本产权的主体之一，他有权合理配置自身学术资源。当教师流动意愿遇上有利于自身成长的流动条件时，流动行为自然发生。B 教师认为学科专业发展平台、教学和科研工作、子女教育保障、高校层次、高校类型和高校声誉对高校教师流动影响很大，除子女教育保障外，其他 5 项因素都直接关系高校教师发展，与教师自我实现的需要密切相关。知识管理专家玛汉·坦姆普（F. M. K. Tampoe）经过大量实证研究发现：知识型员工注重的需要包括四个层次：个体成长（34%）、自主（32%）、业务成就（37%）、金钱财富（8%）。[1] 知识型员工指那些掌握和运用符号和

---

[1] 蒋春燕. 知识型员工流动研究 [J]. 中国人才, 2001 (07): 30-35.

概念，利用知识或信息工作的人。高校教师利用知识从事教育和研究工作，是典型的知识型员工，其更关注自身的专业发展和取得的专业成就。

B教师同A教师一样认为在流动过程中和完成流动后都面临诸多问题，包括各种歧视和风险，需要国家或高校通过政策或制度设计进行调整与规避。

3) 个案C分析

C教师流动前在西北地区省属二本高校就职，因为丈夫工作变动，她随丈夫流动到西南地区省属二本高校，学校层次没有变化，但是就职地区发生变化，从落后地区流动到经济欠发达地区。

C教师在相关因素影响教师流动程度上的观点如图5-7所示。

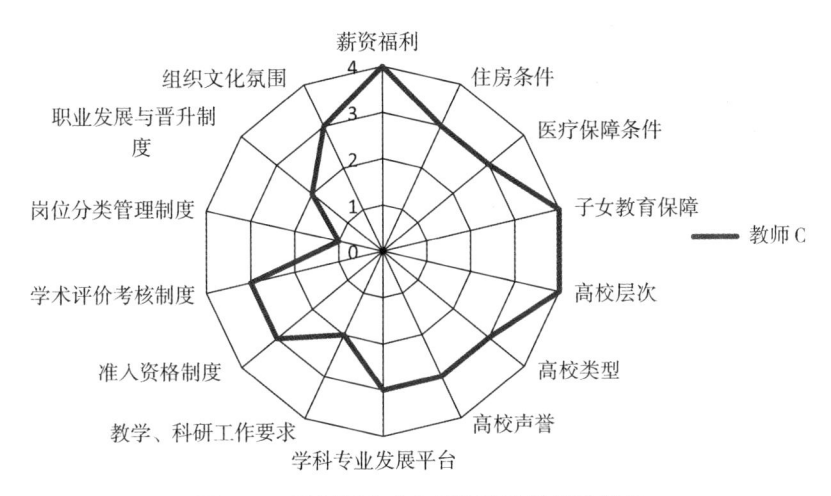

图5-7 部分因素对C教师流动的影响程度

C教师认为对教师流动影响很大的因素包括薪资福利、子女教育保障、高校层次；影响较大的是住房条件、医疗保障条件、高校类型、高校声誉、学科专业发展平台、准入资格制度、学术评价考核制度和组织文化氛围；其次是教学、科研工作要求、职业发展与晋升制度，最后是岗位分类管理制度。

在直接影响教师流动因素的排序中，C教师给出的顺序如图5-8所示。

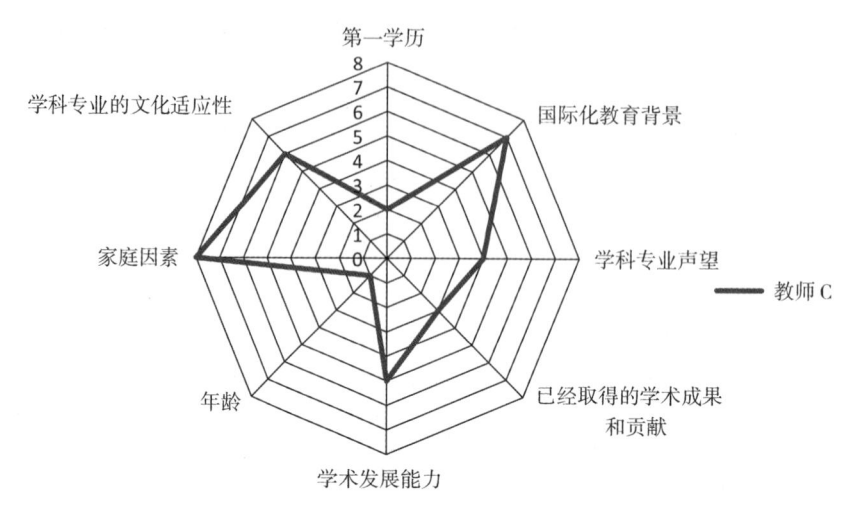

图 5-8 直接影响 C 教师流动行为的因素排序

她认为家庭因素对教师流动的影响最大。同 A、B 教师一样，她同样认可"高薪挖人"的人才引进政策。C 教师认为在流动中可能遇到学历歧视，流入新高校最可能面临文化融入风险。

谈到再次流动的意愿和可能性时，C 教师说："此次流动到新的高校，主要原因是我丈夫工作变动，为了不两地分居，我也只能流动，如果还有机会，我愿意去教育更发达、经济更发达的地区工作，给孩子创造一个好的成长环境。可是我不得不考虑家庭因素，丈夫工作稳定，所以我再次流动的可能性不大。"

C 教师的流动经历说明性别与高校教师流动存在显著关系。部分学者认为，已婚的女性可能受家庭责任和配偶事业发展的约束。C 教师的流动表现出显著的"伴随性"流动特征。在访谈中，她认为家庭因素对教师流动影响最大，子女教育保障对高校教师流动也有重要影响。

尽管流动前后学校层次未发生改变，但是 C 教师认为高校层次、高校类型、高校声誉、学科专业发展平台都会对教师流动产生重要或次重要影响，这说明女性教师可能同样具有追求到高声望学术机构工作的意愿。库勒（Cole）的研究发现证实，同样处在声望较高大学的女性与男性教师，女性教师比男性教师获得终身职位的比率低,因为她们更加在乎学术机构的声望。[1]

通过对 C 教师的访谈,可以发现婚姻关系对女性教师流动有着显著影响。受女性相夫教子传统观念的影响,女性一旦进入婚姻便无形中被家庭束缚,而导致女性教师的流动呈现出被流动的特征。

4) 个案 D 分析

D 教师流动前就职于华北地区一所民办高校,因为离异回到家乡并进入事业单位工作,离开了高等教育领域。

D 教师在相关因素对教师流动影响的重要程度上的观点如图 5-9 所示。

D 教师认为住房条件、子女教育保障、准入资格制度对高校教师流动的影响很大,其次是薪资福利、高校层次等因素,最不重要的是岗位分类管理制度。

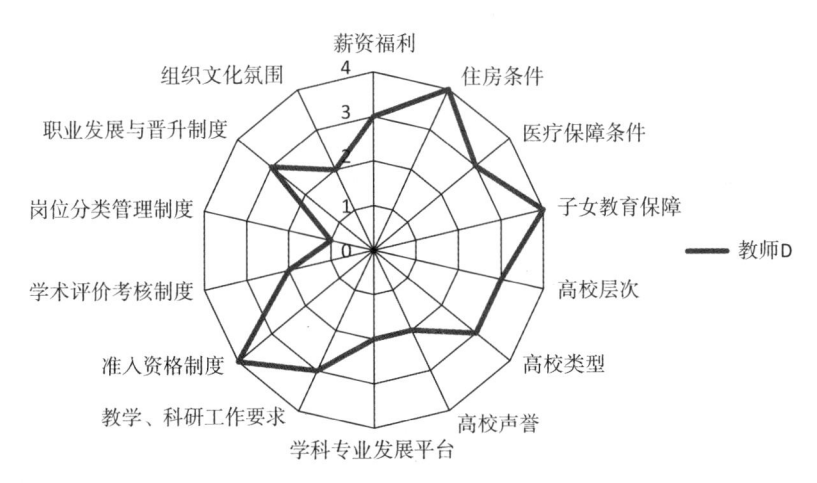

图 5-9 部分因素对 D 教师流动的影响程度

在直接影响教师流动因素重要程度排序中,D 教师给出的顺序如图 5-10 所示。

从图中可以看出,家庭因素、年龄、第一学历是排名前三的因素,国际

---

[1] Cole, Jonathan P. Fair Science: Women in the Scientific Community [M]. New York: Free Press, 1979.

化教育背景被认为是最不重要的因素。同 A、B、C 教师一样，她也认同高校"高薪挖人"的人才引进政策。在流动过程中，D 教师认为可能面临年龄和性别歧视。进入新的工作单位，可能面临的风险依次是：人际关系风险、收入待遇风险、职业发展风险、文化融入风险。

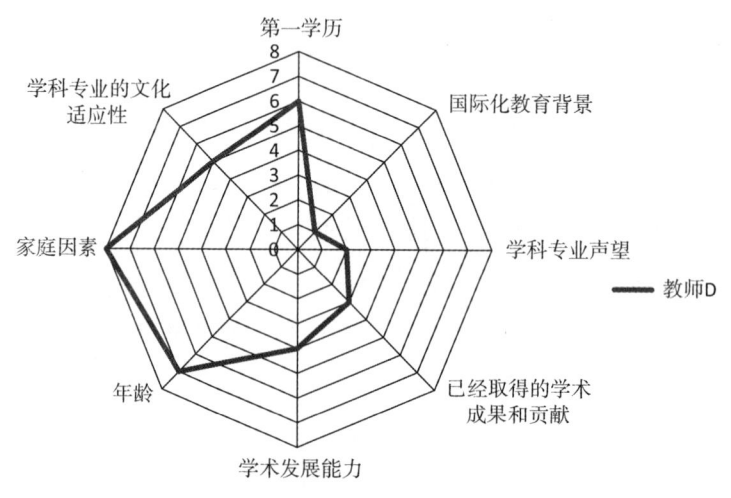

图 5-10 直接影响 D 教师流动行为的因素排序

当笔者询问 D 教师离开高等教育系统进入事业单位的原因时，她说"我之前在一所民办高校当老师，没有正式编制，工作不稳定，现在民办高校薪资待遇也不高，加上结束了婚姻关系，因此报考了家乡的事业单位"。当笔者问她是否愿意回流到高校时，她明确表示很喜欢当下的工作，不会再从事教师职业。

虽然 D 教师流动的部分原因是婚姻破裂，但同教师 C 一样，她也认为家庭因素在直接影响高校教师流动的因素中最为重要，这说明家庭在女性教师的职业规划中占据重要地位。

D 教师的流动经历有别于其他三位教师，从民办高校流动到事业单位，离开了高等教育领域是教师的流失。从工作满意度的行为心理学视角分析，当教师对工作满意度不高时，流动的可能性会增大。民办高校没有事业单位编制，工作不稳定，并且薪资福利待遇低，无法满足 D 教师的职业期待，导致她对民办高校满意度降低，而事业单位弥补了 D 教师在民办高校工作的缺憾，提升了 D 教师对工作的满意度。

D 教师的流动经历揭示了民办高校教师流失的部分原因。首先，民办高校属于私立性质，教师不纳入国家编制管理体系，教师队伍稳定性不高；其次，民办高校不享受政府拨款，自负盈亏，财政压力较大，为此不少民办高校通过严格控制办学成本，降低教师的薪资、福利待遇来减轻办学成本压力；最后，民办高校教师职业的社会认同感低，社会地位不如公办高校教师。

5.4 高校教师流动影响因素的"四力模型"

高校教师流动的影响因素复杂，是由多种因素构成的作用力，是一个多种力量互相影响的函数，直接影响着教师流动意愿的形成和流动行为的发生。传统的推拉理论对于劳动力人口迁移的动因具有一定的解释力，但是对于解释高校教师流动行为缺乏适切性。高校教师作为高层次知识型人才具有其自身的特殊性，除了推力和拉力等正向作用力之外，还有组织的黏力和斥力等阻碍教师流动的反向作用力。多重作用力导致了教师流动呈现出无序的学术漂移状态。因此，分析和构建高校教师流动的"四力模型"，对于科学解释高校教师流动的内在机制，促进高校教师流动政策的改进，防御"挖人大战"等无序流动现象具有重要的意义。

5.4.1 高校教师流动：推拉理论及其局限性

1) 推拉理论概述

推拉理论最早可以追溯到莱文斯坦（Ravenstein, E. G.）于 1885 年提出的"人口迁徙法则"（laws of migration）❶，他认为人们之所以进行迁徙是为了改善自己的生活经济状况，并对人口迁徙的内在机理、结构和空间特点等规律

---

❶ 段成荣. 人口迁移研究原理与方法 [M]. 重庆：重庆出版社，1998：45-48.

进行了综合性分析，并由此提出广负盛名的"人口迁徙七大定律"[1]。莱文斯坦以经济动机为主的人口迁徙论述，道出了人口迁徙的本质，同时也形成了人口迁徙推拉理论的早期雏形，给推拉理论的发展奠定了基础。1938年，赫伯尔（Herberle）[2]对传统的人口推拉理论进行了进一步的阐述，他认为劳动力之所以发生迁移是迁出地的推力和迁入地的拉力双向互动影响的结果。尽管Herberle的理论归纳了人口迁徙推拉理论的基本内涵，但是这种分析模型过于宏观，它只适用于分析基数大的人口迁徙流，并不适合从微观角度分析个人迁徙现象。[3] 1966年埃弗雷特·S.李（Everett. S. Lee）提出了人口的迁移模型[4]，成为这一理论的集大成者。在他看来，无论是移出地还是移入地，都存在着影响迁移者做出迁移决策的正元素和负元素，当移出地的负元素多于正元素的时候就会产生推力，而拉力则是移入地的正元素的总和减去负元素的总和的余量，同时又补充了第三个因素：中间障碍因素。中间障碍因素主要包括物质阻碍、空间距离、移民主体基于自身的价值判断、语言文化的差异性。

推拉理论是国际移民和国内人口迁移研究中一个广为认可的理论。它在一定程度上剖析了人口城乡迁移特别是农民工向城市流动的动因，且对于研究劳动力人口迁移具有普适性。推拉理论系统地解释了人口城乡迁移特别是农民工向城市迁移的动因，该理论对研究高校教师的流动也具有很强的借鉴意义。推拉理论的拓展概念均是以作用力为圆心展开的，并从不同角度来探寻推拉理论的内外作用力机制，因此在此基础上构建的系统化理论模型对高校教师流动的作用力具有较强的解释力。

---

[1] 这七大定律是：1. 人口的迁移主要是短距离的，方向是朝工商业发达的城市的；2. 流动的人口首先迁居到城镇的周围地带，然后又迁居到城镇里面；3. 全国各地的流动都是相似的，即农村人口向城市集中；4. 每一次大的人口迁移也带来了作为补偿的反向流动；5. 长距离的流动基本上是向大城市的流动；6. 城市居民与农村居民相比，流动率要低得多；7. 女性流动率要高于男性。

[2] R. Herberle. The Causes of Rural-urban Migration: A Survey of German Theories [J]. American Journal of Sociology, 1938, 43 (6): 932-950.

[3] 贾雷，周星，韦荷琳. 消费者渠道迁徙行为影响因素研究 [J]. Modern Marketing, 2012 (02): 18-25.

[4] Lee, Everett S. A Theory of Migration [J]. Demography, 1966 (06): 47-57.

2) 推拉理论的局限性

虽然传统的推拉理论对人口迁移有一定的解释力，但是针对高校教师流动行为的解释却不够充分。因为高校教师作为高层次人力资源，其特殊的职业属性和群体特征导致影响其流动的作用力和要素存在混合复杂性，故而传统的推拉理论模型并不能完全阐明这一群体的流动行为。

5.4.2 高校教师职业的特殊性

高校教师作为高层次知识型人才具有其自身特点，其流动行为的发生具有复杂性和特殊性。

①具备职业的"双重属性"。高校教师既从属于自己所工作的高等院校，同时也隶属于自己所在的学科专业。高等学校具备专门化的知识特征，这也是教师这一职业的根本特征。高校教师更重视高校教师的专门化倾向，且对所从事的学科或专业的忠诚度是要高于所在的院校。从某种程度上说，教师既扮演"组织人"（学校）的角色，同时也扮演着"非组织人"（学科或专业）的角色。高校教师的学校归属感与学科归属感之间存在强度差异，使得教师渴望追求更优异的学科平台，以此来提升自身的教学科研能力。[1] 因此，作为组织人和学术人的双重角色的教师既承载着组织发展的使命，又担负着传播和创新高深知识的责任。

②内在需求层次高。高校教师作为典型的知识型群体，其接受的教育程度往往是社会各个阶层中最高的，他们对自我实现要求较高。高校教师精神方面的需要占有非常重要的地位，追求真理、探索未知、培养高素质人才是他们最为重要的价值取向。[2] 他们一方面注重声望，追求满足社会尊重的需要；另一方面渴望自我价值目标的实现。教师作为社会的学术人，在满足其基本的物质需求基础上，更注重满足自我实现的精神需求。

---

[1] 李立国. 建立合理有序的高校教师流动机制研究 [J]. 国家教育行政学院学报，2010（01）：49-53.

[2] 彭帅，聂娟. 论高校教师的群体特征 [J]. 吉林广播电视大学学报，2011（02）：118-119.

③极强的潜在流动性。纵观大学的发展历程，高校教师在大学形成初期就是一个享有高度自由权的职业。自欧洲中世纪以来，具备松散特点的行会一直维护着教师的合法权益。❶ 教师的学术自由很大程度上有赖于大学的自由迁徙权的获得。以追求真理为职业本性的特点是促使教师发生流动的根本动因。在这一历史进程中，流动是教师获得学术进步与职业地位提升的重要途径。在市场经济体制下，高校教师具备高知识储备的优势和发现知识的竞争力。因此，教师人力资本中的学术资本往往被看作是一种稀缺资源，在受到生活和职业发展环境、社会声望和经济利益等多重因素影响下，高校教师具备很高的潜在流动性。

④思想独立度强。高校教师群体是思想相对自由的群体，主观能动性极强，不易受到社会、学校因素的直接影响，受个体因素支配性较大。大学曾被誉为"象牙塔"，作为象牙塔里的教师群体❷，他们不迷信权威且具备清高的性格特质，不会完全受经济利益驱使。他们偏好自主性较强的工作环境，所从事的主要是依靠大脑而进行的创新性的工作，故而对学科平台、学术文化氛围要求比较高。这一群体工作的独立性和自主性比较强，在工作中强调自我引导和自主发展。

5.4.3 推拉理论对于解释教师流动的局限性

正因为高校教师具有与社会其他流动人员不同的社会组织和个体特征，在高校教师流动过程中，其影响要素也就更为多样，组织对于教师流动的作用力也就更为复杂。而传统的推拉理论考虑的作用力与要素比较单一，对于解释高校教师流动行为具有一定的局限性。这种局限性体现在如下几个方面：

①研究主体存在差异性。传统的推拉理论主要研究对象是农民工群体，并且主要侧重于探寻物质生活需求的推拉力分析，对精神文化需求关注较少。而高校教师这一群体，除了作为社会人所具有的物质生活需求之外，还存在着追求真理、探索未知、造福人类福祉的精神需要，因而对于院校、学科、

---

❶ 王立宝，邵波. 论高校教师人力资本的特殊性［J］. 煤炭高等教育，2008，26（06）：65-66.
❷ 彭帅，聂娟. 论高校教师的群体特征［J］. 吉林广播电视大学学报，2011（02）：118-119.

组织文化等方面的要求更高,加上其职业的特殊属性,其流动行为也具有复杂性,故而推拉理论的简单设定无法准确解释这一高层次知识群体的流动动因。

②缺乏对反向作用力的清晰界定。埃弗雷特·S.李❶曾试图修正传统的推拉理论,除了劳动力来源地和迁入地的推拉力外,还额外地补充了劳动力迁出地的正极元素和移入地的负极元素等相关概念,但是由于他仅仅是从量的角度考虑正负极元素的影响,却并未对正负元素进行清晰化的阐述,它侧重解释迁移的行为,而忽略了对非迁移行为的进一步阐释。❷而高校教师在流动的过程中,不仅会受到流进学校的限制因素的影响作用力,同时原有的流出学校也会对教师产生滞留的影响作用力,在每一种作用力施加流动意愿的同时,也会受到反向作用力的影响和制约。显然,传统的推拉理论对这一现象缺乏必要的解释。

传统的推拉理论认为劳动力迁移行为的发生是由迁出地和迁入地的推拉力共同决定的,但是针对高校教师这一特殊群体,还应考虑到迁入学校的阻碍因素和迁出学校的滞留因素。也就是说,除了推拉和拉力之外,还可能存在来自流出组织和流进组织的黏力和斥力。这四种力量共同作用于高校教师的流动行为。

5.4.4 高校教师流动过程中的主要作用力要素

高校教师流动中的推力和拉力,斥力和黏力本应是四个分开的作用力,其中黏力和推力,斥力和拉力的作用主体都是一样的,都是分别由流出学校和流入学校施加的作用力。但是,推力和拉力虽在抽象概念上是成对平行的,但是它们对教师流动行为的作用力方向却是相同的。一个教师在受到流出学校推力驱动作用的同时,也会受到来自流入学校的诱使拉力的影响,譬如说,教师认为流出学校薪资低而产生流动意愿,即产生了流动的推力作用;而流

---

❶ Lee, Everett S. A Theory of Migration [J]. Demography, 1966 (06): 47-57.
❷ 王宁. 劳动力迁移率差异性研究:从"推—拉"模型到四因素模型 [J]. 河南社会科学, 2017, 25 (05): 112-119.

入学校薪资高正好弥补了原学校的缺陷，形成了流动的拉力，故而发生流动行为。因此，推力和拉力，是一对互相补充的作用力系统。而高校教师流动过程中的黏力和斥力，虽然作用力方向一样，共同构成了阻碍教师流动行为发生的合力，但却是各自相对独立发挥作用，相互的反作用程度不高。

1）高校教师流动的推拉力要素

（1）经济要素

影响教师流动的经济要素主要体现在工作薪酬方面。有研究[1]认为，薪酬对留任高校教师的影响较为微弱，却是吸引高校教师流动的最强拉力诱因，它是影响一个教师流动与否的基本要素。也有学者认为，薪酬在某种程度上来说对高校教师流动倾向产生了非直接的负影响[2]。教师对薪酬的认知程度会对流动决策起到调适作用。教师薪资不仅代表着表面意义上劳动报酬的多与寡，同时也是学术组织公平性的显性天平，体现了对教师个人能力和成就的认可程度。[3] 在高校教师流动过程中，对工作薪酬绝对量和相对量的综合权衡是教师首先需要考虑的因素，他们不仅会与自己过去的薪酬进行纵向比较，还会与他人进行横向薪酬比较。当教师感到薪资水平和个人成就不成正比的时候，就会产生不公平感而产生流动意愿。同时，教师在对薪资产生不满的情况下，还会产生隐性流动，比如降低工作量或者身兼多职，使得教师付诸在教学与科研方面的精力减少，造成高校教师人力资本的隐性流失。

（2）组织文化要素

组织文化是组织内一种具有共享性质的价值和理念模式。有学者[4]认为组

---

[1] Xu Yonghong Jade. Faculty Turn-over: Discipline-specific Attention is Warranted [J]. Research in Higher Education, 2008, 49 (01): 40-61.

[2] Smart, J. C.. A Causal Model of Faculty Turnover Intentions [J]. Research in Higher Education, 1990, 31 (05): 405-424.

[3] 陈玉芬. 美国学术职业流动行为和影响因素研究述评 [J]. 比较教育研究, 2013, 35 (01): 68-71.

[4] Xu Yonghong Jade. Faculty Turn-over: Discipline-specific Attention is Warranted [J]. Research in Higher Education, 2008, 49 (01): 40-61.

织文化包含对于工作环境的感知度、组织对各项活动的支持力度、大学管理对于学术自由的正向影响作用、工作的自主性程度。诸多研究显示[1][2][3]组织文化环境对于教师流动倾向具有显著影响。美国心理学家勒温认为[4]，影响个人工作绩效的因素主要有三个，即：个人自身的能力、个人的条件及其所处的环境，它们三者之间存在着一种类似物理学中的场一样的函数关系，一个人所能创造的个人绩效高低不仅与个人能力素质密切相关，还与所处的环境相关。正向的环境会提高教师工作的积极性，并使其增加归属感从而减轻流动倾向。倘若处于不利的环境之中，则很难发挥其潜力并取得应有的绩效，使得教师想要寻求对于教学科研活动更高的支持力度的学校组织、并获得更大的工作自主权来保证其学术产出。此外，还有一种隐性的组织氛围也会对流动倾向产生影响，即同僚和谐度，当教师在研究过程中得不到共鸣而产生学术孤立感的时候，则会想要寻求更佳的组织氛围。[5]

（3）政策要素

我国科教兴国和人才强国战略的进一步深入推进实施，以及"双一流"建设等国家主导的重大科教政策在一定程度上助推了本已激烈的"人才争夺战"。近期，在"双一流"建设细则出台之际，不少地方尤其是东部地区的政府部门已明确表示要对本地区的"双一流"建设项目进行财政支持。我国在科技和教育方面的投入不断加大，各地的社会资源的重心不断倾斜于"双一流"建设高校，形成了强大的流动政策推拉力。由于各地经济发展不平衡，加上中央财政转移支持力度有限，对于高校的资源投入存在差异，导致了各个地区与院校间存在明显的资源不均衡分布的状态，诱使资源充沛的地区和

---

[1] Matier, M.W. Retaining Faculty: A Tale of Two Campuses [J]. Research in Higher Education, 1990, 31 (01): 39-60.

[2] Smart, J.C.. A Causal Model of Faculty Turnover Intentions [J]. Research in Higher Education, 1990, 31 (05): 405-424.

[3] Johnsrud, L.K., Heck, R.H., & Rosser, V.J. Morale Matters: Administrations and Their Intent to Leave [J]. The Journal of Higher Education, 2000, 71 (01): 34-59.

[4] 库尔特·勒温. 拓扑心理学原理 [M]. 竺培梁, 译. 杭州：浙江教育出版社, 1997: 4-5.

[5] 陈玉芬. 美国学术职业流动行为和影响因素研究述评 [J]. 比较教育研究, 2013, 35 (01): 68-71.

高校不断加大对于高层次人才的政策拉力,高校教师尤其是高层次人才也在不断探寻更好的职业发展机会,客观上也加强了流动的推力。同时,随着新《劳动法》的颁布和高校人事制度改革的不断深化深入,高等教育系统内外的界限逐渐被打破,人才流动不断加速,这都为高校教师流动提供了强有力的政策支持。

(4) 个体要素

教师个体要素所涉及的方面较多,概括起来大体可以分为两个方面:

一是工作满意度。工作满意度在传统意义上是指某个人在组织内从事本职事务过程中,对工作各方面产生的良性的心理感知。它作为一个内部个体因素,对教师流动行为起着关键作用。罗斯[1]认为社会心理因素在外部工作环境与个人流动倾向之间起到了中介作用。一个教师对于专业环境及其相关因素的认知,往往体现在工作满意度上。当教师感到很大程度上的职业满足感时,几乎没有人会选择流动[2],而当教师在工作满意度偏低的状况下,会形成一股外推力使其寻求新的职位抑或是接受其他学校的工作邀请,在这个时候,其他学校的拉力对教师流动意愿和行为的影响所占的比重要低于此时的推力作用。拉力发挥作用的前提是教师对目前工作所在学校的高度不满意而产生强烈的内推力,当这股内推力强度微弱的时候,外部的拉力无法充分影响教师的流动意愿。[3]

二是自我成就需要。根据马斯洛的需求层次理论[4],作为个体的人有生理、安全、归属、尊重以及自我实现等五种基本需要。一般而言,人的需要往往是以递阶的形式从低级到高级逐层出现的。当教师满足了其生理与安全的基础性需求之后,则会将注意力更多的放诸其自尊、自我实现的需要以及

---

[1] Rosser, V. J. Faculty Members'Intentions to Leave: A National Study on Their Work Life and Satisfaction [J]. Research in Higher Education, 2004, 45 (03): 285-309.

[2] Johnsrud, L. K., Heck, R. H. A University's Faculty: Identifying Who Will Leave and Who Will Stay [J]. Journal for Higher Education Management, 1994, 10 (01): 71-84.

[3] 陈玉芬. 美国学术职业流动行为和影响因素研究述评 [J]. 比较教育研究, 2013, 35 (01): 68-71.

[4] Maslow, A. H. A Theory of Human Motivation [J]. Psychological Review, 1943, 50 (04): 370-396.

自我超越的需求实现上。当原学校的影响因素阻碍了教师自我需求实现的时候，他们就会去寻求更好的学科平台、更优的科研条件，更加人性自主的管理方式，从而使得流动意愿变为流动行为。

2) 高校教师流动的黏斥力要素

(1) 教师流动中的黏力要素

①内发型黏力：组织承诺感被认为是影响员工留在原有组织的关键性影响因素[1]，它又称"组织归属感"或"组织忠诚"，它一般是指个体在认同组织的基础上自发的参与组织意愿的主观强度。它有别于个人与组织所共同签订本职工作任务方面的合同，而是一种"心理契约"，它从本质上来说是一种由内而发的黏力作用。对于高校教师来说，它主要包含三个方面内容：[2]第一，情感承诺（affective-commitment）：教师因对原学校的工作付出了心血，和学生、同事有了情感纽带，故而对学校具有主观依赖性，其对于所在学校所表现出来的忠诚度，并非因为物质利益，而是由个体情感因素驱使。第二，持续承诺（continuance commitment），教师不愿失去多年劳动投入所带来的待遇福利而被动的留在原学校工作。第三，规范承诺（normative-commitment），教师受到来自社会责任感和使命感的道德约束，会将留在原学校当成是自己的一种既行义务。通常情况下，当组织承诺感越强的时候，黏力就越强，教师的流动意愿就越低。

②外发型黏力：学校组织为了保持、发展和激励教师，会通过满足教师的隐性需求、显性需求、个性化需求的方式来形成一股由外而内的黏力作用。这种由学校组织提供的黏力通常表现在这几个维度。一是发展维度：晋升机会多、福利待遇佳；二是环境维度：令人满意的工作环境和工作氛围；三是个体维度：对教师认可和尊重程度高。当然，不同的高校教师对于不同维度

---

[1] Meyer, Allen. A Three-component Conceptualization of Organizational Commitment [J]. Human Resource Management Review, 1991 (01): 61-90.

[2] Meyer, Allen, Smith. Commitment Organizations Occupations: Extension and Test of a Three Component Conceptualization [J]. Journal of Applied Psychology, 1993: 551.

的黏力的感知是不同的,当原学校组织吸引力与教师的三种类型的需求具有适配性的时候,就会对教师产生黏力作用。

(2) 教师流动中的斥力要素

①成本斥力:教师在做出流动决策前和流动过程中会存在两种形式的成本斥力。第一种是心理成本斥力,❶教师会担心做出的流动决策失误而引致损失,它是教师在精神方面的支出与损耗,教师可能承受来自学校和家庭的干涉与压力,如果流动的心理成本过大的话,流动行为就可能不会发生;❷第二种是机会成本斥力,教师在流动期间可能会遭遇"空窗期",即没有工资收入或工资收入减少,这是在流动过程中的物质成本。对于教师这一收入稳定的群体来说,相比于第二种成本,第一种成本斥力对流动决策的影响更大。❸

②门槛斥力:门槛斥力主要分为两大类,第一类门槛是硬性门槛,随着留学热潮的兴起,众多高校将海外留学经历纳入硬性标准之一,"本土博士"会受到院校留学背景要求的限制而无法实现充分流动。而对于有一定工作年限的教师,则会有职称岗位职数,教学与科研产出等硬性指标的规定。除此以外,部分岗位还有年龄和性别的限制。第二类门槛是软性门槛,部分教师由于自身学术发展能力低,不具备对新岗位的工作胜任力,由此流动意愿不足,"有流动之心而无流动之力"。

影响教师流动的推拉作用力包含了经济、组织文化、政策、个体要素等多个方面。个体要素在其他三个要素和教师的流动动机之间起到了"中介"作用,而教师流动中的黏力则会在一定程度上影响教师的流动意愿,外发型黏力会给教师带来组织上的安全感,而内发型黏力则会给个体带来由内而生的归属感。通常情况下,受内发型黏力正向作用影响比较大的教师,对组织的"忠诚度"相对高,故而其产生流动意愿的可能性也相对较低。而当教师

---

❶ Comay Y. Influences on the Migration of Canadian Professionals [J]. Journal of Human Resources, 1971, 6 (03): 333-344.

❷ 王宁. 劳动力迁移率差异性研究:从"推—拉"模型到四因素模型 [J]. 河南社会科学, 2017, 25 (05): 112-119.

❸ Treyz G I, Rickman D S, Hunt G Letal. The Dynamics of U. S. Internal Migration [J]. The Review of Economics and Statistics, 1993, 75 (02): 209-214.

做出流动决策后，不同学校的斥力又会影响教师的流动结果，成本斥力需要教师进一步斟酌测算流动成本，而门槛斥力则直接影响到教师流动意愿和流动行为。

5.4.5 高校教师流动影响因素作用力的"四力模型"

1) 高校教师流动影响要素与四种作用力的关系

从传统推拉理论模型来看，迁入地和迁出地都会受到推拉力正负极要素的影响，高校教师流动行为的发生取决于流出学校的推力和流入学校的拉力，两者之间力量对比的变化与均衡共同促成了流动行为的发生。根据作用力法则，力的作用是相互的，每一种力即相对应了一种反作用力。本研究在传统推—拉理论模型的基础上，将反向作用力纳入进来，在教师流动的作用力过程中，流入学校对教师不仅有拉力，还应有斥力，即拒斥教师发生流动的作用力，而流出学校对教师不仅有推力，还有黏力，即滞留教师不发生流动的作用力。黏力和斥力共同构成了阻碍教师从流出学校流出的作用合力。同时，这四个方面的作用力在不同环境条件下对不同教师产生截然不同的影响作用，因而四个作用力本身无法简单地叠加或抵消。我们认为，**高校教师流动行为的发生不仅是多因素共同作用的结果，而且取决于多因素作用力共同形成的最终合力方向和强度，是四种作用力的共同函数。**

高校教师流动影响要素与四种作用力的关系模型如图5-11所示。

推拉力作为影响教师流动的正极因子，包含经济、组织文化、政策、个体这几个要素，它对教师从流出原学校到流入新学校这一决策过程起到了正向的促进作用。黏力和斥力共同构成了教师流动的阻碍性力量，黏力包含内发型要素和外发型要素，它对于教师流出这一行为来说是负极因子，斥力包含成本要素和门槛要素，它阻碍了教师流入新学校的同时决定了教师流动的方向。

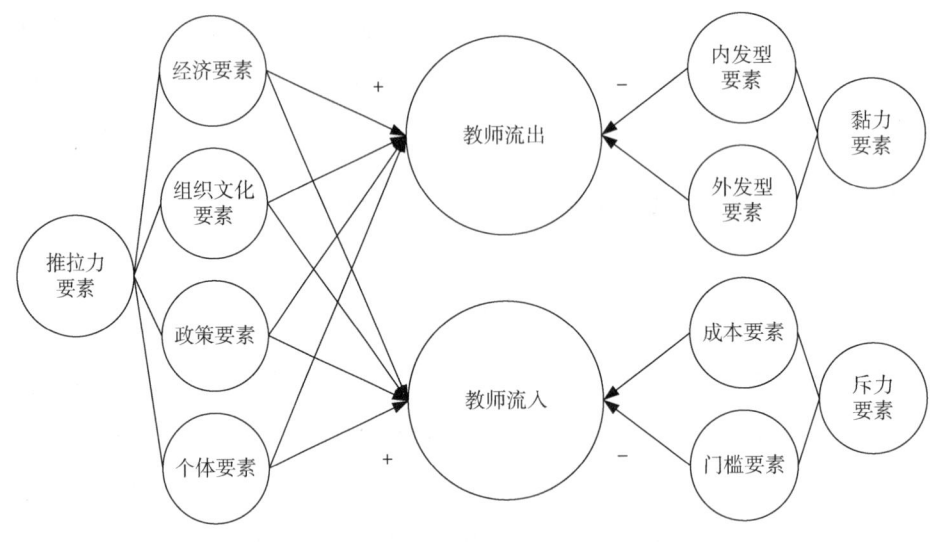

图 5-11　高校教师流动影响要素与作用力关系模型图

2) 高校教师流动的"四力模型"

综合分析影响推拉合力的因素，在此基础上阐明这四种作用力所构成的合力函数是本研究理论分析的基本目标。

根据上文分析，有四个作用力在影响着高校教师流动行为。我们分别用 F_1、F_2、F_3、F_4 表示这 4 个方面的作用力，即：F_1 为流出学校的推力、F_2 为流入学校的拉力、F_3 为流出学校黏力、F_4 为流入学校斥力。并且每一个流动作用力还包含了不同的要素，分别表示为：T_{ci} 流出地学校推力因素、L_{di} 流入地学校拉力因素、L_{ci} 流出地学校黏力因素、T_{di} 流出地学校斥力因素；其中：F_1、F_2 形成流出分力 F_5，F_3、F_4 形成阻碍流出分力 F_6，F_5 和 F_6 这两种分力形成总合力 F，最终决定高校教师是否流动以及流动的意愿强弱。由此，可将高校教师流动的"四力模型"（见图 5-12）的具体逻辑关系表述如下：

①流出学校和流入学校的推力和拉力：

第5章 高校教师流动的影响要素

$$F_1 = \sum (T_{ci})$$

$$F_2 = \sum (L_{di})$$

$$F_3 = \sum (L_{ci})$$

$$F_4 = \sum (T_{di})$$

其中 $i = 1, 2, \cdots, n$。

②流出分力，阻碍流出分力：

$$F_5 = F_1 + F_2$$

$$F_6 = F_3 + F_4$$

③总合力：

$$F = F_5 - F_6$$

A：当 $F>0$ 时，即流出分力大于阻碍流出分力，教师发生流动行为。

B：当 $F\leq 0$ 时，即阻碍流出分力大于或者等于流出分力，教师会继续留在原学校。

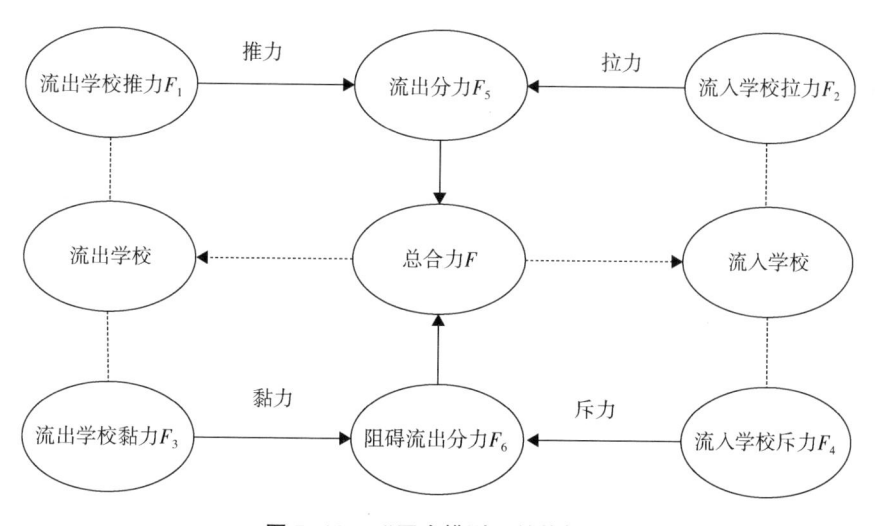

图 5-12 "四力模型"结构框图

同时，四种作用力之间还存在一定的矩阵关系，不同作用力的强弱程度会影响教师的流动意愿和流动行为，"四力模型"强度示意图，如图 5-13 所示。

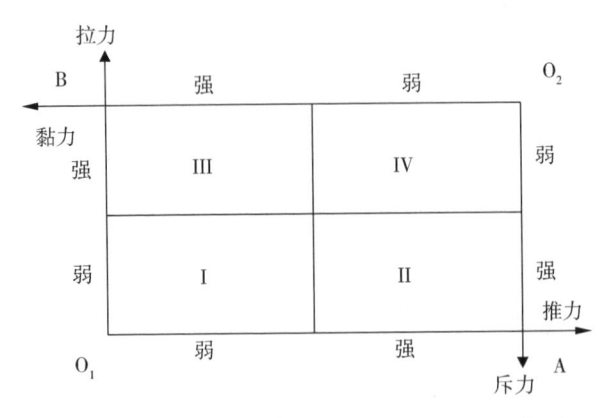

图 5-13 高校教师流动"四力模型"强度示意图

四种作用力呈倒象限模型，O_1 和 O_2 分别为两个象限的原点，O_1 到 A 和 O_2 到 B 强度逐渐递增，四种作用力的动态关系产生四种情况：（1）推力小，斥力大，拉力小，黏力大；（2）推力大，斥力大，拉力小，黏力小；（3）推力小，斥力小，拉力大，黏力大；（4）推力大，斥力小，拉力小，黏力小。这四种状态代表了教师流动的四种状况。状态 I 说明教师对流出学校的组织认同感强，且流入学校对教师的吸引力也较弱，教师自身流动意愿不强烈。状态 II 说明教师有较强的流出动机，但流入学校的斥力限制了教师的流动行为，且流入学校无法充分满足教师流动行为发生后所需要满足的条件。状态 III 说明流入学校对教师的吸引力较大，但教师又舍不得原学校，对迁出学校的组织认同感较强，强黏力在一定程度上抵消了流入学校的拉力。状态 IV 说明教师的流出动机程度很强烈，这种流动动机很大程度上源于对流出学校的不满，且教师自身也具备流动能力，属于自发性流动。教师在不同强弱作用力的影响下，表现出了不同程度的流动意愿。

5.4.6 基于"四力模型"的高校教师流动逻辑

比起传统的推拉模型，"四力模型"对于高校教师流动具有较强的解释力，具体体现在以下几个方面：①"四力模型"聚焦于高校教师这一高层次知识型人才群体，关注教师在流动过程中的外在和内在需求，将重心放诸探寻教师自我实现和自我超越的精神层面的需要上；②在作用力维度上新增了黏力和斥力，从作用力效果来看，黏力和推力的互动关系反映了教师流动的意愿和流动动机，而拉力和斥力的互动关系决定了教师的流动去向。黏力和斥力的补充从总体上弥补了传统的推拉理论对于忽略解释不迁移行为上的不足；③"四力模型"对不同作用力要素维度进行了清晰的划分与界定，并将推力和拉力的影响要素作为一个整体进行分析，体现了作用力的双向影响关系。

高校教师流动实质上是不同力量间的"此消彼长"，从校际流动的表现形式来看，教师流动会削弱迁出学校的学术力量，但是会增加迁入学校的学术实力；从整个学术共同体来看，流动维系了学术共同体的动态平衡，促进了学术的交流和融合。在高校教师流动"四力模型"的观照下，教师流动的微观决策机制呈现出如下逻辑。

1) 高校教师流动本质上是四种作用力之间的相互博弈与妥协的过程

在高校教师流动过程中，四种作用力共同影响了教师流动的意愿和行动。当四力处于一种非平衡状态时，教师的流动是无序的、非理性的。当四力处于一种平衡状态的时候，教师流动才能够走向一种有序的流动状态。何谓无序、何谓有序？对于不同利益相关者来说，立场不同，理解也不同，但不论观点是否存在分歧，对于一个国家的学术系统而言，教师流动则有利于促进高层次人才的培养，有利于学术的进步和发展。从本质上看，高校教师流动是四种力之间的相互博弈与妥协的过程，反映的是组织与教师之间关于信念、工作、价值、环境之间的复杂关系。

2) 高校教师流动过程中的推拉力强度决定流动行为，而黏斥力强度影响流动意愿

尽管在高校教师流动过程中存在着多种形式的推拉力和黏斥力，但是推拉力和黏斥力在影响教师流动意愿和流动行为过程中作用还是有差异的。经济、文化、政策和个体因素始终发挥着决定性的作用。而黏斥力也会影响到

教师的流动意愿，但是在整个流动过程中其处于从属的地位。高等教育后大众化时期正处于学术劳动力市场日益成熟的时期，尽管政府在教师流动过程中仍然发挥着引领和指导的作用，但是市场机制也在发挥着越来越大的作用，市场机制中的收入薪酬作为教师个体价值的价格严重影响着学术劳动力市场的供需关系。经济因素和文化、政策和个体因素的作用函数一起共同影响着教师的流动行为。

3) 高校教师流动的显性和隐性收益、流动成本与流动净收益的结构在流动决策中起决定性作用

高校教师作为学术流动的主体，其学术资本直接决定了流动的结果。无论是哪种类型层次的教师，都是希望通过流动不断提升自身在社会和学术共同体中的地位，都会考虑在流动过程中的显性和隐性收益、流动成本与流动净收益的结构，以期通过流动提升收入、学术声望等显性和隐性的净收益。由于学术头衔不仅是衡量教师学术水平的"金标准"，而且也是院校获得学术资源，提升学科排名和院校声望的重要利器，因此，学术头衔在高校教师流动过程中发挥着其他要素不具备的"成本与价值"作用。尽管"两院院士""长江学者""千人计划"等人才头衔越来越多，受到社会有关人士的诟病，但是其作为一种学术界的声望和价值的标志和象征性符号，仍然在学术劳动力市场中发挥着价值交换的作用。可以说，高校教师在流动过程中的显性和隐性收益、流动成本与流动净收益的结构在流动决策中起决定性作用。

第6章

高校教师流动的学术产出

以往的研究侧重分析高校教师流动前、流动中的状态、流动的影响因素和流动对策,很少将研究切入点聚焦于教师流动行为发生后对教师个人、组织及学术系统产生的影响。本章主要采用实证研究来分析教师流动对个人学术产出的影响,旨在揭示高校教师流动与教师学术产出的内在关联和一般规律。

6.1 高校教师流动与教师论文产出的相关性

对于大多数研究型大学而言,学术产出已成为考核教师科研水平的重要量化指标,也是反映教师学术成长的一个重要指标。因而,提高研究型高校教师队伍的科研水平亦成为学校发展的核心工作。对研究型高校教师而言,流动是促进抑或阻碍个人学术成长是需要揭示的科学问题。本部分选取了中部四所研究型大学的教师作为对象,通过简历分析法和文献计量学方法来揭示其中的内在关系,力图厘清高校教师流动与个人学术成长的内在关联。

6.1.1 学术论文作为学术产出的主要表现形式

学术产出具有多种表征方式,主要包括论文、研究报告、专著或译著、专利、产品和获奖等。对于不同学科而言,学术产出的成果表现形式大相径庭。显然，选择一个学术共同体认可的学术产出表现形式并非易事。学术论文作为一个成果指标，虽然不能得到不同学科的普遍认可，但是其作为最常见和最主流的学术产出成果形式，无疑是具有普适性的量化评价指标。由于不同学科学术产出成果的差异性和复杂性，故很难进行跨学科比较。根据研究需要，本研究主要选择学术论文作为学术产出的可比指标。

我们将衡量教师学术论文产出水平细分为以下三个指标：论文数量、论文质量和论文的学术影响力。数据获取的途径是通过 CNKI 和 Web of Science 两大中外数据库进行检索。考虑到人文社会科学与自然科学的学科属性差异和两大学科学术产出形式的异质性及非可比性，本章将这两大学科教师发表的论文分开进行统计分析。人文社会科学学科领域主要以中国知网（CNKI）为检索数据库，将教师的学术产出分为：知网收录论文数量、CSSCI 论文数量和论文篇均被引次数。自然科学学科领域主要以 Web of Science 收录的论文数量、SCI 论文数量和论文篇均被引次数作为教师学术论文产出的三个重要指标。以近五年公开出版的所有可以检索到的论文计算教师学术论文产出的数量；SCI 或者 CSSCI 收录代表教师学术论文的质量；论文篇均被引次数代表了学术论文的影响力。

需要说明的是，本研究以短期（最近 5 年）而不是长期（教师整个职业生命周期）的学术论文产出作为测量指标，主要是考虑到时间长短对研究结论的影响。由于学术产出不是单因素影响的必然结果，而是与先赋性和后致性诸多因素密切相关，如果以整个学术生涯的学术论文产出作为因变量，就很难控制其他变量对学术产出的交互影响。因而，本研究只截取了一个时间段——教师近五年的学术论文产出作为指标来研究教师流动与其学术产出的关系。虽然不能彻底消弭变量间的内生性问题，但是可以在一定程度上避免变量之间的矛盾。

6.1.2 既有相关研究分析

以"学术产出"为主旨的研究成果不多，在中国知网一共检索到相关文献 23 篇，大体可以分为以下三个方面：学术产出的影响因素、指标体系构建和教师流动与学术产出的关系研究。以"教师流动""学术成长"或"学术产出"作为检索词,依次变换检索词进行组合检索,仅搜索到一篇相关硕士论文。

鲍威、王嘉颖(2012)通过实证研究发现,如果教师压力膨胀,教师的学术产出不仅不会提高,反而会出现职业倦怠。[1] 谷志远(2011)从个人因素和机构因素角度分析了青年教师学术产出的影响要素。[2] 张存群、马丽萍(2013)研究了博士学术活跃度与学术产出之间的关系,认为两者间存在显著的相关性。[3] 朱依娜,何光喜(2016)以社会网络为分析视角认为学术网络的结构性欠缺导致女性发表 SCI/EI 论文数量低于男性。[4] 张新培(2011)研究了美国研究型高校教师机构流动,认为美国高校教师流动比较频繁;在学术生涯早期,青年教师倾向于向下流动;而在学术生涯中后期,则会选择向上流动。[5]

西方学者在研究学术产出的影响因素方面形成了三种主要观点:第一种观点是双因素说。一种因素是个人因素,主要是性别、年龄、种族、婚姻状况、家庭背景、工作年限、聪慧程度、努力程度等;另一种因素是机构因素,主要包括:学科、机构声望、学缘结构、学术经历、导师声望等。[6] 就个体因素而言,丹尼尔(Daniel Teodorescu)研究发现年龄与教师的学术产出成负相关,即随着年龄的增长,学术发表总量呈下降趋势,[7] 黑格斯特罗姆(Hagstrom)选取了自然科学领域的四个学科的高校教师进行研究,发现教师所在

---

[1] 鲍威,王嘉颖.象牙塔里的压力——中国高校教师职业压力与学术产出的实证研究[J]. 北京大学教育评论,2012(01):124-138,191.

[2] 谷志远.高校青年教师学术产出绩效影响因素的实证研究——基于个性特征和机构因素的差异分析[J]. 高教探索,2011(01):129-136.

[3] 张存群,马莉萍.学术活跃度与博士生学术产出的实证分析——以中国某研究型大学为案例[J]. 研究生教育研究,2013(06):1-7.

[4] 朱依娜,何光喜.学术产出的性别差异:一个社会网络分析的视角[J]. 社会,2016(04):76-102.

[5] 张新培.高校教师的机构流动与学术成长研究[D]. 上海:华东师范大学,2011:63.

[6] 阎光才.学术认可与学术系统内部的运行规则[J]. 高等教育研究,2007(04):21-28.

[7] Daniel Teodorescu. Correlates of Faculty Publication Productivity: Across-national Analysis[J]. Higher Education, 2000, 39(02):201-222.

机构的学术声望对个体的学术成果没有显著影响。❶ 第二种是三因素说。认为学术产出的影响因素可以从个人因素、学术因素和机构因素等三个方面分析。❷ 第三种是布莱克本（Blackburn）等人提出的影响学术产出的四大因素理论，即个体因素、环境因素、制度因素以及教师发展因素。❸

艾米丽·霍夫曼（Emily P. Hoffman）通过文献计量学统计高校教师学术产出，发现高校教师的学术机构流动能够促进其学术产量的提高，且有流动经历的教师学术产出的质量显著高于没有流动经历的教师。❹ 德而特·顾本（Dieter Urban）认为科学家学术成长有一个非常重要的条件——科学思想创新，而创新源于科学思想的更新与发展，而科学思想的更新与发展的重要影响因素是科学家的流动。❺ 范·哈瑞金（A. van Heeringen）选取了荷兰435位高校教师（物理、化学、经济学）作为调查对象，结果发现高校教师流动对研究者的研究工作至关重要，因工作需要的教师流动与学术产出之间有显著的相关；机构变动是多产教师的普遍特性；从长远来看，教师的专业变动能够提高个体学术生产力。❻

通过分析既有研究成果发现，关于高校教师流动与教师学术产出方面的研究，国内研究起步晚，文献较少，国外研究起步早且形成了相对完整的理论体系和研究成果。

目前相关研究存在的主要问题在于：一是研究重点主要是对高校教师职业流动前、流动中的状态以及影响因素的分析，鲜有研究教师流动后对个体、

---

❶ Hagstrom W. Departmental Prestige and Scientific Productivity. Paper Delivered at the 63rd Annual Meeting of the American Sociological Association [C]. Boston, 1968.

❷ Zainab, A N. Personal, Academic and Departmental Corralates of Research Productivity. A Review of Literature [J]. Malaysian Journal of Library & Information Science, 1999, 4 (02): 73–110.

❸ Blackburn, R. T., Lawrence, J. H. Faculty at Work: Motivation, Expectation, Satisfacation [M]. Baltimore: The Johns Hopkins University Press, 1995.

❹ Emily P. Hoffman. Measurement of Faculty Productivity [J]. Atlantic Economic Journal, 1978, 6 (02): 64–72.

❺ Dieter Urban. Mobility and the Growth of Science [J]. Social Studies of Science, 1982 (12): 409–433.

❻ A. Heeringen, P. A. Dijkwel. The Relationships Between Age, Mobility and Scientific Productivity. Part I [J]. Scientometrics, 1987, 11 (05).

流入和流出组织和整个学术系统的影响。虽然有部分学者从教师流动的正负功能方面阐述了教师流动的影响,但是大都只是主观层面的经验思考,没有上升到理论体系的高度,也缺乏翔实的数据分析论证。二是国内现有研究成果主要是关于学术产出的影响因素研究,而探讨学术产出与高校教师职业流动关系的实证研究非常缺乏。

6.1.3 研究假设与研究设计

本研究以我国中部地区四所研究型高校的教师为研究对象,分为自然科学和人文社会科学两大类❶,筛选简历信息较为全面的样本教师各400人进行分类研究。通过搜集教师的个人简历和近五年的学术论文,分析高校教师流动状况和学术论文产出的主要变量指标关系,采用实证方法研究高校教师流动与学术论文产出的相关性及其影响。

本研究选取的是样本教师在2011—2015年公开发表的学术论文❷。

本研究的研究假设是:高校教师流动对其学术论文产出具有显著的正向影响。

6.2 研究型高校教师学术论文产出的现状分析

6.2.1 变量设置和方法选取

主要采用单因素方差法分析教师的不同人口统计学特征和社会属性,观察哪些因素影响教师的学术产出。研究因子主要包括教师的年龄、职称、学缘结构和学习经历。研究因变量是教师的学术论文产出,分为三个指标,即近五年公开发表的论文数、SCI/CSSCI论文数和论文篇均被引次数。

---

❶ 本章中将自然科学简称为理工科,人文社会科学简称为文科。
❷ 在对教师简历进行分析过程中,发现大部分学院的网站信息更新时间都在2015年和2016年,因此选择教师近五年的学术论文作为分析指标时,选取时间截点为2011—2015年。

6.2.2 人文社会科学教师学术论文产出的现状分析

本研究中的人文社会科学教师包括人文学科和社会科学教师，不再细分为其他学科。400 名人文与社会科学教师的描述统计情况如表 6-1 所示。

表 6-1 人文社会科学样本教师描述统计分布表

划分标准	类别	频数	百分比
年龄	35 岁以下	77	19.3%
	35~40 岁	63	15.7%
	40~45 岁	84	21.0%
	45 岁以上	176	44.0%
职称	教授	161	40.3%
	副教授	148	37.0%
	讲师	74	18.4%
	助理教授	17	4.3%
学缘结构	无重叠	242	60.4%
	1 次重叠	72	18.0%
	2 次重叠	49	12.3%
	3 次重叠	37	9.3%
学习经历	无海外学习经历	187	46.8%
	有海外学习经历	213	53.2%

1）不同年龄的文科教师学术论文产出的差异性

对不同年龄组教师近五年的学术论文产出进行描述统计分析（见图 6-1），发现教师发表论文数量与教师年龄成正比，即年龄越大的教师，发表论文数量越多。在论文质量方面，以 CSSCI 期刊核心论文为分析指标，CSSCI 论文发表量大体上随着年龄呈上升趋势，但在 40~45 岁年龄组出现了轻微的下降，不过差距并不明显。在论文篇均被引方面，35 岁以下年龄组教师论文篇均被引率最低，45 岁以上教师论文篇均被引率最高，但是相比论文数量和论文质量，不同年龄组教师论文篇均被引率之间的差距逐渐缩小。值得引起注意的是，40~45岁年龄组教师论文篇均被引率低于35~40岁年龄组教师。

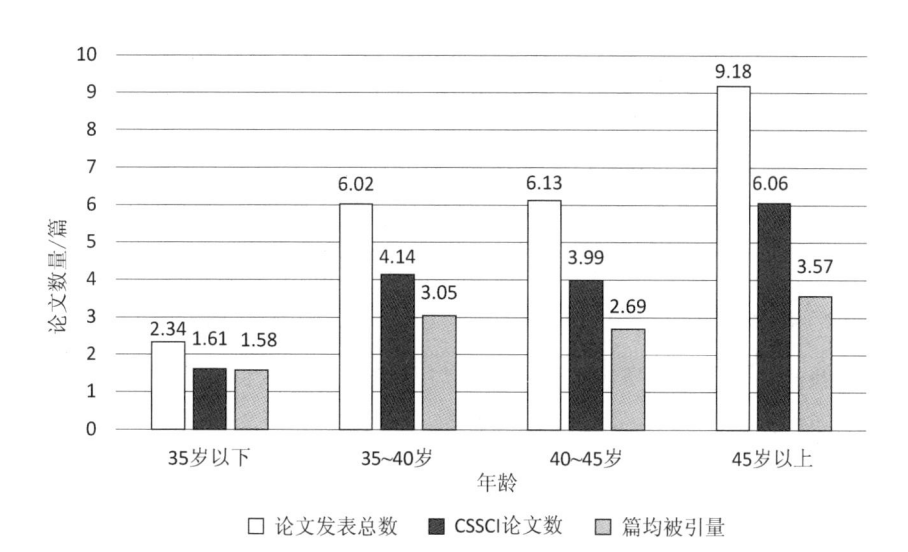

图6-1　不同年龄文科教师学术论文产出描述统计图[1]

对不同年龄组教师学术论文产出进行方差分析，因变量列表依次为论文发表数量，CSSCI论文数量和篇均被引次数。方差分析结果显示，在论文数量方面，F值为$F(3,398)=11.814$，$P=0.000<0.001$，表明在0.001显著水平上，不同年龄教师在发表论文数量方面存在显著的差异。在论文质量方面，F值为$F(3,398)=8.364$，$P=0.000<0.001$，通过了0.001水平的显著检验，表明教师在发表CSSCI论文方面也存在年龄差异。在论文影响力方面，F值为$F(3,398)=3.511$，$P=0.015<0.05$，通过了0.05水平的显著检验，说明不同年龄组教师在论文篇均被引方面也存在差异。从统计学意义上来说，教师学术论文产出的数量、质量和影响力都与教师的年龄有关。

对不同年龄组的教师进行学术论文产出的多重比较，发现在论文数量方面，35岁以下年龄组教师、35~40岁年龄组教师、40~45岁年龄组教师、45岁以上年龄组教师相比较，在论文发表数量上都有显著区别，P值分别为P=

---

[1] 数据来源于CNKI（中国知网）数据库索引。

0.025<0.05，P=0.024<0.05，P=0.000<0.001。35~40 岁年龄组教师与 45 岁以上的教师相比，P=0.012<0.05，通过了 0.05 水平的显著检验。40~45 岁教师和 45 岁以上年龄组教师相比，P=0.008<0.01，通过了 0.01 水平的显著检验，表明这两组教师在发表论文数量上都存在显著差别。在论文质量方面，将 35 岁以下年龄组教师，与其他三个年龄组教师相比较，发现其发表的 CSSCI 论文量有明显差异，P 值分别为 P=0.012<0.05，P=0.005<0.05，P=0.000<0.001；40~45 岁年龄组教师与 45 岁以上年龄组教师相比，发表的论文质量存在差异，P=0.019<0.05。在论文篇均引用方面，将 35 岁以下年龄组教师与 45 岁以上年龄组教师相比较，P=0.001<0.01，通过了 0.01 水平的显著检验。从统计学意义上来说，年龄主要影响教师发表论文的数量和质量，而在学术论文影响力方面差异不太显著。具体而言，35 岁以下年龄的教师，在论文产出方面与其他年龄段教师差异明显，35~40 岁年龄组教师与 40~45 岁年龄组教师在论文产出上差异不明显。

2）不同职称文科教师学术论文产出的差异性

对不同职称教师近五年的学术论文产出进行描述统计分析，如图 6-2 所示，教授、副教授、讲师和助理教授在学术论文产出上差异明显，教授职称的教师平均发文量高达 11.35 篇，副教授职称的教师平均发文量为 4.93 篇，讲师和助理教授平均发文量分别为 1.53 篇和 1.12 篇。在 CSSCI 论文数量和篇均被引方面，也呈现出相同的趋势，即教师职称越高，发表的 CSSCI 论文和篇均被引次数越高。但是，这三个方面的差距值是不一样的，职称对教师发表学术论文数量影响最大，而对教师发表 CSSCI 高质量的论文和篇均被引方面，差距逐渐缩小。

在发表论文数量、CSSCI 论文数量和篇均被引方面，F 值分别为 F（3，398）=33.778，P=0.000<0.001，F（3，398）=27.732，P=0.000<0.001，F（3，398）=7.358，P=0.000<0.001，均通过了 0.001 水平的显著检验，表明教师学术论文产出与教师的职称结构有关，即助理教授、讲师、副教授和教授四种职称教师之间，学术论文产出成果存在显著差异。

第6章 高校教师流动的学术产出

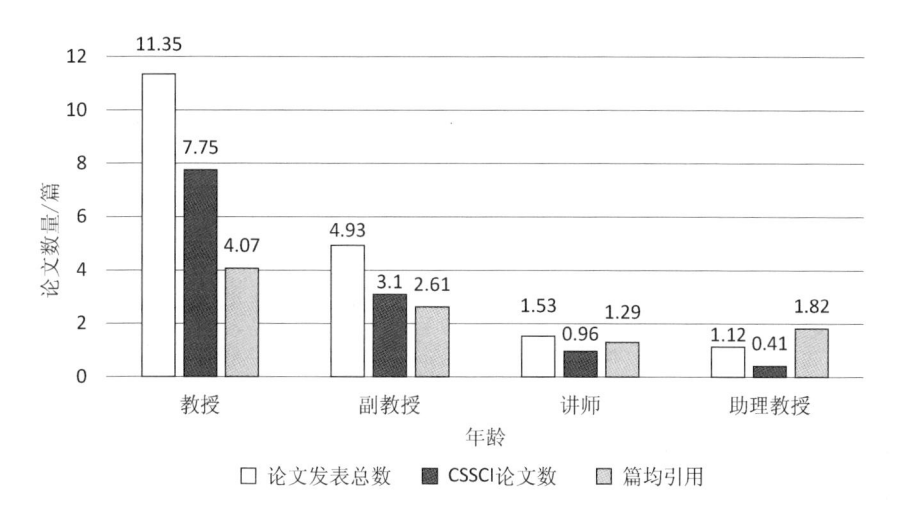

图 6-2 不同职称文科教师学术论文产出描述统计图

在论文发表数量方面，助理教授与教授相比较，P=0.000<0.001，通过了0.001水平的显著检验。讲师与副教授、教授相比，P=0.003<0.01，P=0.000<0.001，分别通过了0.01水平和0.001水平的检验。副教授与教授相比，P=0.000<0.001，通过了0.001水平的显著检验。在论文质量方面，教授与其他三个职称的教师相比，都通过了0.001水平的显著检验，表明教授在发表CSSCI论文方面，与其他教师存在明显差异。在论文学术影响力方面，助理教授和其他三种职称教师在篇均引用量上相比，差异并不显著。讲师与副教授相比，P=0.039<0.05，表明讲师与副教授在篇均被引方面存在差异。总之，职称影响教师的学术论文产出水平，但是具体到三个不同的产出指标上又有不同的表现，其中教授职称的影响是最显著的，副教授和讲师、讲师和助理教授之间，学术产出的差异并不显著。助理教授除了在论文发表数量和质量方面和其他职称的教师相比有差异外，在论文篇均被引，即学术论文的影响力方面，同其他职称教师的差异并不明显。

3) 不同学缘结构文科教师学术论文产出的差异性

学缘结构[1]也是影响教师学术论文产出的一个重要因素。通过对不同学缘结构的样本教师近五年的学术论文产出情况进行统计，如图6-3所示，可以看出，学缘结构无重叠的教师在发表论文数量、CSSCI论文数量和篇均被引方面和有学缘结构重叠的教师相比，处于相对劣势的地位。在论文发表数量和CSSCI论文数量方面，学缘结构重叠多的教师，学术产出成果越丰富。但是在篇均引用方面，并不是学缘结构重叠多的教师，论文的影响力越大，如有三次学缘结构重叠的教师篇均引用量低于有两次和一次学缘结构重叠的教师。

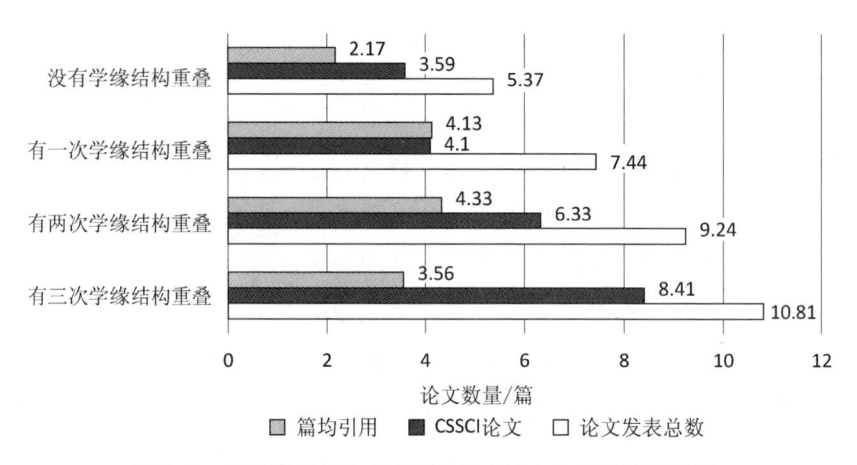

图6-3 不同学缘结构文科教师学术论文产出描述统计图

在发表论文数量、CSSCI论文数量和篇均被引方面，F值分别为$F(3, 398)=6.124$，$P=0.000<0.001$，$F(3, 398)=7.067$，$P=0.000<0.001$，$F(3, 398)=5.7838$，$P=0.001<0.01$，通过了0.001水平和0.01水平的显著检验，表明教师学术论文产出的数量、质量和影响力方面都与教师的学缘结

---

[1] 本科、硕士、博士中某一求学经历与当前工作单位相同，算作1次学缘结构；某二段求学经历与当前工作单位相同，算作2次学缘结构；本、硕、博三个阶段均就读于同一所大学，且毕业后留校工作的教师，算作3次学缘结构。如果本、硕、博均不在目前的工作单位，算作无学缘结构。

构有关。

在论文发表数量方面,没有学缘结构重叠的教师和有两次结构重叠关系、三次学缘关系重叠的教师相比,差异相对显著,$P=0.005<0.01$,$P=0.001<0.01$;对于有学缘结构的教师而言,一次、两次和三次学缘结构重叠差异不明显。在论文质量方面,无学缘结构的教师和有两次学缘结构重叠、三次学缘结构重叠的教师相比,差异显著,$P=0.009<0.01$,$P=0.000<0.001$。在论文篇均引用方面,没有学缘结构的教师和有一次学缘结构重叠的教师、有两次学缘结构重叠的教师相比,差异显著,$P=0.001<0.01$,$P=0.002<0.001$。因此,学缘结构影响着教师的学术论文产出。没有学缘结构重叠的教师和有学缘结构重叠的教师,无论是在论文数量、质量方面,都存在显著差异。而对于有学缘结构重叠的教师而言,学缘结构重叠次数的多少并不影响其论文的产出。

4)具有海外学习经历的文科教师学术论文产出的差异性

海外学习经历也是影响教师学术论文产出的一个重要因素。通过对是否具有海外学习经历的教师近五年论文产出情况做描述统计,发现没有海外学习经历的教师发表论文数量为6.3篇,CSSCI论文为4篇,篇均被引次数为2.37;有海外学习经历的教师,发表的论文数量为7.1篇,CSSCI论文为4.87篇,篇均引用次数为3.40次。从描述统计结果来看,有无海外学习经历对教师学术论文产出还是有较大影响的。没有海外学习经历的教师在论文发表总数、CSSCI论文和篇均被引三个方面普遍低于具有海外学习经历的教师。

在发表论文数量和CSSCI论文数量方面,F值分别为$F(1,398)=0.794$,$P=0.373>0.05$,$F(1,398)=1.641$,$P=0.201>0.05$,未通过0.05水平线上的显著检验,表明是否有海外学习经历与教师发表论文数量和质量没有显著影响。在篇均被引方面,$F(1,398)=5.093$,$P=0.025<0.05$,通过了0.05水平的显著检验,说明教师是否具有海外学习经历在论文篇均被引方面存在差异。从统计学的意义上来说,有无海外学习经历与教师学术论文产出的数量、发表CSSCI论文相关性不大,但是和教师发表论文的篇均被引

次数有关。

6.2.3 自然科学教师学术论文产出的现状分析

本研究中的自然科学教师主要分为理科教师和工科教师,没有进一步细分为其他学科。在对样本教师进行差异性分析之前,先对400位样本教师的基本情况统计分析,如表6-2。

表6-2 自然科学教师学术论文产出描述统计表

划分标准	类 别	频数	百分比
年龄	35岁以下	103	25.8%
	35~40岁	107	26.8%
	40~45岁	84	21.0%
	45岁以上	106	26.5%
职称	教授	146	36.5%
	副教授	157	39.3%
	讲师	70	17.5%
	助理教授	27	6.8%
学缘结构	无重叠	196	49.0%
	1次重叠	50	12.5%
	2次重叠	57	14.3%
	3次重叠	97	24.3%
学习经历	无海外学习经历	140	35.0%
	有海外学习经历	260	65.0%

1) 不同年龄理工科教师学术论文产出的差异性

对不同年龄组理工科教师的学术论文产出进行描述统计分析,见图6-4。在发表论文数量方面,教师年龄与发表学术论文数量成正比。在论文质量方面,35岁以下年龄段的教师和其他年龄段的教师相比,发表的SCI论文存在一定差距。其他三个年龄段的教师发表SCI论文基本保持在9~10篇左右,差距不明显。在论文篇均被引方面，35~40岁年龄组教师最具优势，发表论文篇均被引最高，其次是40~45岁年龄组教师和35岁以下教师，45岁以上的教师篇均引用最低。

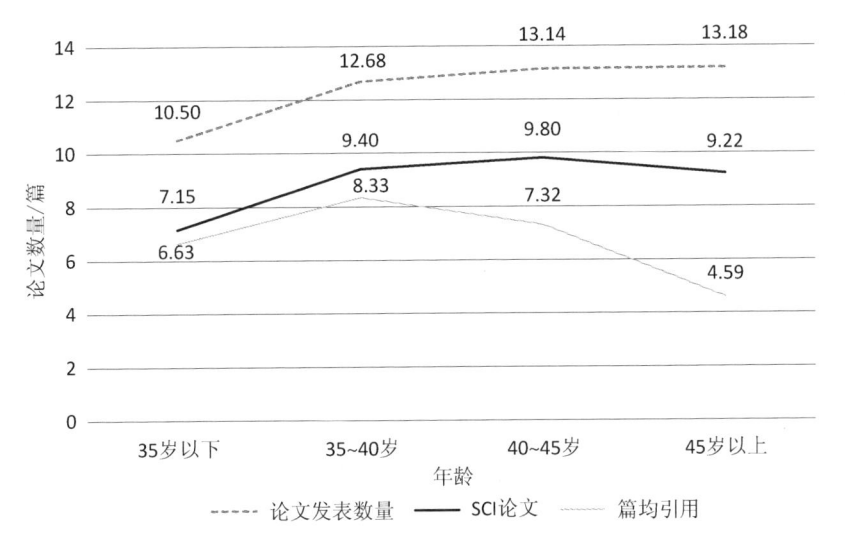

图6-4 不同年龄理工科教师学术论文产出的描述统计图

在论文发表数量方面，方差检验的F值为F（3，399）= 0.703，P = 0.551>0.05，未通过0.05水平的显著检验，表明不同年龄组的教师，在发表的学术论文数量上没有明显差异。在SCI论文数量方面，方差检验的F值为F（3，399）= 1.124，P = 0.339>0.05，未通过0.05水平的显著检验，表明不同年龄组的教师，在发表的学术论文质量上没有明显差异。在论文篇均被引方面，方差检验的F值为F（3，399）= 2.270，P = 0.044<0.05，表明不同年龄组教师在论文篇均被引方面存在差异。对不同年龄组的理工科教师的篇均被引次数进行事后比较，35~40岁年龄组教师与45岁以上教师存在显著差异，P = 0.006<0.01，通过了0.01水平的显著检验，其他年龄组教师之间在篇均被引方面都不存在差异。

2) 不同职称理工科教师学术论文产出的差异性

对不同职称理工科教师近五年的学术论文产出进行描述统计分析，如图6-5所示，发现在论文发表数量、SCI论文数量和篇均被引三个方面，不同职称的教师都存在数量上的差异，具体表现为教师职称级别越高，学术产出成果越丰富。

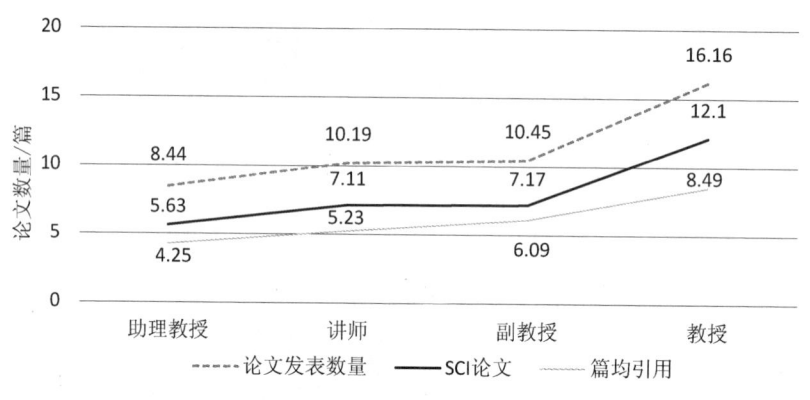

图6-5 不同年龄理工科教师学术论文产出的描述统计图

方差分析结果显示，在论文发表数量和SCI论文数量方面，方差检验的F值分别为$F(3, 399) = 5.097$，$P = 0.002<0.01$，$F(3, 399) = 6.877$，$P = 0.000<0.001$，分别通过了0.01水平和0.001水平的显著检验，表明不同职称教师，在发表的学术论文数量和质量上存在显著差异。在论文篇均被引方面，方差检验的F值为$F(3, 399) = 2.897$，$P = 0.035<0.05$，通过了0.05水平的显著检验，表明不同职称教师在论文篇均被引方面也存在差异。从统计学意义上说，教师学术论文产出的数量、质量和影响力方面都和教师的职称有关。

在论文发表数量方面，教授与副教授、讲师、助理教授相比较，都有显著差异，P值分别为$P = 0.001<0.01$，$P = 0.006<0.01$，$P = 0.014<0.05$，通过了0.01和0.05水平的显著检验。而将副教授、讲师和助理教授相互比较，差异不显著。在论文质量方面，教授与其他三个职称的教师相比，发表的SCI论文数量具有明显差异，P值分别为$P = 0.000<0.001$，$P = 0.002<0.01$，$P = 0.005<0.01$，通过了0.001和0.01水平的显著检验；而副教授、讲师和助理教授之间

相互比较，不存在差别。在论文篇均引用方面，教授与副教授、讲师和助理教授相比，存在明显差异，P 值分别为 P=0.034<0.05，P=0.023<0.05，P=0.040<0.05，均通过了 0.05 水平的显著检验。从统计学意义上讲，教授职称对教师学术论文产出存在较大的影响，副教授、讲师和助理教授之间，学术论文产出没有明显差异。

3) 不同学缘结构理工科教师学术论文产出的差异性

对于理工科教师而言，学缘结构重叠也广泛存在于教师群体中。如图 6-6 所示，对不同学缘结构理工科教师的学术论文产出情况进行统计分析，发现在论文发表数量和 SCI 论文方面，没有学缘结构重叠的教师总体表现高于有一次学缘结构重叠的教师，但是与有两次和三次学缘结构重叠的教师相比，没有学缘结构重叠的教师在论文产出数量上存在明显的差距。对于有学缘结构重叠的教师而言，学缘结构重叠次数越多，学术论文的产出值越高。但是在篇均引用方面，没有学缘结构重叠的教师表现出了较大的优势，篇均引用次数最高。

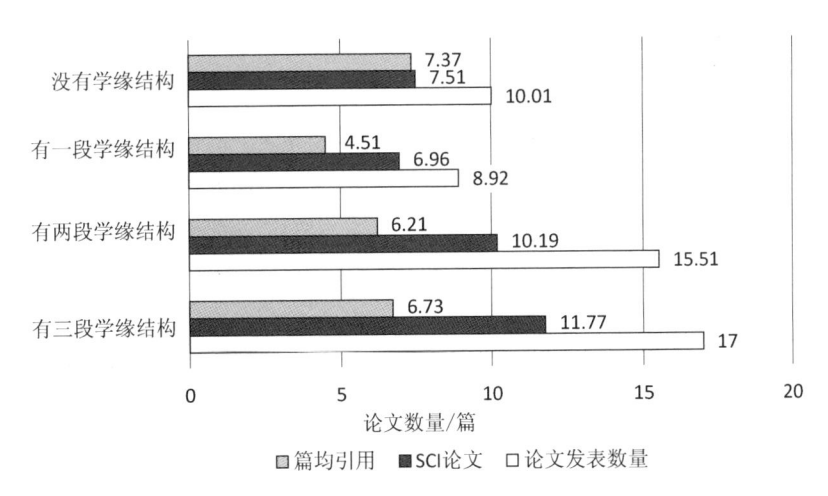

学缘结构	篇均引用	SCI论文	论文发表数量
没有学缘结构	7.37	7.51	10.01
有一段学缘结构	4.51	6.96	8.92
有两段学缘结构	6.21	10.19	15.51
有三段学缘结构	6.73	11.77	17

图 6-6 不同学缘结构理工科教师学术论文产出的描述统计图

在论文发表数量和 SCI 论文方面，方差检验的 F 值分别为 $F(3, 399)=6.512$，$P=0.000<0.001$，$F(3, 399)=3.992$，$P=0.008<0.01$，分别通过

了 0.001 水平和 0.01 水平的显著检验，说明不同学缘结构的教师，在论文数量和质量上存在显著差异；在论文篇均被引方面，方差检验的 F 值为 F（3，399）= 1.165，P = 0.323>0.05，说明不同学缘结构的教师在论文篇均被引方面差异不显著。因此，从统计学意义上说，教师学术论文产出的数量、质量和教师的学缘结构有关，但是在论文被引次数方面和教师的学缘结构相关性不大。

在论文发表数量方面，没有学缘结构重叠的教师和有两次学缘结构重叠、三次学缘结构重叠的教师相比，差异显著，P 值分别为 P = 0.014<0.05，P = 0.000<0.001；在论文质量方面，有三次学缘结构重叠和没有学缘结构重叠、有一次学缘结构重叠相比，发表的 SCI 论文数量存在明显差异，P 值分别为 P = 0.002<0.01，P = 0.013<0.05。因此，在论文发表数量方面，有无学缘结构重叠对教师学术论文产出有影响。

4）具有海外学习经历理工科教师学术论文产出的差异性

对于理工科教师而言，出国留学已经成为一种普遍的现象。出国学习经历是否会影响教师的学术产出，多大程度上会造成影响？这是需要去研究的问题。

通过对是否具有海外学习经历的教师近五年论文产出情况的描述统计分析发现，没有海外学习经历的教师发表论文数量为 10.36 篇，其中 SCI 论文为 7.69 篇，篇均被引次数为 3.89 次；有海外学习经历的教师，发表的论文数量为 13.42 篇，其中 SCI 论文为 9.49 篇，篇均引用次数为 8.20 次。从统计结果来看，没有海外学习经历的教师在论文发表总数、SCI 论文和篇均被引三个方面普遍低于拥有海外学习经历的教师。

在论文发表数量方面，方差检验的 F 值为 F（3，399）= 3.704，P = 0.055>0.05，未通过 0.05 水平的显著检验，表明是否具有海外学习经历的教师，在发表的学术论文数量上没有显著差异。在 SCI 论文数量方面，方差检验的 F 值为 F（3，399）= 2.394，P = 0.123>0.05，表明是否具有海外学习经历的教师在发表 SCI 论文方面也没有显著差异。在论文篇均被引方面，方差检验的 F 值为 F（3，399）= 17.990，P = 0.000<0.001，说明是否具有海外学习经历的理工科教师在论文篇均被引方面存在显著差异。从统计学意义上说，有无海外学习经历与理工科教师发表论文数量、论文质量无关，和教师发表论文的篇均被引次数相关性较大。

综上，在学术论文产出方面，我国高校教师群体内部存在明显的结构分化特征，并呈现出不同的规律。

从人文社会科学教师学术论文产出的现状来看：

①学术论文的产出成果与教师的年龄成正比，年龄越大的教师，近五年的学术产出优势越明显。35 岁以下的教师，平均发文量最低，正处于学术发展生涯的上升期；35~45 岁的教师，在发表论文数量和质量方面，处于中间水平；40~45 岁年龄段的教师出现了一个轻微的下降趋势，这可能源于经济压力和晋升压力，或是出现了职业倦怠从而影响学术产出水平。45 岁以上年龄组的教师，大多属于无晋升和生计之虞的职业中后期，仍然保有较高的学术创造力和产量。

②职称影响教师的学术产出水平，尤其是教授职称影响最显著。这些可能和教授职称教师的优势累积效应有关，没有了学术晋升的外在压力，教授能够有更多精力和热情投身学术研究。一个值得关注的结论是助理教授在学术论文的影响力方面，同其他职称教师的差异并不明显。因而，在考核教师学术水平时，应采用多元化的评价指标，既要考核论文数量和质量，也要注重考核有代表性的高被引成果，给青年教师学术晋升开设绿色通道。

③没有学缘结构的教师在发表论文数量、CSSCI 论文数量和篇均被引方面和有学缘结构重叠的教师相比，处于劣势地位。这和我国高校学术生态圈近亲繁殖现象有关，尤其是对人文社会科学而言，隐形的社会网络关系会帮助教师在短期内提高学术产出成果。另外，在篇均引用方面，并不是学缘结构重叠次数越多的教师，论文的影响力越大。

从自然科学教师学术论文产出的现状来看：

①年龄方面，自然科学教师存在学术论文产出差异。35~40 岁和 40~45 岁学术生涯平稳期的教师，学术产出成果最丰富，甚至高于 45 岁以上处于学

术生涯中后期的教师。理工科教师的这种年龄差异仅体现在论文影响力方面，而和发表论文数量和论文质量无关。

②教师职称级别越高，学术产出成果越丰富。尤其是教授职称与其他三种职称相比，差异都比较显著，说明教授职称极大程度地影响了理工科教师的学术产出。

③学缘结构方面，教师学术论文产出的数量、质量和教师的学缘结构是否重叠有关，但是论文被引次数和教师的学缘结构是否重叠无关。在论文数量和质量方面，没有学缘结构的教师总体表现高于有一次学缘结构的教师，对于具有学缘结构的教师而言，学缘结构次数越多，学术论文的产出值越高。

④海外学习经历与理工科教师发表论文数量和论文质量相关性不大，但是和教师发表论文的篇均被引次数有关。有海外学习经历的教师篇均被引次数显著高于没有海外学习经历的教师。因此，对理工科教师而言，出国求学或交流学习是一个提高自身科研能力和学术水平的机会。

6.3 研究型高校教师流动对其学术论文产出的影响

教师的学术论文产出水平，受到诸多内部因素和外部因素的影响，而个体先天的差异性和后天组织环境的相互交织，也影响了学术论文产出。本节重点分析高校教师流动与其学术产出是否具有相关性，以及处于不同职业生涯周期的教师流动，是否会对个体学术论文产出产生影响。

6.3.1 变量设置和方法选取

本节主要选取了B大学和C大学的自然科学教师作为研究对象。B大学的100位样本教师中，具有流动经历的教师有44位，占总体样本的44%，C大学的100位样本教师中，具有流动经历的教师有38位，占总体样本的38%。

在方法选取上，首先进行描述统计，通过均值比较教师流动次数与学术论文产出的数量关系；其次采用多元回归方程分析具体的因果关系。

6.3.2 教师流动与学术论文产出的描述统计分析

1) 教师流动次数与学术论文产出的均值比较

对样本教师均值进行统计分析，可以发现不同流动次数的教师在学术论文产出方面的均值分布情况。如图 6-7 所示，总体来看，在论文发表数量、SCI 论文和篇均被引次数方面，没有流动经历的教师普遍低于有流动经历的教师。教师流动次数在三个产出指标上呈现出相似的分化格局，没有流动经历的教师学术产出量最低，有两次流动经历的教师学术产出量最高，流动一次、流动三次和流动四次的教师产量居中。流动三次的教师在论文发表数量、质量和篇均被引次数方面，均低于一次流动经历的教师。从统计数据发现，并不是流动次数越多，教师的学术产出水平越高。

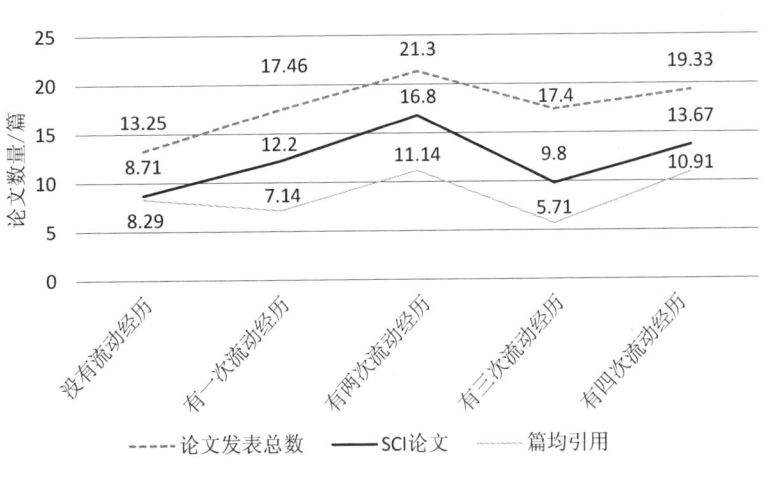

图 6-7 高校教师流动次数与学术论文产出的描述统计图

2) 教师空间流动类型与学术论文产出的均值比较

从图 6-8 中可以看出，不论是在论文发表数量、SCI 论文数量还是篇均被引次数方面，三种不同空间流动形式的教师学术论文产出均呈现出三级阶梯模式。国内流动的教师这三个指标的产出水平最低，其次是国外流入的教师，而同时具有国内外流动经历的教师，学术产出数量、质量和学术影响力都处于最高水平。

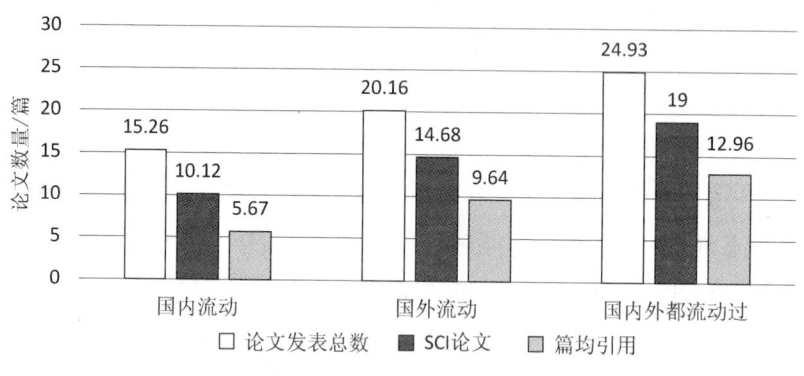

图 6-8　不同空间流动类型的教师学术产出成果

6.3.3　教师流动与其学术论文产出的相关分析

1）教师流动次数与学术论文产出的相关分析

采用 Pearson 双尾检验，对本研究中所涉及的关键变量进行分析。变量包括两个方面：①自变量：教师流动次数、教师空间流动类型；②因变量：教师发表论文数量、论文质量和论文影响力。通过对自变量与因变量进行相关分析，构建教师学术产出影响因素相互关系的模型。Pearson 相关分析结果，如下表 6-3 所示。这五个变量两两之间存在一定的相关关系。具体而言，第一，教师流动次数与个人发表论文数量存在正向相关关系，$r=0.164$（$P<0.05$），相关关系显著，但是相关程度不高；第二，教师流动次数与发表 SCI 论文数量也存在正向相关关系，$r=0.172$（$P<0.05$），相关程度也不高；第三，样本教师流动次数与所发表的论文篇均被引次数并不存在统计学上的显著相关关系，$r=0.026$（$P<0.05$）。

表 6-3　高校教师流动与学术论文产出的相关分析结果

主要变量	模型	流动次数	流动类型	论文发表数量	SCI论文数量	篇均引用
流动次数	Pearson 相关性	1	0.575**	0.164*	0.172*	0.026
	显著性（双侧）	—	0.000	0.030	0.015	0.710
	N	200	82	200	200	200
流动类型	Pearson 相关性	0.575**	1	0.253*	0.299**	0.314**
	显著性（双侧）	0.000	—	0.022	0.006	0.004
	N	82	82	82	82	82
论文发表数量	Pearson 相关性	0.154*	0.253*	1	0.697**	0.214**
	显著性（双侧）	0.030	0.022	—	0.000	0.002
	N	200	82	200	200	200
SCI论文数量	Pearson 相关性	0.172*	0.299**	0.697**	1	0.179*
	显著性（双侧）	0.015	0.006	0.000	—	0.011
	N	200	82	200	200	200
篇均引用	Pearson 相关性	0.026	0.314**	0.214**	0.179*	1
	显著性（双侧）	0.710	0.004	0.002	0.011	—
	N	200	82	200	200	200

**. 在0.01水平（双侧）上显著相关。
*. 在0.05水平（双侧）上显著相关。

2) 教师空间流动类型与学术论文产出的相关分析

教师空间流动类型与个人学术产出存在相关关系。第一，教师空间流动类型与其发表论文数量存在正相关关系，r=0.253（P<0.05）；第二，教师空间流动类型与其发表的SCI论文数量也存在正相关关系，r=0.299（P<0.01），相关系数比较显著，但是相关程度一般；第三，教师空间流动类型与其发表论文的篇均引用次数也呈现显著正相关关系，r=0.314（P<0.01）。由此表明，教师空间流动类型与学术论文产出的三个指标都存在正向的相关关系。

6.3.4 教师流动与个体学术论文产出的多元回归分析

前文的描述统计分析和相关分析,基本上支持了本研究的研究假设。然而,前文的分析是在没有控制其他变量的情况下,考察各自变量对高校教师学术论文产出的影响,容易形成结论误差。因此,本研究把教师的人口统计学特征和学术流动指标等多个自变量纳入一个线性回归方程中,在控制变量的条件下,系统地检测各自变量对高校教师学术论文产出的影响和贡献。

自变量包括:教师的个性特征中的先赋因素,包括教师性别和年龄;后致因素包括教师的学科、职称、学缘结构、教师的流动次数和空间流动类型。因变量包括发表论文数量、SCI论文数量和篇均被引。本研究将依据三个因变量指标分别建立两个模型,模型1的预测变量为学科、性别、年龄、职称、学缘结构;接着引入流动次数、空间流动类型,建立了模型2。通过对比分析模型1和模型2,解释高校教师流动对个体学术论文产出的影响。

1) 教师流动与其发表学术论文数量的回归分析

首先,建立两个教师流动与发表学术论文数量相关的回归模型,分别为模型一和模型二。模型一的预测变量为教师性别、年龄、学科、职称、学缘结构,因变量为发表论文数量。模型二在模型一的基础上引入两个预测变量,教师流动次数和空间流动类型,因变量保持不变。

其次,对回归模型的拟合程度进行方差分析,结果显示,模型1的F值为$F=2.533$,$P=0.036<0.05$,模型2的F值为$F=2.450$,$P=0.026<0.05$,两个模型的显著概率值均通过了0.05水平检验,所以可以拒绝总体回归系数为0的原假设,接受各预测变量和因变量之间存在线性关系,因此回归模型成立。

最后,预测教师发表论文数量的回归模型的分析结果显示(表6-4),教师性别、学科、年龄、职称和学缘结构作为控制变量总体对教师发表论文数量的解释率达到14.3%,($R^2=0.143$,$P<0.01$)。调整模型,添加教师流动的两个因子,即流动次数和空间流动类型,与之前模型的控制变量一起对教

师发表的学术论文数量进行预测,模型的解释率上升到18.8%,($R^2=0.188$,$P<0.01$)。模型2的调整R^2为0.111,大于模型1的调整R^2值0.086,说明模型可解释的变异占总变异的比例越来越高,引入方程的流动次数和空间流动类型有一定的效果。引入流动次数和空间流动类型两个控制变量后,教师年龄(Beta=0.201,SE=1.896,$P<0.01$)、学缘结构(Beta=0.198,SE=0.912,$P<0.05$)两项指标对教师发表论文数量具有显著预测力,其他自变量中的性别、学科、教师流动次数和流动类型对教师发表论文数量没有预测力。

表6-4 预测教师发表论文数量的回归模型分析

模型/自变量	回归系数(B)	标准误差	标准化回归系数(β)	t	R^2	调整R方
模型一	16.010	12.447	—	1.286	0.143	0.086
性别	-6.838	3.678	-0.204	-1.859	—	—
学科	0.738	3.202	0.025	0.230	—	—
年龄	3.873	1.796	0.274	2.156	—	—
职称	4.461	1.954	0.299	2.284	—	—
学缘结构	1.989	0.883	0.162	2.253	—	—
模型二	15.920	12.685	—	1.255	0.188	0.111
性别	-7.116	3.761	-0.212	-1.892	—	—
学科	1.340	3.172	0.046	0.422	—	—
年龄	2.852	1.896	0.201	1.505	—	—
职称	3.678	2.003	0.246	1.836	—	—
学缘结构	2.429	0.912	0.198	2.664	—	—
流动次数	3.340	2.051	0.215	1.629	—	—
空间流动类型	5.006	2.623	0.261	1.909	—	—

a. 因变量:论文发表总数。

2)教师流动与其发表学术论文质量的回归分析

第一,建立教师流动与其发表论文质量的两个回归模型,分别为模型三和模型四。模型三的预测变量为教师的性别、年龄、学科、职称、学缘结构，因变量为论文质量。模型四在模型三的基础上引入两个预测变量，教师流动次数和空间流动类型，因变量保持不变。

第二，检验回归模型是否成立。模型拟合结果显示，模型3的F值为F=1.689，P=0.048<0.05，模型4的F值为F=2.420，P=0.027<0.05，两个模型的显著概率值均通过了0.05水平检验，可以显著地拒绝总体回归系数为0的原假设，接受各预测变量和因变量之间存在线性关系，因此回归模型成立。

第三，预测教师发表论文质量的回归模型的分析结果显示（表6-5），教师性别、学科、年龄、职称和学缘结构作为控制变量总体对教师发表SCI论文数量的解释率为10%，（$R^2=0.100$，$P<0.01$）。调整模型，添加教师流动的两个因子，即流动次数和空间流动类型，与之前模型的控制变量一起对教师发表的SCI论文质量进行预测，模型的解释率上升到18.6%，（$R^2=0.186$，$P<0.01$）。模型2的调整R^2为0.109，大于模型1的调整R^2值0.041，说明模型可解释的变异占总变异的比例越来越高，引入方程的流动次数和空间流动类型有一定的效果。其中，教师职称（Beta=0.116，SE=1.565，$P<0.01$）、流动次数（Beta=0.156，SE=1.602，$P<0.05$）和流动类型（Beta=0.374，SE=2.048，$P<0.01$）三项指标对于教师发表SCI论文具有显著预测力，且三项指标中教师空间流动类型的预测力最大。

表6-5 预测教师发表SCI论文数量的回归模型分析

模型/自变量	回归系数（B）	标准误差	标准化回归系数（Beta）	t	R^2	调整R方
模型三	19.038	9.953	—	1.913	0.100	0.041
性别	-3.282	2.941	-0.125	-1.116	—	—
学科	-0.741	2.561	-0.032	-0.289	—	—
年龄	-2.958	1.437	-0.268	-2.059	—	—
职称	2.296	1.562	0.197	1.469	—	—
学缘结构	-2.194	1.561	-0.161	-1.405	—	—

续表

模型/自变量	回归系数（B）	标准误差	标准化回归系数（Beta）	t	R^2	调整 R 方
模型四	18.072	9.911	—	1.823	0.186	0.109
性别	-3.311	2.938	-0.126	-1.127	—	—
学科	-0.092	2.478	-0.004	-0.037	—	—
年龄	-1.746	1.481	-0.158	-1.179	—	—
职称	1.353	1.565	0.116	0.864	—	—
学缘结构	-2.522	1.514	-0.185	-1.665	—	—
流动次数	-3.235	1.602	0.156	0.192	—	—
空间流动类型	5.594	2.049	0.374	2.730	—	—

a. 因变量：发表 SCI 论文数量。

3）教师流动与其发表论文学术影响力的回归分析

首先，建立教师流动与论文篇均被引次数的两个回归模型，分别为模型五和模型六。模型五的预测变量为教师性别、年龄、学科、职称、学缘结构，因变量为论文篇均被引。模型六在模型五的基础上引入两个预测变量，教师流动次数和空间流动类型，因变量保持不变。

其次，检验回归模型是否成立，结果显示，模型五的 F 值为 F = 3.968，P = 0.003<0.01，模型六的 F 值为 F = 3.967，P = 0.001<0.01，两个模型的显著概率值均通过了 0.01 水平检验，可以显著地拒绝总体回归系数为 0 的原假设，接受各预测变量和因变量之间存在线性关系，因此该回归模型成立。

最后，预测教师篇均被引次数的回归模型分析结果显示（表6-6），教师性别、学科、年龄、职称和学缘结构作为控制变量总体对教师篇均被引的解释率为 20.7%，（R^2 = 0.207，P<0.01）。调整模型，添加教师流动的两个因子，即流动次数和空间流动类型，与之前模型的控制变量一起对教师发表论文的篇均引用次数进行预测，模型的解释率上升到 27.3%，（R^2 = 0.273，P<0.01）。模型六的调整 R^2 为 0.204，大于模型五的调整 R^2 值 0.155，说明模型可解释的变异占总变异的比例越来越高，引入方程的流动次数和空间流动类

型有一定的效果。其中，学缘结构（Beta=-0.331，SE=1.130，P<0.01）和空间流动类型（Beta=0.336，SE=1.529，P<0.01）两项指标对于教师论文篇均被引次数具有显著预测力，且学缘结构对教师论文的篇均被引次数有负向影响。

表6-6 预测教师论文篇均被引次数的回归模型分析

模型/自变量	回归系数（B）	标准误差	标准化回归系数（Beta）	t	R^2	调整R方
模型五	24.351	7.374	—	3.302	0.207	0.155
性别	-3.315	2.179	-0.160	-1.521	—	—
学科	-1.870	1.897	-0.103	-0.986	—	—
年龄	-2.832	1.064	-0.325	-2.661	—	—
职称	0.343	1.157	0.037	0.297	—	—
学缘结构	-3.387	1.157	-0.316	-2.928	—	—
模型六	22.681	7.395	—	3.067	0.273	0.204
性别	-3.014	2.192	-0.146	-1.375	—	—
学科	-1.438	1.849	-0.080	-0.778	—	—
年龄	-1.891	1.105	-0.217	-1.712	—	—
职称	-0.400	1.168	-0.043	-0.343	—	—
学缘结构	-3.556	1.130	-0.331	-3.147	—	—
流动次数	-1.721	1.196	-0.180	-1.440	—	—
空间流动类型	3.957	1.529	0.336	2.588	—	—

a. 因变量：论文篇均被引。

通过对研究型高校教师流动和学术产出的相关分析和多元回归分析，我们得出如下结论：

第一，教师流动次数影响个人学术产出的质量。无流动经历的教师学术论文产出水平普遍低于有流动经历的教师，但并不是流动次数越多，教师学术产出水平越高。其中流动两次的教师在发表论文数量、质量和学术影响力等方面都具有显著优势；流动三次和流动四次的教师，学术论文产出水平并不是最突出的。用社会流动理论分析，教师流动行为会影响教师个体的学术成长。如果教师长期待在一个封闭的学术场域，思想难免僵化受限，缺乏与外界的互动交流，学术创造的火花也会渐渐熄灭。流动率过低或者不流动，不利于教师的思想交流与学术创造。另外，如果教师的流动行为过于频繁，也会阻滞教师的学术发展。一般情况下，优秀的学术成果需要一个较漫长的研究周期。如果教师流动过于频繁可能造成研究进程的突然中断，这样会损害学术创造的连续性，并造成学术队伍的不稳定；教师流入到一个新的组织环境，也需要一段时间来适应工作并重新开展学术研究。

第二，教师空间流动类型会影响个人学术产出的质量和影响力。具体表现为国外流入的教师学术产出优于国内流动的教师，同时具有国外和国内流动经历的教师，学术产出水平最高。一方面，能够在地域空间上进行跨国流动的教师，自身已经完成了学术资本的早期积累，拥有较强的学术实力，并且在学术系统中一直处于较高产的状态，因而他们发表学术论文的数量、质量和学术影响力等都高于教师的平均值。另一方面，跨国回流的教师，具有开阔的学术视野和敏锐的学术嗅觉，能够将国外的研究前沿和研究范式引入国内学术系统，并结合国内大学的研究现状，进行实践探索；拥有国际化的研究视野，可以灵活地将理论知识运用到实践中，更容易产生科研成果。

6.4 教师流动政策与高校教师学术职业发展

6.4.1 主要结论

①总体而言，我国研究型高校教师在教育系统内部的水平流动较稳定，平均流动次数较低；教师主要以国内流动为主，从国外流入的教师比例不高。

②人文社会科学领域，教师学术产出水平与个体职业生命周期相关，具体表现为年龄越大的教师，近五年的学术产出优势越突出。职称方面，职称级别越高，学术产出水平越高。助理教授在论文篇均被引方面，同其他职称教师的差异并不明显。没有学缘结构重叠的教师在学术论文产出上处于劣势地位。但在篇均引用方面，并不是学缘结构重叠次数越多的教师，其学术论

文的影响力越大。

③在自然科学领域，35~45岁年龄段的青年教师，学术产出成果最丰富。教师职称级别越高，学术论文产出水平越高。学缘结构对教师学术论文数量和质量产生差异影响，与论文的学术影响力无关。在论文数量和质量方面，无学缘结构重叠的教师总体表现高于有一次学缘结构重叠的教师，且学缘结构重叠次数越多，学术论文的产出值越高。有海外学习经历的教师在论文篇均被引次数方面显著高于没有海外学习经历的教师。

④教师流动次数会影响个人学术产出的质量。没有流动经历的教师学术论文产出水平低于有流动经历的教师。对于有流动经历的教师群体而言，并不是流动次数越多，教师学术产出水平越高；其中流动两次的教师在论文发表数量、SCI论文数和篇均被引方面，产出量都是最高的。

⑤教师空间流动类型会影响个人学术产出，主要表现在论文质量和影响力方面。从国外学术系统流入的教师优于在国内学术系统流动的教师，且同时具有国外和国内流动经历的教师，学术产生水平最高。

6.4.2 讨论与政策建议

①中国研究型高校教师整体流动率较低，这与我国学术劳动力市场不健全和学术系统缺乏人才分流机制有关。改革开放40年以来，我国在经济体制方面进行了一系列大刀阔斧的改革，然而高等教育改革进程却较为缓慢，学术系统较为封闭，看似没有实行"非升即走"的终身教职制度，但只要进入教育系统内，似乎人人都可以获得"终身教职"，只是时间早晚而已。而且，在搜索教师个人简历时发现，大部分样本教师的讲师、副教授和教授职称几乎都是在同一所机构获得，甚至部分教师从入学、工作直到退休都没有流动过。另外，隐形的文化因素也可能导致我国高校教师流动率较低，中国人骨子里流淌着几千年"安居乐业"的文化习性，追求稳定，强调对组织的忠诚度，这些都是导致中国高校教师流动意愿不强的文化因素。

②有流动经历的教师学术论文水平显著高于无流动经历的教师。一方面，可能和教师个体的学术能力有关，能够在学术市场中流动的教师，自身也积

累了较强的学术资本和社会资本。另一方面,流动,尤其是向上流动,会带来集聚效应,尤其对于精英荟萃的研究型高校教师而言,流动可以获得更多的学术支持和更好的组织环境,且不同学科和学术组织系统的碰撞,也能激发学术系统的活力。

③高校教师国外流入经历对个体的学术论文产出有积极影响。当下学术研究越来越注重跨学科、跨组织甚至跨地区的研究趋势,学术成果尤其是理工科学术产出的表征方式,最权威的衡量标准是国际学者公认的外文期刊,而具有国际化视野和研究能力的教师,在学术论文产出上更能发挥明显的优势。

研究型大学汇聚了我国最优秀的学术人才,孕育着学术新生力量,代表了我国高校教师的最高水平,应以更加开放的姿态去鼓励教师流动,积极参与全球化的学术劳动力市场竞争。根据以上的实证分析,可以从以下几个方面推动高校教师流动政策改进。

①完善高校教师的准入与退出机制。当前,我国高校教师聘任制面临的最突出问题是缺乏准入和退出制度,❶ 教师只要进入了高校,就相当于拥有了终身教职,很少进行流动。即使发现自身的能力实难胜任教学或者科研岗位,也依然留在教师岗位上。因此,高校应改进教师的准入和退出制度,在教师聘任的入口处,严格选拔青年教师,挑选"以学术为业"且有能力胜任的教师;对于已经入职的教师,也要制定科学的考核标准和体系,及时淘汰不合格的教师。

②促进教师职称评聘制度与高校教师流动经历相结合。当前我国高校教师流动率较低,可以借鉴德国高校模式,限制教师在同一个高校完成全部职称的晋升,强制要求教师必须通过流动来获取更多的学术成就,以促进自身的学术成长。

③完善高校教师流动的社会保障制度。影响教师流动的另一个因素是社会保障制度的不健全。教师一旦脱离原单位,不仅仅是地理空间位置的变化,

---

❶ 刘献君. 高校教师聘任的制度设计——基于高校教师管理的研究 [J]. 高等教育研究, 2008 (10): 34-38.

同时也意味着诸多福利待遇的丧失，如住房、子女教育、配偶工作和各类保险等，足以让有流动意愿的高校教师望而却步。同时，由于流动行为可能会产生巨大的机会成本，因此，需要及时出台和完善相应的社会保障制度，实现不同地区之间、不同高校之间教师社会保障政策的对接，补偿因教师流动而导致的经济损失。

④依据教师的职业生命周期，制定不同的学术评价制度。在不同职业发展阶段，教师发展呈现出不同的特征，因此，高校在考核教师学术产出水平时，应尊重教师的差异性，采用多元化的评价指标体系。对于青年教师而言，其还处于高校教师生涯的初期，还没有完成学术资本的积累，在学术水平考核上，不能过分要求论文数量，应鼓励青年教师多发有代表性的论文，用质量和影响力来弥补数量上的不足；对于高校教师生涯后期的教师，考核指标上也不应降低标准，避免出现高资历低学术产出的"资历惩罚"现象。

本研究通过简历分析和中外数据库搜集教师的个人简历信息和近五年的学术论文产出成果，探究高校教师流动与其学术论文产出的关系。由于时间和资料搜集的困难，以及变量的复杂性，本研究可能存在如下局限：

第一，在学科分类上，仅从人文社会科学、自然科学两个大学科进行划分，没有细化到具体的一级学科门类，且样本规模相对较小，可能会存在忽视学科之间异质化的问题。人文社会学科的专著、译著或其他专题研究报告都是重要的学术产出的形式，但是考虑到短期内无法通过数据库采集，可能会出现低估教师学术产出的情形。第二，在计算教师近五年发表论文的数量时，没有对作者进行限定，尤其是自然科学教师开展跨学科跨领域的研究，联合署名现象较多，在统计论文数量时并没有进行权重赋值，故而可能出现高估教师学术产出的情形。另一方面，数据库选取上也可能存在一些不合理之处，比如一些文理交叉的学科或者综合性强的学科，CSSCI 论文并没有收录，影响了整体评价结果。第三，本文只控制了教师的先赋因素（性别、年龄）和后获因素（学科、职称、学习经历和学缘结构）等变量，进而分析高校教师流动次数和空间流动类型对学术论文产出的影响，没有将教师的职业成长环境、机构因素和制度因素等变量考虑进去，这可能会影响到研究结论的可靠性。

总体上看，高校教师流动与学术论文产出关系的研究十分重要但又比较复杂，可以观察到露出海面的一些流动现象，而潜藏在水底的原因则充满了不确定性，各种因素交织叠加增加了探索的难度。本研究仅仅揭示了其中一些核心变量之间的关系，仍有许多问题值得继续深入研究。即便存在着研究的缺陷，从若干变量的相关性出发探讨教师流动与学术产出的关系仍然具有理论价值和政策意义。

第7章

高校教师流动的效益模型

高校教师流动是指教师从某一种社会地位转移到另一种社会地位的现象。尽管流动存在着向下流动的可能，但是，从一般意义上讲，流动的主观目标和方向总是希望从较低社会地位流动到较高社会地位，是一种向上的流动，其目标是为了获得更高的社会地位，或者说，更好的学术发展环境。对于大多数高校教师流动而言，在地位获得过程中，流动成本和流动收益是教师必然考虑的因素。

7.1 高校教师流动成本的形成

7.1.1 高校教师流动与成本收益

将高校教师看作是学术人、社会人、经济人的综合统一体，通过运用经济学与人力资本原理等理论与方法，考察高校教师在流动过程中的成本收益与变化的基本状况，探讨其动因、流动及收益的模式，从而分析其中的相关规律是本研究的主要目的之一。

尽管已有研究认为高校教师流动能够带来收益。但是，在国际范围内高校教师流动所获得的收益在国家之间是不均衡的。"冷战结束后，南北之间的流动更为明显。研究者普遍认为，高校教师的外向流动很大程度上是朝着欧洲的富裕经济体和美国去的"。❶ "即使在欧洲，也存在对于'BTA'（been to American）流动模式的严重担忧，近年来欧洲出台的一系列吸引人才流动的相关举措就是对这种担忧的回应。"❷ 因此，探讨高校教师流动中欠发达国家或者地区出现利益损失的"马太效应"是各国高校教师流动政策的重要议题。

同时，通过研究高校教师流动成本与收益有利于从实践上解决因高校教师流动而产生的利益纠纷，优化学术资源在组织间的合理配置，实现经济利益在流动各方之间的合理分配，以及控制不当流动行为的发生，形成规制的、有序的高校教师流动环境。

7.1.2 高校教师流动成本收益的研究进展

流动性是高校教师的本质属性之一，高校教师的流动贯穿高校教师的产生与发展过程。菲利普·G. 阿特巴赫在2002年出版的《Perspectives on Internationalizing Higher Education》一书中指出：学术流动和交流不仅不新鲜，而且有相当长的时间。❸ 克拉克则在《高等教育系统》中认为：在"学术共同体"（academic community）机制的作用下，教师更多地与其他大学的同行进行交流，容易在学校之间进行流动。❹ 1958年《学术市场》（The Academic Marketplace）一书出版，❺ 该书在系统调查美国1954—1955年、1955—1956年两个学年9所主要的研究型大学人文学科离职教师的情况基础上，深入分析了流动与学术职称、流动与年龄、流动与机构声望的关系以及非自愿离职、自愿离职、金钱的诱惑、协作与隔离、互动的危害等方面的内容。

继20世纪五六十年代，随着发达国家高等教育大众化带来的高校教师流动的第一个高峰后，1971年，Zelinsky. W 在《The Hypothesis of the Mobility

---

❶ Grubel, H. G., A. D. Scott. The Immigration of Scientists and Engineers to the United States, 1949-1961 [J]. The Journal of Political Economy, 1966: 368-348.

❷ Glass, D. V., ed. Soctal Mobilhtiy in Britain [M]. Glencoe: Free Press, 1954.

❸ Altbach, P. G. Perspectives on Internationalizing Higher Education [J]. International Higher Education, The Boston College for International Higher Education, 2002: 6-8, 27.

❹ 伯顿·R. 克拉克. 高等教育系统——学术组织的跨国研究 [M]. 王承旭，等译. 杭州：杭州大学出版社，1993：181.

❺ Theodore Caplow, Reece J. McGee. The Academic Marketplace [M]. New York: Basic Books, 1999.

Transition》中提出将"技能型和职业化人才的国际迁移和流动"作为"进步的社会"的标志，[1] 而后 Boone. J. L 的研究表明：到了 90 年代后期，大多数经济合作与发展组织（OECD）国家为吸引高科技人才，放松移民政策以促进高校教师向本国流动。[2]

对高校教师流动的意义，加拿大学者 Jane Knight. Meggan Madden（2010）从三个层面予以阐述：在个人层面，全日制或短期学术流动可以帮助个人发展全球意识，丰富学生个人经历，培养跨文化意识和深化学生对世界问题的认知；在机构方面，本国大学可以通过本国博士生流动获得全球曝光和学术合作者，同时博士生回国后对其国际比较研究也有帮助，并且可与国外机构保持持续合作关系；在国家层面，国际流动将支持全球性的知识共享，将加拿大的科学技术战略与"思想、人才和技术的全球供应"结合起来。[3]

探讨高校教师流动的文献不少，但是直接以"高校教师流动的成本与效益"为题的研究并不多。从经济角度对高校教师流动进行成本—收益的分析更少。相关研究主要集中在学术劳动力市场研究之中。

Musselin（2002）认为学术劳动力市场至少有三种属性：第一，学术市场是透明的，有关竞争的信息被清楚地知悉和传播；第二，它不能被人情世故所侵害；第三，对于每一个新人的招聘是完全独立的。但作者同时也对学术市场的上述三条标准感到担忧，作者认为，对于第一条，往往没有足够的标准来评判学术市场是否完全透明；第二条，不同国家的学术市场动力原理不同，如果学者进入一个国家的高校教师系统，就很难离开去申请其他地方的职位。第三条，往往因潜规则而受到破坏。[4]

---

[1] Zelinsky, W. The Hypothesis of the Mobility Transition [J]. Geographical Review, 1971, 61 (02): 219-249.

[2] Boone, J. L. Lost Civilization? The Contested Islamic Past in Spain and Portugal [M]. London: Duckworth, 2006.

[3] Knight J., Madden M. International Mobility of Canadian Social Sciences and Humanities Doctoral Students [J]. Canadian Journal of Higher Education Revue canadienne d'enseignement supérieur, 2010, 40 (02): 18-34.

[4] Musselin, C.. Diversity Around the Profile of the "Good" Candidate within French and German Universities [J]. Tertiary Education and Management, 2002 (08): 243-258.

陈玉祥在《论我国教师市场的建立》中分析了我国教师市场的类型：按竞争程度分，可以有完全竞争教师市场和不完全竞争教师市场；按市场的范围分，可以有学校内部教师市场、区域教师市场和跨区域教师市场。其在此基础上探析了我国教师市场的模式。❶ 曾晓东的《WTO框架与我国学术劳动力市场建设》认为虽然劳动力市场存在分割现象，但同样存在对自由流动的"崇拜"，正是在价格机制的导引下，学术劳动力实现了最优配置。因此，学术劳动力市场的流动可以有效地提高生产力水平。同时，高技术人才的流动要付出成本，流动是否成功也要取决于成本—收益之间的衡量。❷ 阎凤桥在《学术劳动力市场的特性与研究型大学的教师聘用制度》一文中认为在劳动力市场的环境下研究教师流动，并分析工资收益的变化对教师流动的影响是必要的。❸

以上研究都是将高校教师置于学术劳动力市场的环境下，研究教师流动的经济动因。事实上，已有学者将人力资本理论移植到高校教师流动领域。如王世娟、王峰在《从人力资本视角浅析高校教师的流动》中认为教师作为一种特殊的人力资本，通过各种投资，能为教师带来收益并使资本得到保值和增值的特殊资本表现形式。❹

高校教师流动的成本收益分析是对高校教师流动过程中的成本及其价值进行确认和计量，引导和规范流出与流入组织、流动个体的行为，为流动决策提供咨询的过程。高校教师流动既是学术资本在不同组织间的流动，也是学术人的个人经济行为。任何效益问题的讨论，首先都必须面对成本问题。根据人力资本理论，"劳动力寻找最能有利于发挥人力资本作用的场所是要耗费一定成本的"。❺ 探讨高校教师流动的成本收益，就是要分析高校教师流动

---

❶ 陈玉祥. 论我国教师市场的建立 [J]. 江南论坛, 2005: 50-51, 60.
❷ 曾晓东. WTO框架与我国学术劳动力市场建设 [J]. 比较教育研究, 2005 (06): 67-70.
❸ 阎凤桥. 学术劳动力市场的特性与研究型大学的教师聘用制度 [J]. 北京大学教育评论, 2005, 3 (03): 64-69, 88.
❹ 王世娟, 王峰. 从人力资本视角浅析高校教师的流动 [J]. 教学研究, 2008, 31 (05): 408-409, 413.
❺ 张莹玉. 经济发展与人力资源配置 [M]. 上海: 立信会计出版社, 2000: 73.

成本与收益形成的原因,成本与收益构成,以及如何对成本与收益进行科学计量等问题。

7.1.3 高校教师流动成本的动因分析

1) 高校教师流动成本的内部动因

高校教师流动成本的内部动因主要有作为流动主体的学术人及其家庭两个方面。

①个人对经济利益的预期。根据劳动经济学的观点,学术人属于高知识型员工,"而在知识日益受到重视的今天,高知识可获得高薪的市场行情也引发了知识员工的高流动率。"[1] 高校教师流动是为了发挥凝聚在学术人身上的学术资本优势,继而获得最适合其价值的经济回报。根据经济学规则,谁获益谁就需要投资。也就是说,实现经济利益预期的必要条件就是先期进行必要的投入。个人试图获得更多收益,那么个人就要投入相应的成本。

②对获得学术声望的需要。高校教师流动与其他人群流动的本质区别在于教师流动是一种学术性流动,以学术资本为中介获得学术共同体的认可,因此,获得学术声望是其重要的流动动因。而高校教师学术声望需要长期的训练和创新性的学术工作才能获得,而长期的训练就需要成本投入,这就构成高校教师流动成本的一部分。

③终身学习不断获得学术资本的需要。在知识经济时代,很难再有终身职业,高校教师职业同样具有可变性和流动性。"面对较高层次产业结构的升级,即使是脑力型的劳动者也必须通过更多的学习和培训,才能实现工作岗位的变动。"[2] 同样,通过高校教师流动获得较高的学术职位以及更多权力、收入和声望,教师需要不断提高个人的素质和开发个人的潜力,最重要的也是最常见的就是不断学习新知识,培训新技能,提高学术素养等,也就必然要为适应和胜任新的高校教师职位而终身学习,这就需要必要的经济投入。

---

[1] 孙晓燕. 劳动经济学范式下知识团队的博弈 [J]. 求索, 2009: 14.
[2] 张莹玉. 经济发展与人力资源配置 [M]. 上海: 立信会计出版社, 2000: 87.

高校教师为更新、提高素质和不断提升自身的学术资本增量所投资产生的成本，以及因参与学习、培训、提高学术素养而在时间上和精力上的"再分配"所形成的机会成本构成了高校教师流动的另一种成本。

④高校教师家庭幸福生活的需要。高校教师是理性与能动的主体，家庭幸福生活也是其流动的动因。配偶的工作，父母的照料，子女的成长构成了教师流动的重要动力。实践中，不少教师流动就是为了解决家庭生活问题而导致的。从经济学角度考察高校教师流动的一般过程，学术人及其家庭为追求更优越更幸福的生活，而放弃原有高校教师职位的行为，可能会造成各种"经济损失"——成本，包括工资、福利待遇，以及收集信息的费用、旅费等。有研究者认为，获得新职位后会增加了家庭、日常生活、工作以及环境等方面的成本。

"人力资源是理性的经济主体，其决策行为不受以前偏好和生活预期的影响，其决策行为完全是为了追求经济利益的最大化。"❶ 高校教师是理性与能动的经济主体，个人及其家庭追求经济利益最大化及幸福生活的行为，既是他们选择流动的重要经济原因，也是高校教师流动的内在心理需求。一旦产生了流动需要，就必然需要投入成本。

2）高校教师流动成本的外部动因

高校教师流动成本的外部动因主要由社会因素，以及高校教师在与社会发生联系过程中的其他因素构成。

①高校教师流动的社会动因。"有时候只作经济分析并不能完全说明经济效率问题，相反，加入一些社会学的、政治学的分析却可以使经济问题得到更好的说明。这是因为经济活动不可能在真空中进行，而毕竟要在一定时代的社会中进行，受到那个时代各种社会关系的制约。"❷ 从社会学角度看，高校教师流动的动因源于经济、社会、科技、文化、教育发展的不平衡，尤其是高校教师自身发展的不平衡。高校教师流动就是各种高度社会化活动矛盾

---

❶ 官禄尧，王成军. 人力资源区域流动的经济学分析 [J]. 技术与创新管理，2010，31 (02)：176.
❷ 裴小革. 论国外劳动经济学中的人文因素 [J]. 经济研究，2000 (05)：43.

运动的必然结果。经济、社会、科学、文化、教育事业的快速和不平衡发展必然促使学术系统中人员的流动加剧,高校教师作为学术系统的一个个细胞,其流动必然促进社会结构的重新洗牌和重构,不断解构越来越固化的学术系统,从而促进学术系统更加具有活力。

②高校教师流动受社会资本的影响。"在社会学界,以往传统的地位获得研究均以出身(先赋性因素)和成就(自致性因素)分别作为自变量和因变量来考察某个群体地位获得的基本情况,并借此来分析整个社会流动的质性。"❶ 可以认为,先赋性因素是一种社会性因素。必须承认,"中国社会的求职先求人的特定现实;……在求职时,关系总量越大的求职者,越容易获得较高的职业地位。"❷ 学术人的流动亦不能幸免。既然学术活动受制于社会性因素的影响,那么学术人的职业流动也不能脱离各种社会资本的影响。显而易见的是,各种社会关系及其强弱程度都会对高校教师流动产生不同程度的影响。有时,一个人的社会资本对教师流动还可能有着决定性的影响,这是由于在现实中存在"完全关系渠道,即求职时未使用正式的渠道,完全通过社会关系获得职位。"❸ 由此,发挥社会资本的作用所带来的成本客观存在。

③高校教师流动受制于现实的社会结构和制度设计。高校教师流动不可避免受制于现有的社会结构和制度设计及其运行方式的影响。在知识经济时代,人才竞争越发激烈,尤其是拥有高知识存量的高校教师的竞争必然受制于社会结构的影响。社会不同的制度体系,如社会保险制度体系,人才发展制度体系及高等教育制度体系也深刻影响着高校教师流动。在现有的社会结构和制度设计下,地位是一种"资源",较高地位则属于稀缺资源,对稀缺资源的竞争永远是最激烈的。"所谓的地位获得过程实质上是人们对既有资源的动员和运用过程,当资源被动员和运用时,它便具备了资本的属性。"❹ 一旦动用社会资源,就是动用了资本,就要为之付出成本,高校教师流动也是如此。

---

❶ 宛恬伊. 大学生职业地位获得实证研究 [J]. 青年研究, 2005 (12): 24.
❷ 张云武. 关系规模、地位获得与交往取向 [J]. 浙江工商大学学报, 2011 (05): 82.
❸ 吴愈晓. 社会关系、初职获得方式与职业流动 [J]. 社会学研究, 2011: 130.
❹ 方长春. 地位获得的资本理论:转型社会分层过程的一个研究视角 [J]. 贵州社会科学, 2009 (10): 91.

7.2 高校教师流动的成本构成

根据经济学的解释,"成本是为达到一种目的而放弃另一种目的所牺牲的经济价值,或者说是为了取得物质资源所需付出的经济价值。"❶ 探讨高校教师流动成本构成可以从两个方面进行:一是它的类别,二是可以分解为哪些项目。

7.2.1 高校教师流动成本的类别

1)高校教师流动成本的界定

从不同角度考察高校教师流动的成本,其内涵是不一样的。个人及相应的组织直接涉及高校教师流动活动,是学术流动成本投入的主体。

从学术人角度进行考察,高校教师流动的成本是指以价值计量的方法反映发生在教师流动过程中、个人为获得预期的教师流动成就(表现为不同内容和程度的"地位获得"收益),对流动过程中所涉及的相关方、相关环节进行投资(主要是货币形式)而形成的以货币单位为表征的经济价值。

根据人力资本会计的理论与方法,可以选择多种方式来研究高校教师流动的成本问题。对于成本分类问题,如果选择一定的基准,就可以得到相应的分类结果。我们将高校教师流动成本分为两大类——直接成本和间接成本。

2)高校教师流动成本类别

高校教师流动的直接成本是指为通过教师流动获得较高地位,对流动过程中涉及的相关方、相关环节进行投资(主要是货币形式)而发生的可以用货币单位表征的直接费用,包括工资、福利、其他与流动相关的直接费用等方面的成本。①工资成本。工资成本属于相对固定的成本,主要包括基础性

---

❶ 许斌. 关于人力资源成本计量的探讨 [J]. 山西财经大学学报,2008,30(01):168.

工资、绩效工资及其他各种津贴等。②福利成本。福利成本属于相对固定的成本，主要包括：住房政策、免税政策、医疗保健政策、学术休假及其他相关的福利待遇。③其他与流动相关的直接费用。例如信息费、旅费，为适应新职业的生活环境、学术再造而付出的费用，以及动用社会资源——亲情、友情以及其他人情的费用。

参照人力资本的成本核算方法，高校教师流动直接成本可以运用"人力资产成本会计"❶的方式进行管理。

高校教师流动的间接成本是指在高校教师流动过程中所支付的管理费用及其他附加的难以进行具体预算的费用，例如，环境成本、选择成本等。①环境成本。环境成本属于相对变动的成本，主要包括获得新的教师职位而失去原学术组织的职位和氛围、原学术组织提供的技术设施与技术平台，交通保障，区域环境、人文环境等。②选择成本。选择成本是选择新的教师职位而发生的费用，例如，参加各种形式的招聘及其中的所有环节的费用，或者支付给职业中介的费用，以及体检的费用等。选择成本因人而异、因职位而异。一般来说，向外部流动比在内部流动的选择成本要高。此外，大多数情况下，较高层次教师的间接成本相对较低，这与环境成本和选择成本相对较低有关。

7.2.2 高校教师流动成本的项目

由于高校教师流动方式的多样性，其流动成本的组成也呈现多元化的特征。因此，要形成一套通用高校教师流动成本的项目并不是一件容易的事。但是，可以尝试借助一定的理论和相关的实践，从中总结出高校教师流动成本项目的主要构成。

高校教师流动直接成本的构成项目可以包括：①工资成本类项目，包括：基础工资，绩效工资，一般津贴，特殊津贴，各种奖金；②福利成本类项目，包括：住房福利，医疗保健福利，生活设施福利，带薪假期，税收减免；③其他成本类项目，包括：信息费，旅费，新生活安置费，学习与培训费，

---

❶ 徐方. 人力资源成本的全面描述 [J]. 农村金融研究，2003：12.

社会资源动用费。

高校教师流动间接成本的构成项目可以包括：①环境成本类项目：失去原组织提供的学术职位、人文氛围、技术设施与技术平台，交通保障条件；②选择成本类项目包括：招、应聘费，中介费，各类证明文件费。

这两类成本项目中的有一部分难以量化，具体计量过程比较困难。

7.2.3 高校教师流动成本的计量

明确高校教师流动成本的类别与项目之后，就要选择一定的计量方法，对高校教师流动而发生的成本进行计量，只有在计量基础上才能进一步开展"成本—收益"的定量分析。

高校教师流动受制于教师所能调动的各种类型的资源及其总量，这些资源包括经济资源、社会资源、文化资源等。"当资源被动员和运用时，它便具备了资本的属性。"并且，它们被动员、被运用是需要成本的。在开展高校教师流动成本的计量时必须考虑这些资源被动员、被运用所产生的成本效应。然而，通过进一步定量分析可以看到，在高校教师流动成本计量时，只有"经济资源是可以用货币进行度量的物质性资源，是各种资源中最基本、最重要、也最具通约性的资源。"[1] 其他资源在以货币为单位作度量时存在一定困难和模糊性。当然，当它们被动用、被运用而花费的投入可以被折算为相应的货币当量时，则可以被计量为相应的成本。根据对人力资源计量属性的研究，"人力资源能够用货币进行计量。"[2]

本研究在进行高校教师流动成本计量时，主要涉及这部分"可以用货币进行度量的物质性资源"，并且认为这是高校教师流动成本计量的基础。

高校教师流动成本计量，首先需要明确的是哪些项目能够被计量，其次是计量的单位。高校教师流动成本计量的具体内容是：高校教师流动直接成本的构成项目和间接成本的构成项目中能够以货币计量的部分，计量单位即

---

[1] 方长春. 地位获得的资本理论：转型社会分层过程的一个研究视角 [J]. 贵州社会科学，2009 (10)：90，91.

[2] 李华. 关于人力资源会计的确认与计量 [J]. 财税论坛，2011：134.

货币单位。

高校教师流动直接成本的一般计量内容包括：①工资类内容：岗位工资，薪级工资，绩效工资，一般津贴，特殊津贴，奖金；②福利类内容：住房福利，医疗保健福利，税收减免；③其他类内容：信息费，旅费，安家费，家属安置费，培训费，社会资源动用费。

这些一般计量内容构成一个比较详细的成本体系。在高校教师的流动过程中，实际产生的直接成本需要计量的一般内容是不同的，有的涉及的一般内容多一些，有的则少一些。高校教师流动的直接成本就是这些在流动中涉及的一般计量内容之和，即在计量上，假设高校教师流动的直接成本为$f_1(x_i)$，高校教师流动直接成本的一般计量内容为x_i，则：

$$f_1(x_i) = \sum x_i \qquad (i=1, 2, 3) \qquad (7-1)$$

其中：x_1为工资类计量内容；

x_2为福利类计量内容；

x_3为其他类计量内容。

高校教师流动间接成本的一般计量内容包括：①环境类内容：交通保障条件；②选择类内容：招、应聘费，中介费，各类证明文件费；③其他类内容：在具体流动时发生的相应的费用，包括风险成本等。

在间接成本中，能够以货币计量的一般内容较少。此外，由于间接成本的构成远比直接成本复杂，故而设置"其他类内容"作为实际流动成本计量时的补充。高校教师流动的间接成本就是这些在流动中涉及的一般计量内容之和。假设高校教师流动的间接成本为$f_2(x_i)$，高校教师流动间接成本的一般计量内容为x_i，则：

$$f_2(x_i) = \sum x_i \qquad (i=4, 5, 6) \qquad (7-2)$$

其中：x_4为环境类计量内容；

x_5为选择类计量内容；

x_6为其他类计量内容。

第7章 高校教师流动的效益模型

根据上述讨论，高校教师流动成本即为其直接成本 $f_1(x_i)$ 与间接成本 $f_2(x_i)$ 之和：

$$f(x_i) = \sum f_n(x_i) \quad \begin{matrix}(n=1,\ i=1,\ 2,\ 3)\\(n=2,\ i=4,\ 5,\ 6)\end{matrix} \quad (7-3)$$

其中：f_1 为高校教师流动的直接成本；

f_2 为高校教师流动的间接成本。

高校教师流动的实质是人力资本的流动，其间发生的"成本—收益"可以参照人力资本会计的原理与方法。因此，借鉴人力资本会计的方法，结合高校教师流动的具体情况，探讨高校教师流动成本的计量方法。现行的人力资源会计方法主要有历史成本法、重置成本法以及机会成本法。

①历史成本法。历史成本是指取得某项资产时所实际支付的现金（或其他等价物的金额）。历史成本法是"以人力资源的取得、开发、安置、遣散等实际成本支出为依据，并将其资本化的计价方法。历史成本法操作简便，数据确凿，具有客观性和可验证性。"❶ 如果采纳这一方法计量高校教师流动的成本，那么就是计量在高校教师流动过程中实际直接与间接支出的全部费用。在高校教师流动中运用这一方法的局限在于，高校教师流动中实际支出的直接与间接费用分布于不同历史时期，而不同时期价格指数的差异使之缺乏一定的可比性。

②重置成本法。重置成本是指按照现时的市场行情，重新取得同样一项资产所需支付的现金（或其他等价物的金额）。重置成本法是"在当前的物价条件下，对重置目前正在使用的人员所需成本进行计量的计价方法。"❷ 如果以这一方法计量高校教师流动的成本，那么就是以当前价格"重置"计量在高校教师流动中实际已经支出的直接与间接费用，而忽略这些费用支出的历史实际价格差异。与历史成本法相比，虽然不会因不同时期价格指数的差异而缺乏一定的可比性，但不同历史时期的价格一律按现时价格换算则存在

---

❶❷ 李华. 关于人力资源会计的确认与计量 [J]. 财税论坛，2011：136.

困难。

③机会成本法。机会成本是指在决策过程中,因选择一种而放弃另一选择所失去的现实利益(或其他潜在的利益)。机会成本法是"以企业员工离职使企业蒙受的经济损失为依据进行计量的计价方法。"❶ 如果以这一方法计量高校教师流动的成本,那么就是以当前价格计量在高校教师流动中已经付出的全部费用。与历史成本法与重置成本法相比,这一方法运用的困难在核算机会成本实际经济价值的工作量较大。

从以上探讨中,可以看到三种计量方法都存在局限性。历史成本法可比性较差,重置成本法比较主观,机会成本法介于两者之间。在尚无更合适的计量方法的情况下,使用重置成本法计量高校教师流动的成本更合适一些。至于存在的困难,可以尝试在具体核算时建立统一的价格换算尺度来解决。

7.3 高校教师流动的收益分析

高校教师流动可以产生收益。高校教师流动的收益分析是对发生在高校教师流动过程中,因先期成本投入而获得的预期回报及其价值进行的结构性确认和计量。高校教师流动的收益分析可以为流出与流入组织,为流动个体的行为提供决策依据。

7.3.1 高校教师流动收益实现的条件分析

所谓收益是广义的,它不仅包括工资、奖金、津贴等直接经济收益,而且还包括住房、医疗及其他福利待遇等间接经济收益。在经济活动中,收益与成本相关,但这种相关性又是比较复杂的,也是非线性相关的,即为有条件的非线性相关。我们尝试从先决条件、必要条件、充分条件三个方面对高校教师流动收益的实现条件进行分析。

---

❶ 李华. 关于人力资源会计的确认与计量 [J]. 财税论坛, 2011: 136.

1) 高校教师流动收益实现的先决条件

高校教师流动收益的实现有一个先决条件，就是只有当地位获得驱动的预期收益至少等于先期投入的成本时，教师才会产生流动意愿，并且对其进行必要的投入。缺乏这一条件，高校教师流动行为通常是不会发生的。因此，本文将这一条件称为高校教师流动收益实现的先决条件。有学者认为，"当一个人在决定是否离开原工作单位到其他单位就职时，需要考虑的就是：自己到其他单位就职所得到的收益是否比留在原单位中所得到的收益高。"❶ 也有学者认为，"微观经济因素是人力资源流动的原始因素，也是人力资源是否流动的先决条件。"❷

高校教师流动收益实现的这一先决条件是否具备，主要是通过对高校教师流动能否实现预期收益的测算、权衡与决策等决定的，即认为收益是"可预期的、值得的"的心理确认。个人的相对经济地位、经济利益是影响高校教师流动的重要因素，如果流动前后相对经济地位没有上升（或者上升不显著），经济利益没有提高（或者提高不显著），那么这种流动就不会发生（或者不一定会发生）。一般而言，只有当收益在心理上被认为是可预期的、值得的，高校教师流动行为才会发生。

2) 高校教师流动收益实现的必要条件

经济学有一条基本原则，即"谁受益，谁投资"。但是，经济活动中"谁投资，谁不一定受益"的情况比比皆是。如果以必要条件的规则作为判据，即：假设 A 是条件，B 是结论，由 A 不可以推出 B，由 B 可以推出 A，则 A 是 B 的必要条件而非充分条件。那么，可知投入 A（成本）是收益 B 的必要条件，而非充分条件或充要条件。据此，必需的先期投入（成本）是高校教师流动预期收益的必要条件，即：在一定的地位获得目标的规制和驱动下，要想实现地位获得及高校教师流动预期的收益，高校教师流动需要投入一定

---

❶ 郭广迪，程芳. 人才流动的机会成本分析 [J]. 科技进步与对策，2002：93.
❷ 官禄尧，王成军. 人力资源区域流动的经济学分析 [J]. 技术与创新管理，2010, 31 (02)：176.

的成本。

投入成本并非一定能获得高校教师流动的收益，但投入又是必须的和必要的。通过高校教师流动实现的地位获得，还与其他因素相关，例如机遇、流动者个人及社会资源等。因此，成本投入只是高校教师收益实现的必要条件，即高校教师流动预期收益的实现，必须要有相应成本的投入；但投入一定的成本并非一定能实现预期的收益，预期收益的实现还受制于其他的因素和条件。

3) 高校教师流动收益实现的充分条件

高校教师流动的实践表明，不存在使高校教师流动收益必然实现的条件。这也是迄今为止，高校教师流动收益实现并非是必然的或者当然的根本原因。高校教师流动是存在风险的。反之，如果存在这样一种充分条件，那么高校教师流动收益就可以没有风险。因为，如果有这样一个充分条件，那么人们完全可以通过努力去建立这一条件，使高校教师流动的收益必定实现，而事实是风险依然存在。

总之，高校教师流动收益的实现有先决条件和必要条件，但找不到充分条件（或者无法建立这一条件）。由于条件的不完备性，学术人必须面对高校教师流动及其收益实现的风险。

7.3.2 高校教师流动收益构成的分析

高校教师流动收益是指流动成本带来的回报。为了与高校教师流动成本分析相一致，对高校教师流动收益的分析主要包括两个方面，一是它的类别，二是可以分解的项目。

1) 高校教师流动收益的类别

从不同角度（例如用人单位、社会、个人等角度）考察高校教师流动收益，定义是不同的。个人、相应的组织直接涉及高校教师流动过程，是高校教师流动收益的主体。

从学术人角度进行考察，高校教师流动收益是指在高校教师流动过程中实现地位获得之后而使个人获得的经济价值回报。高校教师流动的收益表现为不同程度的"地位获得"收益及其相应的经济价值回报。

根据高校教师流动的本质属性，以及"成本—收益"博弈规则，本研究假定人力资本会计的理论与方法对高校教师流动收益分析同样是适用的。

根据人力资本会计的理论与方法，以及"成本—收益"之间的对应关系，我们将收益分为两大类——直接收益和间接收益。

高校教师流动的直接收益是指教师进入新的单位后，与原单位相比，薪酬水平得到提高，福利待遇得到提升，地位得到提高等方面的具体表现。包括：①薪酬收益。薪酬收益属于相对固定的收益，主要包括教师到新的单位后获得的基础性工资、绩效工资、奖金及其他各种津贴；②福利收益。福利收益亦属于相对固定的收益，主要包括：教师到新的单位后获得的一些优惠政策和福利待遇，例如住房、免税、医疗保健、休假及其他相关的待遇等；③其他收益。这些收益包括新单位可能承诺的进修、培训的机会，地位获得提高后的其他相关收益。

与高校教师流动直接成本的核算对应，高校教师流动直接收益可以参照"人力资产成本会计"的方式进行管理。

高校教师流动的间接收益指教师到新的单位后获得的非直接的经济性效用，如改善的工作与生活环境，建立团队或实验室，给予了科研启动，或给予人才头衔，以提高能力水平、实现个人价值、激发个人潜能等。间接收益包括：①环境收益。环境收益属主观感受型收益，主要包括教师获得的组织职位，新组织提供的优越的技术设施与实验平台，以及交通保障条件，区域环境、学科环境、人文环境等；②其他收益。即在新的职位上所得到的物质利益之外的精神利益、学术影响、地位感等。

与高校教师流动间接成本的核算对应，高校教师流动间接收益也可以参照"人事管理成本会计"的方式进行核算。

2) 高校教师流动收益的项目

虽然高校教师流动的具体收益项目是多元化的，归纳出完整的高校教师流动收益的项目有难度。但是，可以借鉴一定的理论研究成果和相关的经验，利用"成本—收益"间存在的某种对应关系，总结出高校教师流动收益构成的项目。

高校教师流动直接收益构成项目包括：①薪酬收益类项目：基础工资，绩效工资，一般津贴，特殊津贴，各种奖金；②福利收益类项目：住房福利，医疗保健福利，生活设施福利，带薪假期，税收减免；③其他收益类项目：旅费，新生活安置费，学习与培训费。

高校教师流动间接收益构成项目包括：①环境收益类项目：新的学术职位、人文氛围、技术设施与实验平台、交通保障条件；②其他收益类项目：精神利益、学术影响、地位感、其他配套资源（学术研究启动费）等。

需要指出的是，这两类收益项目中有些难以量化，若要进行科学计量，还存在一定困难。

7.3.3 高校教师流动收益的计量

确认高校教师流动收益的类别与项目之后，就要选择一定的计量方法，将高校教师流动而实现的收益数量化，以便于作进一步的"成本—收益"定量分析。

1）高校教师流动收益计量的基础

计量收益要比计量成本困难得多，这是由于"除了可用货币计量的经济收益之外，人力资源投资还会带来一些难以用货币形式衡量的无形收益"。[1] 计量成本的标准可以用货币作计量单位，但收益却是多种多样的，有时还要用专门的标准作计量单位。高校教师流动收益的计量有其特殊之处，即部分可以用货币计量，而部分则不可以。为了与高校教师流动成本计量相对应，本文仅探讨可以用货币进行计量的部分。按照高校教师流动收益的特点及其与成本的对应关系，以及计量的基本规则，将高校教师流动收益计量的基础

---

[1] 何薇. 人力资源的新投资回报率——无形收益 [J]. 科教导刊，2010：87.

确定为"可以用货币进行度量的经济收益"。

2）高校教师流动收益的一般计量内容

高校教师流动直接收益的一般计量内容包括：①薪酬类内容：基础工资，绩效工资，一般津贴，特殊津贴，各种奖金；②福利类内容：住房福利，医疗保健福利，生活设施福利，带薪假期，税收减免；③其他类内容：旅费，安家费，家属安置费，培训费。

这些一般计量内容构成一个比较完备的体系。在具体的流动中，实际产生的直接收益计量涉及的一般内容有的多一些，有的则少一些。高校教师流动的直接收益是流动中涉及的一般计量内容的代数和，即假设高校教师流动的直接收益为 $F_1(X_I)$，高校教师流动直接收益的一般计量内容为 X_I，则：

$$F_1(X_I) = \sum X_I \qquad (I=1, 2, 3) \qquad (7-4)$$

其中：X_1 为薪酬类计量内容；

X_2 为福利类计量内容；

X_3 为其他类计量内容。

高校教师流动间接收益的一般计量内容包括：（1）环境类内容：交通保障条件；（2）其他类内容：学术、科学研究启动费等。

在间接收益中，能够以货币计量的一般内容较少。此外，由于间接收益的构成和对其考察远比直接收益要松散和复杂，在探讨时可能会有遗漏，故而仍设置"其他类内容"作为实际计量时的补充。高校教师流动的间接收益就是在流动中涉及的一般计量内容的代数和，即假设高校教师流动的间接收益为 $F_2(X_I)$，高校教师流动间接收益的一般计量内容为 X_I，则：

$$F_2(X_I) = \sum X_I \qquad (I=4, 5) \qquad (7-5)$$

其中：X_4 为环境类计量内容；

X_5 为其他类计量内容。

根据上述讨论，高校教师流动收益即为其直接收益 $F_1(X_I)$ 与间接成本

收益 $F_2(X_I)$ 的代数和，即：

$$F(X_I) = \sum F_N(X_I) \quad \begin{matrix}(N=1, I=1, 2, 3)\\(N=2, I=4, 5)\end{matrix} \quad (7-6)$$

其中：$F_1(X_I)$ 为高校教师流动的直接收益；

$F_2(X_I)$ 为高校教师流动的间接收益。

3) 高校教师流动收益计量的方法

由于目前尚无公认和规范的高校教师流动收益计量的具体方法与成本计量的一致性要求。本研究认为，高校教师流动的收益计量同样可以参照人力资本会计的原理以及计量的方法进行探讨。

现行的人力资源会计方法主要有历史成本法、重置成本法和机会成本法。本文在探讨高校教师流动成本时已分析了这三种方法的有效性和局限性。相比之下，使用重置成本法计量高校教师流动的收益更有价值，但同时应注明是收益计量，而非成本计量。这样计量方法的选择也是"统计与会计核算口径"一致性的要求，有利于进一步进行"成本—收益"的分析。

7.4 高校教师流动效益模型及其解释

探讨地位获得驱动下的高校教师流动是否达到预期目的，不能单独以收益的多少，或者成本的多少来衡量，而是要进行"成本—收益"分析，其核心是通过收益与成本之间的定量关系——效益及其模型来衡量。

7.4.1 高校教师流动"成本—收益"分析的意义

"成本—收益"分析是经济学中的重要方法，是对成本和收益的综合比较。对地位获得驱动下的高校教师流动进行"成本—收益"分析是有必要的。"通过成本与收益的分析，探讨高校人力资源合理流动的体制与机制，有利于

第7章 高校教师流动的效益模型

提高高校人力资源流动的效益。"❶

①可以为地位获得驱动下的高校教师流动提供更加科学的决策方案。"劳动力的主体是作为生命有机体的个人,有其特有的生命周期和开发利用的有效性。"❷ 地位获得驱动下高校教师流动属于劳动力主体的流动,也须遵循这一规律,即慎重考虑教师流动过程中不可超越的时效性和实效性制约,才能找到在有限周期内选择更有利于地位提升的流动方案。"成本—收益"分析属于综合比较的分析方法,这种方法的特点是权衡多种可能性,最终为教师提供最佳的流动方案,以保证高校教师在流动过程中获得尽可能大的收益。如果某一方案近期是可取的,但长期来看新学术职位有可能存在制约学术人发挥自身人力资本的因素,就可能导致未来收益的下降,那么这一方案就缺乏长远实效性。此外,成本收益决策方案还能对地位获得驱动下高校教师流动进行可行性评估。

②可以用于判断地位获得驱动下高校教师流动的成功度。判断地位获得驱动下高校教师流动成功度的标准并不是唯一的,而是以多种标准进行综合比较和评价"成本—收益"的结果。通过比较各种方案所涉及的所有成本和收益,有利于以广阔的视野、长远的思路和清晰的眼光,以及收益较之成本的"相对优势"来评估其成功度。例如,为实现地位获得的成功,除了比较原职业地位之外,还要比较新职业的相对地位是否得到提高;除了要考虑成本、收益的数量问题,还要考虑成本、收益的质量问题;除了要考虑现实的收益,还要预测潜在的收益。

③可以将地位获得驱动下高校教师流动所涉及的全部成本与收益进行计量与评价。"成本—收益"分析本身就是一种定量分析方法,它包含对全部成本、收益的计量。这种方法要求在计量过程中鉴定影响成本、收益的因素有哪些,分析哪些因素对成本、收益产生更显著的影响,有利于了解成本、收益形成的微观机理。

④可以作为地位获得驱动下高校教师流动效益模型建构的依据。探讨与

---

❶ 徐挺. 高校人力资源流动成本收益分析 [J]. 石油教育,2009:107.
❷ 张莹玉. 经济发展与人力资源配置 [M]. 上海:立信会计出版社,2006:57.

建构成本效益模型的目的是为了更加准确地把握"成本—收益"的定量关系，可以综合反映成本与收益的绝对和相对关系。分析效益问题需要成本、收益这两个基本参量及其对内在关系的把握，再建构一个成本效益的模型。"成本—收益"分析能够充分了解两者的数量与关系，从而为成本效益模型的建构提供依据。

7.4.2 高校教师流动成本与收益的相关性

①从地位获得的预期看，高校教师流动的收益必须能够补偿其相应的成本。从经济方面看，就是以货币计量的收益必须超过一定的阈值才可能是地位获得驱动下的高校教师流动。

②收益与成本呈现出一种非线性的关系。从计量上看，当成本一定时，收益可能有三种情况——高于、等于或者低于成本。这是由于不同的学术组织，或者不同的职位在薪酬、福利、养老等方面存在差异，也会因学术组织所处地区的经济差异导致，并且还会受到人才政策的影响。这些因素或单独、或叠加地产生影响，使得收益与成本的定量关系复杂且多变，无法维持简单的线性关系。把握两者之间定量关系存在难度，因此，两者更多呈现出来的是一种"博弈"的关系。

③学术人自身素质与流动收益成正相关关系。通常学术人的素质越高，学术专长越突出，因流动所发生的成本也相对较低而收益更高。这是由于高端学术人力资源在学术劳动力市场中相对稀缺的缘故。在成本一定的情况下，收益会受学术人个人工作年限、经验、能力、水平、贡献、学术潜力、性别、健康等方面的影响。

④高校教师流动频繁程度与流动收益相关度高。"职业流动次数与收入之间的关系是非线性的，而是倒'U形'关系模式，即换工作到达一定次数之后，其正面效应将逐渐递减。"[1] 因此，假如成本一定，过于频繁的高校教师流动并不能提高收益，反而使收益降低，进而在经济收益方面背离地位获得

---

[1] 吴愈晓. 劳动力市场分割、职业流动与城市劳动者经济地位获得的二元路径模式 [J]. 中国社会科学，2011（01）：125.

的预期。

7.4.3　高校教师流动的效益模型

效益是关于成本、收益的综合概念，其包含效果、效率和利益等方面的内涵。什么是模型呢？"当一个数学结构作为某个形式语言（即包括常符号、函数符号、谓词符号的符号集合）的解释时，称为模型。"❶ 成本与收益之间具有一定的定量关系，即保持有一定的数学结构，这一数学结构能够用一定的函数符号进行表征。因此，在对地位获得驱动下的高校教师流动"成本—收益"进行分析时，可以尝试用函数符号建构相应的效益模型，对地位获得驱动下的高校教师流动效益进行更加科学的定量解释。

1)"成本—收益"分析的一般方法

在计量的基础上，可以对成本、收益进行定量分析。有四种方法可选择：①将收益减去成本，得出净收益，这种方法适用于收益和成本都能用货币单位计量的情况。②将收益除以成本，得出每一单位成本的收益比率。③将成本除以收益，得出每一单位收益的成本比率。④将收益减去成本之差再除以成本，得到净收益率。

以货币为计量单位，第一种和第四种方法较之其他两法更适合于"成本—收益"分析。综合运用这两种方法可以从绝对、相对两个层面得到关于"成本—收益"的定量分析结果，并且以此两种方法为基础，可以用函数符号建构高校教师流动的效益模型。

2) 高校教师流动效益模型及其解释

高校教师流动效益模型由两部分构成，一是基于效果考虑的绝对效益模型；二是基于效率考虑的相对效益模型。

基于效果的考虑，以上述第一种方法为基础，可以建构高校教师流动的

---

❶ 辞海编辑委员会. 辞海 [M]. 上海：上海辞书出版社，1980：1320.

绝对效益模型。设高校教师流动的绝对收益为 C，则：

$$C = F(X_I) - f(x_i) \qquad (7\text{-}7)$$

基于效率的考虑，以上述第四种方法为基础，可以建构高校教师流动的相对效益模型。设高校教师流动的相对收益为 D，则：

$$D = \frac{F(X_I) - f(x_i)}{f(x_i)} \qquad (7\text{-}8)$$

综合两式得到高校教师流动的效益模型，即：

$$\begin{aligned} C &= F(X_I) - f(x_i) \\ D &= \frac{F(X_I) - f(x_i)}{f(x_i)} \end{aligned} \qquad (7\text{-}9)$$

3）高校教师流动中效益模型的机理

机理即机制，是指事物运行关系的原理。"地位获得研究的实质，就是探讨影响个人社会经济成就的有关因素，……依据这种理解，只要是探讨社会经济成就因果机制的研究就可视为地位获得研究。"[1] 分析高校教师流动效益模型的机理，实质是通过经济效益模型的机理分析来研究地位获得。

一般来讲，选择预期的收益高于全部成本，这是人类理性行为所遵循的基本法则。根据这一法则，高校教师流动绝对效益模型的机理可以分为三种情况：

①$C>0$ 净收益大于零，可能发生高校教师流动；
②$C=0$ 净收益等于零，发生高校教师流动的可能性小；
③$C<0$ 净收益小于零，可能不会发生高校教师流动。

任何人力资源的流动"……总是在进行着收益和成本的权衡，只有当由

---

[1] 邓建伟. 论地位获得研究 [J]. 宁夏党校学报，2001，3（06）：57.

此产生的收益大于必须付出的成本时,人力资源的流动才有可能发生,否则大都会选择维持现状。"❶ 高校教师作为一种经济导向的流动亦如此。

同理,基于效益的考虑,高校教师流动相对效益模型也可以分为三种情况:

①$D>0$ 收益率大于零,可能会发生高校教师流动;

②$D=0$ 收益率等于零,发生高校教师流动的可能性小;

③$D<0$ 收益率小于零,可能不会发生高校教师流动。

粗略地看,两个模型描述的机理似乎相似。但是,在高校教师实际流动中还有很多需要具体考虑的问题,涉及学术、家庭生活、学校声誉及学科平台等多个方面,而这些不是模型可以描述的。正如有的学者认为的那样,"在效益率相差不大的情况下,不一定非选用效益率较高的那个方案。效益率相差10%~20%的方案并不足以说明它们之间的优劣所在。"❷ 由于高校教师流动依据的数据复杂多样,获取方法的不准确性必然导致成本收益模型与计量并不完全反映高层次人才流动的必然选择。因而,不仅需要对效益进行绝对分析,还应与其他影响要素整合进行相对分析。

4)高校教师流动效益模型的评价

高校教师流动效益模型的评价是对高校教师流动效益模型的合理性、有效性和局限性等方面进行的价值判断。

高校教师流动效益模型合理性主要表现在以下几个方面:

第一,地位获得驱动下的高校教师流动不是单纯的职业流动,它"重点考虑的是获得的地位,而不是求职是否成功。"❸ 如果求职成功,那么可以进一步做这样的考虑,即"职业是个人与社会的连接点,一个人的社会地位、政治地位和经济地位都能通过职业反映出来,它能在很大程度上表明一个人

---

❶ 徐挺. 高校人力资源流动成本收益分析 [J]. 石油教育,2009:104.
❷ 曲恒昌,等. 西方教育经济学研究 [M]. 北京:北京师范大学出版社,2000:165.
❸ 林南. 社会网络与地位获得 [J]. 马克思主义与现实,2003(02):47.

占有的社会、政治和经济资源状况。"❶ 再假如，个人占有的社会、政治、经济资源状况的改善——通过效益的增加——表征职业的改善，间接表征为地位获得（地位的提高往往与资源占有的能力相联系）。

第二，无论是绝对效益，还是相对效益都主张效益大于零的高校教师流动是可取的，这一模型能够反映地位获得驱动下的高校教师流动的价值取向。因此，这一模型机理及其相应的界定是合理的。

第三，它主张以能够货币化的经济资源作为计量的基础，这样就使得定量分析成为可能，并且可以在一种定量标准下对地位获得驱动下的高校教师流动进行定量层面的比较分析。通过一定的理想化方式，简化复杂的效益分析。

高校教师流动效益模型的有效性主要体现在以下几点：

第一，从效用上讲，高校教师流动与人力资源流动的内涵相近。因而，许多关于人力资源的研究观点与结论对研究高校教师流动问题有启示。"人力资源的成本构成比较复杂，在理论上还没有找到一种比较完善的、被会计界广泛认同的计量模式来指导会计实务中人力资源成本的计量。"❷ 收益的构成则更加复杂。为了便于计量、分析和比较，高校教师流动效益模型对此作了适当的理想化处理，其模型只涉及能被用货币计量的物质性资源部分。

第二，在这样的设定下，高校教师流动效益模型考虑了所有可能的成本与收益，列出特定的成本、收益的类别、项目与算法。操作上更具实效性，并且可以引入与人力资源会计相关的方法进行定量核算。

第三，高校教师流动效益模型根据时效性要求，设定应以现价及相应的折算为准，以便在确定的时间段内客观地、统一口径地进行相应的效益分析。

由于高校教师流动成本与收益构成的复杂性、高校教师流动效益模型建构适度理想化虽然是必要的，但是此模型也存在一定的局限性，主要体现为以下几个方面：

---

❶ 冯华. 网络、关系与中国的社会地位获得模式 [J]. 广西社会科学，2004（01）：155.
❷ 许斌. 关于人力资源成本计量的探讨 [J]. 山西财经大学学报，2008，30（01）：168.

第一，由于较多考虑可计量性要求，该模型在考虑能用货币计量的物质性资源的时候，难免遗漏那些在技术上难以用货币进行计量的物质性资源，导致计量分析缺乏准确性。

第二，高校教师流动效益模型仅仅是从定量的角度进行粗略性描述，而缺乏定性方面的成本与收益考量，例如学术声望、学科平台、人际关系、精神、环境与文化等方面，计量上存在困难，但又具有影响高校教师流动行为效用，因此，此模型只是一种"有限效益模型"。

第三，由于成本是已经发生的，具有"有限期"的属性，而收益则是预期的、未来的，具有"无限期"的属性。因此，为了统一进行比较，就有必要统一基准：该模型计量的成本假设（例如薪酬，福利等）是最近一年内的，而收益（例如薪酬，福利等）则假设是未来一年内的，那些无法以年计的（例如住房条件，医疗条件等）则以"一次"方式计入。这样一来，对全部成本、收益的类别及项目就会出现多种基准的"单位"成本及"单位"收益，具有一定的不一致性。虽然假设这些对高校教师流动效益分析不存在根本性的影响，但是这种不一致性对流动效益分析还是有影响的。

第四，高校教师流动效益模型是定量模型，难以进行定性分析。虽然这一模型能够做有限意义的定量分析，但却难以进行定性分析，即在高校教师流动效益分析上是可行的，但是在流动效益质量却是"无能为力"的。在具体的高校教师流动实践中，科学的决策还必须配合必要的定性分析，即以定性与定量相结合的方式才能更加全面分析其"成本"和"收益"。该模型在高校教师流动效益的定性分析方面，例如社会效益、学术效益、文化效益等是有缺陷的。这部分定性效益（或者效益质量）可以通过自我评估的方式进行分析。

7.4.4 对高校教师流动效益模型的解释

本研究认为"地位获得"是高校教师流动的一个主要动因，尝试运用经济学、管理学及社会学的理论与方法，探讨、分析这一维度的动因如何促进高校教师流动，以及地位获得驱动下的高校教师流动能够产生哪些效应，尤其是怎么计量与分析其中的经济效应。本研究认为，（1）地位获得是高校教师流动的重要动因。地位获得驱动下的高校教师流动，主要是通过学术职位提升、学术权力增强、经济收入增长以及学术声望提高的形式表达，其所体现的是通过高校教师流动价值来呈现地位获得。这种方式实际上也表征了高校教师流动的效益：高校教师流动个体的成本通过收益得到补偿，成本与收益之间可以定量地加以测算与衡量，进而为流动的决策提供依据。（2）对高校教师流动进行经济学分析，选择"成本—效益"的分析模式是可行的。根据这一基本的分析结构，尝试研究了以下几个问题：基于地位获得的高校教师流动的成本与效益是如何产生的？各自有怎样的构成？能否计量以及如何计量，二者的相关性如何？

高校教师流动需要成本，成本产生有内、外部两种原因。内部原因来自个人对经济利益的预期、对个人已有素质养成的投入、个人职业变更的必然要求，以及微观经济因素对高校教师家庭的心理影响。外部原因来自于社会，受社会因素的影响与社会制度的制约。

根据人力资本会计的理论与方法，可以将高校教师流动的成本分为直接成本和间接成本。直接成本由工资、福利及其他直接费用构成，可以运用"人力资源成本会计"的方式进行分类；间接成本由环境、选择费用构成，也可以运用"人力资源成本会计"的方式进行分类。两者都可以细分为相应的项目来进行分析、计量，这些项目的计量基础是它们能够被货币化。

在方法上，可以选择历史成本法，重置成本法，机会成本法对这两类成本进行计量。三种计量方法都存在其局限性。历史成本法可比性较差，重置成本法比较主观，机会成本法介于两者之间。权衡之下，在尚无更合适的计量方法的情况下，使用重置成本法计量高校教师流动成本更合适，运用这一方法可以在统一的现价基础上进行相应的比较分析。

高校教师流动可以产生收益，这种收益能通过直接收益和间接收益进行分析。直接收益包括"工资、福利、其他"三类，间接收益包括"环境、其他"两类，每一类都有相应的计量内容。高校教师流动的收益分析是对发生在高校教师流动过程中、因先期成本投入而获得的预期回报及其价值进行的结构性确认和计量。高校教师流动收益的实现是有条件的，这些条件包括：先决条件与必要条件。由于条件的不完备性，高校教师必须面对流动及其收益实现的风险。根据"成本—收益"分析范式的基本结构，高校教师流动的直接收益是教师进入新的学术单位后，与原单位相比，薪酬水平得到提高、生活及工作环境得到改善、福利待遇得到提升、地位得到提高等部分；间接收益则是教师到新的学术单位后获得较原单位所提高的非直接的经济性效用，如改善的工作与生活环境、能力水平的提高、个人价值的实现、个人潜能得到激发等部分。

第8章

高校教师流动的社会融入

2017年,我国留学人员回国人数较上一年增长了11.19%,达到48.09万人。然而,2017年中国与全球化智库(CCG)发布的"中国海归就业与创业报告"显示,仅有32.7%的海归能较快地融入社会,54.4%是渐渐地融入,而12.9%则一直很难融入。2016年,在由上海财经大学经济学院及高等研究院主办的中国教育改革校院长交流研讨会上,全国多所高校的校长都谈到了"高校花大力气引进的海归人才,却因不适应国内环境,出现'水土不服'"的现象。重庆邮电大学龚克博士黯然辞职、中国国家"千人计划"专家管敏鑫教授被浙江大学解除该校生命科学学院院长职务等事件在媒体报道中并非个案。由此看来,社会融入已经成为制约高校人才工作的因素,也成为影响高校流动教师的关键要素。

学校综合实力的竞争说到底是人才竞争。教师是高等学校最重要的资源,也是决定高校核心竞争力的最主要因素。[1] 当前,高校教师流动的数量、结构、流向和群体利益诉求都在发生深刻的变化。高校流动教师作为社会分工领域的特定群体,具有其特殊性。流动让高校教师进入一种新的学术环境和新的社会关系之中,带来的是自身角色在新环境中的融入困难——因教育理念、教学管理、教学环境等差异而导致的不适应问题;因科研团队、科研条

---

[1] 吴伟伟. 高等学校教师流动管制与师资配置效率 [J]. 高教探索, 2017 (06): 110-113.

件、科研氛围和科研管理等差异产生的科研不适应问题；因领导、同事、学生等变化而产生的人际不适应问题；因人际关系、工作变化等导致的自我认识问题；以及因不同流动动机带来的流动诉求实现等问题。事实上，高校教师无序流动的一个突出特点是社会融入困难："水土不服"、难以被接纳、很难融入新的学术环境……高校教师流动过程中的社会融入问题不仅关系到高校流动教师群体的个体发展前景，还将直接影响高等学校发展的未来和高等教育的和谐稳定。因此，有效地促进高校教师流动过程中的社会融入，不仅是回应现实之需，而且具有重要的理论价值。

8.1 高校教师流动的社会融入：内涵与要素

社会融入是从业者在职业生涯初始阶段或转折阶段需要面临的普遍问题，是从业者走上工作岗位或到新的工作岗位后，在一定时期内逐步了解和熟悉工作的环境以及发展新的人际关系的一系列过程。❶ 以往谈论的社会融入这个概念主要局限于农民工等弱势流动群体，对于高校教师的流动，人才流动的社会融入关注较少。

8.1.1 高校教师流动及其社会融入：概念框架

社会流动是个体或群体在分层社会中的运动，表现为社会成员在社会关系的空间中从一个社会位置向另一个社会位置的移动。❷ 高校教师流动是一种职业流动，是社会流动的一种表现。高校教师流动，可理解为高校教师在地区间、行业系统间或系统内不同单位、不同岗位间发生的职业流动现象。❸ 由于垂直流动的高校教师对本身的工作院校已有了解，因而其融入程度高于水

---

❶ 郭黎岩，李淼. 中小学流动教师的职业适应与社会支持关系研究 [J]. 教师教育研究，2010，22（03）：56-60.

❷ 许长青. 新常态下的教师流动与合理配置：基于劳动力市场的分析框架 [J]. 现代教育管理，2016（07）：74-81.

❸ 蒋国河. 改革开放以来的中国高校教师流动 [J]. 河北师范大学学报（教育科学版），2010，12（02）：9-14.

平流动的高校教师。此类流动者的融入不在本研究探讨范围之内，本研究重点关注高校教师水平流动的社会融入。

已有的研究根据流动表现[1]、流动原因[2]、流动途径[3]、流动方向及流动范围[4]等不同的标准，将高校教师流动分为不同的类型，如有序流动和无序流动，结构性迁徙和制度性迁徙，水平流动和垂直流动，系统内流动和系统外流动等。虽然高校教师流动有着不同的利益诉求，但高校教师流动作为一种职业流动，不管其流动方向、流动地点、流动原因、流动途径及流动范围等如何，从本质上讲，高校教师流动分为学术型流动和非学术型流动。学术型流动是指为了探求知识、发现真理、研究高深学问，保持对自然、社会、人生的终极关怀等学术性的目标而进行的流动；非学术型流动是指为了金钱、地位、职务及权利等非学术性的目标而进行的流动。[5] 这两种流动都是本研究的范畴。

作为一个政策概念，社会融入的提出源于欧洲学者对社会排斥的研究，国外把社会融入作为社会稳定的一个重要解释变量、作为移民研究的内容以及将此视为社会排斥概念的伴生物等，并基于这三条路径对社会融入进行了研究。[6] 柯林斯认为社会融入是一种关于如何达到社会整合与和谐的理论，关注的是如何让每个社会成员在遵守社会规范和法律的前提下充分地参与社会，不被社会所隔离和疏远，其目的在于促进社会团结，社会融入的结果体现为个人平等和社会秩序的稳定。[7] 国外对于社会融入的研究大多关注的是来自其他国家的自愿或非自愿的国际移民，且更多地集中在宏观国家政策层面。

我国学者在对农民工及其子女等流动人口、残疾人、贫困者等的研究中

---

[1] 白维维.美国高校教师的流动机制[D].保定：河北大学，2011：17-30.

[2] 刘进.高校教师流动与学术职业发展：基于对"二战"后的考察[J].清华大学教育研究，2014（02）：43-50.

[3] 刘进.中国研究型高校教师流动：频率、路径与类型[J].复旦教育评论，2014，2（01）：42-48.

[4] 周险峰.教师流动问题研究[M].武汉：华中科技大学出版社，2013：23-84.

[5] 杨茂庆.美国研究型大学的教师流动研究[D].重庆：西南大学，2011：37.

[6] 徐丽敏."社会融入"概念辨析[J].学术界，2014（07）：84-91.

[7] Hugh Collins. Discrimination, Equality and Social Inclusion [J]. the Modern Law Review, 2003 (66).

引入了社会融入的概念和视角并进行了较多的探讨，但对高校教师流动过程中的社会融入问题则讨论较少，相关研究付之阙如。如杨菊华（2009）将社会融入界定为经济整合、文化接纳、行为适应和身份认同四个维度。陈成文和孙嘉悦（2012）认为融入既包括外在的融入，也包括自身对社会的认同感、尊严感和满足感等，并指出"社会融入是处于弱势地位的主体能动地与特定社区中的个体与群体进行反思性、持续性互动的社会行动过程"[1]。崔岩（2012）提出，社会融入个体层面表现出个人的社会身份认同感和归属感，在宏观层面体现出社会各个群体的融合程度，真正意义上的社会融入是建立在流入者对流入地的高度的心理认同之上的。[2] 虽然已有的研究较丰富，但由于社会融入的主体、内容及过程本身的复杂性，社会融入的概念和内涵也呈现出复杂性与多重性。因此，迄今为止，社会融入并没有统一的概念界定，但对于社会融入是一个包括经济、政治、社会、制度、文化以及心理等层面融入的多维度、多层面概念的认识已经达成了共识。

高校教师流动可以说是身流、心流、物流、文化流四位一体的流动。伴随着高校教师身体流动的是其教育思维、教育资源、科研理念、院校文化等的同步流动，是高校教师既有的教育思维、教育资源、科研理念、院校文化向流入高校的融入过程，是新旧教育思想、科研理念、利益格局、院校文化发生冲突与共生的过程，是流动教师在各方面合境遇化地重建的过程。[3] 由此可见，社会融入并不是流动教师个人的独角戏，高校组织、以学科分类的高校内的群体等都会参与其中。本研究倾向于将高校教师流动过程中的社会融入界定为：流动教师与作为一种特殊学术组织的高校在院校制度、组织和学科结构以及院校和学科文化等方面相互配合、适应，进而达到流动教师归属感获得的多维互动的渐进式行为过程。该过程通过高校融入策略、高校内群体的影响以及流动者自身主动性行为之间的持续互动而发展。高校的经济、

---

[1] 陈成文，孙嘉悦. 社会融入：一个概念的社会学意义 [J]. 湖南师范大学社会科学学报，2012（06）：66-71.

[2] 崔岩. 流动人口心理层面的社会融入和身份认同问题研究 [J]. 社会学研究，2012（05）：141-160.

[3] 龙宝新. 论教师专业发展取向的区域教师流动工作系统 [J]. 教育发展研究，2017（06）：27-34.

制度、文化和环境等与流动教师的观念形态越是一致，流动教师的融入就会越顺畅，反之，流动教师的融入就会越困难。

8.1.2 高校教师流动过程中的社会融入要素：院校、学科、市场

院校的组织结构、内在管理制度、组织文化以及组织目标和领导作风等因素构成了组织的内部环境。流动教师的社会融入与这些内部环境息息相关。由于受到不同的动机、能力、工作任务的性质等因素的影响，流动教师会对院校既有组织结构下的管理策略做出不同的反映，这个过程本质上是流动教师个人与院校组织的利益博弈过程。道格拉斯·麦格雷戈认为：员工的个人目标与组织目标是不一致的，必须依赖外部力量对其进行控制，以保证他们会为组织目标工作，而尊重需求和自我实现需求的满足可以促使人们朝着组织目标而努力，这即是"创造条件使组织成员实现自身目标，同时努力追求组织目标的实现"的"融合原则"。[1] 组织文化是指在解决外部适应和内部整合问题的过程中，基于团体习得共享的一套模式，它被作为对相关问题正确的认识、思维和情感方式授予新来者。[2] 院校组织文化影响院校组织成员的行为，院校成员对院校组织文化的认同直接影响成员的院校组织认同。马尔福德（Mulford，2003）研究了学校领导工作对于教师积极性的影响。他认为，学校领导者强化教师职业发展与留住教师的主要渠道就是支持教师和为教师创造更多价值，为教师提供职业的自主权和个人的工作目标以及自我观念等。[3] 可见，院校作为一个多元的关系网络、系统或共同体，是激发流动教师积极性、促进流动教师社会融入的关键因素。

伯顿·R. 克拉克说："主宰学者工作、生活的力量是学科而不是所在院

---

[1] 道格拉斯·麦格雷戈. 企业的人性面 [M]. 韩卉, 译. 北京: 中国人民大学出版社, 2008: 32.
[2] 埃德加·沙因. 组织文化与领导力 [M]. 马红宇, 王斌, 等译. 北京: 中国人民大学出版社, 2011: 13.
[3] 许长青. 新常态下的教师流动与合理配置: 基于劳动力市场的分析框架 [J]. 现代教育管理, 2016 (07): 74-81.

校。"❶ 高校教师流动主要是在一定学科领域内寻找实现自我价值的位置。如果院校对于流动教师融入来说是一个新的"环境场",流动教师面对陌生的"环境场"必然会产生不安全感,那么,学科就可以说是流动教师所熟悉的"庇护区",面对流动的风险和不确定性,流动教师往往诉诸学科的庇护并在其中寻找工作的意义和不断构建学科依附的自我认同。可以说学科为流动教师提供了应对风险的庇护区域,同时也是流动教师社会融入的关键领域。高校教师流动过程中所出现的不同学术系统和学科基因的碰撞,能不断激发学术系统的活力,但也会使教师产生融入障碍。❷ 携带不同学术基因的高校教师从一个学术系统流动到一个不熟悉的环境中,会产生迷失、疑惑、排斥甚至恐惧的感觉,要被接纳为学术职业特定部门的成员并融入其中,不仅涉及足够的专业技能水平,还需要与相关学术群体持续互动,并遵守该学科群体的各种准则。

市场以及与市场有关的各种力量是高校活动的重要外部动力。市场作为社会经济发展过程中资源配置的决定性机制,影响着高校的组织行为与活动。学术劳动力市场是学术力量与市场力量相互结合与相互作用的产物,是高校配置人力资本的重要手段。学术劳动力市场是经济学家们用来描述和解释人—岗匹配过程的核心概念,它关注劳动力供给和需求的决定因素及形成供求变化机制的市场规则。❸ 学术劳动力市场的供求关系决定了教师与院校这两个双向选择利益主体的存在。按照市场规律,流动教师在学术劳动力市场中自由选择符合自己意愿的院校,院校在劳动力市场中自由选择所需要的教师,从而实现教师合理流动,促进高校教师资源的有效配置。市场为流动教师提供了开放的外部环境,而且为他们提供了更为广阔的寻利空间,使其在全国甚至全球范围内寻找自己的职位。不同的市场导向催生了高校教师流动的不同诉求,并影响高校教师流动过程中社会融入的内容及目标。

---

❶ 伯顿·R. 克拉克. 高等教育系统 [M]. 杭州:杭州大学出版社,1994:35.
❷ 刘进. 高校教师流动与学术劳动力市场 [M]. 北京:商务印书馆,2015:198.
❸ 许长青. 新常态下的教师流动与合理配置:基于劳动力市场的分析框架 [J]. 现代教育管理,2016(07):74-81.

8.2 高校教师流动的社会融入场域

布迪厄认为：在高度分化的社会里，社会世界是由具有相对自主性的社会小世界构成的，这些社会小世界就是具有自身逻辑和必然性的客观关系的空间，而这些小世界自身特有的逻辑和必然性也不可化约成支配其他场域运作的那些逻辑和必然性。❶ 这些"社会小世界"就是各种不同的"场域"。对于高校流动教师来说，院校、学科和市场就是影响其社会融入并具有自身逻辑和必然性的"小世界"。

高校教师流动过程是其价值的自我实现过程。理想的学术发展平台，合理的学术职称晋升体系，宽松的学术氛围，较高的经济地位以及融洽的人际关系等都是高校教师在选择流动时需要考虑的因素。有学者认为，高校教师作为具备一定学科专业知识背景的学者，他们注重和谐的人际关系，追求学术才能的充分发展，在发挥专长中实现自己的价值。❷ 由此可见，高校教师在流动过程中的社会融入要充分考虑教师的多因素需要。这些多因素需要和其社会融入的场域——院校、学科和市场——相关。

8.2.1 院校：高校教师流动中社会融入的"环境场"

院校是高校教师流动中社会融入的"环境场"。流动教师的社会融入与作为组织的院校环境存在着密不可分的关系。能否融入"环境场"是由流动教师对学校软硬环境的认可度、意识形态或价值观与学校相容性，以及维护学校利益的态度和行为等决定的。

1）院校组织结构的规训

在组织中决定人的行为的首要因素是组织结构。组织结构是组织内部各组成部分之间关系的一种模式。美国管理学家罗宾斯认为："组织结构界定了

---

❶ 毕天云. 布迪厄的场域——惯习论 [J]. 学术探索，2004（01）：32-35.
❷ 陈金江. 论高校教师学术性流动 [J]. 现代大学教育，2004（02）：102-105.

组织对工作任务进行正式分解、组合和协调的方式。组织结构很大程度上影响和制约着组织中人的行为,组织中的人是在一定的结构中工作的,结构不同,人们之间的关系不同,所表现出来的行为方式也不同。"[1]

在高校的校、院、系等常见的组织结构中,有着明显的层次性、规则性和等级性。不同的层次不仅界定了组织中的指挥系统、信息沟通网络和人际关系,而且高度专业化的院、系、研究所建制,使高校中各基层学术部门之间存在着更多的分割与断裂。结构主义理论认为,任何组织都具有分化的内在机能。高校组织结构的分化一方面表现为不仅有校级组织与院级组织之分,而且也有不同职称、职级类别及教学与教辅系列等的区别;另一方面表现为因发展不均衡、组织的地位及权力不同等导致的组织群体间以及不同类别工作人员之间的差异。这种差异意味着一方对另一方拥有对某种资源的控制权、某方面的信息及专业技术垄断等的权力。高校组织分化所产生的差异性必然导致高校内部在利益分配、组织目标、认知方式和信息沟通等方面的不平等。如近年来因各种人才项目而流动的高校教师,在所流入的高校由于薪酬设计的分立和待遇水平的差距,给高校原有体系内的教师造成"外来的和尚好念经"的印象,从而滋生消极和不满的情绪。这种组织结构导致的不平等在流动教师的社会融入过程中会增加内耗,不仅难以促进组织内部成员之间的团结,而且难以构建良好的人际关系和工作氛围,更难以确保组织间的良性互动与协同合作,破坏组织成员之间的凝聚力。

2) 院校组织文化和制度的影响

在既定的制度条件下,文化的学习、传播和建构是更为复杂的问题。文化方面的融入需要在日常生活中建构。在社会学和人类学中,文化适应是指"由个体所组成,且在具有不同文化的两个群体之间,发生持续、直接的文化接触,导致一方或双方原有文化模式发生变化的现象。"从这一定义可以看出,不仅不同民族、种族和不同国籍之间的人群接触会带来文化适应问题,

---

[1] 罗宾斯. 组织行为学 [M]. 孙建敏, 译. 北京: 中国人民大学出版社, 2005: 467.

两种不同类型的文化的接触，也将带来文化的适应与变迁问题。文化融入是指社会成员在新的社会环境中遭遇异质文化之后历经不适、震惊，在异质文化与本原文化之间进行调试、适应并有机地内化异质文化，最终适应新的社会环境的过程。文化所具有的民族与社会标识分野的功能表明，社会个体或群体对某种文化的认同，不仅影响着个体的被接纳，也影响个体对所在组织的认可。组织文化是由组织成员广泛接受的价值观念所决定的行为准则和行为方式，它是组织传统与现实因素的合成物，组织文化往往是无形的，但对组织成员的行为与价值观却有着巨大的影响。❶沙因（Schein）在其《组织文化与领导》一书中指出：人们平常考虑整个社会、国家、种族的文化比较多，但没有足够地注意在社会的组织和群体中也有发展文化的可能性，而且这种组织和群体中的文化是影响组织成员的思维、感觉和行动的主要途径。❷

高校教师在流出地工作和生活的过程中已经习得一套价值、态度、规范和行为准则，而且受该文化熏陶时间越久，就有越深的印记，而对于流入地文化情境中所发生的一切，往往会运用已有的认知习惯做出全新的审视、判断和评价。在评价流入高校文化的过程中，流动教师在文化认同上开始出现分化。当流动教师发现院校组织的价值观或文化与自身的价值观差异较大时，可能会产生出排斥心理。高校流动教师可能通过文化上的认同形成内在群体的一致来实现在流入高校中的社会适应，也可能形成文化上的不适应，甚至会产生再次流动的意愿。

制度是社会组织为规范成员的行为、调整成员之间关系而建立的规则体系。❸制度有规范性制度和激励性制度之分，不仅具有规约和整合的作用，而且具有导向与激励的功能，直接影响到流动教师对工作的满意度及其能否充分地融入环境。规范性制度是约束个体行动和集体行动的力量，是要求个体和集体的行为遵循外部控制的评价标准。流动教师作为行动主体，其流动的

---

❶ 杨茂庆．美国研究型大学的教师流动研究 [D]．重庆：西南大学，2011：46.
❷ 黄成亮．新教师的认同感：大学组织文化建设的关键 [J]．江苏高教，2012（02）：60-63.
❸ 于胜刚，唐文雯．价值引领下的高校教师管理制度建设探讨 [J]．中国高教研究，2014（06）：58-61.

首要目的是实现个体需求,而个人需求的达成需要以制度为中介,两者之间如果不能达成一致,则会产生冲突。激励性制度的目的是通过各种资源的分配机制建立诱导性因素,对积极进取、取得成绩的人员进行正向激励,强化组织成员满足符合组织期望的目标,其呈现形式常常是通过各类人才项目、优先职称评审晋升等来实施。上海交大计算机科学与工程系主任过敏意曾经提到他在负责学院引才工作时遇到的情况:"我们曾引进一位国际知名学者,花大力气满足了对方开列的各项条件。结果他来了没多久就想回去了——他不能接受和适应国内用人单位的一些要求,比如在多长时间内必须发多少论文、拿多少经费、带多少学生。"可见,对于流动教师来说,可能会因不适应院校制度而导致其社会融入困难。

3) 院校领导"气质场"的作用

领导的作风和工作方式是高校组织内部环境的重要组成部分。领导者与流动教师的交流互动的程度对教师的社会融入有重要影响。根据领导—追随者交换理论,领导者会与追随者通过一系列的互动、合作等建立或亲或疏的关系,进而影响追随者的工作态度与绩效。高校领导的作风和工作方式对于营造一个有利于流动教师融入的良好环境有着巨大的影响。领导者若能提供更多促进流动教师社会融入的支持,流动教师便能更快更好地完成社会融入过程。

4) 院校目标的价值共识

院校目标是院校组织价值的载体,价值是通过行为表现出来的。从行为层面看,院校目标对于流动教师具有从价值认同到价值共识的指引作用。学校通过宣传其价值理念来凝聚师生员工的价值共识,并牢牢把握学校的价值方向,从而使高校教师在心理上形成对院校的组织认同。组织认同由20世纪50年代的社会认同理论发展而来,主要用来反映组织成员对组织的认知和感受。早期学者Male认为组织认同表现为一种感知,主要体现在员工与组织的表现形式、目标和价值观的一致性。二维观点的支持者Rousseau从两个方面对组织认同做出解释,他认为组织认同涵盖了情景认同和深层结构认同,是基于个体将自我感知作为组织的一部分。王彦斌从三维视角对组织认同做出界定,他认为组织认同表现为三种特性,即生存性认同、归属性认同和成功性认同。❶ 黄全明(2016)认为,组织认同是社会认同的一种特殊形式。所谓组织认同是指组织成员在行为与观念诸多方面与其所加入的组织具有一致性,觉得自己在组织中既有理性的契约和责任感,也有非理性的归属和依赖感,以及在这种心理基础上表现出的对组织活动尽心尽力的行为结果。❷ 组织认同是指个体以组织作为认同对象的认同形式,是个体定义自我从而归属于组织的一种过程,也是个体与组织之间的社会交换的结果。高校流动教师的组织认同是指流动教师对流入院校各种目标的信任、赞同以及愿意为之奋斗的程度,它不仅影响着流动教师对自身工作价值的判断及其相应的成就体验,对高校的发展同样具有重大价值。日本学者中松义郎在《人际关系方程式》一书中指出,处于群体中的个人只有在个体方向与群体方向一致的时候,个体的能力才会得到充分发挥,群体的整体功能水平也才会最大化。❸ 大量的研究表明,组织认同作为个体与组织之间的联结和心理纽带,对个体的态度与行为产生重要的影响。个体对组织的认同感越强烈,他对组织就越满意,就越有可能将自我概念提升到群体水平,即个体的组织认同的水平越高,则会表现出越高水平的合作行为、内在动机、信息分享。❹ 当流动教师与院校组织在目标上达不到价值共识时,即流动教师没有形成院校组织认同时,二者就很难有情感上的共鸣,其后果表现在两个方面:一方面流动教师很难在工作中充分展现才华,发挥潜能;另一方面,流动教师的发展途径也不会得到群体的认可和激励,对群体的功能水平和教师的社会融入也会有负面影响。

---

❶ 刘鑫源,全新月. 基于组织认同理论的新生代农民工流动性分析 [J]. 科技经济导刊, 2016 (05).
❷ 黄全明. 政策性流动教师对学校组织认同的调查研究 [J]. 宁波教育学院学报, 2016, 18 (03).
❸ 杨芝. 我国科技人才集聚机理与实证研究 [D]. 武汉:武汉理工大学, 2012: 26-27.
❹ 许璟, 等. 组织支持感对组织认同的影响:内部人身份感知和自尊的中介作用 [J]. 心理学探析, 2017, 37 (03): 275-282.

8.2.2 学科：高校教师流动中社会融入的"目的场"

学术职业具有显著的学科属性，学科是高校教师流动中社会融入的"目的场"。流动教师在"目的场"的融入既是学科结构的嵌入式融入，也是学科文化的价值观融入。在实践上，高校教师流动中的社会融入需要流动教师深度嵌入到学科专业结构的深层领域中去。任何进入新组织环境的学术个体都不可避免地要面临学科融入的问题。

1) 学科结构的嵌入式融入

学科不仅指知识的分门别类，也是一种社会建制，具有一定社会组织系统的功能。学科在某种程度上是由相关系科的存在来确定的，是以院系为组织形态的，拥有如学院、学系和研究所等专门独立的社会组织以及更广泛意义上的社会分工、管理、内部交流机制。对各个学科来说，学术中的基因型具有差异性。由于学科性质的差异性和教学工作的相对"自治性"，高校流动教师的团队意识、组织归属感等很大程度上只能在学科或专业组的教学、科研工作中形成。[1] 坎贝尔认为："学术部落，学术小团体或派系，他们成为功能强大的离心分离机，导致人为的疏远"。[2] 因此，为了避免产生学术部落、学术派系之间的社会隔离，流动教师的社会融入是实现学术部落团结的关键途径。

2) 学科文化的价值观融入

学科"文化"指一系列被学科群体认同、接受的价值观、态度以及行为方式。在特定的环境里，这些价值观、态度、行为方式通过人们的实践行为得以整合、强化。学科融入既是流动教师身上新、旧学科文化共同作用的结果，也是接受新的学科文化"洗礼"的过程，并且充斥着显性学科文化传递与隐性学科文化传递的动态循环。高校流动教师自身的经验和历史积淀以及其学科文化记忆成为影响流动教师社会融入的深层文化和意识形态结构。

---

[1] 龙献忠,等. 高校教师流失治理 [J]. 高等教育研究,2014 (05)：46-51.
[2] 刘进. 高校教师流动与学术劳动力市场 [M]. 北京：商务印书馆,2015：198.

8.2.3 市场：高校教师流动中社会融入的"资源场"

市场是高校教师流动中社会融入的"资源场"。市场需求，高校组织之间的比较发展优势差异和高校组织内部学术工作环境差异，竞争性的职业属性及"社会人"的人性本质等共同作用促使高校教师流动成为现实。高校教师的人力资本属性也促使了其在流动过程中必须遵循市场法则、经济规律和价格等机制。基于学术劳动力市场的特征，高校一方面需要通过提高工资与福利待遇等吸引优秀教师，另一方面更需要依靠学术声誉与学术环境等引进优秀教师。因此，不同的市场需求导向影响着高校教师流动过程中的社会融入的内容及目标。

1) 学术导向型市场的社会融入

在学术导向型市场的影响下，高校教师往往把学术作为个人的首要追求。当工资和福利等一些物质层面的需求得到基本满足后，追求学术成就、学术声望、学术地位等变得尤为重要。对于此类流动教师而言，最强烈的激励因素来自于在实现富有挑战性目标的过程中他们的精神需要所获得的直接满足。良好的学术组织文化、宽容的学术氛围、和谐的学术团队和优越的学术环境是此类流动教师在社会融入过程中所注重的关键要素。

2) 非学术导向型市场的社会融入

在非学术导向型市场下，流动教师展现更多的是其"经济人"的一面，即期望实现自身利益最大化，期望通过流动使自身价值增值和社会与经济地位的提高。因此，在融入过程中考虑更多的是工资、福利、待遇、住房、家属等非学术性的东西。

高校教师所从事的学术职业具有二重性：一方面流动教师有着自身的职业价值诉求，即追求学术内在的本真；另一方面，流动教师具有追求现实的社会利益的需要。学术职业的二重性使得学术人力资源在学术劳动力市场内的配置既要遵循学术逻辑也要遵循经济逻辑，即教师在流动的过程中既要注重学术发展的环境，同时也要关注经济回报。市场不仅为流动教师寻求个人自我价值和实现个人抱负和职业成就途径提供了理想环境，而且为作为经济人与学术人复杂体的流动教师在学术场域和经济场域的双重影响下寻求自身的最佳位置提供了平台。正是这种复杂的人性，使得部分教师流动处于一种漂移的状态，即选择的周期性、目标的模糊性、地位上的经济性与精神上的学术性的整合状态。这种状态在学术劳动力市场表现出一种漂移的学术状态，学术在组织间不断地随着多重因素的影响而随意移动。

8.3 不同类型教师流动的社会融入方式

学术领域里最突出的一个特点就是几乎每件事都或多或少以一种微妙的方式划分等级。[1] 随着高等学校功能的拓展和学术职业专业化程度的提高，体现不同学术工作任务和具有明确岗位职责的、由功能重要性及人员稀缺性决定的、受学术劳动力市场机制影响的、基于社会分工的学术岗位分层体系得以建立，并逐渐演变成具有社会身份标识的学术头衔。[2] 近年来，各高校各类不同层次的学术头衔及岗位分级作为学术岗位分层的具体体现，对高校教师的流动产生重要的影响。高校设置应聘岗位，并对岗位职责及应聘条件提出要求，鼓励教师学术流动。流动教师则根据自己的实力及声望等与高校之间展开博弈。在利益博弈的背景下，不同层次的流动教师通过各自的行动表达和强化自身的利益诉求，其社会融入方式也存在着各自不同的特点。

大体上来看，高校教师队伍中的人才可以分为几个层次。第一层次是院士，第二层次是长江学者和杰青等，依次类推。《同济大学关于加强人才引进工作的暂行办法》中把国内外知名的优秀学者和学术权威分为两院院士、在国内外有很大影响的杰出学者、中青年优秀学科带头人等几个层次。《南京大学引进人才暂行办法》中提到了两院院士和海外著名学术机构的外籍院士以

---

[1] 托尼·比彻，保罗·特罗勒尔. 学术部落及其领地 [M]. 唐跃勤，等译. 北京：北京大学出版社，2015.

[2] 李志峰，等. 必要的不平等 [M]. 北京：知识产权出版社，2015：57.

及有重要学术成就和影响的国内外公认的知名学者,国务院学科评议组召集人和长江学者,国务院学科评议组成员及国家级中青年有突出贡献的专家以及珠江学者、境外知名高校的教授、学校急需的优秀副高级以上人才,学校急需的优秀应届博士毕业生等几个层次。《武汉大学人才引进实施办法》中把引进人才分为四个层次:杰出人才、学科带头人、优秀青年学术骨干、博士后和博士。由此看来,高校教师流动群体可以被分为不同的人才层次类型。概括起来,高校教师作为人才来划分大致可以分为三层:第一层是战略型人才,第二层是领军型人才,第三层是其他人才。对于不同层次的流动人才,院校政策在薪酬待遇、住房条件、科研启动基金、助手配备、组建学科团队、配偶子女的工作及入学、实验室、考核等方面都给予了不同的待遇和要求,其社会融入的方式和途径也存在一定的差异性。

8.3.1 战略型人才:"需求—供给"型融入

战略型人才处于高校人才分层体系的顶端,在流动教师群体中具有稀缺度高、专业垄断性、高增值性和高层次性等特征,主要是指那些在某一学科领域具有较高造诣或突出成就,具备战略思考、创新思考及预见未来变化的能力,能引领院校学术战略发展的教师群体。他们通过对高深知识的垄断和控制来获得专业领域的话语权和资源配置权,从而形成对学术系统的统治。一方面,地位层级较低的高校教师对于此类群体的价值和权威高度承认,自愿接受并顺从他们的思想;另一方面,权力部门通过一系列的政策保障如收入、声望、权力和地位等来强化他们对学术系统统治的合法性。

战略型流动教师的融入,是一种"需求—供给"型的融入方式。在学术劳动力市场机制的影响下,因稀缺度高,这类流动教师属于强势流动主体,自身学术影响力大,其他资源性条件好,在流动中具有优先选择权,表现为话语权的优先和权威性的自主选择。在融入过程中,这类强势流动主体处于更主动的控制地位,其融入程度取决于需求在院校组织中的满足程度。对此类流动个体的需求,一般来说,院校都最大限度地予以满足。虽然在薪酬待遇、住房条件、科研启动经费等物质待遇方面各高校之间"没有最高,只有更高",但在高校教师流动群体中,战略型流动教师的待遇是最高的,院校不但为其解决配偶子女的户口和工作安排等问题,还为其组建科研团队、选聘工作助手,提供实验室及办公用房等。此外,他们还有意识或无意识地赋权去重建学科文化环境。可以认为这是一种人才自主选择、院校配合式的社会融入。

8.3.2 领军型人才:"适度配合"型融入

领军型人才处于高校人才分层体系中的中高层,具有稀缺度较高、数量较少、增值性较高等特征。此类流动群体是指那些在"本学科的建设中有重大学术成就,能把握学科发展方向,能组织、团结和带动以他们为核心形成的学科梯队为学科发展共同奋斗,并能使该学科领域的学术水平达到国内和国际一流水平的人才"[1]。

在学术劳动力市场中,此类流动教师群体较为稀缺,因此,他们在与高校进行互选的博弈中占有较大优势。对于领军型流动教师的融入,院校整体上是一种"适度配合"型的支持。在薪酬待遇、住房条件、科研启动经费等物质待遇等方面比战略型流动人才略低,如多数院校政策中都提到:解决配偶及子女的户口落户问题,尽力帮助解决或协助安排配偶工作;根据需要灵活组建学术团队;提供必要的实验和办公用房等。他们在融入过程中,既有形成共性的过程,也有发展个性的过程。一方面他们是被同化者,需要逐渐适应新的工作环境,接受新的工作群体的文化和规则;另一方面,他们保持自身的部分特性,并在互动中引领并构建新的环境、规则及文化。

8.3.3 其他人才:"目标—适应"型融入

其他人才在整个流动教师群体中是指那些专业知识扎实,研究能力得到业界认可,拥有自主知识产权,通过政策扶持,能够进一步释放潜能的流动教师。学科团体接纳新成员通常发生在顶层或中心,但多数人并不处在或接

---

[1] 汲培文. 学科带头人、学术带头人定义与含义的界定[J]. 科学学研究, 2000, 18 (03): 24-27.

近顶层或中心,而是处于较下层,或更低层。❶ 相对来说,这类流动教师群体是学术系统的弱势群体,他们处于学术系统中的声望底层,以资源占有作为标准进行分析,此类群体具有弱势、下层和边缘性等特征。

相对于顶着耀眼"头衔"的前两类流动教师群体,这类流动教师更多地处于"被挑选者"的地位,其融入前提是流动个体的能力在多大程度上满足院校工作的要求。他们在融入过程中,通过主动调适行为来适应工作。他们是受更多外部力量驱使的"被同化者",会自觉认同、接受和适应院校的发展目标、制度、环境和文化并内化为自己的行动。这类流动人员会主动通过信息搜寻、反馈搜寻、一般社会化、网络联系、与上级建立关系和开发人情关系等以融入岗位和组织。❷ 同时,这类流动教师如果不能尽快融入学术部落,很容易被学术部落排斥和隔离,成为边缘化的人才。

8.4 高校教师流动的社会融入:主要问题

处于独立场域中的高校教师,其流动具有以学术劳动力的学术能力和水平高低作为评判价值的分层性,不同价格标准的市场性,通过选择和被选择获得职位的竞争性等特点。每个场域中都充斥着各种关系,如平衡关系、对应关系等,并拥有自身的运行机制和场域规则,各种有形或无形的力量要么相互冲突,要么和谐共生。❸ 流动教师作为置身其中的行动者,其一切行为均受所处的场域的影响。场域不仅仅是指物理环境,也包括他人的行为以及与此相连的许多因素。每个场域中的行动者出于争取更多的权利、获得更多的资本等原因,会根据自己占据的位置和拥有的学术资本展开争夺。流动教师自身附带的各种文化资本以及流入高校对待其态度和行为等多种因素决定了

---

❶ 刘进. 高校教师流动与学术劳动力市场[M]. 北京:商务印书馆,2015:198.

❷ WANG J, TAE-YEOL K. Proactive Socialization Behavior in China: the Mediating Role of Perceived insider Status and the Moderating Role of Supervisor' Traditionality [J]. Journal of Organizational Behavior, 2013, 34 (03): 389-406.

❸ 汤建. 基于场域理论的高校青年教师成长机制的构建[J]. 高教研究与实践,2016, 35 (01): 41-47.

流动教师面临着来自学术竞争、经济整合、文化接纳、行为适应和身份认同等方面的挑战。

8.4.1 从院校组织系统来看，科层官僚制禁锢社会融入

我国高校组织中普遍沿用的是学校、学院、系、教研室等几个层级的组织结构，这种分工明确、各司其职的组织结构，具有层次性、规则性和等级性特点，也一定程度上具有科层制的特征。虽然这种组织结构最大限度地为提高工作效率提供了组织保障，但这种组织结构由于管理层次较多，使得权力集中在上层，层级中的下一级必须向上一级负责，使得流动教师的意见等信息传递速度较慢，导致沟通不畅，还会导致不符合教学科研特点的行政化和企业化管理倾向出现，不利于流动教师主动性的发挥。"官僚制犹如一个巨大的铁笼，将人固定在其中，压抑人的积极性和创造精神，使人成为一种附属品，只会机械地例行公事，成为没有精神的专家，没有情感的享乐人"[1]。因此看来，层级越多，科层管理越强，教师流动融入越难。

8.4.2 从院校政策导向来看，学术考核评价体系制约社会融入

具有导向和激励作用的院校政策既能促进流动教师的社会融入，也会抑制流动教师的社会融入。这些导向性的院校政策主要体现在与教师有关的考核评价、职称评审以及人才项目等。其中，考核评价政策是基础，它为职称评审和人才项目等提供依据。Alcock 指出，结构性因素（主要包括种种制度设置）会对流入人口融入形成强排斥[2]。由于现行的学科水平排名、院系绩效评价以及教师业绩考核等都是通过具体的量化指标进行衡量，因此，这种量化评价在学科评估、各类大学排名以及绩效薪酬等刺激下在高校教师考核中愈演愈烈。这种仅仅注重教师劳动的结果性评价，是科研成果量化的简单对

---

[1] 仇玉山. 高校组织环境对创新型教师的影响 [J]. 淮阴师范学院学报（哲学社会科学版），2008, 30（06）：824-826.

[2] 王胜今, 许世存. 流入人口社会融入感的结构与影响因素分析 [J]. 人口学刊, 2013, 35（01）：5-14.

比，未能有效地平衡教学与科研的考核比重，也很难对科学研究成果作出准确、客观的评价，导致评价失去应有的激励作用。相应地，高校教师的职称评定也会受到冲击。面对这一强势制度的压迫，流动教师因无法规避而陷入顺从或抵制的尴尬境地。蒋莹和陈斐（2014）在对高校海外高层次人才引进现状的调查中发现："高校海外高层次人才在引进后工作绩效考核的前三项指标为：发表论文的质量与数量（23.7%）、科研课题级别与经费（23.7%）和授课时数（18.4%），而海外高层次引进人才认为需要改进和完善的绩效考核指标主要有：发表论文的质量与数量（19.2%）、为学校引入新的观念、理念和管理方法（15.4%）、创新团队建设、帮助学校提升原有教师的水平（15.4%）和科研课题级别与经费（15.4%）。"[1] 由此可见，对于海归教师来说，高校以论文发表和课题项目为主的传统单一考核方式让他们难以适应。显然，一个合理的评价环境才能更好地促进流动教师对流入高校的认同。

8.4.3 从教师流动的融入程度来看，团队的可融入度不高

研究表明，高校新教师面临的压力主要集中在繁重的任务、模糊的期待、孤独的人脉、冲突的角色以及现实的落差等几个方面。[2] 除此之外，流动教师能否很快融入新的工作环境，不仅与自身是否具有岗位所要求的能力有关，也与所在团队的可融入度等相关。美国社会学家威廉·萨姆纳认为，我们每个人都会从自己的角度划分群体，把我们自己所属的或感到所属的群体称为内群体，把我们不属于或感到不属于的群体称为外群体。[3] 对于流动教师来说，能否进入新工作岗位的内群体取决于内群体的可融入度。院校本身有其自身的学术队伍和生态体系，流动教师的"空降"，是对原有学术队伍和生态体系的重构，在这种重构的过程中，流动教师的学术位置能否确定是决定流动教师能否融入的关键。新进教师往往具有较强的研究活力和科研潜力，但

---

[1] 蒋莹，陈斐. 高校海外高层次人才引进现状与优化对策研究［J］. 科技管理研究，2014（24）：107-111.

[2] 黄成麦. 新教师的认同感：大学组织文化建设的关键［J］. 江苏高教，2012（02）：60-63.

[3] 朱霞. 教师的流动及其适应性问题研究［D］. 上海：上海师范大学，2006：34.

是在精英治理机制下，新进教工可能会稀释决策者的利益，对其职位产生冲击，因而得不到与其能力相匹配的职位。❶ 因资源有限、文化差异、组织内部之间的利益不平衡、利益冲突而产生的人事及利益矛盾也普遍存在。

8.4.4 从教师职业发展定位来看，现实落差大

专业发展的可持续性是教师最为关心的核心利益。高校教师作为专业技术人员，更加注重教授专业对口的课程、参与学校管理、增加培训机会等教师发展项目，尤其重视其专业成长能力的培养。每一个流动的教师，都会怀有美好的期待，从一份具有挑战性的工作中充分展示并证明自己的才能，相信有机会获得发展或晋升。一般认为，能够流动的教师在原来的工作岗位都有所成就，受原单位器重，但到了新的工作岗位，流动教师往往会遭遇到难以避免的现实冲击，产生消极情绪和期望落差，如在课题选择、项目评估和结题形式方面，国内外存在的明显差异。国内偏好宏观层面的课题，而国外倾向微观层面的研究；国内倾向于短期内出成果、接受评估，而在国外一篇报告的质量可以花很长的时间和耐心去验证；国内结题需要专门开报告会，国外程序相对简单。海归流动教师大多希望延续国外的科研方式，但与国内情况不符，必然造成海归流动教师的期望落差。此外，有些高校以高薪厚禄吸引人才，却无法提供与其科研能力相匹配的科研支撑团队、软硬件条件，导致拔尖人才"心有余而力不足"。当流动教师的流动期望高于实际感受时，会出现期望落差，导致其难以确定自身的发展定位，特别是当流动教师开始为长远事业的发展考虑时，这种矛盾就变得十分尖锐。期望与实际感受差距越大，流动教师的心理压力越大，这种"现实震撼"会导致流动教师产生自我否定、沮丧、焦虑等消极情绪，直接影响到流动教师的工作绩效和工作满意度，进而对流动教师的社会融入产生破坏作用，并可能导致流动教师工作效率低下或再次流动。

---

❶ 吴伟伟. 高等学校教师流动管制与师资配置效率 [J]. 高教探索，2017 (06)：110-113.

8.4.5 从流动教师的成长环境和机制来看,制度设计不完善

一方面,院校较少从流动教师自身需求的角度去考虑社会融入问题。流动教师的需求具有多样性和综合性,但很少被提及甚至人为回避,往往导致院校工作主动性的丧失,不利于流动教师的组织融入;另一方面,虽然绝大部分流动教师是从高校到高校,对教师的工作方式熟知并已习惯,但由于高校组织结构的层级性使教师间交流较少,不能较快地融入学校、学院和学科的环境中去,使新流入教师缺少心理上的归属感。此外,缺乏促进流动教师社会融入的跟踪服务机制,不能及时发现流动教师融入过程中遇到的困难,未能营造新成员较好地融入组织的环境,院校组织体系内普遍没有形成有利于新流入教师的成长机制,以及缺乏对流动教师个体客观、科学、有效、透明的评价机制,这些都对教师的社会融入造成消极影响。

8.5 高校教师流动的社会融入:政策改进

流动教师的社会融入不仅体现为流入高校对教师个体的认定、认同与接纳,而且体现在流动教师与高校互动交往过程中产生的乐于将个体生命融入组织的比较稳定的态度与情感。❶ 高校教师在流动中所承受的是职业角色变换和社会关系重建带来的压力,促进流动教师的社会融入是高校稳定和保持人才的关键。

8.5.1 高校教师流动过程中社会融入的政策调整

1) 以不同场域的政策调整促进学术体系整合,增进学术团结推动学术进步和发展

目标的共同性、利益的互惠性和关系的依存性使学术体系的整合得以可

---

❶ 刘彩伟. 师资流动背景下教师归属感问题研究 [J]. 教师教育论坛, 2016 (04): 28-31.

能。通过不同场域的政策调整，实现院校系统的网络化，淡化学科部落边界，扩大学术市场，采用科学的方式和手段，合理地开发、配置高校学术劳动力资源，创设宽松与优良的组织氛围与文化，促进高校内部成员之间的有效沟通，构建良好的人际关系，确保组织间的良性互动与协同合作，促成高校组织和流动教师目标一致性以及流动教师与院校的理念及价值观的趋同，形成高校对教师的吸引力和流动教师对高校组织的向心力。在学术体系整合的过程中，各学术要素需遵守相同的行为规范而达致团结，形成比较和谐共振的学术体系，共同促进学术的进步与发展。促进流动教师的社会融入需要有一个适合他们成长的、友善的和正向激励的组织文化和学术体系。

2）院校系统通过经济整合、文化接纳、行为适应和身份认同，提高流动教师融入团队的深度和广度

经济整合是指流动教师在经济结构方面所面临的挑战以及在职业声望、经济收入、福利、教育培训、居住条件等方面的融入情况。如果流动教师基于"学术与经济"的双重诉求与高校在工资福利待遇以及学术声誉和学术环境方面的双重供给"一拍即合"，则意味着双方实现了"共赢"。文化接纳是流动教师对流入高校的价值观念、行为准则和行为方式等的价值认同。行为适应则是指流动教师不仅在理念上认同，而且在行为上能够按照流入高校的规则和行为规范办事，实现院校既定战略目标。身份认同是流动教师对流入高校的心理归属感等方面的认知。

实现社会融入的深度和广度，可以从以下几个方面着手：一是院校系统可为流动教师提供有计划的培训、针对不同流动教师的需求制定多元化入职引导计划，还可通过有效沟通和提供组织支持等措施，推动流动教师个体对组织环境的工作关系、政策、组织特定语言、组织历史以及组织目标和价值观等各方面学习，使流动教师了解院校的价值观念、行为准则和行为方式等。二是推动流动教师与团队及组织之间的人际互动，实现流动教师个人和组织之间的融合。这些措施不仅能促进流动教师在理念上认同流入高校的价值目标，行为上按照流入高校认可的规则办事，而且能够促进流动教师的身份认

同构建。此外，院校还要注重组织成员"存量"与"增量"之间的平衡与公平，避免现有教师对流动教师产生的融入排斥。

3）以制度激励满足流动教师的职业尊严感和满足感，缩小流动教师的地位落差

教师职业尊严感和满足感与教师的专业发展、经济地位、职业声望有关。高校教师的工作内容复杂，在承担教学任务的同时，还需要完成科研任务和社会服务任务。随着人事制度改革的不断深入，教师与高校双方自由选择的空间大大增加，但稳定性明显降低。提高自身的工作能力，获得终身职位的机会是流动教师尤其是青年流动教师的普遍需要。此外，流动教师渴望得到更多的尊重与信任，主要表现在寻求更多来自组织的支持并被组织、领导与同事认可，获得学术同行的尊重和认可。流动教师敏感的自我意识使得他们形成了强烈的自尊心、自信心和自强心。因此，需要通过设计具有激励性的薪酬体系、提供有针对性的发展平台满足流动教师的内在需求，增加流动教师对学校的认同感和归属感；为流动教师提供明确的发展定位，确立自己的职业规划；在入职初期为流动教师提供富有挑战性的目标，使他们的能力得到充分发挥，帮助其树立职业发展的信心；为流动教师配备有影响力的学术领导。好的学术领导能够引导下属取得优异的成绩，并使之获得职业满足感；充分发挥学校政策的导向作用，在资源配置中激励优秀人才，在科研经费上进行资助，在精神上实行鼓励，帮助他们在事业上取得成功，实现自我价值。努力创造一种尊重人才、善待人才，让流动教师充分发挥潜能的环境与机制。

4）逐步增强流动教师对院校、学科的文化价值观的心理认同

高校流动教师的社会融入不能简单地理解为流动教师适应流入高校环境的问题，还应注意到流动教师社会融入主体、内容及过程本身的复杂性。首先，在融入主体方面，流动教师的社会融入涉及三个层面的关系。具体来说，任何一个学科专业团队中的成员首先要处理成员内部之间的相互关系，进而处理个人自身与团队整体的关系，而且作为团队的一员，还要处理团队内部与外界之

间的关系。因此，个体因素、群体因素、组织因素等都会影响流动教师社会融入。再者，流动教师的社会融入过程具有内隐性，与各方的文化观念和行为规则等软环境密切相关。流动教师的社会融入既是流动教师个体的学习过程，也是组织为了确保流动教师认同和遵从组织的共同价值观与规范而采取措施的管理过程。融入的过程既是流动教师的认知、情感、社会关系和行为发生重大变化的过程，也是流动教师与高校交互作用、交互文化建构的过程。融入既需要流动教师的主观意愿和努力，也需要组织的认可与尊重。此外，流动教师是从自己的学科视角来看世界的，学科文化是流动教师身份和意义的来源，因此，学科文化作为流动教师的依托，是流动教师融入中不可忽视的重要中介情境。

流动教师的社会融入是多种因素综合作用的结果，是一个多向互动互构的过程，也是多个利益主体互动博弈的结果。促进流动教师的社会融入需要将学科视为重要的政策中介，尽可能地释放学科自主空间以帮助流动教师重建其专业身份，重建其价值结构，重塑其学术精神。

8.5.2 高校教师流动过程中社会融入的政策思考

1）通过政策保障流动教师的地位和权利

高校教师的流动是建立在规范的学术劳动力市场基础之上。从职业发展和地位获得的角度来看，高校教师流动主要是通过专业知识和技能等学术资本以及市场机制的作用，在高校中实现其价值诉求，如良好的受雇条件和待遇、职业发展的美好前景等的过程。Kristof（1996）认为人与环境之间的兼容性一般发生在：一方能够满足另一方的需求；或者人和组织之间拥有相似的基本特征；或者同时具备以上两种情况。❶ 高校促进流动教师社会融入的政策选择将直接影响流动教师个体的心理、行为和工作绩效等，对于流动教师的社会融入起着非常重要的作用，但它与流动教师的融入行为之间不是一种静态的关系，而是一种动态过程。因此，高校在促进流动教师社会融入的政策

---

❶ 李野. 人与组织匹配视角下的高校教师职业生涯探讨 [J]. 中国人力资源开发，2014（21）：20-25.

选择上，要构建动态性的政策体系，并根据不同类型流动教师的融入方式采取不同的政策策略，激励并促进院校与流动教师之间的"互为所需"或"志趣相投"，实现教师与学科环境、学校环境的兼容。

2) 构建促进流动教师社会融入的机制

通过双方的有效沟通，实现流动教师与院校在价值观和发展目标上的共识，形成相互依赖、荣辱与共的关系。通过制定有针对性的指导方案，对不同的流动教师进行适应院校文化，或提高其工作能力等的帮助和指导，以增强其归属感和工作稳定性；通过对流动教师的考核和职业规划，引导流动教师到最能发挥其价值的岗位上去，以最大限度地发挥流动教师自身的主观能动性进而实现共赢发展的目标；通过跟踪服务，及时发现流动教师的融入困难，并协助其解决问题。

3) 根据流动教师融入的方式调整政策

对于作为强势流动主体并拥有明显优势的战略型流动教师，可采取主动遵从型的政策，如通过给予其崇高的社会经济地位、授予其对资源配置的权力等策略时着重满足其高层次的需要。对于领军型流动教师，可采取部分遵从型的政策，恰当地满足其正当合理的要求，主动为其提供各方面的支持。而对于其他的流动教师则可采取培养式的融入策略，给予其更多成长空间，促进其潜力发挥。

4) 注重政策制定和执行中的公平性

在政策选择的利益表达、利益综合、政策制定和政策实施这四个维度中，要针对不同类型的流动教师，做到兼顾各类流动教师基于学术场域和经济场域的合理利益和正当诉求，制定公平合理的政策，并保证不偏不倚地执行这些政策，以建立互惠互利、公正、合理、开放的环境氛围，协调好各群体的利益关系，充分发挥不同类型流动教师的工作积极性。

第9章

高校教师流动的组织风险

不少学者对高校教师流动现象持乐观的态度，却对教师流动隐存的风险缺乏关注，对于流动中高校组织面临的风险更是鲜有论及。值得注意的是，高校教师流动对于高校来说更像是一把双刃剑。高校教师流动的过程中存在着种种不确定性，往往让流出高校或者流入高校面临不同程度的风险。忽视这些风险的存在，将对高校人力资源管理造成极大的负面影响。如何认识高校教师流动中存在的风险，并合理有效地防范规避流动风险是重要的研究课题。本章以高校组织为风险主体，从人力资本投资风险的角度，对高校教师流动风险展开研究。

9.1 组织人力资本视角下的高校教师流动

9.1.1 组织风险视角下的高校教师流动

风险一直以来是保险学、经济学、社会学等众多学科研究的重点对象。近年来，风险防范被沿用到高校管理当中，国内学者对高校的风险防范的研究主要集中在财政、经费、投融资等方面，而涉及高校人力资本投资风险防范的研究目前还处于起步阶段，特别是针对高校的特殊人力资本——教师——的风险研究更为稀少。以人力资本投资风险的新视角对高校教师流动中存在的风险问题进行研究可以使人力资本投资风险理论在高校流动中能得到进一步应用，为高校教师流动的组织风险防范提供可供借鉴的模式，为政府、教育主管部门对高校教师流动管理提供有效的理论指导，也是对传统的高校教师流动理论的拓展。

1) 风险

对风险的研究起源于20世纪的西方经济学家。早在1901年，古典经济学家威雷特就在他的论文《风险与保险的经济理论》中提出了风险的概念，认为风险是经营活动的副产品，是关于不愿意发生的事件发生的不确定性的客观体现。此后，特别是20世纪60年代以来，风险研究的文献如雨后春笋般涌现，涉及经济学、保险学、管理学等诸多的学科。但不同学科领域的学者对这一概念仁者见仁，智者见智，并没有一个统一的定义。目前学术界对风险较为普遍认可的是美国学者A.威廉斯的"结果变动说"，也就是"一定时期内或一定条件下可能发生的各种结果的变动程度。从事物的不确定性出发，结果有好的方面也有坏的方面，风险是与机遇并存的"。作为一种客观存在的现象，风险具有一定的可预测性，若用数学公式表示，风险是某种不利事件发生的概率与其后果构成的函数，即 $R=F(p, c)$，公式中R代表风险；p代表不利事件发生的概率；c代表事件引起的后果。

狭义上的风险指发生损失的不确定性，广义上的风险是一个中性的概念，其结果的不确定性表现在好坏之间的可能性。广义的风险不仅指损失，更是机会与威胁，损失与价值的统一体，是指人们对未来行为预期的不确定性而可能导致的与目标发生的偏离程度。综上，本研究将风险定义为由事件的不确定性引发的，可能导致的结果与预期目标发生偏离的可能性。

2) 高校教师流动的个体风险

高校教师流动不单单是流动这一具体动作，它是一个连贯的流入、培养、稳定与流出系统，涉及教师个体和高校组织两个主体。而高校教师流动风险是指在教师在流动过程中由于各种不可知因素导致高校及教师利益受损的可能性。可见，高校教师流动风险涉及教师个体和高校组织两大主体。

对于教师个体来说，教师的流动大多数是为了追求更高的收入和更广阔的发展空间，寻求与自身更适合的教学研究环境以及文化氛围，寻找更有利于自身的职业生涯发展。但在教师做出流动这一决定时，他们看到的更多的是心中预期的结果，而实际获得的结果又总是和预期的结果有一定差距，一旦进入的新组织没有原来的那么好，加之新组织的文化与价值观还需要时间去适应与融入，无形中就会增加个人的心理负担，从而产生不良的心理反应。教师离开原组织不仅会失去该高校提供的薪酬待遇、福利津贴等物质收益，也会失去在原组织积累的良好的人际关系及情感承诺，同时也会散失原组织工作的各种机会成本，可能会面临一系列的预期收益风险、职业发展风险、组织支持风险、文化适应风险等。

3）高校教师流动的组织风险

本研究对教师流动的个体风险不做详细分析，为了更加突出研究重点，将研究对象聚焦在由于教师流动带给高校组织的风险上。在企业中，组织风险是指组织机构建立并启动以后，在其运行过程中因为组织的决策、组织、协调和实施等行为失当及偏误所造成的经营风险。毋庸置疑，高校作为一个学术组织机构也同样存在风险。我们把高校教师流动的组织风险定义为由于教师的流动而给高校组织带来损失的可能性。

4）高校教师流动的组织风险防范

站在高校组织的视角，高校教师流动的风险具有广义的内涵。高校教师流动既可能是主动的，也可能是被动的；既可能是有利的，也可能是不利的；其对组织可能造成的损失既有有形的损失，也有无形的损失。基于此，本研究认为，高校教师流动的组织风险防范则是指高校组织为消除或减少教师流动风险，化险为夷甚至转害为利，而制定的计划、规章、方案、战略与制度等。

风险理论的发展距离现在也已有300多年的历史，风险研究也已成为一个相对成熟的研究领域,在风险概念的界定、风险因素的识别、风险评估、风险预警、风险管理等方面已取得大量成果。

风险防范的研究主要集中在财政、经营、投融资等方面。已有的少量针对高校教师的风险防范的研究,主要集中在人才引进风险、高校人力资本投资风险等方面。

一是高校人才引进风险研究。成芳（2011）辨别了高校高层次人才引进过程中的风险,并指出人才引进风险不仅阻碍学校战略目标的实现,造成资本投入的损失,还会影响人才队伍的稳定,导致隐性资源的流失。肖引（2014）结合高端人才的特点,并针对地方高校人才引进过程中存在的忽视规划、道德及环境创设等问题,提出了制定科学的人才引进与培养发展战略的思路。范冬青（2014）认为人才的引进过程是一项持续的过程,高校要想实现高效的纳才效能,成为精明的买主,就要正确认识人才引进风险的外部环境与资源因素,采取措施管控风险。李晴华（2006）识别了高校教师招聘中的逆选择风险、择劣风险,提出了规避风险四种方法：一是设计科学的招聘计划和方案,二是选用德才兼备的招聘者,三是增加信息对称程度,四是签订权责明确的合同。

二是高校人力资本投资风险研究。赵秀清（2010）认为投资没有达到预期效果是高校教师人力资本投资风险的表现,并综合分析了风险产生的内外部原因,并从高校、教师和学生三个层面形成完整的规避风险体系。陈晓梅（2008）从高校人力资本投资内容出发,归纳了风险类型并对其做出预警分析,提出转变投资思路,使得人力资本载体与高校的目标函数一致化的应对措施。王侃（2015）以山东省为例,分析了本省地方高校人力资本投资收益现状、风险问题,构建了风险管控和化解体系。李福华（2010）指出了当前我国高校人才引进政策中存在很多顾此失彼的问题,强调了不完善的人才引进政策所带来的高校人力资本投资风险,并对怎样降低引进人才的风险提出了几点设想,如：完善契约,加强组织与制度建设等。

三是高校教师队伍建设的风险研究。黄加文（2003）研究了师资队伍建设投资风险的类型和成因,并提出回避与转移对策。张剑波（2006）认为,民办高校中的兼职教师存在着不可忽视的道德风险问题,应通过健全制度来防范风险。王运峰(2009)识别了研究生导师队伍的遴选、培训及绩效考核风险类型,并提出采取风险防范与控制来加强高校研究生导师队伍建设的建议。

从既有研究情况来看可以得出如下初步结论:(1)研究者普遍对教师流动持乐观态度,研究的重点在于如何推动高校教师流动,而对教师流动背后存在的风险问题或者负面的影响却很少提及,缺乏学术性的思考,既没有明确地对可能出现的风险做出系统的分析,也没有从学理层面对风险产生的原因及其防范措施进行深层次的剖析。(2)对高校教师流动的组织风险的讨论还处于起步阶段,主要局限在人才引进风险、师资队伍建设风险上,没有文章针对"高校教师流动"这一循环体系进行专门系统化的风险研究。(3)已有的研究主要基于教师个体的流动分析,鲜有见到以高校组织为研究主体,运用人力资本投资、风险防范等理论对高校教师流动中组织承担的风险进行的学理分析。我国学者在高校教师流动、人力资本投资、风险防范等方面的研究已取得了一些成果,但对于三者综合研究还缺乏系统的理论及实践研究。(4)大多研究采用思辨的方法进行风险的现象描述、经验分析和对策讨论,研究方法比较单一。

5)组织风险下高校教师流动的价值

本研究以人力资本投资风险理论为基础,以高校组织为主体,通过高校教师流动风险识别、风险成因分析和风险防范这三个主要步骤,对我国高校教师流动中组织面临的若干风险问题进行研究。首先通过对高校教师流动的现状进行探讨,透视其中潜在的风险,进而以高校组织为主体识别高校教师流入、培养与流出过程中可能面临的风险类别及表现。然后从外部环境、内部制度及教师个体层面分析高校教师流动的组织风险的成因。最后,结合对风险的识别和风险成因的分析,针对高校人力资本投资的特点,提出了一套风险防范措施,以期为我国高校预防和规避教师流动中可能面临的组织风险提供设想与建议。

21世纪是全球经济一体化的时代，是知识经济高速发展的时代，是人才竞争的时代，也是人本管理的时代，人才资源是知识经济时代的第一资源。实现我国从高等教育大国到高等教育强国的实质性转变，推进世界一流大学和一流学科"双一流战略"，离不开一流的教师资源。教师是高校实现人才培养、科学研究、社会服务、文化传承功能的主力军，高校教师学术资本所凝聚的核心竞争力是高校赢得竞争优势的根本所在，高校教师的学术资本存量是立校之基，发展之本。加大对教师的人力资本投资，是各高校持续健康发展的必要条件。可以说，高校教师流动是学术资本的流动，而高校的学术资本是人力资本的核心部分，与其他投资方式一样，存在一定的风险性。教师的流入、培养、稳定以及流出的风险都会影响高校人力资本投资活动的效益。被誉为"人力资本之父"的西奥多·W.舒尔茨指出："在高等教育领域中不管采取了何种形式的投资，都是长期的、超前的、对未来承担义务的，都被某种风险和不确定性所困扰着。"

在日益激烈的高校间竞争浪潮下，如何正确地识别我国高校教师流动中组织承担的风险，运用科学合理的管理措施规避和防范风险，减少高校在教师流动中的损失，以最小的人力资本投资换取最大化的人力资本投资收益，成为高校和教育主管部门必须面对的重要而又亟待解决的课题。研究高校教师流动过程的组织风险，对于院校识别、规避风险，实现教师合理有序流动具有重要的价值。具体表现在：第一，识别高校教师流动中高校组织所面临的各种风险，有利于高校管理者充分意识到教师流动对其人力资本投资工作所带来的危机感，进一步激励他们树立起强烈的风险防范意识，不断提升自身的核心竞争力，增强其应对风险的能力。第二，采取措施防范高校教师流动风险，使得教师人力资源得到充分、有效的利用，以便高校更好地吸引人才，使用人才，培养人才，留住人才，促进教师人力资本投资收益最大化，减少高校教师人力资本恶性竞争以及人才资源的流失，促进高校的健康、持续、稳定的发展。

9.1.2 组织风险与人力资本投资效益

1) 人力资本投资的内涵

早在20世纪60年代，西方国家的学者开始展开对人力资本投资方面的研究。美国经济学家西奥多·W.舒尔茨指出，在当前社会，相比较物质资本给经济发展带来的促进程度，人力资本提供的效益要明显得多。在《论人力资本投资》中，他总结到"人力资本是指人们通过对自身的投资以实现在未来一定时期内可能获得的有用能力。以期获得这种扩大未来收入及满足程度的能力，人们需要承担其所消耗的经济成本和时间成本，通过此种投资方式，人们所获得的有用能力便形成了人力资本"。从这一角度来看，人力资本不但以个体在日常生活中所发挥出来的技能、知识的形式来呈现，还综合体现在经验、熟练程度、工作资历等多个方面。人力资本是社会对个体能力素质加以评价的综合因素，同时能力的获取又需要个体不断对自身进行人力资本投资。

美国学者加里·S.贝克尔将人力资本投资概述为"通过增加人力资源并影响其未来货币收入和精神收入的活动"。借鉴该定义，可以把人力资本投资理解为利用某种方式提高自身价值，从而获取到更多的利益和收入的活动。投资活动从当下对自身的培养出发，以未来利益的获取为基本方向和目标。根据这个定义，我们可以引出人力资本投资几个方面的含义：①人力资本投资的对象是人；②人力资本投资一定程度上会损耗当事人当前的利益；③人力资本投资主要是为了能够在后期的生活中获取到更大的利益，利益不但涵盖物质方面的财富，也包括精神财富；④人力资本投资可以增强人的生产能力；⑤人力资本投资通常发生在投资后未来利益大于当前利益的基础上。

2) 人力资本投资的形式

从不同的角度出发，人力资本投资形式是不同的。贝克尔在《人力资本》中强调随着科技进步，信息交流方式的多样化，人力资本投资也呈现出多样化的形式。但就目前而言，最常用且效果最为显著的投资主要有以下几个领域：教育教学领域、医疗保健领域、劳动力流动领域等。这一提法得到了广泛认同并沿用至今。在此基础上，舒尔茨指出，就个体而言，为自身创造财富，给社会带来价值主要是依靠学习、高效的工作、文娱活动、创新创造以及处理非均衡状况这几个方面具有经济价值的能力。出于衡量经济价值难度的考虑，在后期的研究中，围绕人力资本投资的研究主要是从不同的投资形式展开。面对不同的投资活动方式，个体各方面的能力也会得到不同程度的提升。舒尔茨进一步总结出了五种人力资本投资的形式：①医疗和保健。两者同个体生存息息相关，不仅关乎个体的身体健康情况，而且也和人的寿命、精力密切相关。②在职人员培训。就一般企业而言，培训主要以传统的学徒制授课为主。③正式的初、中、高等教育教学。④社会性质的培训学习。这类培训课程通常针对成年人，它是排除企业培训之外的另一种学习项目。⑤为了谋求更好的物质生活和工作条件而形成的劳动力就业迁移。可见，流动也是人力资本投资的重要形式之一。

3) 人力资本投资的主体

对人力资本投资的主体包括三个：一个是个体本身，也就是个体为了提高自身的能力，为自己创造的锻炼和培养机会；另一个是工作单位，通常通过提高员工能力，来达到提升工作业绩和效率的目的；第三个是国家或政府。从国家角度考虑，对社会群体进行人力资本投资能够极大程度地提高国民素质和能力，增强国家各方面的综合实力。针对不同的投资主体，所采取的投资方式、投资力度有所不同。

从个人和家庭考虑，对自身进行人力资本投资能够在很大程度上提升自身的价值，从而确保自己的生活环境得到改善。在投资时，该类投资主体往往会更加看重最终的收益，将生活质量提高作为投资的主要参考因素。与个体自身的投资类似，单位或企业进行投资时，同样将利润最大化视为最主要的投资目标。不同于以上投资主体，政府作为当前我国高校人力资本投资的主要力量，其投资通常是以提高人力资本素质为主要目的。政府对高等教育系统的投资就是一种主要对人力资本进行的投资,核心目标在于增强我国综合实力,提高我国高等教育的核心竞争力。不同的投资主体比较如表9-1所示:

表9-1　不同的人力资本投资主体比较

项　　目	国家或政府投资者	单位或企业投资者	个人投资者
投资的原则	满足社会需要	利润最大化	效用最大化
投资的目的	素质的提高	利益的增加	生活质量的改善
投资的形式	义务教育、公费高等教育、社会保险等	在职培训、单位福利、医疗保健等	教育、实践、学习、就业机会迁移等

4) 人力资本投资的风险

由于未来收益具有不确定性,所有投资必然具有风险性,这是投资的天然性特点,人力资本投资也不例外。从投资的实践来看,风险常被看作:①损失的可能性,②损失的或然性或概率,③危险事故,④危险因素,⑤潜在的损失,⑥潜在损失的变动,⑦损失的不确定性等。人力资本的投资预期收益由于受到诸多不确定性因素的影响,可能会产生收益风险。基于以上分析,本研究所指的人力资本投资风险是指投入一定量的人力、物力、财力开发人力资本,但在未来一段时间里,投资者的收益不一定能够补偿投资成本的现象。

9.1.3　高校教师流动中的组织投资

1) 组织投资的内涵

高校教师流动涉及劳动力就业机会的迁移,是典型的人力资本投资行为。劳动力流动投资就是指通过花费一定的成本支出来实现劳动力在地域或行业间的迁移与流动,变更就业机会,以便更好地满足自身的偏好,创造更高收益的一种人力资本投资活动。而高校教师流动是劳动力流动投资的一种具体形式，实际上是高校或个体对教师进行的人力资本的投资，是一种以支付当前的投资成本来获取未来收益为目标的投资行为，目的是为了得到货币与非货币的某种满足，获得未来的某种效益。虽然高校教师流动本身并不能增加人力资本的价值，但流动可以优化人力资源与物质资源之间的组合配置，促使潜在的经济资源转化为现实的生产力，最终实现人力资本的有效增值。因此，高校教师流动被认为是人力资本投资中的一个重要组成部分。

高校教师流动不仅仅是教师个体对其流动的投资，高校在教师流动中也支付了一定的投资成本。高校教师流动中的组织投资是指高校通过教师的引进、培养、稳定、流出的投资形式增加高校所需的人力资本存量的一种投资活动，其目的是为了改善教师人力资本的数量、质量、增量和结构，继而提升高校教师核心竞争力。

2) 组织投资的形式

高校对教师流动的投资主要集中在教师引进与培养、稳定的阶段，其形式多种多样，具体说来，可以分为以下几个方面：

(1) 招聘引进投资

高校对教师的引进投资主要体现在聘用教师、为教师安排工作、发放薪酬等方面。这些方面的投资可以显著提高高校教师队伍的质量，是高校打造良好形象，吸引更多优秀教师的有效途径。通过招聘引进高质量教师，高校可以有效地获得自身所需要的各种人才，有助于改善学校的师资配置结构、提升学校的综合竞争能力。当前，人才尤其是高端人才的竞争非常激烈，为此高校采取多种措施与方法，提供多种优厚待遇组合，千方百计吸引高层次人才，客观上使得这方面的投资费用越来越高。

(2) 教育培训投资

对于引进的教师需要对其进行全方位的教育培训以提升其综合素质。现阶段，高校对教师的培训主要集中在教学科研能力提升方面，如专业培训、学术会议、出国研究、攻读学位、国内外访学、实践能力锻炼、配备团队、提供科研平台等多个方面。培训投资旨在进一步增强学校教师队伍的整体实力，增加教师人力资本存量，实现教师专业发展与成长。不管高校采取何种形式的教育培训活动，都必须需要一定的资本投入。从部分院校教师培训的投入来看，有的院校每年投入上亿元，力度还在不断加大。在教育培训方面的投资涉及两个方面的资金支出。一方面是直接成本，该成本是指培训中因为购买培训资料、获取培训资格、资助学术会议、出国访学培训、配备团队等而产生的成本支出；另一方面是间接成本，它是指教师因参加教育培训无法按照原定计划进行教学科研而给学校的收益带来负面影响的资金支出。

(3) 稳定使用投资

培养流入教师就需要对其职业进行稳定的持续投资。职业稳定投资是指高校为教师提供必要的薪酬、社会补助、津贴、福利和奖金等而进行的投资。职业稳定投资很大程度上能够为学校留住能力较高的人才，是高校建设高质量教师队伍的有力保障。随着高校教师工资待遇、福利水平的不断提高，高校对教师工资水平和社会保障投资等方面的费用支出逐年增加，极大地提高了对优秀人才的吸引，有利于稳定人才队伍，促进高校各项事业的可持续发展。

3) 组织投资的特征

(1) 投资主体的多元性

高校教师流动投资主体不仅是教师，也还包括政府、高校等其他主体。对于教师个体来说，成为教师必然要损耗一定的财力、物力，必然需要投入大量的时间和精力，因而教师个体是天然的投资主体。就政府而言，对高等教育事业的资源投资和各类项目支持，制定各项流动保障制度，建设和完善教学科研设施都是其投资的体现。就高校而言，聘用、培养教师，教师引进、培训和保持职业稳定的费用，是高校作为投资主体的体现。显然这些都是高校教师流动投资主体的多样性的表现。

(2) 投资效益的间接性

对大多数高校而言，之所以要对引进的教师进行培养，很大程度上是为了提高教师工作的积极性,鼓励教师主动参与到自主研发和课程研究的过程中去,一方面使得教师能够以更加端正认真的态度对待教学科研活动;另一方面促进科学技术、社会文化的进一步发展。但是,在教师的教学科研过程中,高校教师人力资源无法产生直接的物质财富和实物产出,只有当教师创造出一定的社会价值时,自身物质利益才能够得到保障。并且高校对教师人力资本的投资并不是单纯为了获取经济收益,更多的是为了非经济效益,比如学科竞争力、办学效益、社会声誉、大学排名等。

(3) 投资效果的正外部性

教师个体作为人力资本的载体,不但有独立思考的能力,而且能够通过自己的思考对事物和行动做出调整。当学校对流进的教师进行投资后,往往能够获取到显著的正外部性投资效果。原因有以下几点:首先,当高校对引进的高校教师进行人力资本投资后,教师可以借助所学知识来用于科学研究,从而在原来的基础上进一步取得更多科研成果;其次,教师通过培训提高自身知识素养,在授课过程或者科研交流的过程中,通过发挥自身主观能动性,将所学到的先进理念和科学知识进行交流,从而促使其他教师新知识的萌发和碰撞。由此产生知识的溢出效应,使投资效果具有正外部性。

(4) 投资收益的非货币计量性

高校对教师的人力资本投资不同于可用货币计量的物质资本投资。教师作为具有独立思考能力的个体,在教学科研的过程中具有主观能动性,这种个体的主观能动性使得高校投资后产生的货币收益难以做到精确计量,即使有,也很少,甚至可以忽略不计。也就是说,在这类投资活动中始终存在某些脱离于货币收益之外的非物质化的精神财富,这种形式的收益无法借助货币和资金的方式加以衡量,譬如知识、技能、教学科研的创新力、学术声望、社会地位等,高校往往难以对其进行准确的评价。

4) 组织投资的风险

由于高校对教师流动的投资存在着主体的多元性、投资效益的间接性、投资效果的正外部性、投资收益的非货币计量性等特性，使得高校对教师流动投资获得的人力资本收益存在很大的风险性。因此，本研究认为，高校教师流动中的组织投资风险是指通过教师的引进、培养、稳定、流出的投资形式对教师进行人力资本投资，但由于受到不确定因素的影响，投资收益的不确定性或者损失发生的可能性加大。

高校对教师流动的人力资本投资的收益与企业有很大的不同，高校投资的主要目的并不是具体的经济利润，而是提升高校的办学质量和科学研究水平等，因此很难用具体的财务数据来准确计算。但毋庸置疑，高校在对教师流动的投资中，有可能存在办学质量、科研水平等没有得到提高或者不能达到预期目标的结果，这表明高校对教师流动的人力资本投资存在着风险。

9.2 高校教师流动过程中的组织风险识别

9.2.1 高校教师流动的组织风险类别

人力资本的流动是达到资源优化配置的前提条件，通过教育和培训等形成的人力资本要想实现价值增值，就必须凭借合理流动来达到这一目标。高校教师都是经过高深知识系统深入的教育培训后形成的具备特殊属性的、高水平的人力资本。高校培养教师的目的是提升教学科研质量并给学校带来良好声誉。对高校来说，教师的流动存在着一系列人力资本投资的风险，如流出的经济风险，人才流入的不确定性以及适应和磨合过程的资本损耗都是人力资本投资收益风险。本研究根据教师流动过程及风险发生的场域识别组织可能承担的风险，将其分为四种类别。

1) 高薪挖人风险

高薪挖人风险是指高校重金引进人才达不到预期投资收益的一种风险，一般出现在教师流入的人才引进环节。教师的引进是一项重要的人力资本投资，其目的是吸纳高层次人才的加入，例如院士、特聘教授、杰出青年学者、博士生导师、学术带头人等。学校给予的待遇水平和花费的时间精力都是一笔巨大投入，其目的是希望人才给高校的学科建设、办学质量、学术生产力等方面带来显著的提升，增强学校综合实力和影响力。

高校在引进优秀教师的过程中会产生成本，主要包括交易成本与实施成本。交易成本是指交易进行过程中所产生的各种相关资源消耗的成本，包括搜寻成本、信息成本、议价成本和决策成本，而实施成本指的是对应聘人进行选拔测试、应聘人体检、录用以及录用后安置等一系列复杂的投资活动所产生的成本。我国高校为了吸引优秀教师，会为不同层级的教师制定不同的薪酬福利待遇标准，一般包括受聘岗位工资福利待遇、引进人才津贴、安家费、住房补贴、科研启动经费、配偶安置等项目。此外，高校还可能根据教学、科研工作的需要，为重点学科带头人提供开展相关工作的平台和条件以及提供具有竞争力的工资待遇。

目前，各高校为抢抓"双一流"建设机遇，谋求"短、平、快"的办学效益，吸引"千人计划""国家杰出青年学者"等高层次人才，不惜重金引进人才，甚至"为求名师不惜血本"。诸如，华北某所大学给引进的首席科学家提供3000万元科研启动经费，杭州某所大学给院士500万元年薪，天津某所大学给院士500万元住房补贴，以及上海某所大学在人才招聘中给学科领军人才开出"800万元房补，100万元年薪"的该校史上最高待遇。

花费重金引进人才的高校不一定能成为最大受益者。首先，国内人才市场的白热化竞争使得高校之间"哄抬人价"，抬高了教师的招聘成本，加上高校尤其是省属地方性高校获得经费的渠道比较少，成本的不断攀高有可能抵消引进人才带给高校的收益。从现实情况来看，高校在人才引进时答允的待遇兑现以后，引进后人才资源闲置或其作用没有得到充分有效发挥的现象在一些高校普遍存在；其次，我国高校的财政支出中尚没有明确具体的"高端人才"经费项目，导致其他正常的教育事业费用被用来填补人才引进的高额费用。在财力资源有限的高校，尤其是财力处于劣势的中西部高校，无疑给院校财政造成沉重负担，而一旦人才经费出现了短缺或者薪资增长缓慢，被引进的教师很可能会被出价更高的高校挖走，给原高校的人力资本投资带来十分严重的损失。因此，单纯将注意力集中在引进人才的收益上而忽视高额的引进成本与潜在的机会成本，无疑给人力资本投资带来潜在的、不确定的风险。

2) 道德风险

道德风险这个术语最早来自于保险业，泛指由于委托人和代理人双方信息不对称导致代理人为追求自身利益最大化，危害委托人利益而不必为其承担责任的行为。高校教师流动中的道德风险是指教师流入组织的过程中，为谋求自身利益最大化而损害高校利益的机会主义倾向。

我国高校招聘教师的甄选方式通常采用的是非结构化面试，对引进教师的考察和评价往往依赖科研成果数量和职称学历等表面定性的因素，缺乏对应聘者的教学能力、学术潜力、学术志向、学术道德等综合素质方面的考察。高校与教师所掌握的信息是不充分的，双方出于追求自身利益都会采取有利于自己的行动。理论上讲，应聘者都应该恪守本分，如实描述自身信息，但有些应聘者，会出于各种目的提供虚假信息，比如，伪造简历和推荐信、虚构工作经验，从个人形象和学术成果等多方面包装自己，粉饰自己的缺点和弱点等。类似的例子时常见之报端，譬如前段时间引起热议的"南京某假博士以4万学位证书换取30万安家费"就是一个典型案例，庄某在研究生期间因犯罪判刑没能顺利毕业，花4万元获得假的博士毕业证书蒙混过关，而且面试时口才极佳，但对专业基础知识却不甚了解，经过校方调查证书编号才揭穿事实真相。这些学术造假事件给高校声望、名誉和社会形象带来巨大损失，造成的不良影响不小于引进他们所花费的有形成本。

教师招聘过程的实质是招聘者与应聘者双方的信息博弈。与汽车的"柠檬市场"相类似，处于信息优势的一方可以欺瞒信息劣势的一方，以签订聘用合同并获取与自身能力实际并不相匹配的薪酬，这就产生了逆向选择和道德风险。假设高校招聘教师时有录用和拒绝录用两种选择，教师则有欺骗和不欺骗两种选择，就会出现下面四种情况，类似博弈论中的"囚徒困境"。

表 9-2　高校招聘中高校和教师可供选择的行动方案

教　师	高　校	录　用	不录用
不欺骗		1	2
欺骗		3	4

在第 1 种情况下，高校录用了诚信的教师，同样在第 4 种情况下，高校不录用使用虚假简历的教师，这两种情况下高校招聘的道德风险很小，几乎为 0。但是，高校有可能因为种种原因录用了不适合本校需要的学术人员或者拒绝了合适的教师，这两种情况都会给高校带来损失。

在第 2 种情况下，高校拒绝录用合适的教师，必须重新寻找新的应聘者，既消耗时间，又花费更多的甄选费用。如果高校长期将适合学术岗位需要的教师拒之门外，将导致潜在的人才流入其他高校，形成"劣币驱逐良币"的现象。

在第 3 种情况下，高校因判断失误而录用了不合适工作岗位的教师，将给高校的运行造成诸多的成本负担：为不合适岗位需要的教师支付大量培训成本；不合适的教师不胜任工作造成成本上升；由于该教师不胜任工作造成的机会成本增加；支出解聘该教师的费用以及重新选择新教师的费用（培训成本的浪费；机会成本的增加；解聘教师耗费的费用；重新招聘新教师的成本）等。

3）人员配置风险

我国部分高校不重视教师流入后的配置工作，急于提高师资队伍的学历和职称层次，不顾及所引进教师的目标是否与学校类型与规划目标相吻合，导致和高校的总体战略出现偏差，影响学科建设与学校发展。不同岗位的工作内容和工作要求的特定性要求人的能力和素质与岗位相匹配，客观上要求学校根据自身的战略规划明确所需教师的能力和素质。譬如研究型大学需要的是科研能力较强的教师；而教学型大学侧重于教师的课堂教学、技能传授与沟通的能力。实践工作中，岗位配置应充分考虑教师的专业、学科、毕业的院校类别与层次等学缘结构。如果高校需求与人才需求不一致，教师潜在能力与职位要求有偏差，则会出现配置不当风险，也就是通常所说的人职不匹配。

人职匹配有四种情况：完全匹配、高度匹配、低度匹配与完全不匹配。前两种情况下，教师的个人潜能能够得到充分施展，教学科研能力能够得到磨炼与巩固；低度匹配与完全不匹配分两种情况：一种情况是个人潜能远低于该岗位所需能力；另一种情况是个人潜能远超过该岗位的胜任力，这两种情况都阻碍了个人潜能的正常发挥，不利于个人能力提升和组织竞争力的提高。高校不同层级的教师承担的岗位职责不同，人员配置结构也应与之对应。如果教授干的是助教的活，教授、副教授、讲师、助教之间的岗位权责模糊，就必然出现人员的配置风险。

如果引进的人才与学校职位要求不吻合，可能出现两种情况：一是引进教师的能力低于岗位要求，"劣币驱逐良币"效应就会放大，教师不能满足学校自身学科专业发展的需求；二是引进教师的能力远高于岗位要求。虽然这种高层次人才可以完成岗位的任务，但因其无法全部施展其才能而造成"消化不良"，且职位越高，对这类教师付出的聘用成本浪费就越大，这样就形成了风险收益的不对称分布。此外，由于高校现有体制原因，高校一般实行聘用试用期的较少，当出现人职不匹配现象后，若提前解聘，学校将承担经济违约责任；若不解聘，又会造成背离招聘目标，加重高校的成本负担，造成教师资源利用率低下，影响高校建设和发展的效益。

4）人才流失风险

高校教师的流动是双向的，既有教师流出高校也有教师流入高校，师资队伍处于动态平衡之中。一般来说，高校教师流动分为正常流动和非正常流动。正常流动是指一种合理的、良性的、双向的流动，能使高校教师队伍处于有进有出的动态平衡状态；非正常流动则是指适合从事教师职业的优秀人才迫于某种个人或环境原因选择从高等教育系统脱离，或流向其他院校，或失去积极作用的现象,使得教师队伍处于一种显性或者隐性流失状态,我们称此为教师流失。教师流失是教师流动的异化现象,给高校带来了人力资本损失和风险。根据流失的具体形式,可以把人才流失风险分为显性流失风险与隐性流失风险两种。

(1) 教师的显性流失风险

教师的显性流失是指教师与原来所在的学校脱离人事隶属关系,流动到新的工作职位的现象,显性流失既包括教师在高校系统内流动,也包括教师改行从事非教师职业。对高校而言,教师的流失必然造成有形与无形资本的损失。

第一,有形资产损失包括几个方面:①初始成本的损失。主要由招聘教师成本、配置教师的成本以及培训成本等构成。经过培养的教师离职的服务期越短,其消耗掉的初始成本所占的比重就越大。同时,教师流失后其岗位处于空缺状态,造成在一段时间内被闲置的岗位成本损失。②重置成本的损失。教师流失造成的岗位空缺需要及时补充,高校需要启动新一轮招聘,其重置成本与流失教师初始成本的构成完全相同,重置成本往往是流失教师成本的数倍。对经济落后地区高校而言,院校资金的短缺程度要大于发达地区高校。教师流失的风险意味着高校在招聘、培训、配置、使用、激励等环节的人力资本投资都将成为泡影。

第二,无形资产的损失。无形资产的损失主要是指教师流失职位空缺引起的学术效率下降,以及学术思想流失等非经济损失。无形资产的损失最突出表现为教师队伍的可能性"断层"。"队伍断层"是指教师结构中某一级别、类型的教师缺乏,关键功能的缺失制约队伍系统功能发挥的一种现象。全国各高校表现最突出的问题就是学术骨干和学科带头人短缺问题。从年龄结构上讲,我国高校青年教师所占比例较高,卓有声望的专家学者较少,学科带头人成为各大高校争相抢夺的对象。高层次学科带头人的流失和紧缺造成教师队伍中出现学术"断层"现象,中青年骨干教师和学科带头人的流失加上老教授的退休,可能导致教师队伍出现青黄不接的局面,严重影响正常的教学科研秩序,影响着我国高校建设和发展。因此,以人力资本为核心支撑的高校，特别是中西部高校在前期投入了大量资源后，一旦出现严重规模的教师流失，意味着学科系统的解散、人才培养质量下滑、学术生产力系统遭到破坏，将承担巨大风险，严重的教师流失还将使学术生态系统面临解体的风险。

（2）教师的隐性流失风险

教师隐性流失表现为"身在曹营心在汉"，它的危害性不亚于显性流失。它是指教师工作有效性和积极性的丧失，表示现在教师虽仍在原有岗位，却从事着与教师本职工作无关或关系不大的工作（如第二职业），是一种典型的"在编不在岗"的现象。这种在其位不谋其政的现象，不仅影响教师工作效率，而且会给高校造成不良的影响。

教师的隐性流失可分为利益驱动型的主动性流失与被迫性流失。比如有些职称高的教师被聘到其他学校做客座教授，身兼多职属于利益驱动中的主动性流失，而大多数青年教师为赚取外快补贴家用的行为属于利益驱动中的被迫性流失。他们均把精力过多地放在了校外兼职上，造成本兼职的本末倒置，难以保质保量地完成本职工作，有的教师甚至利用学校的资源为自己的第二职业服务。例如，某著名经济学教授被北京大学辞退，原因是该教授几年内没有到校正常上课，而在外身兼数职。教师隐性流失除了这种校外兼职型，还包括超负荷型、消极怠工型等。超负荷型是指教师的精力全部投入到科学研究或社会服务中去，使得教师对于教育教学工作应付了事，忽视人才培养的质量。隐性流失造成了学校内部优秀人才外流，平庸之辈难以流动，出现人才的"逆淘汰"现象。因此，高校教师的隐性流失，将降低高校的教学科研质量和学校的凝聚力，拉低高校人力资源的整体实力，造成了人力资本投资的风险。

9.2.2 高校教师流动的组织风险特性

1）客观性

从投资角度来看，高校人力资本投资行为开始于教师的引进阶段，持续到最终收益阶段，受环境的多变性和人的复杂性影响。这种投资的组织风险是客观存在的。首先是来自学术劳动力市场的风险。通常情况下，高校难以精准地预测学术劳动力市场需求的变化，无法准确地把握未来高校所需哪些专业领域人才，难以预测收益情况；其次是来自人力资本载体方面的风险。在投资回报期间，作为人力资本载体的高校教师一旦发生流出行为，将会使高校对教师的人力资本投资严重受损。因此，高校组织应认识到教师流动风险的客观性，以积极的态度正视风险并采取措施规避风险。

2) 不确定性

高校人力资本投资具有远期投资的特点，在此过程中存在各种不确定因素。高校教师流动给组织带来的风险同其他任何一种风险一样，是收益获得的不确定性或损失发生的可能性，是一种预期损失。其不确定性表现为：流动风险发生的不确定性，流动风险是否造成损失的不确定性，流动风险造成的预期损失程度的不确定性。由不确定性所导致的后果有两种：一种是导致风险的产生；另一种是出现风险逆转，实现转危为安，其风险变小的程度根据其逆转的量级而定。

3) 不规则性

高校教师流动的组织风险发生的领域、水平、频率、形式、时间、强度等完全是一种难以预测的组合，其导致的后果具有不确定性，对风险的控制十分困难。首先，由于教师的主观能动性造成的风险发生时间的不确定，即风险出现的概率很难用统计的方法计算出来，我们无法预测一个新教师流入高校会在进入后三个月、半年还是三年之后造成流动风险；其次，风险的大小和可控制程度也很难以预测；再次，风险产生之后乃至解决之后的负面影响，可能需要花上数年甚至更长的时间来消除或者无法根本消除。与高校的物质资本投资和金融资本投资不同，高校对教师进行的人力资本投资很难对投资收益进行控制和预测，这是因为教师的个人相关因素和外部组织相关因素存在很大的不确定性导致的必然结果。正因如此，高校应重视对教师流动的管理，力求将风险损害降到最低程度。

9.3 高校教师流动过程中的组织风险成因

高校教师流动的组织风险是由多方面因素造成的，既有外在的环境因素，也有内在的内部制度和教师个体因素。高校教师流动的组织风险是在内外因素的共同作用下产生的。

9.3.1 外部环境因素

1) 高校教师的市场稀缺性

近年来知识经济呈几何级数增长，高层次人才的培养不仅要以长期大量的人力资本投资为基础，而且高校对高层次人才需求量不断扩大，相比之下，人才的供给量相对缺乏。因此，知识经济时代高层次人才成为市场稀缺的重要人力资源。高校高层次人才的市场稀缺性是高校间"挖人大战"的主要原因。

随着近年来高等教育的蓬勃发展，高校教师队伍不断发展壮大，人数增长迅速。但是在外部市场，高层次人才数量却严重不足。具体来说，高校高层次人才的市场稀缺性表现在四个方面：杰出人才稀缺，学科带头人稀缺，创新人才稀缺以及学术骨干稀缺。中国权威人才研究专家王通讯提到："人才资源是第一资源，我们国家的人才总量已经达到了一定的规模，可是副教授以上的高层次人才占人才总量的比重不过5.5%，这个比例太少，而且老化现象严重"。高层次人才对于高校的建设发展、可持续竞争优势的形成具有重要意义，这些人才不但在高校内部具有不可替代性，而且在外部人才市场上更是重要的稀缺资源。即使当前高校对引进教师进行高额投资，却也难以得到最需要的人才。因此，高校间展开的"挖人大战"为教师的流动提供了契机，在以优秀教师为主导的卖方市场上，流动的教师享受着更大的主动权，但同时加大了高校间的高薪挖人风险。

2) 人才竞争市场的无序性

当前我国高校人事制度改革正如火如荼地进行，虽取得了很大的进步，但是依然存在一些问题：人才流动的机制仍然不健全，国家和教育部门还未建立起系统和权威的高校教师流动法律体系，尤其缺乏学术劳动力市场的预警机制，对于高校教师层次、学科专业结构、数量等供需矛盾缺乏调整机制，导致了高校教师劳动力市场出现严重的供需结构失衡。同时，各高校引进教师的规模和层次正逐步升级，从"长江学者"、"百人计划"到"千人计划"，再到"万人计划"，国家仿佛在大搞人才引进的"军备竞赛"。高层次人才的流动一方面在一定程度上是对人才价值的肯定，另一方面也造成人才竞争市场的无序性。一些急功近利的高校为迅速提升社会知名度，争创"双一流"开出各种福利待遇条件，大力引进其他高校的人才，互挖墙脚的恶性竞争局面由此展开，高薪挖人风险日益严峻。

由于目前高校的人才竞争市场处于无序状态，不少中西部高校被东部地区高校挖走了本就稀缺的人才资源。这对本就难以留住人才的中西部高校来说无疑是雪上加霜，不仅流失了科研人才，而且破坏了学科体系。正是由于教育资源分布存在很大的局限性、现实性和地区性，人才的无序流动加重了这种资源分配的不均衡，由此带来区域高等教育发展的差异性，特别是中西部与东部高校之间的差距越来越大。

3) 市场信息的不对称性

市场信息的不对称性是指在现实生活的交易中，由双方所占用的信息不同，而分裂成信息的优势方与信息的劣势方，其中一方往往拥有另一方没有的信息，由此产生信息不对等的情况。市场信息的不对称可以从两个维度来划分：一是与交易有关的信息数量在交易双方之间分布的不对称，双方所掌握的信息量不同，通常情况下是交易的一方比另一方拥有更多更全的信息；二是信息的相对性，即交易双方能够明确各自及对方在这场博弈中信息占有的相对地位不同、信息的占有和掌握是动态发展的，因此，信息优势方与信息劣势方的地位是可以互换的。但是，对相对信息占有的不对称会导致在交易过程中发生"道德风险""逆向选择"等问题，影响市场运行的效率。在学术劳动力市场交易过程中，院校无疑比教师具有更大的信息优势。

由于学术劳动力市场具有自发性、盲目性与滞后性的特点，加之高校教师以脑力劳动为主，具有不可复制性，通常很难对其产出效益进行量化核算，因此，若无法掌握教师的全面信息，高校则无法准确地考核教师的学术劳动效益；同时，教师对未来的学术产出效益也难以作出精确的预测与评估，因此，院校和教师都面临着流动所带来的风险。

首先，基于委托—代理理论，教师与高校是一种契约关系，教师作为代理人，依靠自身的人力资本来获取收益，其人力资本具有自利性，倾向流动的教师在流动前能够轻易地获取目标高校对于教师需求及其价格的信息，而高校却很难获得人力资本，尤其是其学术资本的信息，教师与高校属于信息不对称关系，容易诱发教师的学术造假等道德风险。其次，由于信息不对称，教师的劳动投入及产出很难在短时间内被观察到。第三，教师具有谋求自身利益最大化的机会主义倾向，可能从事与教师本职工作无关或关系不大的工作，这样高校与教师之间就容易产生一种低效率非协作关系，从而导致教师的隐性流失风险。

9.3.2 内部制度因素

高校教师流动是一个开放的循环体系，包括教师的流入、教师的培养和使用以及教师的流出三个环节。只有建立起一个"引得进、用得好、留得住"的流动系统，高校对教师流动的投资才能实现效益最大化。如果这三个环节在制度上出了问题，就会给高校带来投资收益风险。可以说，高校组织内部制度的不健全是高校教师流动的组织风险产生的最初信号。

1）引进制度不完善

（1）引进目标盲目攀高，缺乏成本收益评估

高校加大对引进教师的财力投入无可厚非，但现实却是一些高校招引人

才的过程中，不顾自身实际需要，过分看重名头，盲目追求高学历、高层次，硬性规定引进多少院士或者博士，人才引进工作实际成为高校的"面子工程"。目前，各大高校普遍推崇以"出身"论英雄，高校在招聘时经常以"985""211"高校毕业及具有海外学习背景作为门槛来对应聘者提出学历学位基本要求，在当前"双一流"建设背景下，这种门槛要求无可厚非。但是，对头衔、毕业院校层次类型及排名的追求容易忽视人才选拔标准和自身实际情况。为了在人才争夺大战中胜出，一些高校不惜高价引进与本校需求不符的高层次教师，造成引进的教师无用武之地，教师或因为"水土不服"败走麦城，或者因为"庙小吃不饱"而另择良木，往往会导致人才和钱财的双重浪费。高校对一纸文凭的迷恋和脱离理性的发展，容易把一些具有真才实学的教师人才拒之门外。院校的"高攀"行为在短期内可能满足某种需求，但长期来看，却潜藏着很大的人力资本投资风险。人力资本具有一定的排他性，若引进的教师不适应工作环境，将会增加人才引进的"内耗"成本，造成严重的资源浪费。

(2) 引进活动随意性大，缺乏有效测评方式

第一，高校开展的教师引进工作与学校整体人力资源规划不符。经常出现某个教师岗位空缺后，高校才考虑组织招聘的情况，这是一种临时性的应急招聘，存在很多不确定性。教师引进应充分考虑所聘人才的发展规划。不同区域不同类别的高校根据自身发展规划和定位差异而进行准确的区别判断，并对所聘教师的素质结构进行合理考察是人才引进的自然之道。然而我国高校在招聘教师时，常常受短期利益驱使，缺乏对师资队伍的规模、类型、层次、素质、结构做全面细致的和前瞻性的规划研究，引进人才具有较大的随意性，缺乏实际工作岗位的匹配性分析。若没有引进与该岗位相契合的教师，也会造成组织资源浪费。

第二，高校人力资源规划缺乏系统性与规范性。从招聘引进的流程来看，首先需要用人单位提出标准，比如学历、职称、年龄以及岗位工作要求等，然后人力资源部门对此进行汇总，在该环节中，人力资源部门要做的不应是单纯的统计工作，而应从学校整体角度出发，系统性地思考教师队伍未来发

展走向。否则，高校教师招聘计划就缺乏科学有效性，表面看来缓解一时之需，日后的缺陷就浮现出来，这是缺乏系统性招聘的后遗症。缺乏系统科学的人才招聘规划容易导致学科发展不平衡，甚至引起组织内部人员的恶性竞争、排挤，最终引起人才流失的风险。

第三，传统的高校人才引进测评机制不完善。人才测评是指综合利用管理学、心理学、计算机学等多种学科的方法，对所需人才的知识素养、能力水平、道德品德、发展潜力等多种素质进行测量和评价的一种科学方法。而部分高校传统的人才引进测评方式并不科学，仅从简历和档案中观察教师学历、工作经验和学术才华信息。用这种简单的测评手段来考察引进的教师，显然是不够的，也是机械化的，缺乏科学测评标准的测评方式，带有很强的主观随意性，录用与否完全由招聘人员决定，而招聘人员的构成虽然有院系教授等成员，但是院系自身的本位主义及个人喜好往往影响着招聘的取向，造成一些不合适教学科研岗位的教师流入到高校，诱发教师引进风险。

2) 培养使用制度不合理

(1) 人才重引进，轻培养

一些高校存在着"重外部引进，轻内部培养"的问题，人才培养存在短视行为。高校为了完成硬性指标，盲目的引进人才，而人才进入高校后，却忽视对教师的培养工作，直接影响人才效益的发挥。人才的引进仅仅停留在招聘环节上，而没有落实到日后的培养工作中。因此，稳定引进的教师队伍，尤其是青年教师的成长，后续培养十分重要。相对于引进教师的资金投入来说，很多高校在教师的入职培训及后期的培训方面投入资金较少，特别是缺乏对青年教师提供平台和学习进修的机会，缺乏一个长期的基于教师职业发展的制度体系。从人力资本投资的角度来说，高校引进人才，却忽视人才后续的培养发展，不能有效发挥引进人才的效能，高校达不到预期投资效益，增加了院校资本的损耗，也造成人力资本的浪费，引发人才使用风险。

(2) 考核重形式，轻实质

对我国高校教师的考核评价，通常比较重视量化指标的完成情况，忽视这些量化指标的可信度、实际意义以及所产生的效用。完成一定数量的教学科研任务、取得教学科研成果是高校对教师提出的基本考核要求。在实践工作中，对于教学工作，往往以教学工作量完成情况来进行考核，而对于科研工作，一般以教师每年公开发表的科研文章或其他科研成果的数量，或承担的项目课题及经费等来进行考核，这种考核方式易导致"重量不重质"现象的发生。在过分追求教学科研成果数量而忽略质量的学术氛围影响下，一部分教师忽视教学本职工作，在科研工作中弄虚作假，投机取巧，不求质量。从这个意义上来说，教师考核标准过分注重量化考核形式是导致高校教师学术造假等道德风险的"催化剂"。

(3) 激励制度不完善

教师是高校重要的人力资源，应该被尊重和认可。但是一些高校依然固守行政化的管理方式及强化式的科层式管理，行政化管理代替学术管理，教师得不到应有的尊重。行政管理方式所导致的官僚化，加速了优秀教师的显性流失与隐性流失。教师职业生涯发展规划与所在高校的未来发展密切相关，高校对新教师的职业生涯的考虑和设计具有不可推卸的责任。而一些高校实行企业化管理方式，忽视对教师职业发展的激励，仅仅把新招聘来的教师看成是企业集团内的一名员工，缺乏人性关怀和针对性的正向激励措施，教师缺乏工作热情。高校对教师队伍的管理，客观上要求以尊重人才为基础，以服务为目的，通过为教师创造良好的工作条件来激发教师的发展潜能。因此，激励制度不完善也会诱发组织管理风险。

3) 退出制度不健全

(1) 合同管理理念落后，缺乏有效约束

高校教师的退出制度是对因为各种原因而不再胜任本校教学科研任务的教师所设立的流动制度。这种制度本质上体现出学术劳动力市场中的"优胜劣汰"原则,是形成"能进能出,进出有序"的流动机制的基础,不仅能保证高校人力资源的合理配置,还能减少流动成本。然而,虽然我国高校聘任制已经实施多年,准入、考评制度已经逐步走向规范化,但退出制度却一直没有实现法制化、规范化,实践中执行困难。由于高校普遍采用定岗定编制的人事管理办法,高校对合同管理的意识比较淡薄。由于约束机制的不完善,高校与教师双方之间的关系并不明晰,聘用关系不受合同约束,高校对教师的管理缺乏合同约束,导致"能进不能出"的现象普遍存在。高校可以从外部市场引进教师,但一旦教师正式入编,无权让内部学术劳动力市场中的冗余人员流入外部市场,致使冗余人员不断滞留在内部市场之中。由于退出制度的不健全导致教师与高校建立起了人事关系之后,高校难以对其进行解聘。不仅难以解聘,而且还要承担退出教师的薪资福利,对师资队伍的新陈代谢造成了负面影响,加重了高校的财政负担,本质上也是一种组织风险的表现形式。

(2) 人力资本产权不清晰,教师退出成本高

人力资本产权涵盖了人力资本的所有权以及衍生在交易过程中具备的使用权、支配权和收益权等。与其他产权不同,人力资本产权可以共享。站在高校教师人力资本的视角观察,流入高校后的教师人力资本是源于高校和教师双方共同投资而积累凝结的结果,其人力资本并非教师单方面投资所得。这代表投资主体的多元化,但在人力资本的投资主体权利界限模糊不清的情况下,必然导致教师人力资本投资权益的分割矛盾。由于人力资本具有个人产权属性,教师对其知识技能拥有个人产权,倘若教师个人仅仅是按照个人意愿而不顾及高校意愿使用自身的人力资本产权,那么高校就会成为人力资本投资风险的主要承担者,不得不接受投资的损失[1]。现实中,由于高校组织与教师个人之间的投资权益不明晰,在教师流动的情况下,双方出现经济纠纷的核心在于人力资本产权的不明晰及难以分割和核算,加之信息不对称,高校总是成为教师流动过程中损失严重的一方,面临人才流失的投资风险。

---

[1] 唐博. 论高校人力资本投资风险及防范 [J]. 企业家天地旬刊, 2011 (01): 38-39.

9.3.3 教师自身因素

1) 个体的异质性

人的异质性包括经济地位异质性、天赋异质性、成长环境异质性、偏好异质性、期望异质性以及能力异质性❶。高校教师个体的素质和能力的异质性决定了人力资本存量的差异性以及学术资本增值的差异性，这种差异性使得高校对流入教师进行人力资本投资后产出效益也呈现出差异性。高等教育的功能是为人类创造知识，传授知识，传承人类文明，推动社会进步。实现这一功能最重要的条件是，高校教师群体是由真正对教学和研究有特殊偏好、具有创造力的学者组成的，并且教师具有较高的教学素质和科研素质。教师个体素质的不同使得教师岗位配置存在着非常大的差异性。这种差异性主要体现在两个方面：一是在配置类型上，有的教师拥有更多的教学资本，而有的教师拥有更多的科研资本，不同的教师拥有的学术资本类型可能是不同的；二是在配置数量上，即使不同的教师拥有的学术资本类型是相似的，但在数量上也可能存在很大差异，有的教师拥有渊博的学科专业知识，有的教师只拥有并不扎实的学科专业知识，不同教师的教学水平和科研能力决定了学术岗位系统资源配置的难度。因此，当高校在对教师投入人力、物力、财力成本的时候，将必然面临着学术岗位系统配置的风险。

2) 个体的有限理性

赫伯特·西蒙指出，人的决策具有有限理性的特征，即人的大脑信息处理能力是有限的，人们在进行任何有目的的行为决策时并不一定能搜寻到所有可能的方案，人们的理性往往是在其本能反应的理性之上的有限理性，这种有限理性使得人们在生产需求交易时产生风险。有限理性表现在三个方面：一是行为主体知识的不完备性；二是对行为后果预见的困难；三是在相对真实情况下，行为主体对行动方案考虑的不够全面。在高校中，由于每一个拥

---

❶ 钟陆文. 人的异质性假设及其经济学阐释 [J]. 求索，2006 (02)：10.

有学术资本存量的教师都受认知能力的限制,再加上环境的多变与复杂,他们在做出流动行为时,是无法做到完全理性的。正如阿罗认为的,"人的行为是有意识的理性的,同时这种理性也是有限的。"目前的教师流动大多数是凭借着自己的期望效用值而进行的行动,具有很大的主观性。一旦教师认为流动之后的期望效用值大于所在学校的效用值,教师将产生流动意愿。因此,在有限理性的决策下,教师作为"经济人"的流动行为往往是基于个体的收益得失考虑的,而不会考虑对高校发展的长期影响,造成教师个体流动行为与高校对教师投资的预定目标不符,双方的利益标准与目标偏好不一致,从而导致风险的产生。

9.4 高校教师流动过程中的组织风险防范

高校对教师流动风险进行防范的前提就是合理引导和利用其人力资本属性。高校教师流动的组织风险防范本质上要求依据高校教师人力资本的特点和教师流动的组织风险产生的机理,再结合高校的实际情况来综合考虑。毫无疑问,建立一套完善的"能进能出,能高能低,出入有序,人畅其流"的机制,形成流动中教师人力资本的正向效用,规避其消极作用的产生是有效防范教师流入与流出中产生人力资本投资风险的关键。基于教师流动带来的组织风险特性,高校教师流动的组织风险防范模型如图 9-1 所示:

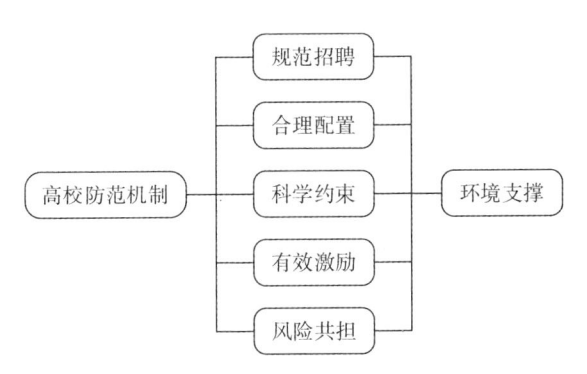

图 9-1 高校教师流动的组织风险防范机制

9.4.1 建立规范的招聘机制

降低教师流入环节中招聘引进的风险重点在于要建立一套规范的招聘机制，减少双方信息不对称带来的消极影响，使高校更准确地识别教师的知识和能力，节约教师引进的投资成本，避免人力资本投资的盲目性。

1) 树立成本收益理念

高校教师招聘引进工作是高校人力资本投资的重要组成部分。引进人才应突出"以用为本"，注重实用性，而不能仅仅追求高层次性。从经济学的角度来看，成本收益分析的核心观念是利用最小的成本获取最大的收益，只有预期收益大于成本，高校的人力资本投资才是有效的。教师引进的投资成本不仅需要考虑工资、安家费等货币资本，还需要考虑相关设备等实物成本，更需要考虑机会成本❶。高校不能仅仅为了学校虚名追求人才的高消费，否则会因不能兑现承诺导致人力资本流失和浪费。高额的引进成本和预期收益产生的价值增值并不一定成正比，高校必须警惕高额引进成本而导致低收益或人财两空的现象。引进人才的成败影响着高校未来的发展方向，高校在引进教师时应根据学校的实际情况进行人力资本核算，增强其回报和效益的预见性，评估新教师可能产生的效益，与学校的成本投入进行对比，择优选择最符合学校发展目标的教师，充分考虑新教师的使用效益。

2) 科学制定招聘计划

一份科学合理的教师招聘计划可以有效防止招聘人员的主观臆断，控制教师引进的成本。高校应明确长远目标，根据层次、类型和目标，本着特色立校、错位发展原则，结合高校实际定位，做好教师人力资本投资的规划。规划应能够比较准确地预测未来一段时间内教师的需求与供给情况，包括教师的层次、能力水平、学科专业、院校可能提供的待遇以及财政支持等信息。

---

❶ 李福华. 高等学校人才引进政策与人力资本投资风险 [J]. 清华大学教育研究，2010 (02): 96.

教师招聘规划应该包括以下几个方面：①哪些岗位需要招聘人员？招聘多少人？②每个岗位的任职资格是什么？③什么时候发布招聘信息？在哪里招聘？采取何种渠道招聘？④如何进行人员测试？是否委托专业机构进行？⑤招聘所需费用是多少？高校只有在对教师进行人力资本投资前制定好详细的规划，做好科学的岗位工作分析，才能在教师流动过程中对人力资本投资风险进行有效的规避和控制。

3) 丰富教师甄选方式

我国高校引进教师的甄选方式形式单一，存在考察内容不够合理细致，考核标准不明确等问题，容易造成道德风险与逆向选择风险，因而丰富教师甄选方式就显得尤为重要。教师甄选的测评方式有许多，比如笔试、面试、公文筐、无领导小组讨论等，每种方法都有自身的特点，适合测量不同的素质要素。不同的筛选方式对应不同的岗位类别，有助于教师人员的优化配置，发挥其才能。测评新流入的教师，需要有一套学术把关机制。首先需要对其简历进行审核，通过聘请同行专家对其研究成果进行真实性、先进性、前沿性评价，高学历高职称不应成为教师招聘的单一指标，全面了解教师的研究经历与研究潜力，才能真正了解应聘教师的情况，判断该教师能力和水平与学校学术岗位要求匹配程度；其次，考查理论知识和教学技能，以非结构化面试和专业课程试讲，测试教师的专业知识素养和教学基本功；再次，通过档案查阅、推荐信、网络信息测评以及去原单位实地调研等方式获得准确的信息。

4) 提高信息对称程度

提高高校与教师之间在招聘活动中的信息对称程度，实现两者之间尽可能的信息对称，可以降低教师流入组织的风险。提高信息对称程度有两种方式：第一，优化招聘渠道。广泛搜寻符合本岗位的候选者，提高合格者比例，降低招聘引进的风险和成本。内部举荐和外部招聘相结合，发挥教师招聘的最大优势，由于强连带的关系，优秀教师推荐的一般也是优秀的教师；通过互联网搜索相关优势学科高校并优先选聘其人员；在有影响力的媒体上发布招聘信息，聘请专业机构协助搜寻和筛选教师，扩大搜索渠道。在备选者人数充足的情况下，学校可以更好地识别应聘者的能力和水平，遴选出满足学校发展战略需要的教师。第二，增设预聘考核环节。高校引进高层次人才，除了鉴别教学科研能力，同时要考察其思想道德、学习背景、实践能力、合作精神等方面；此外，采用定期考核制度保证对流动教师的过程管理也很重要。

9.4.2 建立合理的配置机制

由于流动教师具有不同的学科专业背景，个体异质性明显，因此需要做到教师与职位相匹配。只有建立起合理的教师职位配置机制，才能尽量避免人员配置风险的发生，促进高校教师人力资本效益的最大化发挥。

1) 合理设置岗位类型

岗位的科学设置是建立高校教师合理配置机制的首要条件。衡量岗位设置是否科学可以从总量和结构两个方面考虑。一方面，岗位总量设置合理主要体现在：岗位数量有弹性需求，与学校规模相匹配；不同类别岗位数量与学校规模相匹配，重点关注教学、科研岗位的规模，不同层次的高校有不同的师生比标准；另一方面，岗位结构设置合理，主要体现在：不同学科专业之间岗位设置保持动态平衡；不同领域岗位设置基本维持均衡；同一领域不同层次岗位设置呈哑铃状；教学科研岗位和非教学科研岗位比例适当；岗位结构形式多样、保持弹性且能体现学校的层次和类型。为了促进教师队伍结构的多样化发展，西方发达国家高校教师队伍的扩充一般不考虑本校毕业生。如英国剑桥大学的教师数量庞大且来源广泛，主要来自1000多个学校和科研机构，其中教师比例最高是来自牛津大学的毕业生。同样的现象也出现在哈佛大学和德国柏林大学，这两所高校教师队伍中均有10%以上是分别来自斯坦福大学和慕尼黑大学。借鉴国外高校在人才引进方面的经验，不难发现，通过校外多渠道引进人才，有利于优化岗位结构，建设一支多层次，动态稳定的教师学术梯队。学术梯队建设恰恰以人才多样化为前提,将"术业有专攻"的科研人才、教学学术人才、实验人才以及授课型人才等科学合理地配置在不同层次类型的教师岗位上,形成以长聘教授为核心,其他层次类型聘任教师为外围的"橄榄型"的高素质、高水平的教师队伍结构。

2) 选择弹性配置方式

规避教师人员配置风险的根本目的是为了保持高校教师队伍的动态稳定,提升教师的工作效率,防止拔尖人才和骨干教师的流失。高校人事改革的方向应朝着取消人身依附行政关系的编制管理体制,建立学校与教师之间多样化聘任合同的方向进行。教师的岗位配置变得更为灵活,配置方式的弹性化展现出多样化和灵活性的特点,继而从效益与成本分析的角度,选择最合适的教师资源配置方式。

教师工作岗位分析和建立胜任模型是两种较为有效的教师配置策略,对高校选聘教师具有很强的借鉴意义。首先,人岗适配的"桥梁"在于对教师学术岗位进行透彻分析,这需要高校人力资源部门细致而专业的工作作为基础,在人才引进过程中充分考察此岗位与学校发展的联系,需要的职业能力;其次,"胜任力模型"能够很好地区分出教师水平的优劣,找出最符合岗位工作的教师人选。胜任力模型在"冰山模型"和"洋葱模型"的基础上产生,有其解释力。如果将教师的能力分为几大类别或几种层次,能够测到的能力只是冰上部分,难以测量的是冰下部分,而冰下部分占据了很大比例,这就需要引导学校重视道德素养、特质与动机等不能直接评价的"冰下"部分的素质指标。因此,降低教师人员配置风险,高校应结合本校特色,自主设计出一套教师职位胜任力模型,使指标系统可操作化、可量化、具备灵活性。胜任力模型一定程度上能够避免教师工作配置不合理的情况,准确识别高校教师的胜任要素与劣质能力情况,提高教师配置的准确率。

9.4.3 建立科学的约束机制

教师与高校的双方关系是靠不同的契约制度来维护和约束的,建立高校教师流动风险约束机制的关键在于制定一系列内部的管理规章和制度，来控制及约束高校教师无序流动的风险。合理的约束机制对规避教师显性与隐形流失的风险具有重要意义。一般而言，约束机制包括契约约束和考核约束两种。

1) 契约约束

(1) 合同契约

为了降低教师流入、培养与流出中的人力资本投资风险，学校及其他教研机构需要增强契约意识，建立契约保障机制防范违约风险。教师合同应准确地界定人力资本的使用权、所有权、奖惩权、收益权，明确规定学校和教师的收益和风险承担责任。合同应对聘任入校教师的薪资福利待遇、合同期限、违约责任以及人才资源的收益分配与相关条件做出明确规定，这样才能降低交易成本，提高人力资本的利用效率。

建立完善的聘任合同应注意以下几个方面：①聘任关系平等。高校、教师双方是平等的利益主体，互有相关的权利与义务，订立聘任关系是基于于双方的自愿选择，教师拥有自由选择岗位的权利，而校方具有选聘和解聘教师的权利。②聘任关系契约化。对引进的人才如"长江学者""千人计划""杰青"，应遵守契约约束，在规定期内不能跳槽。教师和学校双方通过订立聘任合同的方式，明确双方各自享有的权利和应负的义务。③实行任期制。聘任合同应该明确标明相应的服务期限，改变职务终身制和人才单位所有制，建立以合同管理为基础的全员聘任制，有效激励高校人才资源实现优胜劣汰。④实行双边竞争和双向择优机制。高校教师凭借自身的教学和科研能力竞争上岗，学校根据实际情况择优录用，学校和教师双向选择。此外，聘任合同还需要对流动教师的行为、违约或过错承担责任作出明确提示，进一步强化教师对引进、工作、流出过程中的学术造假、违约等行为的责任承诺，从法律制度上规避教师道德与流失风险。

(2) 心理契约

劳动契约只对双方劳动关系具有约束力，高校内部劳动关系的稳定与和谐还需依赖于隐性的心理契约。心理契约是指聘任双方对在劳动关系中应承担的责任和义务的一种主观心理约定，约定的核心内容是聘任双方内隐的不成文的相互责任。心理契约是双方共同建立起来的，义务的履行也是双向的。

首先，高校应该遵守对教师的承诺。如果教师认为自己履行了义务，但学校许下的承诺却没有实现，就会有沮丧和受欺骗的感觉，可能采取申诉维权的方式维护自己的利益，并诱发离职、消极怠工等隐性流失风险。因此，学校首先必须遵守对教师的心理承诺，激发教师的积极性和工作动力，使其具有较强的责任感和归属感，不断强化教师对学校和学科的忠诚。其次，应适时修正、调整心理契约。心理契约是动态发展的，它会随着社会环境和个人心态的变化而变化。同时，教师也应充分发扬主人翁精神，把自身的心理预期目标置于学校发展目标的基础之上，即把自身要求与学校的目标融入在一起，实现互惠共赢。

2) 考核约束

教师工作业绩考核就是高校人力资本投资的直接反馈。一方面可以充分鉴别老师的教学与科研水平，提升教师满意度和公平感，降低教师的显性和隐性损失的风险；另一方面可以促进教师提高工作业绩和高校的人力资本投资收益水平。

一般情况下，高校教师评价只看重一些科研成果量化指标，不注重这些定量指标的可信度。针对这种不科学的定量评价方式，可以尝试打破教学和研究之间的界限，基于不同的岗位考核标准进行考核。这样教师可发挥所长，根据自身的特长和兴趣确立考核指标，擅于教学的教师可以承担更多的教学任务，专注科研的教师亦可以在研究上投入更多的时间和精力。对于科研价值高但却无法在短期内发表的研究成果，可适当增加其在科研统计中所占的比重，从而鼓励教师从事这类具有一定风险性的研究[1]。此外，处于不同发展时期的教师应有不同的评价标准。教学型教师以人才培养为主，因此对其工

---

[1] 邓明莉. 我国高校海外人才引进的风险管理研究 [D]. 上海：复旦大学，2008：36.

作成果的评价主要以人才培养质量为标准，评价周期为学期或学年；科研型教师常年承担科学研究任务，评价标准要以发表有影响力的论文、专利技术以及成果转化收益为主，评价周期可以适当延长。对于聘期考核不合格的教师，实行高职低聘，其待遇按照被聘职务执行，连续两个聘期考核不合格者，根据聘任合同的约定进行处理。只有真正建立并实施"能上能下、能进能出、优胜劣汰"的教师退出和淘汰机制才能有效保障高校人力资本投资的效益。

9.4.4 建立有效的激励机制

高校教师人力资本不同于其他资本，高校教师是流动性极强的可共享资本，一个教师的知识、技能、能力、体力可以被多个高校共享和重复使用，并且任何高校要使用其人力资本都须得到教师的主动配合。因此，高校教师的激励机制能否发挥最大效度，直接关系到教师对待工作的士气。激励方式不妥，会使教师产生工作懈怠，甚至会产生辞职流出的行为，导致高校教师人力资本投资的流失风险。因此，高校应采用多种激励方式，相互促进、相辅相成，形成统一有序的激励机制系统。

1) 物质激励

人对物质利益的依赖是与生俱来的，没有物质就没有生活，它保障了人的最基本的生活、安全、自尊等方面的需求。因此，高校需要充分保障教师的物质利益需求，持续不断地提高工资福利激励水平。为此，高校应为不同层级教师提供差别化的、有竞争力的薪酬待遇，设立专项基金，支持骨干教师和学科带头人的科研工作，完善相应的收入分配制度。工资与福利是教师工作的回报，也是促进教师为谋求更多幸福生活而保持工作积极性的重要动力来源。物质激励应注重建构合理的薪酬结构，在突出竞争性的同时又能保证内部公平性，实行差别化薪酬待遇是对不同层次类型教师工作成果的一种认可。

2) 精神激励

相比较物质激励来说，精神激励更能满足教师更高层次的需要。在对教师实施物质激励的同时，高校还应针对不同类型的教师，如年龄、职称、性别、学科的教师采取合适的精神激励手段。精神激励主要通过表彰、宣传、授予荣誉称号等形式来表达，是一种持久的起主导作用的激励形式，对教师的行为发挥着激励、调节和增力的作用。精神激励可分为正向激励和负向激励两种。奖励是一种满足教师的物质和精神需求的正向激励，而惩罚则是对教师不合理行为的负向激励。正向激励措施以物质奖励为主，以精神激励为辅，先物质奖励后精神激励，才能发挥激励的最大优势。负向激励措施主要面向工作态度较差、工作情绪低落、工作成果平庸的教师进行必要的处罚。

3）情感激励

情感需求是人的基本需求之一。人类所有的认识活动都与情感活动密不可分。管理学家据此提出情感激励理论，又被称为"爱的经济学"理论。这种激励理论的实质是无须投入经济资本而是通过关心、感情投入而获得产出。情感激励表现为学校与教师保持密切的心理联系，尊师重教，排除教师心理上的疑惑，使其以饱满的热情面对工作。"管人重在管心，管心重在管情"，高校及时掌握了教师思想活动，就能晓之以理、动之以情，使教师的情感得到充分满足。当高校与教师彼此之间建立起情感纽带，教师就愿意倾诉内心的烦恼，也愿意为学校发展付出更多努力。

4）职业发展激励

在知识经济占主导地位的社会里，作为典型知识型人才的高校教师，发展空间相对较广，教师的人力资本需要持续充电学习才能在激烈的竞争中立于不败之地。高校教师为了在激烈的学术劳动力市场竞争中获得竞争优势就必经不断增加自身的学术资本存量和价值。职业发展激励是从教师的人生指向角度出发，将教师个人发展和高校组织发展紧密地结合在一起。高校可通过构建有效的教师职业生涯规划来实现教师与高校的互利共赢。职业发展激励可以帮助高校建立教师梯队，建立学术声望，在规划的制定与反馈的良性循环中，明确教师职业的目的和深层次需要。

9.4.5 建立风险共担机制

由于学术资本是依附于教师个人身上的，当教师流动时，教师所蕴藏的学术资本必然会随着教师流动而流动，流进的高校获得学术资本收益的同时，也意味着流出的高校对教师投资的损失。因此，建立起高校与教师之间、流进与流出高校间的风险共担机制，有利于减少教师流动过程中高校人力资本投资的损失。

1) 建立人力资本产权制度

在防范高校教师人才流失的风险方面，建立合理的人力资本产权制度是基础。只有建立科学合理的高校教师人力资本产权制度，才能有效评估高校投入的人力资本成本和收益，进而使高校人才管理部门获得准确的人力资源信息和资料。高校定期对人力资本产权进行评估，摸索出相对有效的评估方法，有利于形成良好的人才发展评价机制。对于不合理的教师流动，高校可以有效评估因人力资本产权流失而带来的损失，并要求流入组织和流动教师给予相应的人力资本投入补偿。人力资本产权制度需要体现公平、合理、具体的原则，并形成制度约束，从而尽可能减少高校因人才流失风险造成的损失。

2) 创新人才流转制度

教师在人才市场上频繁流动，必然带来人才价格竞争性大幅度上涨。一些高校投掷重金引进的教师，很可能在获得一些科研成就的初期，被出价更高的其他高校挖墙脚，导致原有用人高校的投资损失，无法从人才的流失中获得合理的补偿，使高校陷入"培养人才—流失人才—再次培养—再次流失"的怪圈。防范高薪挖人风险，创新高校之间风险转移的"转会制"是关键。

"转会制"是一种有效可行的人才流转制度，即在不同地区高校之间建立人才"转会"平台，推行转会制度。在人才选择与获得方面，教师与用人高校可通过"转会"平台，寻找自身所需要的岗位或师资。同时，人才获得的高校需要公开地在平台上以"转会费"的形式给予流出人才高校合理补偿，用以弥补因"转会"而对流出人才高校造成的损失。其中,"转会"平台需要合理限定"转会支付金"。一方面,可以根据个人的聘任合同期限和取得的科研成果进行分项设置;另一方面,通过科学测算不同层次类型人才的投入成本进行分类补偿。

9.4.6 创造良好的环境支撑体系

创造良好的学术环境支撑体系可以从扩大教师参与高校事务管理的程度和营造宽松的教学科研氛围两个方面考虑。

1) 扩大教师参与管理的程度

一方面,高校要提高教师参与决策的意识,扩宽高校教师参与民主管理的渠道,及时了解教师的诉求。譬如,巴黎大学采取民主管理的方式,积极倡导教师参与校政,形成了最高决策机构大学理事会,负责人、各专门委员会、系主任等都由教师、研究人员等层层选举的制度,突出了学术管理为中心而非行政管理为中心的管理体制。另一方面,高校可以通过完善教代会、学术委员会、教师聘任委员会制度,切实让教师参与到学校和学科管理之中。教师积极参与院校管理的合理需求得到了充分保障,人才流失风险的可能性才会减小,教师对学校的归属感以及团体之间的凝聚力才会增强。

2) 营造宽松的教学科研环境

良好的工作环境是高校吸引和留住人才的关键,也是规避人才流失风险的必然选择。宽松的教学科研环境包括硬件环境和软件环境。硬件环境主要是指教学设施,科研设备等基础设施,舒适的办公环境和一流的科研教学条件能够提高教师工作的效率,保障教师的身心健康,减少教师的隐性流失风险。相比较硬件环境来说,高校的软件环境建设更为重要。软件环境主要包括高校的文化底蕴、学术氛围、人际关系等。校园文化能够教化人、塑造人和熏陶人。高校应特别注重培育以办学理念和价值追求为特征的大学精神文化,形成以道德观念和纪律习惯为特征的制度文化,充分发挥校园文化对教师的凝聚、引导和鼓舞作用,最大程度防范和化解高校教师流动的组织风险。

第10章

高校教师流动的政策改进

从2013年到2017年,中共中央、教育部密集发布了多个重要的政策文件,就深化人才发展体制机制改革,引导高层次人才合理有序流动,加强和规范高校人才引进工作,加快直属高校高层次人才发展等方面提出了明确的指导意见。这一系列政策文件的出台对于促进高校人才合理有序流动,创新高层次人才流动体制机制,实现高层次人才队伍规模、结构和质量的建设目标,推动形成具有中国特色和国际竞争力的高校人才制度体系和发展环境具有重要的意义,是今后一段时间内指导高校人才流动(包括教师流动)的方向性政策。在这些重要而有价值的政策文件中,有一个政策关键词被反复提及。这个关键词就是合理有序流动。合理有序流动既是中央政策的方向指引,也是高校指导人才流动工作实践的主要依据。那么,何为合理流动?何谓有序流动?无论是政策还是实践,都语焉不详。因此,如何对高校教师合理有序流动进行理论解释就成为一个值得研究的问题。

10.1 高校教师流动：合理性及有序性的理论解释

10.1.1 何谓合理性

1) 基于政治哲学的解释

合理的本义是合乎事物发展的基本规律。理为道理，指的是事物发展的一般关系和普遍规律，即合乎事物发展的整体规律。

美国哈佛大学政治哲学家罗伯特·诺奇克（Robert Nozick, 1938—2002）在《合理性的本质》一书中认为，人类理性选择及信仰的这种独特的能力是人类社会长期进化的结果。他将合理性分为功能合理性和本质合理性两个方面。他认为，人们像机器一样顺从地处在自己分工的那一个环节，会像机器一样发挥自己的社会功能，使社会稳定运行，但同时人们却失去了独立思考的能力与意愿，满足于现状，便是功能合理性。[1] 本质合理性则是指人是具有主观能动性的、有追求与批判性思维的社会人，认为自身有责任积极参与社会之中，这便是本质合理性。简言之，功能合理性的目标是促进系统功能稳定有序，而本质合理性的目标是促进人作为主体功能的充分发挥。由此看来，功能合理性和本质合理性的统一才是完整的合理性。如果社会系统和个体追求的目标不一致，那么功能合理性和本质合理性就存在着矛盾。

2) 基于行政法学的解释

行政法学视角下的合理性分为行政合理性原则和行政合法性两个方面。行政合法性是指行政行为应当符合立法精神，符合公平正义等法理理性。行政合法性要求行政行为要符合法律的立法目的，具有正当的动机，符合行政行为发展的基本规律，符合公平公正的基本法则。

---

[1] 罗伯特·诺奇克. 合理性的本质 [M]. 上海：上海译文出版社，2012：194.

行政合理性是行政合法性的基础和内核。行政行为不仅要合乎立法精神，还要合乎行政行为的情理。行政合理性要求行政机关的自由裁量权体现合情、合理、恰当和适度的基本原则。合理不一定合法，合法也不一定合理。在这个过程中，行政机关的自由裁量权就应遵守行政合法性原则和行政合理性原则，实现两者的和谐统一。

10.1.2 何谓有序性

自然辩证法中"有序"的含义包括三个方面：一是空间上具有整齐和规则性；二是时间上具有周期性、预见性或可测性；三是在条件上有必然的因果关系，有其因必有其果。而无序正好与有序相反，通俗讲即混乱，是指无论是在时间上，空间上，还是因果上都缺乏内在的关系。

1) 无序与有序

"序"的基本含义为一个系统中多因素之间的排列规则。常见的词语搭配有顺序、秩序、次序、工序、程序、序数、序列等，表达的都是一种有规则的排列状态。"序"不仅表现为空间结构的规则性，而且反映了演化的规律性。因此，广义的序或有序一般是指在一个系统中事物或系统构成要素之间有规则的联系和秩序。❶ 由此可见，序是一个整体性概念，不能孤立的存在，只能在一系统中产生和形成。

无序与有序具有辩证关系。首先，在一个系统中，自发的状态大多是无序的，系统内部各要素在特定的环境中自发产生。在自然界物竞天择适者生存的规则下，系统逐渐变成有序。因此，有序是在无序基础上产生的；其次，无序又是有序导致的。比如，每个生物个体的活动都是有目的、有计划的，即表现为有序性。但每个生物个体的活动都有各自的目的和活动方式，这样就必然导致整个系统的无序性。

---

❶ 武杰，李润珍，程守华. 从无序到有序——非线性是系统结构有序化的动力之源 [J]. 系统科学学报，2008（01）：13-18, 24.

2）有序的结构

何谓有序的结构？既然有序是系统中有规则的排列秩序，那么就存在有序的结构。有序的结构是按照一定的"理"而形成的稳定性较强的、存在稳定的时间、空间或者因果关联的排序结构。而无序的结构则是一种不确定、随机性和无规则的结构。

无论是自然界还是社会领域，有序和无序都是普遍存在的。在社会领域，人们更加偏爱有序的结构，有序的结构带来的是社会的稳定秩序。结构越是有序，社会的稳定性也就越强，社会的不确定也就越小。事实上，这是一种理想的状态，因为社会中的人和事物是不断运动变化的，不断运动和变化的事物总是试图打破原来的稳定结构，因此，处于微观领域变化中的因素总是呈现出一种无序的结构。纯粹意义上的有序结构和无序结构都是不存在的，两者是不断变化的，它们之间的关系是矛盾统一的，互相依存的。

3）有序和无序的关系

由于有序的结构可控并且具有稳定性，更能够满足社会发展的需要，因而有序的结构是社会系统追求的目标。但是，这种有序的结构并非是"真正"的有序，有序中总是蕴含着许多无序；同时，一个过于稳定有序的结构并不能完全适应不断变化的社会发展的需要。因此，有序和无序总是不断变化的。

有序与无序是一组相对概念，如果说有序是指客观事物或系统构成要素之间有规则的联系、运动和转化，那么，无序则指客观事物或系统构成要素之间无规则的联系、运动和转化。在以往对无序的理解中，人们往往将无序和混乱联系在一起。❶ 埃德加·莫兰（Edgar Morin）却在无序的概念中注入了生命的迹象。一方面他认为："如果说有序使我们可能预见从而可能控制，那么无序则带来面对不可控制、不可预见、不可判定的东西的不确定性所引起的焦虑。"❷ 无序包含着几个层次：第一，无序是一个手提箱式的概念，它包

---

❶ 武杰，李润珍. 非线性相互作用是事物的终极原因？[J]. 科学技术与辩证法，2001（06）：16.
❷ 埃德加·莫兰. 复杂思想：自觉的科学 [M]. 北京：北京大学出版社，2001：166.

含着无规律性、变异性、不稳定性、耗散、碰撞、不测变故等内容；第二，所有这些无序现象具有共同的成分：随机性或偶然性；第三，偶然性向我们剥夺了任何规律和原则来认识一个现象。另一方面他又说："无序的存在与我们宇宙的进化不可分离。无所不在的无序不只是与有序对抗，也和后者奇妙地合作以创造组织。当然，随机的相撞以及动荡，因而也以无序为前提，但它产生了物理的组织（原子核、原子、星体）和最初的生物。因此无序产生了有组织的有序。同时，存在于各种组织的起源中的无序，也不断地用解体威胁着组织。"❶ 这样，埃德加·莫兰的解释就将有序与无序紧密地联系在了一起。

我们看重有序，追求有序，因为有序代表合理性和前进性，而无序代表随机性和偶然性。但我们不能漠视无序的存在和作用。一方面有序和无序是不可分离的，没有绝对的有序，也没有绝对的无序；另一方面，有序是从无序中走出来的，无序能提升有序的层次。耗散结构就是一种通过涨落从无序中走出来的有序，一种经过提升的有序结构。对此，莫兰认为"一个严格的决定论的宇宙是一个只有有序性的宇宙，在那里没有变化，没有革新，没有创造。而一个只有无序性的宇宙将不能形成任何组织，因此将不能保持新生事物，从而也不适于进化和发展。一个绝对被决定的世界和一个绝对随机的世界都是片面的和残缺的，前者不能进化而后者甚至不能产生。"❷

有序和无序是对立统一的，有序和无序之间的区别是相对的。任何自然系统都不可能处于绝对有序或绝对无序的状态。一方面，没有离开有序的绝对无序，事物即使处于毫无秩序的混乱状态，其内部也包含着有序的因素；另一方面，也没有离开无序的绝对有序，例如人脑是一个高度有序的系统，但也并非绝对有序。人脑的进化并没有走到终点，它还要不断消除自身的无序，向更高的有序状态发展。这也就是说，系统不可能完全有序，也不可能完全无序。"混沌序"就是一种镶嵌在无序中的有序，是一种更高级的有序

---

❶ 埃德加·莫兰. 复杂思想：自觉的科学 [M]. 北京：北京大学出版社，2001：156.
❷ 埃德加·莫兰. 复杂思想：自觉的科学 [M]. 北京：北京大学出版社，2001：159.

性。有序和无序不仅相互渗透，而且在一定的条件下可以相互转化。❶

10.1.3 高校教师流动的合理性与有序性

1）高校教师流动的合理性

对于高校教师流动来说，合理性的核心在于对"理"的理解，或者是对高校教师流动规律的理解。高校教师流动规律包括两个维度：一是高校教师流动符合教师个体发展规律；二是高校教师流动符合国家、市场、社会发展的规律。只有同时符合教师个体和国家、市场、社会发展的规律，高校教师流动才符合流动的合理性标准，才是合理的流动。

高校教师流动的"理"包含了四个方面：政府之理，院校之理，个体之理，市场之理。

政府之理，是社会公平与正义之理。政府之理主要体现在对公共资源的合理配置上，通过命令和控制来形成合乎公平与正义的社会治理结构，运用治理体系以形成合乎公平与正义的流动秩序，平等地分配权利、权力、资源和义务，满足院校和教师流动的价值需要。

院校之理，是院校发展与声望之理。院校之理主要表现在获得政府和市场的资源，使院校学术活动满足院校发展战略的需要，形成合乎院校发展规律的治理结构，提升院校声望和服务社会的能力。高校教师流动的院校之理就是满足院校发展的需要。

个体之理，是地位获得与提升之理。"水往低处流，人往高处走"是自然界和社会领域人口流动的基本原理。何为高校教师流动的高处？就是指比现在所处的位置更高的地位。获得更高的地位，拥有更崇高的社会声望就是教师流动中的"高处"。对地位的分析要基于人性的基本假设，如经济人追求的主要就是财富，政治人追求的是权力。一般而言，对于学术人才的流动来说，由于院校本身就是一个学术文化组织，学术人员的流动本质上是学术资本的

---

❶ 李曙华. 从系统论到混沌学[M]. 桂林：广西师范大学出版社，2002：128.

流动，学术资本很难带来巨大的财富和显而易见的权利，因而学术声望是教师个体社会身份的象征，是个体之理。当然，声望也可以带来权力和财富，但这些显然是其副产品。

市场之理，是职业选择与资源竞争之理。 计划经济时期，教师发展的平台、收入、声望都是被规定的，加上单位人事制度的管控，人才流动既缺乏内在动力，也缺乏院校的强劲拉力，流动频率低，人才被依附或者黏贴在所处的组织之中。但在市场经济时代，尤其是学术劳动力市场不断完善的时代，高校教师拥有自主选择权，通过市场确定流动的市场价值，调节学术劳动力的供需关系。同时，学术劳动力市场具有竞争性，能发挥优胜劣汰的功能，甄别在市场流动的教师能力，继而为学术劳动力市场供需双方提供人才资源。

高校办学自主权下放以后，政府公共政策中的效益优先战略，决定高等教育必须走重点发展的道路。这种效益优先战略是指通过政府或者第三方机构对院校进行评估和筛选，确定优先支持的院校和学科领域，从而实现赶超的目标。从"211工程"、"985工程"，到"2011计划"，再到"双一流"建设计划，均体现了政府配置资源的方向，符合政府一个阶段的发展需要，因而是具有合理性的。但是，双一流建设等重点工程计划必然导致院校之间的资源差异，一些院校和学科获得了优先发展的机会，对高校教师流动产生强大的吸引力。容易导致强者恒强的"马太效应"。但是政府之理又在于社会的公平正义和资源的合理配置，客观上又要保障不同地区、院校学科的公平发展权利，结果导致了高校教师流动过程中的发展悖论。因此，高校教师流动的合理性体现在我们需要建构一个能够满足政府之理、院校之理、教师个体之理和市场之理四者和谐统一的教师流动结构。当然，随着社会体制及社会保障制度的逐步完善，人才流动的政策障碍逐步消除，高校教师流动成为常态，以市场为主导的高校教师流动机制的形成将更有力地推动教师的合理流动。流水不腐，户枢不蠹，高校教师流动对于教师个体、对于组织、对于学术共同体，对于整个国家和民族的科技实力的提高具有重要的价值，形成具有国际竞争力的学术系统更是教师合理流动的必然结果。

高校教师流动应回归学术之本质属性，高校教师流动的共同之理在于：能够持续促进学术的进步与发展,促进一个国家学术共同体的整体创新能力的快速提升;能够持续促进一个国家人才培养质量的提高;为国家经济文化科技建设提供更加优质的服务,有助于更快更好地促进中华民族复兴梦的实现。

2) 高校教师流动的有序性

高校教师流动的有序性是指教师流动是有条理、有规律、有规范的流动。条理性体现在高校教师流动按照一定的社会秩序进行流动,不是混乱和无序的流动;规律性体现高校教师流动过程中形成有规律性的社会流动网络结构;规范性体现在高校教师流动的各要素之间、学术系统与外部环境之间,按照已确定的方式展开的有条理、有次序的运行状态。对于一个有组织的社会主体来说,权威的社会规范、稳定的社会关系、规律的社会行为、可控的变化机制,是判断社会合理有序秩序的标准。

无序是指混乱无规则的状态。根据学术共同体结构被破坏的方式和程度,可以将教师流动的无序现象分为流动理念无序、流动意愿无序、流向无序、流动价格无序等若干个方面。高校教师流动的无序状态能够影响学术劳动力市场的性质,改变院校人力资源结构,继而改变学术共同体的价值取向,导致学术生产活动的无序。因此,应对无序加以规制。

正确有序的流动理念是政府、院校、市场和教师个体需要共同遵循的价值观。流动理念的共同价值观就是要促进学术的发展和人类智慧的增长,培养引领和满足国家发展需要的高素质人才。任何和有序共同价值观相悖的流动理念都是无序的价值观。

(1) 高校教师无序流动的表现形式

高校教师无序流动的表现形式主要有以下几个方面:

流动意愿无序是指在教师流动过程中由于个体流动的意愿和动机不同,影响教师流动的因素也不同,而在系统整体上表现出的流动意愿无序的状态。

流向无序是指在教师流动过程中由于个体流动的意愿和动机而导致的流动的方向呈现出随机性和无规则的特征,教师流动方向多种多样,方向各异。

流动价格无序是指在教师流动过程中由于院校财政支付能力的差异,以及对于不同层次类型人才需求的多样性，缺乏一种稳定的流动价格标准，而导致的学术劳动力市场的恶性价格竞争，形成了高层次人才流动的无序竞价机制。

高校教师无序流动尽管存在一定的合理性，但是破坏了学术劳动力市场的基本结构。对于一个社会组织而言，尤其是对于学术系统而言，人才的恶性竞争必然造成资源的浪费。

高校教师流动的无序竞争是指院校非理性地、盲目地就人才流动展开价格竞争，其目的在于满足院校需求和获得政府资源的需要，本质上不是为了学术发展和进步。有序的竞争是非零和博弈，处于竞争的双方通过谈判、合作实现双赢。

（2）零和博弈下的无序流动

既然高校教师流动对于高校教师个体发展、院校战略目标的实现、学术共同体的团结和发展、政府促进社会公平正义的价值选择以及形成学术劳动力市场资源的合理配置都具有重要的意义。那么，为什么会出现高校教师流动的非理性的、无序的恶性竞争呢？原因在于，高校教师流动的利益相关者各自具有不同的价值和目标诉求，存在各异的利益表达，因而，流动的利益相关者之间体现出一种不完全的零和博弈特征。

（3）非零和博弈下的有序流动

非零和博弈是一种合作下的博弈，博弈中各方的收益或损失的总和不是零值，它区别于零和博弈。即博弈双方存在"双赢"的可能，进而达成合作共赢的局面。在高校教师流动过程中实现各方博弈过程中的帕累托改进，需要完善的制度设计将其转为正和博弈。帕累托最优（Pareto Optimality），也称为帕累托效率（Pareto efficiency），是资源分配的一种理想状态。比如，在资源分配过程中，在不影响他人或者资源减少情况下，至少有一方获得更多资源。如果在高校教师流动过程中，在不影响到院校学术人力资源结构和院校资源的情况下，能够通过流动让自己获得更高社会声望，获得更多的资源，或者自身发展空间更大，那么教师流动状态就达到了资源配置的最优化，这种教师流动的形式也就实现了帕累托最优。如果高校教师流动过程中一个人可以在不损害他人利益的同时能改善自己的处境，他就在资源配置方面实现了帕累托改进，高校教师流动的效率也就提高了，其流动的有序性和合理性就得到了确认。在完全学术劳动力市场竞争环境中，存在着竞争性均衡，这种均衡就是"帕累托最优"。但是，无论是自由市场，还是学术劳动力市场都是处于一种不完全状态，任何国家和政府都不可能不对学术劳动力市场进行监管，因此，完全学术劳动力市场只存在于理想化的、抽象的理论之中。因此，高校教师流动合乎理性，就必须消除无序和混乱的流动状态，对学术系统中的教师按照流动的客观规律进行规划和政策引导，继而实现学术系统中教师流动的合理有序状态，形成合理有序的高校教师流动结构。

10.2　学术资本异化与高校教师流动无序行为的纠偏

在高校教师流动过程中，教师为获得高经济回报而将其学术成就或学术声望以商品的形式与外界进行交换，这种行为与学术资本的本质属性相悖，也有违恪守治学的道德规范和教学科研责任。高校教师流动过程中的过度寻利性导致了学术资本异化，加剧了流动的无序竞争状态，对学术生态环境的和谐平衡发展造成了消极影响。因此，从政府公共政策和院校两方面着手，对高校教师的无序流动行为进行纠偏，有利于促进高校教师回归学术资本本质属性，促进教师科学合理有序流动。

近年来在学术系统中存在着诸多的无序流动现象，不仅违背了教师流动的本质属性，也加剧了学术资本的异化，对学术生态以及学术共同体稳定和发展产生了消极的影响。因此，分析学术资本异化的表现，找出学术资本异化与高校教师流动无序性之间的关系，并提出治理与纠偏的方案，对建立有序的学术劳动力，实现学术的合理迁移，维护良好的学术生态至关重要。

10.2.1 学术资本化与学术资本主义

1) 学术资本化：必然的趋势

兰开斯特大学教育研究所的教师 Rosemary Deem 认为"全球化"对经济带来的影响之一是国家财政对福利事业拨款的减少；对高等教育影响之一是促进大学科技研发与市场合作相结合。国际上，为应对全球化对高等教育带来的影响，主权国家与高校教师都采取了相应措施。这些措施包括：促进国际化、商业化的市场准入措施，允许教育服务项目的外国提供者进入市场，远程学习课程的跨境供应（包括收费 MOOC 提供），学生留学，人员流动（让员工到国外短期任教，在此基础上，他们是以贸易条约条款为理由办理签证的"生意人"）、允许分校区进行商业贸易和教育服务私有化与研究。显而易见，资本主义的力量已经影响到那些社会参与者——高等教育领导人和管理者、教员和学生，他们的资源禀赋使他们处于竞争边缘。对于高校教师而言，学术资本就是其最大的资源，为应对变化的外部环境和自身发展的需要，教师选择将学术资本通过市场行为转化为来获取经济利益，这个过程本质上就是学术资本化的过程。

在中国，随着改革开放的深入，政府先后进行了医疗制度改革、住房制度改革等，这些改革都需要政府投入大量的资金，政府不得已削减对高校的财政支持，继而鼓励高校筹资融资多元化。而高校筹资多元化的基础在于学校和高校教师所拥有的学术资本，因此，高校通过市场行为将学术资本转化为经济资源，并获得学校发展的资源和声望在情理之中。为获得更多经济资源和提高自身声望，高校必须努力吸引拥有高质量学术资本的师资力量。受市场化影响，高校教师在寻利性目的驱使下开展科学研究和教学活动，教师一定程度上成为"企业家"或者"私人企业主"，即通过学术活动获得物质利益，是学术资本化的表现形式。

2) 学术资本主义的过度寻利性

"学术资本主义"一词是由美国学者希拉·斯劳特等人于1997年在其撰写的《学术资本主义：政治、政策和创业型大学》一书中提出的。书中将学术资本主义描述为在资本主义的影响下，大学或高校教师为获取外部资金所表现出的市场行为或类似于市场的行为。学术资本主义客观上加剧了学术资本的逐利性，因此，学术资本化必须被限制在一定范围内，若不加以任何限制而造成学术资本的过度寻利，就会导致学术资本主义的侵蚀。学术资本化在一定程度上能够促进高校管理和科研创新，但过度寻利的学术资本化会产生负面效应，如造成教师精力分散，有违恪守治学的道德规范和教学科研责任，导致学术价值与经济价值相冲突等。当高校教师以自身的学术资本为基础追求更高的学术造诣、促进学术共同体共同进步和以人类发展为目的而进行流动时，这种流动就是良性合理的流动。相反，学术资本主义造成的高校教师流动的过度寻利性不仅不利于学术发展，而且可能破坏学术系统的生态平衡，形成恶性竞争的无序流动。

10.2.2 高校教师流动与学术资本异化

传统观念认为，高校是由政府提供资金支持的非营利性机构，高校凭借其对高深知识的拥有和垄断，自由地探索知识、发展知识和对学生进行专业培训并颁发资格证书。高校教师在对真理探索的兴趣驱使下进行科学研究，不涉及任何利益冲突，创造的成果属于公共产品。但是，面对变化的外部环境，高校教师通过市场或者流动的方式交换学术成果或声望来换取必要的劳动报酬以维持其生存和发展的需要，也是一种必然和明智的抉择。

1) 对学术资本异化的理解

如果高校教师以追求功名和经济利益为目的不惜违背学术发展的内在规律和道德标准，学术资本异化就发生了。何谓学术资本异化？笔者认为是高校教师将其学术成就或学术声望通过商品的形式与外界进行交换的过程中，因盲目追求经济利益而违背了原本的学术发展规律、违反恪守治学的道德规范和教学科研责任的现象。学术资本异化是由高校教师基于学术资本的过度寻利性引起的，它使高校教师原有的学术追求演变为寻利工具，而学术成就以及学术资源成为高校教师流动的资本。在过度寻利性的影响下，高校教师追求学术发展的初衷被寻求经济利益的欲望所取代，学术资本异化下的高校教师流动也就成为非良性流动，既不具有合理性，也不具有有序性。

2) 高校教师流动过程中学术资本异化的动因

(1) 从知识逻辑到市场逻辑的转变

高校教师是以高深知识为中心的教育者、研究者和服务者，知识逻辑是高校教师合理有序流动的基本逻辑。促进学术共同体的结构优化，知识的创新发展以及学术共享和共赢，是知识逻辑的基本目标。然而，学术资本主义导致市场和利益代替学术逻辑而占据学术市场的主导地位，经济价值成为市场的最高价值。市场逻辑代替传统的知识逻辑来衡量、评价高校教师，使教师优先关注的研究领域发生了改变，学术研究的操作方式、主导价值观乃至其核心理念都发生了变化。高深知识被商品化，拥有高深知识的高校教师也被商品化，市场成为舆论导向的独裁者，市场及市场性活动的成功代替研究成果来衡量教师的成绩。此时，评价高校教师流动行为的指标不再是学术成就，而是经济利益创造与获得能力。

知识逻辑到市场逻辑的转变使高校教师流动从学术性流动变成功利性流动。此时，"学者"对于教师来说仅仅是一种象征性的符号。知识逻辑向市场逻辑的转变不仅导致高校教师角色的转变，使高校教师流动变成追逐功利的行为，而且使学术资本变成高校教师追名逐利的工具。

(2) 高校教师科研教学活动商业化

高校是由政府财政资助的公益服务类事业单位，其性质是非营利性的，高校教师所从事的研究主要是以好奇心驱动的基础研究为主。然而，随着时间推移，政府对高校的财政支持呈下降趋势，为了获取生存发展的资金，高校不得不鼓励教师通过学术资本化途径寻求外部资金支持。加之20世纪80年代的全球化使教学科研人员卷入市场中，他们的工作模式在性质上发生了令人瞩目的变化。政府财政支持的减少以及全球化的两难困境使高校教师被迫进入市场，将研究与商业挂钩，将更多的精力放在有商业价值的研究和其他能够赢得外部资金的活动上，这使得他们从以好奇心驱动的研究转向有目的的、商业性质的研究。

如果高校依赖教学与科研商业化获得市场资源，依赖教师的学术资本来获得经济利益，那么，高校与市场之间的内在张力将不复存在，高校的学术独立性和学术自由将受到侵害，导致教师以追求功名和经济利益为目的去从事教学和科研活动，违背教学科研活动的内在规律和道德标准。一旦教学和科研商业化成为教师工作的主要追求和动力，必将严重破坏高校学术生态。

3）学术资本异化下的教师无序流动

（1）学术走婚

"走婚"一词原是用来形容泸沽湖的摩梭人独特的婚姻习俗。亲密的情侣之间不存在男婚女嫁，双方游离在婚姻之外，共同经营着有名无实的家庭。"学术走婚"表达的是尽管教师与高校之间在法律上签订了具有约束力的协议，教师仍在经济利益驱使下频繁跳槽，其去与留不受限制，双方在法律上的劳动关系处于"名存实亡"的现象。学术走婚是高校教师无序流动的表现形式之一。

（2）多重聘任

多重聘任可以解释为高校教师在没有与原高校解约的情况下与其他院校签订合约。多重聘任一般分为两种情况：一种是发生在中青年教师中的"一人多职"；另一种是"两栖型"教师[1]的多重聘任，这些教师人事关系隶属于海外大学，在保持海外大学的工作合约情况下利用自有时间回国受聘从事短

---

[1] 刘进，沈红. 中国研究型高校教师流动：频率、路径与类型[J]. 复旦教育论坛，2014，12（01）：47.

期学术工作,使学术处于不断漂移之中。多重聘任有利于提高院校声望,促进学术资源交流共享,教师能获得更多经济利益,但多重聘任也容易导致教师精力分散,无法专心于本职工作。

(3) 竞价挖人

随着高校办学自主权的扩大,特别是在当前"双一流"建设背景下,为了在世界各种大学和学科排行榜上取得更好的名次,顺利入选"一流大学"或"一流学科"建设名单,高校间的"人才战"愈演愈烈,"挖人"成为各高校高层次人才流动的重要驱动因素。为提高本校竞争力,各高校都竞相以高薪吸引优秀教师来本校任职。这种竞价式的"高薪挖人"模式是一种恶性竞争方式。高薪引进教师,看似双赢,实则双难:一难在于人才价格不断提高,高校经济压力不断增加;二难是"价格战"造成高校教师无序流动,使教师"心猿意马",破坏了原本良好的学术氛围。

4) 学术资本异化与高校教师流动的不确定性

经济领域的不确定性指的是经济主体对于未来的经济收益与损失的状态不能做出明确判断和进行估值。高校教师作为流动的主体,也无法对流动行为带来的收益与损失作出预知和判断,并且没有现成的计量方法衡量高校教师流动这一行为所耗费的成本以及能为高校或高校教师带来的经济利益。受学术资本异化影响,对经济利益的追逐取代促进学术资源合理配置的目的,这成为支配高校教师流动的主要力量,加剧了高校教师流动的不确定性。总的来说,学术资本异化对高校教师流动的不确定性影响主要表现在以下方面:

(1) 教学质量的不确定性

受学术资本异化影响,高校教师流动的主要目的是为了提高科研成绩,特别是能给学校带来重大项目或者研究能力突出的教师,在流动过程中更受欢迎。由于教学质量难以测量和评价,也难以对院校声望形成短期影响,因而那些尽职尽责承担教学任务的教师流动能力较弱,很难成为院校引进人才的主要目标。此外,学术资本异化还表现在高校教师过度重视科研而忽视教学质量的提高。高校教师流动的不确定性不仅导致部分教师重科研轻教学，还造成教师科研功利化和教学荒废化的趋势蔓延。

（2）学术贡献的不确定性

从院校角度出发，教师流动对于高校收益的不确定性主要是由于高校事先不能准确地评测聘用教师是否能为其带来社会和经济效益，无法预测这一行为给高校带来的收益以及耗费的成本，即为投资收益的模糊性。从教师角度出发，学术资本异化对高校教师流动行为的不确定性影响表现为：高校教师无法预测"流动"这一行为将给自身带来的未来收益、以及需要承担的风险。也许教师流动能给高校和高校教师带来短期收益，但是如果过度短视，将影响学术资本的长期效益。

（3）院校声望的不确定性

衡量高校发展水平的因素有很多，校长个人因素、管理制度、校风、教学质量、办学条件、院校声望等都会影响到高校的发展水平。其中，最重要的因素是教学质量和院校声望。在学术资本异化影响下，高校教师无序流动可能会影响高校的学科地位、经济地位和社会地位。高校教师流动对于院校产生的后果，仁者见仁智者见智。高薪揽才确实能够有效提高院校的声望，促进学术的发展；但是优秀人才的流失对院校声望的负面影响也是毋庸置疑的。教师流动是否有利于提升其教学质量和院校声望，并非是一个确定的结论。由于院校的教学质量和院校声望难以测量，所以教师流动对于院校声望产生的不确定性是存在的。

（4）学术共同体的不确定性

"学术共同体"一词最先由布朗在《科学的自治》一文中提出，他把全社会从事科学研究的科学家作为一个具有共同信念、共同价值、共同规范的社会群体，以区别于一般的社会群体与社会组织，这样的一个群体就称之为学术共同体。高度的专业性和权威性以及对其学术成果的独占性是学术共同体的特征。一般情况下，学术共同体的成员由在相关学术领域接受过专业训练或者获得了一定学术成就的专业人员组成，他们有共同的奋斗目标，并且遵守相应的内在制度。共同目标和内在制度是学术共同体进步的保证。由于学术共同体强调队伍的统一性，因此，学术资本异化影响下的高校教师无序流动不仅会导致学术共同体的权威性缺失，而且还可能造成内部信任危机。

10.2.3 高校教师流动中学术资本异化的治理与政策纠偏

1) 学术资本异化的政府公共政策治理

（1）新公共治理理念下的高校教师流动

"新公共治理"是二十一世纪初建立的一种管理模式与理论，最先由英国公共管理教授斯蒂芬·奥斯本提出。新公共治理与传统的官僚制管理不同，官僚制模式的基础是政治和法律标准，新公共治理模式则是基于市场和经济考虑之上的，它构建的"服务主导"的理论和方法论将公共政策的执行以及公共服务的提供置于中心❶。面对因学术资本异化而加剧的高校教师无序流动，政府的角色也应发生变化。

（2）高校教师合理流动的基本价值取向

①学术本位

学术本位是高校教师流动合理性的"金本位"。教师所有的学术活动应围绕学术发展而展开。高校作为传授知识、研究学术的学术机构，学术性是其根本属性。由于高校教师流动的实质是围绕学术资本展开的学术流动，因而，高校教师流动的学术性是其基本价值取向。教师流动行为是出于追求高深学问的动机，还是出于纯粹追求更高的物质条件和社会地位，就成为判断教师流动合理、有序行为的重要判据。

②自由选择

改革开放初期我国高校教师流动方向主要由国家统一调配，流动方向单一，高校教师在政府主导下由城市、沿海或国外等经济发达地区流向欠发达地区和不发达地区，以支持这一地区高校的发展。尽管这一模式发挥过一定

---

❶ 竺乾威.新公共治理：新的治理模式？[J].中国行政管理，2016（07）：1.

作用，但是在市场经济环境下，教师对于自身职业发展的自由选择成为教师流动中的重要价值取向。2002年以后，我国高校教师流动政策呈现多样性和自由性的特点，主要表现在：鼓励教师在不同层次高校之间流动、鼓励向教育系统外流动、重视高层次人才的引进与培养。因此，将国家政策的引领与充分发挥市场的正向筛选功能相结合，是促进教师合理有序流动的必然选择。

③市场导向

改革开放初期，政府在高校教师流动政策的制定中占主导地位。随着改革开放的不断推进、市场经济的不断完善，市场力量在我国高校教师流动中发挥的作用越来越重要，政府对高校教师流动的控制力度越来越弱。2001年《国家中长期科技人才发展规划（2010—2020年）》明确指出，要按照市场经济规律和人才规律，根据市场需求，促进人才顺畅有序流动。这表明政府对于高校教师流动的价值取向由计划性向市场导向的转变，市场在人才资源配置中的决定性作用越来越大。但是，完全市场化则会加剧高校教师流动的无序性。因此，我们强调将有限的政府控制和必要的市场调节相结合，将市场这双"无形的手"和政府"有形的手"相结合，共同促进教师合理有序流动。

(3) 高校教师流动的政府政策调整

马克思主义哲学把合理性看作合规律性、合目的性和合规范性的统一，因此，高校教师流动的合理性也应体现在合规律性、合目的性和合规范性的统一方面。高校教师流动的公共政策应当正视教师流动的必然性，尊重教师的基本权益和教师的职业规划，在教师流动合理性价值取向基础上调整现有高校教师流动政策。

①政府的合理规约

人力资本理论认为，人力资本与物力资本的区别在于人力资本具有"自我配置能力"或"自我复衡能力"，即人力资本对自身资本价值存量的提取以及利用程度客观上完全依赖于个人的主观意志。当教师处在一个令他满意的状态或环境下，他的人力资本的实现效率会呈现上升趋势；而当教师处在一个非理想状态或环境下，他的人力资本的实现效率则会呈现下降趋势。在学术资本异化的情况下，若政府对高校教师的无序流动采取自由放任的态度，将会导致学术不平等和人力资源配置失衡，不仅无法实现自由流动，还会加剧无序流动。相反，若政府政策阻止教师流动，那么教师的人力资本将无法实现自由流通，教师的"自我配置能力"因此丧失，不仅无法改变高校教师无序流动的现状，还会造成人力资源浪费。因此，面对学术资本异化造成的高校教师无序流动，政府应在充分发挥市场正向筛选功能的基础上进行合理疏导、合理规约，并通过合理的政策引导促进合乎学术流动一般规律、合乎教师流动学术发展目的和合乎政府与市场的流动规范，保证高校教师流动的有序性和合理性。

②公共财政的资源支持

当政府财政投入减少时，高校必然要承担更大的市场资源压力，这种压力很大程度上会转嫁到教师身上，教师不得不面向市场寻求资金，而教师获得市场资源的主要就是学术资本，这就给学术资本异化创造了条件。因此，政府需要确保公共财政对大学的投入，尤其是位于经济基础较为薄弱的地区高校更需要政策扶持，否则，难以抵御经济条件优越的高校高薪资的引诱。高校属于公益服务类事业单位，其经费主要来源于政府财政。尤其在当下的知识社会时代，教师的有序流动对院校发展和建立合理有序的学术氛围尤为重要，减少财政资金支持客观上会造成教师收入水平偏低，在不能充分保障教师需要的时候，学术资本的寻利性将会发挥市场作用，驱动高校教师为了追求经济利益而流动。因此，政府需要调整资源配置结构，对处于经济发展较为薄弱的地区高校实行转移支付，并提高其造血功能，推动高等教育事业的均衡发展。

③法律法规的有力保障

健全的法律法规和社保制度是教师合理流动的首要前提。健全的法律法规不仅可以为高校教师合理流动提供制度保障，而且有助于建立合理有序的学术劳动力市场。加强政府对于教师或者人才的流动立法，充分发挥法律法规对学术资本化和高校教师合理流动的引导和规范作用。同时，政府应加快社会保障制度的改革步伐，加快不同社会保险制度并轨融合，为高校教师流动中的医疗保险、失业保险和工伤保险制定清晰的框架。

2) 学术资本异化的院校政策纠偏

(1) 坚持学术独立性原则

高等教育系统作为社会系统的子系统，不仅受到母系统——社会系统的影响，而且与其他子系统也是相互作用和影响的。在社会其他子系统和学术资本异化的双重影响下，高校的社会使命意识被削弱，高校教师的流动变成逐利性的社会行为。高校教师流动应认识到作为教师的社会使命和责任感，坚持学术本位原则，树立崇高的学术理想，献身于学术和社会。因此，树立良好的学风，纠正高校教师流动过度逐利性的行为，就成为院校政策设计和实行的基本原则。

(2) 遵循知识生长和发展逻辑

市场逻辑和知识逻辑是大学逻辑的两个基本维度，尽管在市场经济条件下，高校的市场逻辑可能更加突出，但起决定作用的还是知识逻辑。高校在制定教师流动政策时应遵循知识发展逻辑，促进教师恪守学术道德，遵从教学科研的基本规则，维护学术声望，而不仅仅是为了获得最大化的经济收益。同时，院校政策还应引导教师调整自己的学术行为，调整教学和科研的方向，促进知识的发展和进步。

(3) 优化高校教师薪资结构

当高校教师的理想收入与教师的实际薪资待遇出现较大差距时，教师就会产生强烈的流动意愿。因此，提高教师工资待遇，形成科学合理、贡献与薪酬对应的、具有竞争力的薪资结构就十分重要。而优化教师薪资结构，一方面可以引导教师从长远角度综合考量个人的职业发展，减少外界薪资因素对高校教师流动意愿的影响，另一方面也能吸引更多具有长远职业规划的优秀人才流入学校从事学术工作。

(4) 构筑高校教师发展空间

高校若无法为专业能力较强的中青年教师预留充足的成长空间并及时提

供合适的晋升机会，也可能导致高校教师离职行为的发生。因此，在高校教师队伍建设过程中，预先设置一个能够为中青年教师留下发展空间的弹性学术职务晋升体系尤为重要，这种晋升制度不仅仅是对中青年教师工作成绩的表彰和肯定，还能在更大范围内吸引海内外的优秀中青年学者，从而实现高校教师的合理有序流动。

10.3 不完全学术劳动力市场下中国高校教师流动的政策选择

10.3.1 当代中国高校教师无序流动现象分析

1) 区域流动失衡

"失衡"就是失去平衡。我国高校教师流动一直处于失衡状态，这与我国国情密切相关。我国地区间经济、文化水平存在差距，教师流动也具有明显的地区特点和规律，东西部地区社会经济的差距，直接导致中西部地区教师更多地流向或者意愿流向东南部地区高校。

"一江春水向东流"现象的产生主要由以下两个方面原因造成：第一，东南部沿海地区最早受益于改革开放政策，经济发展迅速，能够给高校教师提供高薪资、高福利；同时，该地区优势教育资源相对集中，既能满足教师职业发展的需要，也能满足教师为后代提供良好教育环境的需要。第二，西部地区高等教育发展比较落后，高等学校数量较少，缺乏高水平大学。教育部门户网站发布的高等学校数量数据表明，截至2013年，我国共有普通高等学校2491所，其中西部地区491所，占总数19.7%，并且"985""211"工程建设高校仅20所左右。由于缺乏竞争力，西部地区高校在国家高等教育资源分配中处于弱势，其教师能够获得的资源也相应较少。当前沿海地区高校对中西部教师的吸引力有增无减，虽然国家采取了多种措施提升欠发达地区的教育水平，但是"西部栽树、东部摘果"的局面愈演愈烈，显然不利于地区间高校教师人力资源的均衡分布。

2) 校际流动频繁

教师的校际流动，不仅可以促进高校吐故纳新，有利于学术争鸣和交流，而且还能够避免学术的"近亲繁殖"现象，发挥人才的互补优势，有助于学术发展和繁荣。但是，各高校相互比拼"财力"，或者出台各种"人才计划"，以极具诱惑力的条件从其他高校"挖人"。从"引进"到"挖人"，虽加快了教师校际流动的频率，却也造成了不良后果。部分教师通过频繁流动丰富自身履历，却浪费了高校的科研资源，造成了高校人力资本投资的损失；部分教师把每一次的流动作为下一次流动的资本，在比较不同高校人才价格基础上频繁流动，不利于学术的发展。

3) 高层次教师流失现象严重

高层次教师流失可谓"牵一发而动全身"，个体的流动往往影响整个学科、科研团队的建设与发展。现实中，由于高层次人才的流失，导致一些高校建设多年的科研团队顷刻解体。高价购置的实验设备因为无人使用而闲置在实验室，造成极大的资源浪费。

10.3.2 促进中国高校教师科学有序流动的策略

1) 政府：发挥宏观调控职能

虽然在社会主义市场经济体制下，市场在资源配置中发挥重要作用，但市场不是万能的，若把高校重要的资源—教师—完全交给市场来进行配置，将会进一步加剧人才的无序竞争。因此，促进高校教师科学有序的流动客观上要求政府积极发挥宏观调控职能。

第一，完善高校教师流动的法律法规体系。

《劳动法》《教育法》《高等教育法》《关于深化高等学校人事制度改革的实施意见》的实施，在一定程度上满足了高校教师流动管理的需要，但是针对高校教师流动的相关法律法规还比较缺乏，指导高校教师合理流动的政策还有待完善。完善的流动政策能够引导和规范高校教师流动，为形成有序的教师劳动力市场提供法律保障。

第二，多维度平衡地区间高校教师流动。

为了改变西部地区高校师资建设与发展的现状，政府部门要强化服务意识，为西部地区高等教育的发展提供组合式政策服务，鼓励东西部高校间的校际交流。在选聘教师、薪资福利及职称评定和拨款中，充分考虑西部地区的特殊性。同时，地方政府应努力创造优良的微观环境，在法律允许的范围内，运用区域政策对高校教师流动进行合理调控。

第三，构建高校教师流动信息网络平台。

我国高校学术劳动力市场还处于初级阶段，尚不完善。高校教师流动过程中的信息不对称必然引发不合理流动。随着高校人事管理信息化步伐的加快，政府可以委托第三方组织建立起全国范围的高校师资信息共享平台，促进利益相关者的信息共享。让高校能够及时了解教师的需求整体情况，使教师的聘用和流动逐步公开化、透明化。建立师资共享平台，能够给用人单位和教师个人提供"双向选择"的"场所"。

2）高校：明确调节教师流动的自主权

为解决高校教师无序流动的问题，高校需要从制度层面改革内部管理体制。

一是改革教师流动的内部管理体制。管理体制是指管理系统的结构和组成方式，以及实现管理任务和目的的手段、方法。高校内部管理体制直接影响着教师流动。

第一，深入推进教师聘任制度。改革严格遵循"按需设岗、公开招聘、平等竞争、择优聘用、严格考核合同"的原则推进教师聘任制实施。在双向选择的前提下，让教师与学校签订合约，明确聘期、工作内容和待遇水平。教师按合约履职，学校按合约管理。在具体实施过程中，强化合同管理意识，依靠劳动合同而非档案制度牢固高校与教师的关系，明确高校与教师之间的责、权、利。第二，建立完善的评价体系，打破论资排辈的传统评价方式。

学校要确立科学的评审标准。评审过程要接受专业团队的监督,学术权力和行政权力相互补充,充分发挥评价效能。第三,改革分配制度,强化激励机制。随着国家经济增长和对高等教育投入的增加,教师收入有了较大提高。但我国收入差距仍旧较大,高校教师收入仍处于中下层水平,特别是不同地区不同学科高校教师收入差距较大,教育行业与其他行业收入差距较大,加剧了高校教师的心理失衡,导致高校教师趋利流动。

二是深化国际化流动战略。国际化是当前高校的重要发展战略,引进海外人才有利于拓展高校的国际视野,增强高校与国际学术前沿联系的纽带。随着国际竞争的加剧,高等教育的发展也越来越与国际接轨,高校教师的国际流动也愈加频繁,特别是教授、学术骨干等高层次人才流往国外的人数不断增加,这是我国高校学术人力资源的一大损失。随着我国整体经济实力的不断增强和高校财政资源供给能力的不断增强,鼓励有条件的高校引进国际一流师资来华开展学术工作是必然趋势。

3) 教师:提升诚信流动的自律素质

从教师个体层面来看,教师应该加强道德建设,提升个人自律素质,坚持诚信流动。

一是提升自身道德自律水平。教师信用的缺失不仅是影响高校发展的重要因素,而且是影响教师个人发展的关键因素。教师与院校签订劳动合同后,应该自觉遵守合约,树立起诚信为人为学的意识。树立教师诚信典范,鼓励优秀教师流向基础薄弱的欠发达地区高校,采取措施强化教师的"守约"行为。[1]

二是分担部分人力投资成本。高校教师的流动性表明其拥有的人力资本主要是通用性的人力资本,主要表现为学术资本。学术资本是有价值的,是需要长期投资的,是有投入成本的,这种成本包括个人投入成本和组织投入成本。所在院校对教师的投资属于投入成本的主要方面,其客观上也需要获得学术产出的回报。一旦教师离开所在高校,就会对所在高校造成人力资源损失,补偿

---

[1] 唐慧芳. 我国高校教师流动问题研究 [D]. 长沙:湖南大学, 2009.

部分人力投资成本也在情理之中，也是教师诚信流动的题中应有之义。

10.3.3 高校教师科学有序流动的政策创新❶

纵观改革开放以来我国学术流动政策的发展历程，可以发现，我国国家层面上的高校教师流动政策从带有强制性的"政府主导型流动"政策，逐渐演变为"政府引导+市场主导"的高校教师流动政策。这一演变转型过程中，虽然政府主导的传统模式成为政策变迁的主要阻力，但市场机制的引入为政策变迁注入了源源不断的动力，使得高校教师流动政策开始尊重高校教师个人发展的意愿，满足高校教师的流动需求。但是，现行的高校教师流动政策也存在着一些需要解决的问题，亟须确立新时期的高校教师流动政策理念，厘清高校与高校教师流动者之间的关系，构建完善的高校教师流动政策体系。

1）现行高校教师流动政策的主要问题

总体来说，高校教师流动政策的不断完善体现了我国高校教师流动活动的日益频繁以及政府和教育主管部门对高校教师流动的关注度的不断增强。这在中华人民共和国成立以来的历次政策修正和改进中得到了较为充分的体现，对于我国高校教师流动及其管理的制度化，以及指导高校教师流动的实践发挥了重要作用。但也存在若干问题：

一是政策目标具有较强的功利性和补救性。高校教师流动政策是政府对高校教师流动及有关问题价值选择的表征，是政治权利在教育领域中的一种引申——是规定什么可做和不可做、什么应得到鼓励或受到禁止的价值选择❷，因此，高校教师流动政策的目标直接反映着政府的价值选择。我国高校教师流动政策是以国家需要为主，是依据国家的发展需求而制定的，促进高校教师流动是为了满足国家的经济建设与发展的需求。比如《关于科技人员合理流动的若干规定的通知》中提出的"为了解决国家重点建设项目和重点

---

❶ 本节部分内容转引：江俐，李志峰. 高校教师流动政策：历史演变与当代转型——基于1978年以来的政策文本分析[J]. 重庆高教研究，2016（05）.

❷ 刘复兴. 教育政策的价值分析[M]. 北京：教育科学出版社，2003：216.

发展行业、地区科技人才不足的问题",有计划、有步骤地促进人才合理流动。以及"为了进一步解决科技人员难以流动,积压、浪费和使用不当的问题"和"调整人才结构和布局"。

这些都表明,我国高校教师流动政策目标具有较强的功利性和补救性,被视为应对高校教师流动问题的一种补救性政策工具。以高校教师流动来调整学术人力资源结构与布局,从而解决人才不足的问题,这一点无可厚非,实践中高校教师流动也确实可以在一定程度上解决这一问题;但是随着我国教育体制、人事管理制度改革的不断深化,原有的相关政策已不能满足高校教师流动日益增长的、多元的和不同层次的需要。再者仅用某项政策中的某一些条款去指导纷繁多样的高校教师流动实践,既不符合高校教师流动的事实需求,也很难说符合高校教师发展的基本规律,和高校教师的内在发展逻辑也不相吻合。因此,高校教师流动政策的基本目标值得商榷。

二是高校教师流动政策体系不健全。纵观改革开放以来我国高校教师流动相关政策的发展,可以发现,我国至今尚未形成专门的高校教师流动政策体系,但凡涉及高校教师流动的相关规定,要么是依据科技人才流动政策,要么是根据高校相关人事管理政策中片段式的相关规定,从国家到地方教育行政部门以及高等学校,未能形成对高校教师流动进行管理的专门政策。改革开放以后,高校教师流动的相关管理则主要依据国家科技人才流动政策,分别为1983国务院发布的《国务院关于科技人才合理流动的若干规定》和1986年的《关于促进科技人员合理流动的通知》。而此后国家再未修订或者出台有关学术流动的专门政策,就连唯一可以参照的科技人才流动政策也停滞于1986年,并且已于2001年被国务院废止。甚至在2015年新修订的《教育法》以及《高等教育法》中,都未曾对高校教师流动的相关问题做出说明与规定。2013年至2017年中共中央,教育部发布的三个重要文件主要是针对高层次人才无序流动而制定的,缺乏对高校教师流动过程中利益相关者多方权利整体体系的调整。

在当前经济全球化、高等教育大众化以及知识经济时代等背景下,高校教师流动的频率不断加快,类型不断增多,并体现出国际化、市场化等新特点，流动政策的滞后无法正确引导及规范高校教师的流动行为，导致了部分高校一定程度上出现了教师流失现象，而科学合理的高校教师流动政策应随着经济社会发展以及国内外形势而不断改进，及时对政策进行废、改、立，充分发挥政策对高校教师流动的引导作用。此外，在缺乏高校教师流动法律的前提下，仅通过相关性较低的政策引导局部要素来进行法律约束或者规范，难以满足高校教师流动群体对政策的需求，同时法律依据的缺失也不利于合理引导高校教师的正常、健康和有序流动。

2）高校教师流动政策创新的逻辑起点

合理的高校教师流动政策是一个整体的、均衡的、开放的、相互支持的系统。既要满足高校教师的流动需求，以有效促进高校教师以学术为中心的自由发展，同时需要发挥市场在学术资源配置中的应有作用，让不胜任职位的教师向外流动，形成双向流动机制，不断促进高校教师的分化与整合，维持高校教师系统整体动态的、和谐的、差异化的均衡格局。

一是以学术为中心是高校教师流动政策创新的立足点。高校教师从事的是学术工作，致力于人类的学术活动。这也就决定了高校教师群体有别于经济社会中的普通劳动者，他们从事学术劳动不仅仅源于劳动报酬的吸引，本质而言，是对学术的忠诚和对真理的矢志追求让他们能够坚持在学术劳动力市场中进行生产、交换、分配与消费。而学术工作的特殊性也决定了他们不仅是隶属于学校单位的一个劳动员工，即"单位人"；也是从属于一个学科单元的知识分子，是"学术人"，即需要根据学科单元的规则和共识开展学术活动。因此，他们除了通过在学校单位的职务职称等来实现个人发展外，还可以在学科单元中通过自我流动和研究领域的融合交叉，即通过流动来实现高校教师的自我发展。因此，学术人基于自己独特的发展诉求与精神追求而产生的流动意愿是合情合理的。中世纪大学，硕士、博士学位作为教师资格证书是高校教师流动的必备条件。现代社会，文凭对于初次流动影响甚大，在第二次及以后的流动过程中，"文凭+资格+能力+水平+声望"的集合发挥着核心作用。

依据德国著名社会学家马克斯·韦伯所提出的工具理性与价值理性的观点，

前者着重强调对于物的最大效率的追求,十分重视过程中手段的运用与最终目的的实现;而后者则凸显对人的关怀,特别主张精神文明发展与人性本真的回归。学术是一种以高深学问为研究对象的活动。学术活动的目的是促进人类知识的传承、传播与创新,就这一层面而言,学术活动更多的是遵循价值理性导向,这种价值理性需要以学术自由的精神为基础;体现在高校教师流动政策层面,就是在政策制定时要以学术自由为前提,以满足高校教师的学术发展需要,以个人需求为起点,顺应学术活动的内在逻辑,尊重学术人的自我精神,实现政策的群体性目标与个体性追求的统一,发挥政策的最大功效。

二是坚持合理性的本质是高校教师流动政策创新的基本原则。高校教师流动的本质是教师以学术资本为核心的人力资本在不同组织空间之间的转移。其中,学术资本是指受过专门训练的教师所拥有的区别于社会其他人的扎实的专业知识基础、创新潜力和创造能力等。❶ 在学术劳动力市场中,学术劳动力是市场的供给方,高校是市场的需求方,学术资本则成为学术劳动价格的调节杠杆,在一个非开放的学术系统中,高校教师的流动频率较低、数量较少,也就不可能促进竞争,学术资本也就无法通过迁移来体现其被控制和垄断的自身价值,自然也就无法形成高校教师之间的竞争。而"一个完全竞争的系统所特有的广泛的高校间的合理流动,是支持在以科研为目标的大学中集中最出色学生和知名教授的重要条件之一。"❷

因此,高校教师流动政策的制定原则应从人力资本理论角度出发,客观看待学术劳动力的角色和作用,尊重高校教师发展规律,遵循高校教师成才特点,建立健全科学合理有效的高校教师流动政策,实现对人力资本的科学规划与合理管理,在遵循学术劳动力市场规律的基础上,保障高校教师流动的权利,促进人力资本价值的最大化以及资源配置最优化。

三是有序自由流动是高校教师流动政策创新的目标。高校教师流动政策

---

❶ 杨茂庆. 美国研究型高校教师流动政策与实践研究 [J]. 中国教育政策评论,2012(00): 144-153.

❷ 伯顿·R. 克拉克. 探求的场所:现代大学的科研和研究生教育 [M]. 王承绪,译. 杭州:浙江教育出版社,2001:248.

的目标选择直接指导着高校教师流动的未来发展。有序自由流动是优化高校教师资源配置，提高人才利用效率的基础，其源自卡尔·马克思在《资本论》中生产要素的自由流动，原意是指在资本主义商品经济条件下，生产资料和劳动力是以商品的形式存在，并以满足生产消费为目的，其在市场机制的调节下仅仅按照价值规律的要求进行流动。这种流动排斥各种权力的干预，仅以能否带来更多的经济利益为导向，具有明显的自由性与盲目性的特点。[1]学术劳动力作为生产要素的一种，理论上也是在市场的调节下按照价值规律的要求实现自由流动，从而达到学术资源的优化配置。同时，我们也应该看到，国家高等教育资源的重新配置是导致高校教师流动空间、时间、距离、频率结构性变化的关键原因，必然影响到高校教师流动政策的调整。随着社会主义市场经济的不断完善，市场在高校的资源配置中的决定性作用也得到进一步确定，高校教师作为一种特殊资源在市场的作用下实现跨区域配置，学术劳动力在全国甚至全球范围内自由流动已在大势所趋。

我国学术劳动力市场正在不断完善之中，不加限制的自由流动将会导致学术劳动力市场的恶性竞争，如高层次人才的"走婚"现象等。加之学术系统本身的复杂性以及个体地位获得目标的多样性也必然使得高校教师在流动过程中的选择变得十分困难，难以实现真正的自由流动。这就需要政府在宏观方面通过政策对高校教师流动进行科学调控，在微观方面依法监管，在充分发挥市场在学术资源配置中决定性作用的基础上，发挥好监管作用，通过宏观引导实现高校教师流动向重点发展地区及亟须发展地区的倾斜，保证高校教师流动的有序性，最大限度地释放学术人才的活力，推动高等教育的内涵式发展。

3) 高校教师流动政策创新的基本思路

一是高校教师流动政策体系的系统化。自改革开放以来，国务院、教育部、人社部虽然出台了较多与高校教师流动相关的政策，但未能形成专门性的政策体系以对高校教师流动行为进行合理约束和管理，即便有，其表述和

---

[1] 王暖春，李爱华．《资本论》中生产要素自由流动思想及其当代启发[J]．人民论坛，2015(20)：199-201．

规定也是零散的和片段的，且一般融合在相关的人事、人才政策等当中，不成体系。根据陈学飞提出的教育政策纵向结构，教育类的政策在系统内部应该分为上、下层次的政策且要素之间呈现等级关系❶，因此，政策体系在理论上应该分为三个层次：总政策、基本政策以及具体政策。高校教师流动政策体系应该包括国务院出台的有关高校教师流动的行政法规，教育部出台的有关高校教师流动的部门规章以及地方政府出台的有关高校教师流动管理的具体政策来明确其具体的操作办法。与此同时，积极推进以教育部为核心，协同全国人大、中共中央、国务院等权威部门提供高校教师流动政策的法律保障与制度支持，以及其他相关的政府部门的协调配合与协商共建体系，形成高校教师流动的配套政策体系。

国家层面的高校教师流动政策体系应为一个系统化的工程，在结合国家发展战略的基础上，围绕中心目标，纵向上依据其制定主体的权威层级构建高低层级紧密衔接的政策，包含全国人大制定的法律、中共中央以及国务院制定的行政法规、教育部制定的部门规章以及地区方政府出台的具体办法、其他部门制定的相关政策；横向上则根据其政策客体，划分为高校教师引进政策、高校教师流出政策、学术劳动力市场政策、配套政策（如高校人事政策、职称评聘政策、户籍管理政策、社会保障政策、人事争议政策等）等四大类型，形成各个子系统政策相互协调的高校教师流动政策体系。

二是高校教师流动政策的制定主体的多元化。高校教师流动政策的制定涉及多元化的主体，中共中央、国务院、教育部、人社部、科技部，省市教育主管部门、高校和教师等，都是应然的主体。但是，通过分析改革开放以来我国国家层面的高校教师流动政策制定主体，可以发现，政府是我国高校教师流动政策制定的主体部门，并且表现出制定主体的单一权威性。高校作为事业单位的性质决定了国家、教育部和人社部对教师流动的管理和参与方式，而高校教师科技人才的身份，也决定了科技部对教师流动的关注与引导。因此，国家层面的国务院、教育部、人社部和科技部都是最高层面的政策制

---

❶ 陈学飞. 教育政策研究基础 [M]. 北京：人民教育出版社，2011：72.

· 337 ·

定主体，在高校教师流动政策制定和完善过程中，这种自上而下的高校教师流动政策制定模式仍然是主导模式。近年来，海外高层次人才的引进政策有多达13个部门联合发布，这也反映出高校教师流动问题的复杂性，确实需要多个部门从各自领域出发，联合制定出符合高校教师流动需求、顺应高校教师流动规律的政策。尤其是在学术流动全球化的当代中国，高校教师的流动距离、流动时间、流动空间、流动频率存在着多元复杂的关系，存在着四维空间结构，影响着学术共同体结构的深层变迁，也影响着学术产生的效益，对全球及其当代中国经济发展都存在着深远的影响。在这一层面上，就需要以教育部为核心，建立高校教师流动政策制定权威部门之间的协同机制，合理统筹我国高校教师流动政策的多个权威政策制定主体，厘清各权威部门在政策制定上的权利分工，合理规划各权威政策制定部门之间的关系。

　　除此之外，与高校教师流动密切的利益相关者还有两个：高校和教师自身。高校教师流动不仅会对教师其自身的学术生涯产生巨大的影响，也会对其所在的高校产生可见的变化，因而在高校教师流动政策的制定中这两个利益相关者都是必不可少的主体。而且，随着学术劳动力市场的不断成熟与完善，学术劳动力市场的需求也理应成为政策制定的主体之一。因此，可以以教育部为核心组织者，协同其他相关部门、高校代表、高校教师代表以及学术劳动力市场代表，共同制定高校教师流动政策。

　　三是高校教师流动政策的制定对象的层次化。层次化的制定对象主要体现在政策对不同层次和类型流动教师的分类指导、分类引导和分类管理上面，如国家重大项目或者工程的高端学术人才，省区市范围内的重点学术人才，不同类型高校间的特色学术人才，高校内部的梯队学术人才，学科间的突出典型学术人才，普通高校教师等，根据学术人才的层次、所在学科的差异、所属单位的类型，制定层次化的高校教师流动指导和管理政策。制定具有分类指导和管理意义的高校教师流动政策，对于回应高校教师的流动需求，满足高校教师的发展诉求，实现高校教师流动的常态化，减少高校教师流动的机会和时间成本，降低高校教师的流动风险，增加高校教师的流动收益都具有重要的意义。

参考文献

中文文献

［1］蒋国河. 中国高校教师流动三十年［J］. 江西财经大学学报，2009（06）：115.

［2］田正平，商丽浩. 中国高等教育百年史论：制度变迁、财政运作与教师流动［M］. 北京：人民教育出版社，2006：345-599.

［3］武博. 当代中国人才流动［M］. 人民出版社，2005.

［4］张文霞，石长慧，王东明. 高校科技工作者何以流动不畅——科技工作者流动状况调查［J］. 中国人才，2014（01）：28-30.

［5］叶澜，等. 教师角色与教师发展新探［M］. 北京：教育科学出版社，2001：243，289-295.

［6］朱霞. 教师的流动及其适应性问题研究［D］. 上海：上海师范大学，2006：34.

［7］黑格尔. 逻辑学［M］. 北京：商务印书馆，1976：532.

［8］T. 舒尔茨. 人力资本投资［A］. 郭熙保主编. 发展经济学经典论著选［C］. 北京：中国经济出版社，1998：292-292.

［9］郭黎岩，李淼. 中小学流动教师的职业适应与社会支持关系研究［J］. 教师教育研究，2010，22（03）：56-60.

［10］中共中央组织部. 人事部关于印发《加快培育和发展我国人才市场的意见》的通知［J］. 中国人事，1994（10）：27-28.

［11］谢家建. 学术职业流动与学术劳动力市场的相关性研究［D］. 武汉：武汉理工大学，2008：11-15.

［12］范冬清. 大学高层次人才引进风险：影响因素与对策建议［J］. 现代人才，2014（06）：39-45.

［13］李永刚. 高校海外高层次人才文化适应的挑战与路径探讨［J］. 高校教育管理，2016，10（02）：40-46.

［14］李志峰，谢家建. 学术职业流动的特征与学术劳动力市场的形成［J］. 教育评

论, 2008 (05).

[15] 陈金江. 论高校教师学术型流动 [J]. 现代大学教育, 2004 (02): 102-105.

[16] 乐国林. 高校师资横向流动类型及其多角度剖析 [J]. 湖南师范大学教育科学学报, 2005 (06): 52-56.

[17] 吴民祥. 流动与求索——中国近代高校教师流动研究 1898—1949 [M]. 杭州: 浙江教育出版社, 2006: 10.

[18] 沈堰奇. 高校教师流动功能透析及对策思考 [J]. 青海社会科学, 2008 (02): 189-191.

[19] 李志峰. 学术职业与国际竞争力 [M]. 武汉: 华中科技大学出版社, 2008: 154-166.

[20] 唐秉雄. 福建省民办高校教师流动管理研究 [D]. 泉州: 华侨大学, 2013: 22-23.

[21] 李银. 教学研究型大学师资的市场配置与发展战略 [J]. 黑龙江高教研究, 2006 (02): 90-92.

[22] 王军红, 薛滩. 高校教师"自由"流动的不良效应及对策 [J]. 教育与职业, 2010 (18): 38-39.

[23] 弗兰斯·F. 范富格特. 国际高等教育政策比较研究 [M]. 王承绪, 等译. 杭州: 浙江教育出版社, 2001: 368.

[24] 王飞. 我国劳动力市场分割问题的研究 [M]. 重庆: 西南大学出版社, 2006: 1-2.

[25] 程贯平. 我国劳动力市场分割及其变迁的研究 [D]. 广州: 华南师范大学, 2004: 8, 12.

[26] 葛苏勤. 劳动力市场分割理论的最新进展 [J]. 经济学动态, 2000 (12): 53-56.

[27] 陈学飞. 教育政策研究基础 [M]. 北京: 人民教育出版社, 2011: 72.

[28] 王暖春, 李爱华. 《资本论》中生产要素自由流动思想及其当代启发 [J]. 人民论坛, 2015 (20): 199-201.

[29] 曾晓东. WTO 框架与我国学术劳动力市场的建设 [J]. 比较教育研究, 2005 (06): 67-70.

[30] 吴伟伟. 高等学校教师流动管制与师资配置效率 [J]. 高教探索, 2017 (06): 110-113.

[31] 李湘萍. 我国学术劳动力市场分割的实证研究 [J]. 复旦教育论坛, 2010, 8 (02): 36-44.

[32] 道格拉斯·麦格雷戈. 企业的人性面 [M]. 韩卉, 译. 北京: 中国人民大学出版

社，2008：32.

[33] 高奇. 中国高等教育思想史［M］. 北京：人民教育出版社，2001：363.

[34] 郝维谦，龙正中，等. 中华人民共和国教育专题史丛书——高等教育史［M］. 海口：海南出版社，2000：31，325.

[35] 马叙伦. 处理接受外国津贴的高等学校会议的开幕词［J］. 人民教育，1951（02）：5-6.

[36] 苏渭昌. 高等学校的接管——私立高等学校的接收与改造［J］. 高等教育研究，1987（02）：115-120.

[37] 中央教育科学研究所. 周恩来教育文选［M］. 北京：教育科学出版社，1984：11.

[38] 中央人民政府高等教育部关于1953年高等学校院系调整工作的总结报告［J］. 党的文献，2002（06）.

[39] 张应强，等. 精英与大众——中国高等教育60年［M］. 杭州：浙江大学出版社，2009：16.

[40] 仇玉山. 高校组织环境对创新型教师的影响［J］. 淮阴师范学院学报（哲学社会科学版），2008，30（6）：824-826.

[41] 何东昌. 中华人民共和国教育史［M］. 海口：海南出版社，2007：254.

[42] 何东昌. 中华人民共和国重要教育文献（1949—1975）［M］. 海口：海南出版社，1998：634，899.

[43] 杨学为. 高考文献（1949—1976）［M］. 北京：高等教育出版社，2003：627.

[44] 汤建. 基于场域理论的高校青年教师成长机制的构建［J］. 高教研究与实践，2016，35（1）：41-47.

[45] 朱育和，张勇，等. 当代中国意识形态情态录［M］. 北京：清华大学出版社，1997：401.

[46] 中央教育科学研究所. 中华人民共和国教育大事记（1949—1982）［M］. 北京：教育科学出版社，1984：420，423-424，472.

[47] "四人帮"炮制"两个估计"的前前后后［N］. 人民日报，1977-11-24.

[48] 邓小平文选（第二卷）［M］. 北京：人民出版社，1983：37.

[49] 肖引. 地方高校高端人才引进的风险评价与战略选择［J］. 西南交通大学学报（社会科学版），2014，15（02）：100-106.

[50] 金铁宽，吴式颖. 中外教育大事年表（公元前—公元2000年）［M］. 上海：上

海教育出版社，2001：152.

[51] 于富增，等. 教育国际交流与合作［M］. 海口：海南出版社，2001：163.

[52] 梅汝莉. 中国教育管理史［M］. 北京：北京海潮出版社，1995：59.

[53] 王焕轶. 我国高校教师自由流动问题研究［D］. 金华：浙江师范大学，2004：14.

[54] 余子侠. 民族危机下的教育应对［M］. 武汉：华中师范大学出版社，2001：187.

[55] 清华大学校史研究室. 清华大学九十年［M］. 北京：清华大学出版社，2001：155.

[56] 清华大学校史研究室. 清华大学史料选编（第五卷上）［M］. 北京：清华大学出版社，1992：9.

[57] 杰西·卢茨. 中国教会大学史［M］. 杭州：浙江教育出版社，1988：451-452.

[58] 《关于华东区公私立学校院系调整师资调配原则》，《震旦大学关于院系调整及普查工作、教会学校校产调查、同意外侨返国、减少校刊及其他指示》，上海市档案馆藏档，Q244-1-332.

[59] 成芳. 高校高层次人才引进的风险控制［J］. 黑龙江高教研究，2011（12）：51-53.

[60] 《当代中国教育》编辑部编. 当代中国教育（上）［M］. 北京：当代中国出版社，1996：108.

[61] 张健，等. 中国教育年鉴（1985—1986）［M］. 长沙：湖南教育出版社，1988：485，669.

[62] 李志峰. 必要的不平等：高校学术职业分层［M］. 北京：知识产权出版社，2015：57.

[63] 王粤. 企业经营管理［M］. 北京：清华大学出版社，2006.

[64] 张健，等. 中国教育年鉴（1949—1981）［M］. 北京：中国大百科全书出版社，1984：672-674.

[65] 刘志云，邱菲菲. 国际足联转会制度对中国足球转会制度的启示［J］. 湖北体育科技，2011（05）：499-501.

[66] 中国高等教育学会组. 改革开放30年——中国高等教育发展经验专题研究［M］. 北京：教育科学出版社，2008：305-306.

[67] 李野. 人与组织匹配视角下的高校教师职业生涯探讨［J］. 中国人力资源开发，2014（21）：20-25.

[68] 危怀安，王福涛，王炎坤. SKL的运行管理［M］. 北京：人民出版社，2007：61-64.

[69] 危怀安，胡艳辉. 自主创新能力演化中的科研团队作用机理——基于 SKL 科研团队生命周期的视角［J］. 科学学研究，2012（01）：94-101.

[70] 尹德挺，苏杨. 新中国成立六十年流动人口演进轨迹与若干政策建议［J］. 改革，2009（09）：25.

[71] 陈振明，等. 政策科学——公共政策分析导论［M］. 2 版. 北京：中国人民大学出版社，2003：51.

[72] E. R. 克鲁斯克，B. M. 杰克逊. 公共政策词典［M］. 上海：上海远东出版社，1992：32.

[73] 王慧英. 我国高校教师流动政策研究［D］. 长春：东北师范大学，2012：33.

[74] 黑建敏. 高校教师流动过程涉及法律问题的思考［J］. 河南师范大学学报（哲学社会科学版），2010（02）：261-263.

[75] 宋杰夫. 高校教师合理流动初探［J］. 科学学与科学技术管理，1985（05）：36-38.

[76] 杨礼宾. 试论高校教师流动难的原因及其对策［J］. 江苏高教，1992（06）：53-55.

[77] 林泽炎. 引导人才"全方位自由流动"的政策调整要点［J］. 中国人力资源开发，2006（05）：4-7.

[78] 施中良. 我国科技人才流动的现状、问题与对策研究［D］. 武汉：湖北大学，2013：31-37.

[79] 周海涛，景安磊. 高校教师流动难的制度瓶颈和调整对策［J］. 江苏高教，2014（05）：34-37.

[80] 徐建华. 多维视野中对高校教师流动政策的省思［J］. 中国成人教育，2010（04）：25-27.

[81] 刘彩伟. 师资流动背景下教师归属感问题研究［J］. 教师教育论坛，2016（04）：28-31.

[82] 郝保伟. 教师流动政策的合法性缺失及其重建［J］. 中国教育学刊，2012（09）：5-8.

[83] 王宏，张晓飞. 促进新时期科技人才合理流动的立法研究［J］. 中国人力资源开发，2005（07）：84-87，90.

[84] 张晓玲，王宇红. 我国科技人才流动的法律制度创新［J］. 科技进步与对策，2007（09）：11-14.

[85] 刘怡. 科技人才流动管理的法律问题研究［D］. 天津：天津师范大学，2012：

10-16.

[86] 郑代良,钟书华. 中国高层次人才政策现状、问题与对策 [J]. 科研管理, 2012 (09): 130-137.

[87] 刘波, 李萌, 李晓轩. 30年来我国科技人才政策回顾 [J]. 中国科技论坛, 2008 (11): 3-7.

[88] 郑代良, 钟书华. 高层次人才政策的演进历程及其中国特色 [J]. 科技进步与对策, 2012 (13): 134-139.

[89] 周光礼. 彭静雯. 从身份授予到契约管理——我国公立高校教师劳动制度变迁的法律透视 [J]. 高等教育研究, 2007 (10): 37-42.

[90] 李丽莉. 改革开放以来我国科技人才政策演进研究 [D]. 长春: 东北师范大学, 2014.

[91] 杨茂庆. 美国研究型高校教师流动政策与实践研究 [J]. 中国教育政策评论, 2012: 144-153.

[92] 孙丽昕. 我国高校教师何以流不动——基于西方国家高校教师流动机制的分析 [J]. 河北师范大学学报(教育科学版), 2013 (12): 38-44.

[93] 李晴华. 如何有效规避高校教师招聘风险 [J]. 中国人才, 2006 (19): 36-37.

[94] 许美德. 中国大学 (1895—1995): 一个文化冲突的世纪 [M]. 北京: 教育科学出版社, 2000: 63-75.

[95] 张茂聪, 李睿. 人力资本理论视域下高校教师的流动问题研究 [J]. 高校教育管理, 2017, 11 (05): 5.

[96] 国务院关于《中国教育改革和发展纲要》的实施意见 [J]. 中华人民共和国国务院公报, 1994 (16): 715-730.

[97] 钱志刚, 崔艳丽, 祝延. 论学术资本主义对高校教师的影响 [J]. 教育发展研究, 2013 (13-14): 1-2.

[98] 伯顿·R. 克拉克. 探求的场所: 现代大学的科研和研究生教育 [M]. 王承绪, 译. 杭州: 浙江教育出版社, 2001: 248.

[99] 竺乾威. 新公共治理: 新的治理模式? [J]. 中国行政管理, 2016 (07): 1.

[100] 国务院. 关于科技人员合理流动的若干规定 [Z]. 1983.

[101] 孙绵涛. 教育政策学 [M]. 北京: 中国人民大学出版社, 2010 (01): 22, 120, 134.

[102] 于胜刚, 唐文雯. 价值引领下的高校教师管理制度建设探讨 [J]. 中国高教研

究，2014（06）：58-61.

[103] 杨芝. 我国科技人才集聚机理与实证研究［D］. 武汉：武汉理工大学，2012.

[104] 林小英，陈霜叶. 教育政策文本的类型及其生产——以民办高校学历文凭考试试点政策为例［J］. 教育发展研究，2008（24）：16.

[105] 刘合荣. 事实与价值［D］. 武汉：华中师范大学，2007：1.

[106] 任初明，彭淑红. 教育学科学术共同体研究成果共享状况研究［J］. 高教论坛，2017，6（6）：116.

[107] 孙扬. 改革开放以来大学英语教育政策的话语秩序研究［D］. 漳州：闽南师范大学，2013：6.

[108] 中国社会科学院语言研究所词典编辑室. 现代汉语词典［M］. 北京：社会科学文献出版社，1996.

[109] 张艳. 阶层背景与个人职业地位获得［D］. 武汉：华中科技大学，2006.

[110] 李春玲. 城乡移民的社会经济地位获得［J］. 北京工业大学学报（社会科学版），2007，7（4）：9.

[111] 周晓虹，周怡，吴作富. 大学教育与管理心理学［M］. 南京：南京大学出版社，1997：73.

[112] 国家教委计划财务司. 中国教育统计年鉴（1987）［GR］. 北京：北京工业大学出版社，1988.

[113] 海斯汀·拉斯达尔. 中世纪的欧洲大学（第一卷）——大学的起源［M］. 崔延强，邓磊，译. 重庆：重庆大学出版社，2011：149.

[114] 李志峰，龚春芬. 论学术职业的权力、权威与声望［J］. 清华大学教育研究，2008，29（04）：12-17.

[115] 吴伟. 我国高校行政权力泛化问题探析［J］. 苏州大学学报（哲学社会科学版），2009（01）：119-121.

[116] 刘进，沈红. 高校教师流动与学术职业发展——基于对中世纪大学的考察［J］. 高等教育管理，2015，9（3）：110-119.

[117] 宗刚，李盼道，孙晨晨. 改革开放以来我国职业声望排序及变迁研究［J］. 北京工业大学学报（社会科学版），2016，16（02）：11-17.

[118] 刘进，沈红. 高校教师流动影响因素研究的文献述评——语义、历史与当代考察［J］. 现代大学教育，2015（03）：78-85.

[119] 周怡. 社会结构：由"形构"到"解构"——结构功能主义、结构主义和后结构主义理论之走向 [J]. 社会学研究, 2000 (03)：55-66.

[120] 宋玲. 把握人才流动 科学管理高校人力资源 [J]. 中国成人教育, 2007 (01)：57-58.

[121] 黄建雄, 张继平. 我国高校教师队伍结构的问题及对策 [J]. 继续教育研究, 2013 (01)：72-75.

[122] 李英哲. 我国中小学教师聘任制改革研究 [D]. 长春：吉林大学, 2009.

[123] 杨光. 对高校高层次人才引进及管理工作的思考 [J]. 长春师范学院学报, 2013, 32 (5)：124-125.

[124] 黄成亮. 新教师的认同感：大学组织文化建设的关键 [J]. 江苏高教, 2012 (02)：60-63.

[125] 唐慧芳. 我国高校教师流动问题研究 [D]. 长沙：湖南大学, 2009.

[126] 刘尧. 构建我国高校教师良性流动机制 [J]. 大学教育科学, 2006 (02)：34-37.

[127] 中华人民共和国促进科技成果转化法 [N]. 人民日报, 2015-12-25 (021).

[128] 黄建雄. 地方本科院校教师队伍结构优化问题研究 [D]. 武汉：华中师范大学, 2012.

[129] 阮晨艳. 我国高校人力资源结构及其优化研究 [D]. 合肥：合肥工业大学, 2017.

[130] 胡咏梅, 高玲. 高等教育中的政府调控和市场竞争 [J]. 外国教育研究, 2010, 37 (5)：12-17.

[131] 白维维. 美国高校教师的流动机制 [D]. 保定：河北大学, 2011：17-30.

[132] 王庆环. 挖人才, 请对中西部高校"手下留情" [N]. 光明日报, 2017-02-25 (006).

[133] 张端鸿. 高校人才竞争要讲规矩 [J]. 高校教育管理, 2017, 11 (02)：99.

[134] 王建华. 我国高校高层次人才非正常流动的反思 [J]. 江苏高教, 2018 (02)：1-5.

[135] 刘进, 沈红. 中国研究型高校教师流动：频率、路径与类型 [J]. 复旦教育论坛, 2014, 12 (01)：47.

[136] 邢婷. 当代"走婚族"："围城"的挑战者——对一种新的婚姻家庭模式的探讨 [J]. 当代青年研究, 2002 (06)：30-33.

[137] 希拉·斯劳特, 拉里·莱斯利. 学术资本主义 [M]. 梁骁, 黎丽, 译. 北京：

北京大学出版社，2014：5.

[138] 罗宾斯. 组织行为学［M］. 孙建敏，译. 北京：中国人民大学出版社，2005：467.

[139] 王智慧，杨媛妮. 大学"学术资本化"发展［J］. 中国科教创新导刊，2012（07）：3.

[140] 张丽英. "全球化"所引发的"新管理主义""学术资本化"和"大学企业化"思潮［J］. 高等师范教育研究，2003，15（02）：77-78.

[141] 胡钦晓. 高校学术资本：特征、功能及其积累［J］. 教育研究，2015（01）：60-61.

[142] 胡钦晓. 何谓学术资本：一个多视角的分析［J］. 教育研究，2017（03）：73.

[143] 李曙华. 从系统论到混沌学［M］. 桂林：广西师范大学出版社，2002：128.

[144] 埃德加·莫兰. 复杂思想：自觉的科学［M］. 北京：北京大学出版社，2001：156，159，166.

[145] 刘进，沈红. 论学术劳动力市场分割［J］. 高等工程教育研究，2015（04）：76-81+98.

[146] 陈晓梅. 高校人力资本投资风险及控制对策［J］. 商业经济，2008（14）：89-90.

[147] 刘金松. 高校教师流动的合理性冲突及限度建构［J］. 教师教育研究，2017，29（06）：53-58.

[148] 王迪钊. "双一流"建设背景下高校教师合理流动问题及对策研究——基于生态位的视角［J］. 教育发展研究，2017，37（21）：52-57.

[149] 陈渊平. 我国民办高校教师政策研究［D］. 沈阳：沈阳师范大学，2017.

[150] 江俐，李志峰. 高校教师流动政策：历史演变与当代转型——基于1978年以来的政策文本分析［J］. 重庆高教研究，2016，04（5）：59-67.

[151] 唐嫚. 高校教师流动的微观机制研究［D］. 武汉：武汉理工大学，2014.

[152] 龙宝新. 论教师专业发展取向的区域教师流动工作系统［J］. 教育发展研究，2017（06）：27-34.

[153] 毕天云. 布迪厄的场域——惯习论［J］. 学术探索，2004（01）：32-35.

[154] 王慧英. 我国高校教师流动政策执行中的多利益主体［J］. 现代教育理，2012（01）：91-95.

[155] 唐博. 我国高校教师流动机制研究［D］. 长沙：长沙理工大学，2011.

[156] 武杰，李润珍. 非线性相互作用是事物的终极原因吗？［J］. 科学技术与辩证法，2001（06）：16.

[157] 王勇明. 中国高校教师激励机制实证研究 [D]. 南京：南京农业大学，2007.

[158] 张海波. 我国公办普通高校教师流动问题研究 [D]. 天津：天津大学，2005.

[159] 王琼芝. 我国高校教师流动的管理机制研究 [D]. 长沙：湖南师范大学，2004.

[160] 崔岩. 流动人口心理层面的社会融入和身份认同问题研究 [J]. 社会学研究，2012（05）：141-160.

[161] 吴冬梅. 高校教师人力资源管理 [M]. 北京：首都经贸大学，2014（03）：308.

[162] 菲利普·G. 阿特巴赫. 变革中的高校教师：比较的视角 [M]. 青岛：中国海洋大学出版社，2006：14.

[163] 陈元魁，周德义，何一成. 当代高校教师素质建设的理论探索 [M]. 北京：高等教育出版社，2009（04）：63.

[164] 温海峰. 浅谈高校教师的选拔与录用 [J]. 高教探索，1999（04）：75-77.

[165] 谷志远. 我国高校教师流动影响因素实证研究——基于"高校教师的变革——中国大陆"问卷调查 [J]. 清华大学教育研究，2010（03）：73-79，89.

[166] 由由. 机会成本与高校教师流动意向的实证研究 [J]. 中国高教研究，2014（03）：60-67.

[167] 由由. 高校教师流动意向的实证研究：工作环境感知与工作满意的视角 [J]. 北京大学教育评论，2014，12（02）：128-140，192.

[168] 姚利民. 高校教师心理与管理研究 [M]. 长沙：湖南大学出版社，2013（03）：233.

[169] 邓明莉. 我国高校海外人才引进的风险管理研究 [D]. 上海：复旦大学，2008：36.

[170] 陈成文，孙嘉悦. 社会融入：一个概念的社会学意义 [J]. 湖南师范大学社会科学学报，2012（06）：66-71.

[171] 李维东. 教师流动必有原因 [N]. 中国教育报，2003（01）：12.

[172] 周巧玲. 高校学术人才流失：从学术人员管理角度的思考 [J]. 教师教育研究，2004（05）：31，44-48.

[173] 王胜今，许世存. 流入人口社会融入感的结构与影响因素分析 [J]. 人口学刊，2013，35（1）：5-14.

[174] 袁东. 高等学校人力资源配置机制与优化 [M]. 北京：经济科学出版社，2009（03）：81.

[175] 连锦波，武博. 高校人力资源能力建设研究 [M]. 北京：人民出版社，2011（05）：29.

[176] 周定，赵美兰. 高校教师流动的原因与对策分析［J］. 职业教育研究，2006（01）：61-63.

[177] 唐元虎，郭俊华，等. 企业高管人员智力资源资本化研究［M］. 北京：科学出版社，2004.

[178] 刘进. 高校教师流动与学术劳动力市场［M］. 北京：商务印书馆，2015：129-132，198.

[179] 刘进，哈梦颖. 什么影响了高校教师流动？［J］. 河北师范大学学报（教育科学版），2017（02）：103-110.

[180] 吴明隆. SPSS操作与应用：问卷统计分析实务［M］. 2版. 台北：五南图书出版公司，2009：347，386.

[181] 徐丽敏. "社会融入"概念辨析［J］. 学术界，2014（07）：84-91.

[182] 王俊. 高校教师的性别预言——解读大学女教师职业发展的新框架［J］. 现代大学教育，2010（01）：23-26，41.

[183] 托尼·比彻，保罗·特罗勒尔. 学术部落及其领地［M］. 唐跃勤，等译. 北京：北京大学出版社，2015.

[184] 徐鹏，周长城. 性别、高校教师与高校青年教师收入不平等［J］. 青年研究，2015（01）：20-29.

[185] 沈红，熊俊峰. 职业性别隔离与高校教师收入的性别差异［J］. 高等教育研究，2014（03）：25-33.

[186] 黄春梅，司晓宏. 学术女性职业发展的实践困境及矛盾分析［J］. 现代大学教育，2016（05）：88-93.

[187] 姜捷. 高校青年教师压力现状、影响因素及对策思考［J］. 黑龙江高教研究，2015（12）：93-96.

[188] 李志峰，孙小元. 学术劳动力市场分割中的制度影响、院校选择与学科依附［J］. 高等工程教育研究，2012（05）：69-76.

[189] 齐格蒙特·鲍曼. 共同体［M］. 欧阳景根，译. 南京：江苏人民出版社，2007.

[190] 伯顿·R. 克拉克. 高等教育新论——多学科的研究［M］. 王承绪，等，译. 杭州：浙江教育出版社，2011：106-107.

[191] 沈红. 论高校教师的独特性［J］. 北京大学教育评论，2011，9（03）：18-29.

[192] 高慧. 高校教师流动的社会融入：问题与改进策略［J］. 湖北社会科学，2019

(03): 162-168.

[193] 许长青. 新常态下的教师流动与合理配置: 基于劳动力市场的分析框架 [J]. 现代教育管理, 2016 (07): 74-81.

[194] 陈向明. 质的研究方法与社会科学研究 [M]. 北京: 教育科学出版社, 2000: 165.

[195] 蒋春燕. 知识型员工流动研究 [J]. 中国人才, 2001 (07): 30-35.

[196] 吴学超. 瑞士大学高层高校教师性别平等保障措施及启示——以洛桑大学为例 [J]. 外国教育研究, 2016 (01): 93-103.

[197] 武杰, 李润珍, 程守华. 从无序到有序——非线性是系统结构有序化的动力之源 [J]. 系统科学学报, 2008 (01): 13-18.

[198] 何洁, 王灏晨, 郑晓瑛. 高校科技人才流动意愿现状及相关因素分析 [J]. 人口与发展, 2014 (03): 24-32.

[199] 郭洪林, 甄峰, 王帆. 我国高等教育人才流动及其影响因素研究 [J]. 清华大学教育研究, 2016 (01): 69-77.

[200] 刘进, 庞海芍. 女性教师拒绝流动?——中国研究型高校教师流动性别差异的实证分析 [J]. 河北师范大学学报（教育科学版）, 2016 (01): 92-97.

[201] 唐博. 论高校人力资本投资风险及防范 [J]. 企业家天地旬刊, 2011 (01): 38-39.

[202] 钟陆文. 人的异质性假设及其经济学阐释 [J]. 求索, 2006 (02): 10.

[203] 吴薇, 陈春梅. 英国高校教师发展中心的特点及启示——以伦敦学院大学、伦敦皇家学院和牛津大学为例 [J]. 高教探索, 2014 (03): 53-64.

[204] 崔娉娉. 英国高校教师发展的"楷模"——英国高校教师个人与专业发展中心的经验与启示 [J]. 比较教育研究, 2016 (02): 47-52.

[205] 管培俊. 关于新时期高校人事制度改革的思考 [J]. 教育研究, 2014 (12): 72-80.

[206] 段成荣. 人口迁移研究原理与方法 [M]. 重庆: 重庆出版社, 1998: 45-48.

[207] 贾雷, 周星, 韦荷琳. 消费者渠道迁徙行为影响因素研究 [J]. Modern Marketing, 2012, 02 (01): 18-25.

[208] 李立国. 建立合理有序的高校教师流动机制研究 [J]. 国家教育行政学院学报, 2010 (01): 49-53.

[209] 彭帅, 聂娟. 论高校教师的群体特征 [J]. 吉林广播电视大学学报, 2011 (02): 118-119.

[210] 王立宝, 邵波. 论高校教师人力资本的特殊性 [J]. 煤炭高等教育, 2008, 26 (06): 65-66.

[211] 张悦. 普通高校教师招聘工作改进研究 [D]. 大连: 大连理工大学, 2007.

[212] 王宁. 劳动力迁移率差异性研究: 从"推—拉"模型到四因素模型 [J]. 河南社会科学, 2017, 25 (05): 112-119.

[213] 陈玉芬. 美国学术职业流动行为和影响因素研究述评 [J]. 比较教育研究, 2013, 35 (01): 68-71.

[214] 库尔特·勒温. 拓扑心理学原理 [M]. 竺培梁, 译. 杭州: 浙江教育出版社, 1997: 4-5.

[215] 龙献忠. 高校教师流失治理——基于"退出—呼吁—忠诚"理论视角 [J]. 高等教育研究, 2014 (05): 46-51.

[216] 蒋华林. 全球化背景下高水平大学师资队伍建设的路径 [J]. 大学 (学术版), 2011 (01): 22.

[217] 隋鑫. 高技术产业人力资本投资——优势、绩效与风险治理 [M]. 北京: 经济管理出版社, 2007: 179.

[218] 鲍威, 王嘉颖. 象牙塔里的压力——中国高校教师职业压力与学术产出的实证研究 [J]. 北京大学教育评论, 2012 (01): 124-138, 191.

[219] 谷志远. 高校青年教师学术产出绩效影响因素的实证研究——基于个性特征和机构因素的差异分析 [J]. 高教探索, 2011 (01): 129-138.

[220] 张存群, 马莉萍. 学术活跃度与博士生学术产出的实证分析——以中国某研究型大学为案例 [J]. 研究生教育研究, 2013 (06): 1-7.

[221] 朱依娜, 何光喜. 学术产出的性别差异: 一个社会网络分析的视角 [J]. 社会, 2016 (04): 76-102.

[222] 张新培. 高校教师的机构流动与学术成长研究 [D]. 上海: 华东师范大学, 2011: 63.

[223] 阎光才. 学术认可与学术系统内部的运行规则 [J]. 高等教育研究, 2007 (04): 21-28.

[224] 刘献君. 高校教师聘任的制度设计——基于高校教师管理的研究 [J]. 高等教育研究, 2008 (10): 34-38.

[225] 张维迎. 博弈论与信息经济学 [M]. 上海: 上海人民出版社, 1996: 398.

[226] 边燕杰, 张文宏. 经济体制、社会网络与职业流动 [J]. 中国社会科学, 2001 (02): 77.

[227] 张宛丽. 非制度因素与地位获得——兼论现阶段中国社会分层研究 [J]. 社会学研究, 1996 (01): 70.

[228] 张云武. 关系规模、地位获得与交往取向 [J]. 浙江工商大学学报, 2011 (05): 79, 82.

[229] 黄加文, 周剑萍. 防范高校师资队伍建设投资风险 [J]. 科技进步与对策, 2003 (07): 132-135.

[230] 赵秀清. 对高校教师人力资本投资风险及规避的新探讨 [J]. 技术经济与管理研究 2011 (04): 43-47.

[231] 张莹玉. 经济发展与人力资源配置 [M]. 上海: 立信会计出版社, 2006: 57, 75, 73, 87.

[232] 刘复兴. 教育政策的价值分析 [M]. 北京: 教育科学出版社, 2003: 216.

[233] 吴愈晓. 劳动力市场分割、职业流动与城市劳动者经济地位获得的二元路径模式 [J]. 中国社会科学, 2011 (01): 125, 129-131.

[234] 曲恒昌, 等. 西方教育经济学研究 [M]. 北京: 北京师范大学出版社, 2000: 165, 295.

[235] 方长春. 地位获得的资本理论: 转型社会分层过程的一个研究视角 [J]. 贵州社会科学, 2009 (10): 90, 91.

[236] 张明. 企业员工流动风险——基于人力资本投资视角 [J]. 重庆理工大学学报 (社会科学版), 2013, 27 (01): 38-39.

[237] 许嘉猷. 社会阶层化与社会流动 [M]. 台北: 三民书局, 1986: 218.

[238] 林南. 社会资源和社会流动: 一种地位获得的理论 [C] //南开大学社会学系. 社会学论文集. 昆明: 云南人民出版社, 1989.

[239] 邓建伟. 论地位获得研究 [J]. 宁夏党校学报, 2001, 3 (06): 57-60.

[240] 储庆. 国家、教育与地位获得——基于CGSS2006数据的实证研究 [D]. 北京: 中央民族大学, 2011.

[241] 宛恬伊. 大学生职业地位获得实证研究 [J]. 青年研究, 2005 (12): 24-31.

[242] 刘燕萍. 试论高校债务风险的化解途径 [J]. 法制与社会, 2008 (01): 247-248.

[243] 伯顿·R. 克拉克. 高等教育系统——学术组织的跨国研究 [M]. 王承旭, 等,

译. 杭州：杭州大学出版社，1993：181.

[244] 许倬云. 中国古代社会史论：春秋战国时期的社会流动 [M]. 邹水杰，译. 南宁：广西师范大学出版社，2006.

[245] 荣新江. 唐研究（第十一卷）：唐宋时期的社会流动与社会秩序研究专号 [M]. 北京：北京大学出版社，1995.

[246] 赵宏斌. 人力资本投资风险——对中国高校毕业就业选择与教育投资风险的研究 [M]. 2007.

[247] 张斌贤，王晨. 大学：社会分层与社会流动 [M]. 北京：北京师范大学出版社，2007.

[248] 陈玉祥. 论我国教师市场的建立 [J]. 江南论坛，2005（01）：50-51，60.

[249] 张剑波，潘留仙. 民办高校兼职教师中的道德风险及其规避探析 [J]. 现代大学教育，2006（05）：59-61.

[250] 阎凤桥. 学术劳动力市场的特性与研究型大学的教师聘用制度 [J]. 北京大学教育评论，2005，3（03）：64-69，88.

[251] 岳昌君，丁小浩. 受高等教育者就业的经济学分析 [J]. 高等教育研究，2003，24（06）：21-27.

[252] 王世娟，王峰. 从人力资本视角浅析高校教师的流动 [J]. 教学研究，2008，31（5）：408-409，413.

[253] 李福华. 高等学校人才引进政策与人力资本投资风险 [J]. 清华大学教育研究，2010，31（01）：35-37，96.

[254] 孙晓燕. 劳动经济学范式下知识团队的博弈 [J]. 求索，2009（06）：14.

[255] 刘进. 中国研究型高校教师流动：频率、路径与类型 [J]. 复旦教育评论，2014，2（01）：42-48.

[256] 宫禄尧，王成军. 人力资源区域流动的经济学分析 [J]. 技术与创新管理，2010，31（02）：176.

[257] 裴小革. 论国外劳动经济学中的人文因素 [J]. 经济研究，2000（05）：43.

[258] 刘进. 高校教师流动与学术职业发展：基于对"二战"后的考察 [J]. 清华大学教育研究，2014（02）：43-50.

[259] 王运峰，徐明伟，张屹. 高校研究生导师队伍风险管理探析 [J]. 学位与研究生教育，2009（12）：20-24.

[260] 吴愈晓. 社会关系、初职获得方式与职业流动 [J]. 社会学研究, 2011 (05): 130.

[261] 汲培文. 学科带头人、学术带头人定义与含义的界定 [J]. 科学学研究, 2000, 18 (03): 24-27.

[262] 许斌. 关于人力资源成本计量的探讨 [J]. 山西财经大学学报, 2008, 30 (01): 168.

[263] 徐方. 人力资源成本的全面描述 [J]. 农村金融研究, 2003 (06): 12.

[264] 加里·S. 贝克尔. 人力资本 [M]. 北京: 机械工业出版社, 2016 (03): 12.

[265] 加里·S. 贝克尔. 人力资本 [M]. 北京: 北京大学出版社, 1987: 1.

[266] 李华. 关于人力资源会计的确认与计量 [J]. 中国城市经济, 2011 (11): 134-136.

[267] 王侃. 高校教师人力资本投资风险及规避 [D]. 济南: 山东财经大学, 2015.

[268] 郭广迪, 程芳. 人才流动的机会成本分析 [J]. 科技进步与对策, 2002 (01): 93.

[269] 蒋国河. 改革开放以来的中国高校教师流动 [J]. 河北师范大学学报（教育科学版）, 2010, 12 (02): 9-14.

[270] 何薇. 人力资源的新投资回报率——无形收益 [J]. 科教导刊, 2010 (03): 87.

[271] 徐挺. 高校人力资源流动成本收益分析 [J]. 石油教育, 2009 (02): 104, 107.

[272] 西奥多·W. 舒尔茨. 论人力资本投资 [M]. 吴珠华, 等, 译. 北京: 北京经济学院出版社, 1990: 9-10, 205.

[273] 伯顿·R. 克拉克. 高等教育系统 [M]. 杭州: 杭州大学出版社, 1994: 35.

[274] 辞海编辑委员会. 辞海 [M]. 上海: 上海辞书出版社, 1980: 1320.

[275] 埃德加·沙因. 组织文化与领导力 [M]. 马红宇, 王斌, 等, 译. 北京: 中国人民大学出版社, 2011: 13.

[276] 周险峰. 教师流动问题研究 [M]. 武汉: 华中科技大学出版社, 2013: 23-84.

[277] 杨茂庆. 美国研究型大学的教师流动研究 [D]. 重庆: 西南大学, 2011: 37, 46.

[278] 林南. 社会网络与地位获得 [J]. 马克思主义与现实, 2003 (02): 47.

[279] 冯华. 网络、关系与中国的社会地位获得模式 [J]. 广西社会科学, 2004 (01): 155.

[280] 王宁. 美国研究型高校教师流动问题探析 [D]. 北京: 北京师范大学, 2008: 16-33.

[281] 李雪. 基于地位获得的高校学术职业流动的效益分析 [D]. 武汉: 武汉理工大

学，2013.

[282] 孙小元. 学术劳动力市场分割对于高校学术职业流动的影响 [D]. 武汉：武汉理工大学，2013.

[283] 江俐. 学术职业流动政策的变迁逻辑及创新策略 [D]. 武汉：武汉理工大学，2016.

[284] 罗梦辉. 学术职业流动对高校教师学术论文产出的影响研究 [D]. 武汉：武汉理工大学，2017.

[285] 向忆. 中国高校教师流动模式与图景（1949—1999）[D]. 武汉：武汉理工大学，2017.

[286] 钟蓓蓓. 高校教师流动的组织风险及防范研究 [D]. 武汉：武汉理工大学，2017.

[287] 胡诗琪. 基于推拉理论的高校教师流动差异性研究 [D]. 武汉：武汉理工大学，2018.

[288] 高慧. 高校教师流动的社会融入：院校、学科、市场 [J]. 大学教育科学，2019（01）：40-46.

中文网络文献

[1] 刘易斯. 劳动无限供给条件下的经济发展 [DB/OL]. http://doc.mbalib.com/view/9ccd5ad97314f79f9238f8e134a69006.html.

[2] 中华人民共和国劳动合同法 [EB/OL]. 中华人民共和国中央人民政府，http://www.gov.cn/ziliao/flfg/2007-06/29/content_669394.htm.

[3] 中共中央组织部、人事部关于印发《加快培育和发展我国人才市场的意见》的通知 [DL]. 中国人事，1994（10）：27-28.

[4] 中共中央关于教育体制改革的决定 [EB/OL]. 中华人民共和国教育部，http://www.moe.edu.cn/publicfiles/business/htmlfiles/moe/moe_177/200407/2482.html.

[5] 关于高等学校教师赴外地任教期间工资待遇、生活津贴的暂行规定 [EB/OL]. 法律教育网，http://www.chinalawedu.com/falvfagui/fg22598/20520.shtml.

[6] 实行科学技术人员交流的暂行办法 [EB/OL]. 法律教育网，http://www.chinalawedu.com/falvfagui/fg22598/20970.shtml.

[7] 国务院关于高等学校师资的补充、培养和调配问题的规定 [EB/OL]. 人民网.

http://cpc.people.com.cn/GB/64184/64186/66666/4493334.html.

[8] 1978—1985年全国科学技术发展规划纲要［EB/OL］．中华人民共和国科技部．http://www.most.gov.cn/ztzl/gjzcqgy/zcqgylshg/200508/t20050831_24438.htm.

[9] 科学技术干部管理工作试行条例［EB/OL］．人民网，http://www.people.com.cn/item/flfgk/gwyfg/1981/112702198101.html.

[10] 广东16所高校组团去美国哈佛大学"抢人"［EB/OL］．新华网广东频道．http://www.gd.xinhuanet.com/newscenter/2016-05/09/c_1118826213.htm?index=1vgys.

[11] 实行科学技术人员交流的暂行办法［EB/OL］．法律教育网，http://www.chinalawedu.com/falvfagui/fg22598/20970.shtml.

[12] 新京报．人才质量偏低，高层次人才短缺是最大难题［EB/OL］．http://edu.sina.com.cn/l/2013-12-22/58375.html.

[13] 高等教育管理职责暂行规定［EB/OL］．法律教育网，http://www.chinalawedu.com/news/1200/22598/22615/22796/2006/3/he48523150111736002217 77-0.htm.

[14] 关于直属高校内部管理体制改革的若干意见［EB/OL］．法律快车，http://law.lawtime.cn/d610660615754.html.

[15] 关于深化高等教育体制改革的若干意见［EB/OL］．湖北省教育厅，http://www.hbe.gov.cn/content.php?id=910.

[16] 关于深化科技体制改革若干问题的决定［EB/OL］．中华人民共和国科技部．http://www.most.gov.cn/kjzc/gjkjzc/gjkjzczh/201308/P020130823574948122617.pdf.

[17] 流动人员人事档案管理暂行规定［EB/OL］．中华人民共和国人力资源部．http://www.mohrss.gov.cn/gkml/xxgk/201407/t20140717_136554.htm.

[18] 关于加快推进事业单位人事制度改革的意见［EB/OL］．中华人民共和国人力资源与社会保障部，http://www.mohrss.gov.cn/gkml/xxgk/201407/t20140717_136290.htm.

[19] 事业单位公开招聘人员暂行规定［EB/OL］．中华人民共和国人力资源与社会保障部，http://www.mohrss.gov.cn/gkml/xxgk/201407/t20140717_136271.htm.

[20] 事业单位聘用合同（范本）［EB/OL］．中华人民共和国人力资源与社会保障部，http://www.mohrss.gov.cn/gkml/xxgk/201407/t20140717_136284.htm.

[21] 关于印发高等学校、义务教育学校、中等职业学校等教育事业单位岗位设置管理的三个指导意见的通知［EB/OL］．中华人民共和国人力资源与社会保障部．

http://www.mohrss.gov.cn/gkml/xxgk/201407/t20140717_136277.htm.

[22] 关于进一步规范事业单位公开招聘工作的通知[EB/OL].中华人民共和国人力资源与社会保障部,http://www.mohrss.gov.cn/gkml/xxgk/201407/t20140717_136270.htm.

[23] 事业单位工作人员处分暂行规定[EB/OL].中华人民共和国人力资源与社会保障部,http://www.mohrss.gov.cn/gkml/xxgk/201305/t20130529_104084.htm.

[24] 筹推进世界一流大学和一流学科建设总体方案[EB/OL].中华人民共和国中央人民政府,http://www.gov.cn/zhengce/content/2015-11/05/content_10269.htm.

[25] 2002—2005年全国人才队伍建设规划纲要[EB/OL].中华人民共和国科学技术部,http://www.most.gov.cn/tztg/200206/t20020613_8731.htm.

[26] 国家中长期人才发展规划纲要(2010—2020年)[EB/OL].中华人民共和国中央人民政府,http://www.gov.cn/jrzg/2010-06/06/content_1621777.htm.

[27] 关于进一步加强劳动力市场建设完善就业服务体系的意见[EB/OL].中华人民共和国人力资源与社会保部,http://www.mohrss.gov.cn/gkml/xxgk/201407/t20140717_136551.htm.

[28] 关于加快发展人才市场的意见[EB/OL].中华人民共和国人力资源与社会保障部,http://www.hazk.lss.gov.cn/html/10320/1725573846834.html.

[29] 关于加快发展人力资源服务业的意见[EB/OL].中华人民共和国人力资源与社会保障部,http://www.mohrss.gov.cn/gkml/xxgk/201501/t20150121_149768.htm.

[30] 人才市场管理规定[EB/OL].中华人民共和国人力资源与社会保障部,http://www.mohrss.gov.cn/gkml/xxgk/201505/t20150513_160956.htm.

[31] 中华人民共和国劳动法[EB/OL].中华人民共和国中央人民政府,http://www.gov.cn/banshi/2005-05/25/content_905.htm.

[32] 中华人民共和国劳动合同法[EB/OL].中华人民共和国中央人民政府,http://www.gov.cn/ziliao/flfg/2007-06/29/content_669394.htm.

[33] 林毓生.什么才是真正的学术自由?[EB/OL].http://www.aisixiang.com/data/84604.html.2015.3.3/2018.3.19.

[34] 张端鸿.中国高等教育为何需要学术自由?[EB/OL].http://blog.sciencenet.cn/blog-505548-967133.html.2016.3.31/2018.3.18.

[35] 武汉大学校长窦贤康:办好大学没别的招数 人才人才人才[EB/OL].搜狐教

育，http://www.sohu.com/a/225709356_161795, 2018. 3. 16/2018. 3. 19.

[36] 校友会 2017 中国大学校友捐赠排行榜，清华大学 25 亿雄居第一［EB/OL］. 中国校友会网，http://www.cuaa.net/paihang/news/news.jsp? information_id = 131208, 2016. 12. 29/2018. 3. 19.

[37] 教育部、财政部、国家发展改革委关于公布世界一流大学和一流学科建设高校及建设学科名单的通知［EB/OL］. 中华人民共和国教育部，http://www.moe.gov.cn/srcsite/A22/moe_843/201709/t20170921_314942.html/2018/3/2.

[38] 2016 年教育统计数据——各级各类学校女教师、女教职工数［EB/OL］. 中华人民共和国教育部，http://www.moe.gov.cn/s78/A03/moe_560/jytjsj_2016/2016_qg/201708/t20170822_311611.html/2018/5/2.

[39] 人力资源发展年度报告［EB/OL］. 北京大学人事部，http://hr.pku.edu.cn/rlzyfzndbg/2018/3/23.

[40] Alan Smithers and Pamela Robinson. Teacher Turnover, Wastage and Destinations (Research Report RR553, 2004)［EB/OL］. www.dfes.go.uk/research.

[41] 破解"挖人"困局：去学术领域行政化是根本［EB/OL］. 中国科学报，http://news.sciencenet.cn/htmlnews/2017/4/372893.shtm.

[42] 高校挖人大战［EB/OL］. 21 世纪经济报道，http://www.boshiwang.net/index.php/cat-news-1/571-syl.

外文文献

[1] Fulton O. Academic staff in the United Kingdom［J］. Contribution in Book/report/proceedings, 2000.

[2] Terri Kim. Shifting Patterns of Transnational Academic Mobility: A Comparative and Historical Approach［J］. Comparative Education, 2009, 45 (03): 387-403.

[3] David M. Hoffman. Changing Academic Mobility Patterns and International Migration: What Will［M］. 2008.

[4] David M. Hoffman, Mika Raunio. Academic Mobility Patterns and the Competitiveness of Basic Units: The World Class, National Champions and Local Heroes of Finnish Universities［J］. Mika Raunio Retrievew, 2016, 4 (01).

[5] Ted I. K. Youn. Patterns of Institutional Self-Recruitment of Young: Effects of Academic

Markets on Career Mobility [J]. Research in Higher Education. Agathon Press. Inc, 1988, 29 (03): 195-218.

[6] Michele Rostan, Ester Ava Hohle. The Internationlization of the Academy [M]. Volume 10 of the series The Changing Academy-The Changing Academic Profession in Internation Comparative Perspective. springer, 2013.

[7] Caplow, Theodore, McGee, Reece J. The Academic Marketplace [M]. New York: Basice Books, 1958, reprint, Brunswick, N. J. Transaction, 1999.

[8] Peter Scott. The Changing Role of the University in the Production of New Knowledge [J]. Tertiary Education and Management, 1997 (01): 5-14.

[9] Altbach, Philip G, Musselin, et al. Academic career structures: Bad ideas [J]. 2008: 2-3.

[10] Sheila Slaughter, Larry L. Leslie. Academic Capitalism Polities Policies and the Entrepreneurial University [M]. The John Hopkins University press, 1997: 7-8.

[11] Miller G A. Professionals in Bureaucracy: Alienation Among Industrial Scientists and Engineers [J]. American Sociological Review, 1967, 32 (5): 755-768.

[12] Musselin, C., Towards a European Academic Labour Market? Some Lessons Drawn from Empirical Studies on Academic Mobility [J]. Higher Education, 2004, 48 (01): 55-78.

[13] Tremblay K. Academic Mobility and Immigration [J]. Journal of Studies in International Education, 2005, 9 (3): 196-228.

[14] Solimano, Andres. The International Mobility of Talent [M] Oxford University Press, 2008.

[15] Lawson C., Shibayama S. Temporary Mobility-A Policy for Academic Career Development [J]. Ssrn Electronic Journal, 2013.

[16] Beiter K. The Protection of the Right to Academic Mobility Under International Human Rights Law [J]. Academic Mobility (International Perspectives on Higher Education Research, Volume 11) Emerald Group Publishing Limited, 2014 (11): 243-265.

[17] Hopkins D, Higham J, Tapp S, et al. Academic Mobility in the Anthropocene Era: A Comparative Study of University Policy at Three New Zealand Institutions [J]. Journal of Sustainable Tourism, 2015: 1-22.

[18] Logan Wilson. The Academic Man [M]. London: Routledge, 1995: 15-243.

[19] Tobias Schulze–Cleven, Jennifer R. Olson. Worlds of Higher Education Transformed: Toward Varieties of Academic Capitalism [J]. High Educ, 2017 (73): 821.

[20] Blackburn, Robert T, Behymer, et al. Research Note: Correlates of Faculty Publications [J]. Sociology of Education, 1978, 51 (2): N/A.

[21] Bhatia A O. The Cosmopolitan Guru: An Analysis of Indian Faculty Mobility and Career Trajectory [J]. Dissertations & Theses–Gradworks, 2016.

[22] Ingersoll R M. Teacher Turnover and Teacher Shortages: An Organizational Analysis [J]. American Educational Research Journal, 2001, 38 (3): 499–534.

[23] Weiler, W. C. Why Do Faculty Members Leave the University? [J]. Research in Higher Education, 1985, 23 (03): 270–278.

[24] Muchinsky, P. Tuttle, M. Employee Turnover: An Empirical and Methodological Assessment [J]. Journal of Vocational Behavior, 1979, 14 (1): 43–77.

[25] Robert Wayne. Factors Influencing Faculty Retention: A study of Job Satisfaction and the Role of the Department Chairperson as They Relate to Faculty Members' Decisions to Remain at Michigan State University [D]. Michigan State University, 1993.

[26] Greenwood M J. Research on Internal Migration in the United States: A Survey [J]. Journal of Economic Literature, 1975, 13 (02): 397–433.

[27] Graves, P., lineman, P. Household Migration: Theoretical and Empirical Results [J]. Journal of Urban Economics, 1979, 6 (3): 383–401.

[28] Cole, S & J. Cole. Scientific Output and Recognition: A Study in the Operation of the Reward System in Science [J]. Americana Sociological Review, 1967 (32): 377–390.

[29] Ehrenberg, R. G, Kasper, H, and Rees, D. I. Faculty Turnover in American Colleges and Universities [J]. Economics of Education Review, 1991, 10 (02): 99–110.

[30] Bob Jessop. Varieties of Academic Capitalism and Entrepreneurial Universities—On past research and three thought experiments [J]. High Educ, 2017, (73): 867.

[31] Barbieri G, Rossetti C, Sestito P. The Determinants of Teacher Mobility: Evidence Using Italian Teachers' Transfer Applications [J]. Economics of Education Review, 2011, 30 (06): 1430–1444.

参考文献

[32] Herbert A. Simon. The New Science of Management Decision [M]. New York: Harper and Row Publishers, Inc., 1960.

[33] Solmon L C. Grant Elements in Faculty Mobility: Some Initial Interpretations [J]. College Faculty, 1978: 27.

[34] Lewis C. Solmon. Grant Elements in Faculty Mobility: Some Initial Interpretation [C]. The American Economies Association Meeting, New York, 1978: 1-27.

[35] Moore K M, Gardner P D. Faculty in a Time of Change: Job Satisfaction and Career Mobility [J]. College Faculty, 1991: 36.

[36] Uhlengberg, P. Non-economic Determinants of Non-migration: Sociological Considerations for Migration Theory [J]. Rural Sociology, 1973, 38 (3): 296-311.

[37] Yan G, Yue Y, Niu M. An Empirical Study of Faculty Mobility in China [J]. Higher Education, 2014, 69 (04): 527-546.

[38] Ugbo Mallam. A National Research Study on Factors Influencing Faculty Turnover at Selected Nigerian Colleges of Technology/Polytechnics [J]. Higher Education, 1994, 27 (02): 229-238.

[39] Rosser, V. J. Faculty Members' Intentions to Leave: A National Study on Their Worklife and Satisfaction [J]. Research in Higher Education, 2004, 45 (03): 285-309.

[40] Ying Zhou, James Fredericks Volkwein. Examining the Influences on Faculty Departure Intentions: A Comparison of Tenured Versus Nontenured Faculty at Research Universities Using NSOPF-99 [J]. Research in Higher Education, 2004, 45 (02): 139-176.

[41] T. W. Schultz. The Value of the Ability to Deal With Disequilibria [J]. Journal of Economic Literatura, 1975, (13): 828.

[42] Debra A. Barbezat, James W. Hughes. The Effect of Job Mobility on Academic Salaries [J]. Contemporary Economic Policy, 2001, 19 (4): 409-423.

[43] Nielson, J. M., Marschke, R., Sheff, E., & Rankin, P.. Vital Variables and Gender Equity in Academe: Confessions from a Feminist Empiricist Project [J]. Journal of Women in Culture and Society, 2005, 31 (1): 1-28.

[44] Stephen Kulis. More Than a Pipeline Problem: Labor Supply Constraints and Gender Stratification Across Academic Science Disciplines [J]. Research in Higher Education, 2002, 43 (06): 657-691.

[45] B. H. Tuckman. The Structure of Salaries at American Universities [J]. The Journal of Higher Education, 1976, 47 (01): 51-64.

[46] Engle, Paul. Enterprise Risk Management Time [J]. Industrial Engineer, 2009, 41 (5): 20.

[47] Cole, Jonathan P. Fair Science: Women in the Scientific Community [M]. New York: Free Press, 1979.

[48] Barbara Bagilhole. Survivors in a Male Preserve: A Study of British Women Academics' Experiences and Perceptions of Discrimination in a UK University [J]. Higher Education, 1993, 26 (04): 431-447.

[49] Robert K. Toutkoushian., Valerie Martin Conley. Progress for Women in Academe, yet Inequities Persist: Evidence from NSOPF: 99 [J]. Research in Higher Education, 2005, 46 (01): 1-28.

[50] Smart, J. C.. A Causal Model of Faculty Turnover Intentions [J]. Research in Higher Education, 1990, 31 (05): 405-424.

[51] Ravenstein, E. G. The Laws of Migration [J]. Journal of the Statistical Society of London, 1885, 48 (2): 167-235.

[52] WANG J, TAE-YEOL K. Proactive Socialization Behavior in China: the Mediating Role of Perceived insider Status and the Moderating Role of Supervisor' Traditionality [J]. Journal of Organizational Behavior, 2013, 34 (03): 389-406.

[53] R. Herberle. The Causes of Rural-urban Migration: A Survey of German Theories [J]. American Journal of Sociology, 1938, 43 (6): 932-950.

[54] Lee, Everett S. A Theory of Migration [J]. Demography, 1966 (06): 47-57.

[55] Hugh Collins. Discrimination, Equality and Social Inclusion [J]. the Modern Law Review, 2003 (66).

[56] Xu Yonghong Jade. Faculty Turn-over: Discipline-specific Attention is Warranted [J]. Research in Higher Education, 2008, 49 (01): 40-61.

[57] Allan M. Cartter. An Assessment of Quality in Graduate Education [M]. Washington, D. C.: American council on education, 1966: 112.

[58] Musselin, C.. Diversity Around the Profile of the "Good" Candidate within French and German Universities [J]. Tertiary Education and Management, 2002 (08): 243-258.

[59] Matier, M. W. Retaining Faculty: A Tale of Two Campuses [J]. Research in Higher Education, 1990, 31 (01): 39-60.

[60] Black, D. A., M. A. Lowenstcn. Self-enfocing Labor Contracts with Costly Mobility: the Subgame Perfect Solution to the Chair's Problem [J]. Research in Labor Economics, 1991 (12): 63-83.

[61] Johnsrud, L. K., Heck, R. H., Rosser, V. J. Morale Matters: Administrations and Their Intent to Leave [J]. The Journal of Higher Education, 2000, 71 (01): 34-59.

[62] Johnsrud, L. K., Heck, R. H. A University's Faculty: Identifying Who Will Leave and Who Will Stay [J]. Journal for Higher Education Management, 1994, 10 (01): 71-84.

[63] Maslow, A. H. A Theory of Human Motivation [J]. Psychological Review, 1943, 50 (04): 370-396.

[64] Meyer, Allen. A Three-component Conceptualization of Organizational Commitment [J]. Human Resource Management Review, 1991 (01): 61-90.

[65] Meyer, Allen, Smith. Commitment Organizations Occupations: Extension and Test of a Three Component Conceptualization [J]. Journal of Applied Psychology, 1993: 551.

[66] Comay Y. Influences on the Migration of Canadian Professionals [J]. Journal of Human Resources, 1971, 6 (03): 333-344.

[67] Treyz G I, Rickman D S, Hunt G Letal. The Dynamics of U. S. Internal Migration [J]. The Review of Economics and Statistics, 1993, 75 (02): 209-214.

[68] Daniel Teodorescu. Correlates of Faculty Publication Productivity: Across-national Analysis [J]. Higher Education, 2000, 39 (02): 201-222.

[69] Hagstrom W. Departmental Prestige and Scientific Productivity. Paper Delivered at the 63rd Annual Meeting of the American Sociological Association [C]. Boston, 1968.

[70] Zainab, A N. Personal, Academic and Departmental Corralates of Research Productivity. A Review of Literature [J]. Malaysian Journal of Library & Information Science, 1999, 4 (02): 73-110.

[71] Blackburn, R. T., Lawrence, J. H. Faculty at Work: Motivation, Expectation, Satisfacation [M]. Baltimore: The Johns Hopkins University Press, 1995.

[72] Emily P. Hoffman. Measurement of Faculty Productivity [J]. Atlantic Economic Journal, 1978, 6 (02): 64-72.

[73] Dieter Urban. Mobility and the Growth of Science [J]. Social Studies of Science, 1982, (12): 409-433.

[74] A. Heeringen, P. A. Dijkwel. The Relationships Between Age, Mobility and Scientific Productivity. Part I [J]. Scientometrics, 1987, 11 (05).

[75] Grubel, H. G., A. D. Scott. The Immigration of Scientists and Engineers to the United States, 1949-1961 [J]. The Journal of Political Economy, 1966: 368-348.

[76] Glass, D. V., ed. Soctal Mobilhtiy in Britain [M]. Glencoe: Free Press, 1954.

[77] Blau, Peter M, Otis Dudley Duncan. The American Occupational Structure [M]. New York: Wile, 1967.

[78] Altbach, P. G. Perspectives on Internationalizing Higher Education [J]. International Higher Education, The Boston College for International Higher Education, 2002: 6-8, 27.

[79] Borjas, G. J., S. Rosen. Income Prospects and Job Mobility of Younger Men [J]. Research on labor economics, 1980: 81-159.

[80] Zelinsky, W. The Hypothesis of the Mobility Transition [J]. Geographical Review, 1971, 61 (02): 219-249.

[81] Boone, J. L. Lost Civilization? The Contested Islamic Past in Spain and Portugal [M]. London: Duckworth, 2006.

[82] Knight J., Madden M. International Mobility of Canadian Social Sciences and Humanities Doctoral Students [J]. Canadian Journal of Higher Education Revue canadienne d'enseignement supérieur, 2010, 40 (02): 18-34.

附录 《高校教师流动影响因素与政策改进》调查

尊敬的老师：

您好！

本次调查是为了了解中国不同层次类型高校教师流动的现状，分析影响教师流动的多种因素以及流动对教师专业发展的后果，改进高校教师流动政策。本项目所界定的教师流动是指社会学中的横向水平流动，即教师在不同组织之间发生的人事关系改变的流动。本问卷调查内容仅用于课题研究，请放心填答。请在对应的数字标号前打"√"或者将选择的数字填入相应空格内，答案无对错之分，非注明题目均为单选题。十分感谢您的支持和帮助！

一、基本信息

1. 您的性别：

(1) 男　　(2) 女

2. 您的婚姻状况：

(1) 未婚　　(2) 已婚　　(3) 离异　　(4) 其他

3. 您的年龄？＿＿＿＿岁

4. 您工作所在的地区：＿＿＿＿省（区、市）＿＿＿＿市

您的配偶工作所在的地区：＿＿＿＿省（区、市）＿＿＿＿市

5. 您目前就职高校所处的地区：

(1) 东北　　(2) 华北　　(3) 华东　　(4) 华南　　(5) 华中

(6) 西北　　(7) 西南

6. 您的最终学历/学位：

(1) 专科　　(2) 本科　　(3) 硕士　　(4) 博士

7. 您取得最后学历的时间？　　　　　　（年份）

8. 您从事高等教育工作的年限？　　　年

   您在现单位的工作年限？　　　年

9. 您的职称：

   （1）教授/研究员　　（2）副教授/副研究员　　（3）讲师/中级

   （4）助教/初级　　（5）未定职称

10. 您是哪一年获得这个职称的？　　　　　　（年份）

11. 如果您是教授/研究员，您的岗位是：

    （1）教授一级　　　　　　　　　　（2）教授二级

    （3）教授三级　　　　　　　　　　（4）教授四级

12. 您目前在高校从事的学术工作类型：

    （1）教学工作为主　　　　　　　　（2）科研工作为主

    （3）教学、科研工作并重　　　　　（4）产学研合作工作

13. 您目前所属的学科领域：

    （1）自然科学　　（2）社会科学　　（3）人文学科（文史哲艺术）

14. 您目前的年收入：（年收入总额）

    （1）5万以下　　　（2）5万~8万　　　（3）8万~12万

    （4）12万~18万　　（5）18万~30万　　（6）30万~50万

    （7）50万以上

15. 您觉得您目前的工作量如何？

    （1）非常大　　（2）比较大　　（3）一般

    （4）比较小　　（5）非常小

16. 您觉得您目前工作的难度如何？

    （1）难度非常大　　（2）难度比较大　　（3）难度一般

    （4）难度比较小　　（5）难度非常小

二、专题调查

A1　您就读高校的层次类型（请按照自身情况填写。如不符合您的情况，

请跳过。)(请在方格内打√)

学历	国外院校	985 大学	非 985 的 211 大学	非 211 的 公立本科高校	民办本科 高校
本科					

A2　您硕士、博士毕业的高校类型(请按照自身情况填写,如不符合您的情况,请跳过。)(请在方格内打√)

学历	国外院校	研究机构	985 大学	非 985 的 211 大学	非 211 的 公立本科高校
硕士					
博士					

A3　就目前而言,您的流动意愿如何?

(1) 非常强烈　　(2) 比较强烈　　(3) 一般

(4) 不太强烈　　(5) 没有流动意愿

A4　您流动前的单位、目前就职的单位和意愿流动的单位类型(请有流动经历或意愿的教师填答,无流动经历且无流动意愿的教师可跳过此题)。(请在方格内打√)

单位类型	国外院校	研究机构	985 大学	非 985 的 211 大学	非 211 的 公立本科高校	民办本科高校	高职高专	企事业单位
流动前的单位								
目前就职的单位								
意愿流动的单位								

A5　截至目前,您在学术系统的流动行为发生过几次?

(1) 0 次　　　　(2) 1 次　　　　(3) 2 次

(4) 3~5 次　　　(5) 5 次以上

A6　您认为博士后经历对于高校教师流动的影响:_____

(1) 非常重要　　(2) 比较重要　　(3) 一般

(4) 不重要　　　(5) 非常不重要

A7　您认为具有海外学习经历对于高校教师流动的影响:_____

(1) 非常重要　　(2) 比较重要　　(3) 一般

（4）不重要　　　（5）非常不重要

A8　您认为哪些因素直接影响流动的行动？请按重要程度排序：

①第一学历　　②国际化教育背景　　③学科专业声望

④已经取得的学术成果和贡献　　⑤学术发展能力

⑥年龄　　⑦家庭因素　　⑧学科专业的文化适应性

A9　您对于高校"高薪挖人"的人才引进政策怎么看：_____

（1）很合理　　　（2）合理　　　（3）不合理

（4）很不合理　　（5）不知道怎么评价

B1　以下因素（法律环境、人才政策、社会风气等）对教师流动的影响作用：

影响因素	非常明显	比较明显	一般	不明显	非常不明显
相关法律、法规					
人才引进政策					
人才培育政策					
人才使用政策					
人才激励政策					
人才评价政策					
社会风气					

C1　以下因素对教师流动的影响程度：

影响因素	影响很大	影响较大	影响一般	影响较小	没有影响
收入状况					
学校的层次类型					
学校的社会声望					
学科专业发展平台					
教学、科研工作要求					
专业培训与职业发展机会					
组织文化氛围					
住房条件					
医疗保障条件					

续表

影响因素	影响很大	影响较大	影响一般	影响较小	没有影响
子女教育保障					
准入资格制度					
学术评价考核制度					
岗位分类管理制度					
职业发展与晋升制度					
薪酬制度					
院校管理文化和管理效率					

D1 以下因素对您流出（或可能流出）现工作院校的重要性：（如果您有流动经历或意愿请填写此题，如果没有，请跳过。）

影响因素	非常重要	比较重要	一般	不太重要	很不重要
工资收入					
能岗匹配					
价值观					
流出机会成本					
学科、专业归属感					
自我发展目标					
学术成就感					

D2 哪些因素影响您继续留在目前院校工作，不愿流动？（没有流动经历或流动意愿的教师请填写此题，请有流动经历的老师跳过此题）请按重要程度排序：_____

E1 文化因素（学科组织与文化、自我身份认同和组织融入与排斥等）对教师流动及职业发展的作用：

①工资收入比较满意　②我的能力与工作岗位要求较为匹配　③比较认同院校的文化和价值观　④比较喜欢目前的生活环境，流出机会成本高　⑤朋友多，同事关系好，生活质量较高　⑥能够实现自我学术发展目标　⑦能够获得学术成就感和学术尊重　⑧缺乏学术竞争力，流动能力较弱

影响因素	影响很大	影响较大	影响一般	影响较小	没有影响
学科组织的学术声誉					
学科组织的团队文化					
自我目标与组织目标愿景的认同度					
组织融入与排斥					

F1　高校教师队伍流动对流出学校的影响：

影响因素	正向影响很大	正向影响小	没有影响	负向影响小	负向影响很大
教师队伍结构					
院校与学科声望					
学科组织文化					
人才培养质量					
学术生产力					

F2　高校教师队伍流动对流入学校的影响：

影响因素	正向影响很大	正向影响小	没有影响	负向影响小	负向影响很大
教师队伍结构					
院校与学科声望					
学科组织文化					
人才培养质量					
学术生产力					

F3　高校教师队伍流动对学术系统的影响：

影响因素	正向影响很大	正向影响小	没有影响	负向影响小	负向影响很大
学术产出效益					
研究领域的人才聚集					

G1　您认为教师流动对其个人学术生产力有影响吗？

（1）有，对教师学术发展有较大促进作用。（2）有，对教师学术发展促进作用较小。（3）没有影响。（4）有，对教师学术发展有一定的阻碍作用。（5）有，对教师学术发展阻碍作用较大。

H1 您认为在高校教师流动中，可能存在哪些歧视？（多选）_____

（1）学历歧视　　（2）性别歧视　　（3）地区歧视

（4）国际学习经历歧视　　　（5）其他

H2 您认为，在教师流动过程中可能存在哪些风险？请按重要程度排序：_____

（1）收入待遇风险　（2）职业发展风险　（3）人际关系风险

（4）文化适应风险　（5）其他

H3 您对加强教师流动环境建设重要性的态度？

影响因素	非常重要	比较重要	一般	不太重要	非常不重要
加强学术劳动力市场建设					
完善高校教师流动的法律、法规体系					
健全高校教师流动政策					
发挥价格、供求和竞争机制的作用					
完善高校教师流动配套措施					
规范高校教师流动程序					

H4 您认为，应如何进一步完善在教师流动过程中的权利救济？（多选）

（1）完善权利救济法律政策　　（2）落实权力申诉救济制度

（3）建立弱势群体权利救济机构　（4）规范弱势群体权利纠纷处理程序

（5）其他_____

I1 您对高校教师流动和完善教师流动政策的意见和建议：

后　　记

这本拙著是我以高校教师群体为研究对象的系列研究作品中的第三部。

第一部著作《学术职业与国际竞争力》（华中科技大学出版社，2008年出版）是在我的博士学位论文基础上，在全国教育科学规划教育部重点课题的资助下修改完成的。该著作以高校教师所从事的学术职业为研究对象，以高深知识为逻辑起点，分析了学术职业与国际竞争力之间的关系，建构了学术职业国际竞争力的观测指标体系，分析了影响学术职业国际竞争的因素，形成了学术职业国际竞争优势模型。在此基础上，对中国学术职业及其在国际竞争语境下的现状进行了探讨，并提出了提升中国学术职业国际竞争力的方法和途径。

第二部著作《必要的不平等：高校学术职业分层》（知识产权出版社，2015年出版）是我主持的国家社会科学基金（教育学）一般课题"高校学术职业分层与教师岗位设置管理制度创新研究"的最终研究成果。这部著作从社会分层的角度针对高校学术职业分层的内涵、特征、功能，以及分层结构、分层机制、分层文化、分层制度变迁、阶层地位、影响因素、分层后果等领域做了一些粗浅的研究。学术职业分层作为一种社会建构普遍存在于世界各国的学术系统之中，我国当代高校教师职务聘任和岗位分级管理制度建设也应该是学术职业分层的研究范畴之一。

这部即将付梓的小书《漂移的学术：当代中国高校教师流动》是高校教师系列研究的第三部著作。这本著作也是我主持的国家社会科学基金（教育学）一般课题"漂移的学术：高校教师流动的影响因素与政策调整研究"的

后 记

最终研究成果,也算是《必要的不平等:高校学术职业分层》的姊妹书。之所以说是姊妹书,是因为我在开展学术职业分层研究的过程中就已经意识到分层和流动存在着密切的关系。

学术职业分层和高校教师流动是对学术系统中教师地位获得所做的两种视角的分析和描述。学术职业分层是从静态的角度分析描述学术系统阶层结构分化的内容、形式、形成的层次和分布形态,主要表现在教师职称、学衔、岗位、学术荣誉等学术信号之中,研究的是学术系统各阶层结构分化的质变过程。高校教师流动则是从动态的角度分析描述学术系统阶层结构分化中各层次间的互动、动力机制、时空范围、方向和速度,是研究学术系统阶层结构分化的量变过程。学术职业分层研究与高校教师流动研究都是以教师为研究对象,分层与流动之间互为表里,不可或缺,是相辅相成的关系。流动促进分层,分层又促进流动。学术职业分层是高校教师流动的目标,高校教师流动是为了在学术职业分层过程中获得更高或者说更好的位置,这种位置本质上就是一种更高地位的获得。因此,可以说流动是分层的手段,分层是流动的目的,至少在大多数基于自由、自愿基础上的学术流动是这样的。正因为学术职业分层与高校教师流动存在着如此密切的逻辑关系,在展开学术职业分层研究的过程中,就已经开始了高校教师流动的相关研究。

事实上,在开始着手高校教师流动研究的时候,有关研究已经有很多了,相关研究可以用汗牛充栋来形容。由于流动是人类社会发展的一种基本现象,人口流动、劳动力流动、包括高校教师在内的人才流动等都是人类社会发展的重大课题,直接影响着一个国家的政策走向。所以,必然引起科学工作者的高度关注。即便这样,我们在对全国教育科学规划 2004—2014 年的全部立项课题进行分析中仍然发现涉及高校教师流动的课题寥寥无几。这至少说明,从国家社科基金教育学立项课题的角度出发,深入系统开展高校教师流动的研究还不多。

我们所发现的几部涉及高校教师流动的著作给我许多启发,但这些著作大多是从不同的领域或者范畴展开的研究。比如我翻阅较多的吴民祥的著作《流动与求索:中国近代高校教师流动研究(1898—1949)》,主要研究的是中国近代大学成立之后到中华人民共和国成立之前这一段历史时期的高校教师流动情况；潘奇的著作《知识世界的漫游者：西方高校教师国际流动的历史》，主要考察的是1100—1970年西方学者国际流动的历史，总结的是西方高校教师国际流动的历史规律；刘进的著作《高校教师流动与学术劳动力市场》聚焦于中国研究型高校教师流动和学术劳动力市场的关系，研究了影响中国研究型高校教师流动的各种因素；武博的著作《当代中国人才流动》所涉及的人才范围较广，包括了导游、工程师、公务员、会计师、教师、医生、企业管理者及其他职业从业人员，不是专门针对学术职业开展的调查研究。此外，还有谢延龙的著作《教师流动论》主要研究的是城乡一体化进程中的教师流动问题；周险峰、谭长富的著作《教师流动问题研究》主要研究的是农村中小学教师的流动问题。由此可见，专门以当代中国高校教师群体为研究对象的学术著作着实不多。

那么，这本小书要研究什么？

尽管我本人和课题组成员能力有限，但是涉及高校教师流动的一些基本理论、政策和实践问题至少需要在本书中予以回应。比如，高校教师流动的内涵、特征、类型和功能，中华人民共和国成立以后的高校教师流动的历史变迁模式以及政策演进逻辑，高校教师流动的动力机制，高校教师流动的影响要素分类与模型，高校教师流动对于学术产出的作用机理，高校教师流动的组织风险类型及防范策略，高校教师流动的社会融入机制，高校教师流动的成本效益测算方法，高校教师流动过程中学术资本漂移的推拉博弈机理，对高校教师流动合理性和有序性的理论解释，以及当代中国高校教师流动过程中学术资本异化的表现形式以及教师流动政策的调整策略等。我期望我们的研究对于高校教师流动理论、政府公共政策、院校实践以及教师流动行为决策有一点点的参考价值。如果有，我们的目的也就达到了。

总希望做"顶天立地"的研究，实际上是非常困难的，至少对我来说是如此。这种研究对于研究者的理论功底、学术视野、学术能力和水平要求很高。《诗经·小雅》有言："高山仰止，景行行止。""虽不能至，然心向往之！"自知不能为但还是要试着"为"之，表达的就是我们不断开展高校教师

后　记

发展系列研究的这种心态。

　　无论怎么说，完成这本书心情还是愉快的，总算是对立项课题有一个完整的交代。至少，不希望浪费纳税人资助的那笔算不上多又不能说少的经费。但是，毫不讳言，心里依然非常忐忑和惆怅，一方面我和我的团队成员能力和水平的确有限，许多问题研究还不够深入，许多观点有待进一步斟酌；另一方面，在研究的过程中体会到高校教师流动问题非常复杂，流动类型特别多，不同利益相关者立场不同引发的流动合理性和有序性的讨论，公说公有理婆说婆有理。同时，在研究过程中，总有一种沧海一粟的感觉，总有一种越研究感到自己越无知的深切体验。聊以自慰的是，生命不息研究不止，研究本身就是无休止的、不断反思不断进步的过程。对于人文社会科学而言，尤其如此。

　　照例，后面还是需要列出贡献者并对支持者表达谢意。

　　本书是课题组成员共同的劳动成果。

　　参与本书写作的人员：第 1 章李志峰、谢家建、孙小元、宋俊龄，第 2 章向忆、李志峰，第 3 章江俐、李志峰，第 4 章杨帆、朱莹、贺婷婷、雷蕾、李雪、李志峰，第 5 章李志峰、胡诗琪、魏迪、向忆，第 6 章罗梦辉、李志峰，第 7 章李雪、李志峰，第 8 章高慧、李志峰，第 9 章钟蓓蓓、李志峰，第 10 章李志峰、江俐、宋俊龄、高慧。全书由李志峰负责总体设计、理论建构和统稿定稿。

　　感谢课题研究团队成员的密切配合和大力支持！课题组成员廖志琼、谢彤、刘进对于课题的顺利完成贡献颇多。

　　感谢我的导师沈红教授把我带入学术职业研究领域并对我进行了严格的专业训练！

　　感谢武汉理工大学原副校长张安富教授一直以来对我的关心和支持！

　　感谢武汉理工大学教育科学研究院的贾勇宏副教授、张凌云副教授以及柳亮博士、周玉容博士对拙著的最初框架提出的宝贵意见！

　　感谢接受访谈和认真填答问卷的教师！

　　感谢我的研究生罗桂、宋俊龄、彭婕、欧阳丹、张金丹、曹逸云、梁言为本书的校对付出的辛劳!

感谢我的家人对我研究工作的默默付出和大力支持!

感谢知识产权出版社的韩婷婷编辑为本书出版所付出的辛劳!

由于时间仓促,研究水平有限,拙著存在的不足和纰漏一定不少,期待方家同仁给予指正。

李志峰
2018 年 12 月于武汉